CHRONIQUE
DE LA RÉGENCE

ET DU RÈGNE DE LOUIS XV

PARIS. — IMP. SIMON RAÇON ET COMP., RUE D'ERFURTH, 1.

CHRONIQUE
DE LA RÉGENCE

ET DU RÈGNE DE LOUIS XV
(1718-1763)

OU

JOURNAL DE BARBIER

AVOCAT AU PARLEMENT DE PARIS

PREMIÈRE ÉDITION COMPLÈTE

CONFORME AU MANUSCRIT AUTOGRAPHE DE L'AUTEUR

Publiée avec l'autorisation de S. E. M. le Ministre de l'Instruction publique

ACCOMPAGNÉE DE NOTES ET ÉCLAIRCISSEMENTS

ET SUIVIE D'UN INDEX

PREMIÈRE SÉRIE
(1718-1720)

PARIS
CHARPENTIER, LIBRAIRE-ÉDITEUR
28, QUAI DE L'ÉCOLE

—

1858

L'AVOCAT BARBIER ET SON JOURNAL

L'auteur des précieux mémoires dont nous donnons ici la première édition complète, Edmond-Jean-François Barbier, naquit à Paris dans la rue Galande, près la place Maubert, le 16 janvier 1689. Son père et son grand-père avaient été avocats au parlement, et il fut destiné par sa famille à suivre la même carrière. Le 30 juillet 1708 (il avait à peine alors dix-neuf ans et demi), il se fit inscrire au tableau de l'ordre; mais il ne plaida jamais, et resta toute sa vie avocat consultant. Cette profession, différente au dix-huitième siècle de ce qu'elle est de nos jours, était une espèce d'agence d'affaires, qui créait à celui qui la remplissait de nombreuses relations, et le mettait par cela même en mesure de recueillir une foule de faits et d'anecdotes, et de se renseigner curieusement sur les hommes et sur les choses. Barbier fut en rapport avec les plus grandes familles; il fréquenta particulièrement d'Argenson, les Nicolaï, le maréchal de Saxe, et il fut le conseiller de la princesse de Modène contre le duc d'Orléans. Homme d'affaires avant tout, occupé du soin de vivre à l'aise, et parfaitement indifférent aux passions qui s'agitaient autour de lui, mais doué d'un esprit juste et positif, indulgent pour les plaisirs faciles dont il prenait largement sa part, mais inflexible sur toutes les questions qui touchaient à la probité; ami tout à la fois du parlement et de la royauté, mais ne dissimulant jamais les torts de quelque part qu'ils vinssent, Barbier vécut uniquement occupé du soin de sa profession, sans songer à faire parler de lui, mais toujours attentif à ce qu'on disait des autres, et chaque jour, il écrivait au courant de la plume ce qu'il avait entendu dire du roi et de ses maîtresses, du parlement et des jansénistes, de la politique et de la guerre, des scandales et des crimes, des bals de l'Opéra, de Law et de son système, des philosophes ou des convulsionnaires, des actrices, du pacte de famine, des molinistes, en un mot de tout ce qui surgissait d'intéressant non-seulement à Paris et en France, mais même dans l'Europe tout entière. De 1718 à 1763, il a ainsi enregistré tous les événements de son temps avec la plus scrupuleuse exactitude, et dans ce long espace de temps, il n'a parlé de lui que pour nous apprendre qu'il possédait dans les dépendances du château de Madrid une petite maison où il allait passer les dimanches et rappeler par quelques lignes deux ou trois aventures galantes dont il avait été le héros. Aussi ce que nous savons sur sa personne se borne-t-il à très-peu de chose, et nous aurons achevé sa biographie en disant qu'il mourut en 1771, dans la maison de la rue Galande où il était né, et qu'il fut enterré, le 30 janvier, à Saint-Séverin, sa paroisse, dans la chapelle du Saint-Sacrement.

Sans influence sur les événements de son temps, inconnu de ses contemporains, et oublié de la postérité pendant près d'un siècle, comment Barbier a-t-il pris de nos jours une si grande importance historique? Quelques indications sur le *Journal*[1] qu'il nous a légué répondront à cette question.

Les *mémoires* si nombreux au seizième et au dix-septième

---

1. Barbier donna comme souvenir son curieux journal à l'un de ses parents, chanoine et conseiller clerc au Parlement, nommé Barbier d'Increville, qu'il avait institué son exécuteur testamentaire, ainsi que le constate la note suivante inscrite sur un feuillet de l'un des volumes :

« Ce manuscrit m'a été légué par le fils d'Edmond-Jean, aussi avocat au
« Parlement, mort en janvier 1771, âgé de quatre-vingt-deux ans et enterré à
« Saint-Séverin. J'étois son exécuteur testamentaire ; je n'ai pu par moi-
« même veiller à son exécution, car j'étois exilé comme tous messieurs du
« Parlement. Depuis, après avoir été aux enquêtes un long temps, je suis
« monté à la Grand'Chambre le 1er février 1784. M. le premier président
« Bochart de Saron, les présidents de Gourgues, Molé, d'Ormesson, Le Pelle-
« tier de Rosambo, Gilbert des Voisins et trente-six ou trente-sept conseillers
« au même Parlement ont péri sur l'échafaud en 1793 et 1794. Et aujour-
« d'hui, 31 juillet 1811, nous ne sommes que dix au plus de la Grand'-
« Chambre, qui étoit composée de quarante-six magistrats. Je conserverai
« jusqu'au dernier soupir pour cet illustre corps le plus respectueux attache-
« ment. M. le président de Fleury est mort âgé de quatre-vingt-dix ans en

siècle, semblent tarir tout à coup dans les premières années du dix-huitième; Dangeau s'arrête à 1722, Saint-Simon à 1723, et de cette dernière époque à la révolution française, on ne trouve dans ce genre de littérature, que des auto-biographies comme celle de Marmontel, quelques fragments anecdotiques, comme le *Journal de Marais*, qui n'embrassent qu'une période de quelques années pour une seule et même ville, ou des mémoires purement littéraires comme ceux de Bachaumont, et les correspondances de Grimm, de La Harpe et de Mettra. La polémique, le pamphlet, les petits scandales des petites coteries, tiennent d'ailleurs la plus grande place dans ces derniers documents; les gens de lettres et les philosophes, grandis outre mesure, y remplissent toute la scène, et les hommes y sont effacés par les livres. Quant aux journaux, tels que la *Gazette de France*, le *Mercure* et le *Journal de Verdun*, ils méritent à peine d'être mentionnés, car leurs rédacteurs étaient forcés de choisir entre le mensonge, le silence ou la Bastille. Voltaire lui-même, qui nous a laissé, dans le *Précis du siècle de Louis XV*, un admirable modèle de clarté et d'exposition historique, en était réduit sur bien des points aux mêmes ménagements que les auteurs de la *Gazette*; s'il s'est toujours parfaite-

« 1810. M. le président Pinon survit à ses malheureux confrères. » (Voyez mss., t. III, p. 92, 296-297.)

L'abbé Jean-Baptiste-Robert Barbier d'Increville, l'auteur de cette note, était né à Verdun le 3 juillet 1742. Il devint, en 1768, conseiller clerc au Parlement, en remplacement de l'abbé Chauvelin, qui lui céda sa charge, et fut reçu à la première des enquêtes. Il était docteur en Sorbonne, chanoine de Verdun et prieur de Saint-Martin, au diocèse d'Alais. « L'abbé Barbier, dit M. de La Villegille, cité comme un homme taciturne et peu communicatif, jouissait d'ailleurs de la réputation d'être un des bons conseillers-rapporteurs de la Grand'Chambre. Il poussait jusqu'à l'excès sa vénération pour le Parlement, à tel point que depuis la Révolution il s'abstint constamment de passer sur la place du Palais, parce que ses confrères, qui avaient péri en 1793 et 1794, avaient traversé cette place en allant au supplice. Il est mort à Paris, dans la rue d'Enfer, le 13 juillet 1830. »

Barbier d'Increville a laissé trace de sa possession sur ces précieux volumes. Il a biffé en plusieurs endroits des passages à la vérité peu canoniques, et beaucoup d'autres ont été surchargés de notes marginales. A sa mort ces manuscrits furent donnés à la Bibliothèque impériale.

ment renseigné sur les faits, il n'en montre cependant que certains côtés, et les réticences suspendent trop souvent sa plume. La source des informations, sincèrement recueillies et sincèrement transmises, est donc loin d'être abondante pour la période qui s'étend de la régence au règne de Louis XVI; et comme les livres de seconde main, les histoires faites à distance ne peuvent jamais suppléer les documents contemporains, il en résulte que le siècle qui précède le nôtre, le siècle qui nous a faits ce que nous sommes et qui s'est terminé par ce coup de tonnerre qu'on appelle la Révolution Française est, peut-être, dans notre histoire, l'un de ceux qui sont le moins connus et le moins bien appréciés. Or, il se trouve précisément que sans avoir en aucune manière les prétentions de l'histoire, et avec les simples allures d'une chronique bourgeoise, le *Journal* de l'avocat Barbier nous offre, moins les réticences, la contre-partie du *Précis* de Voltaire. En travaillant pour lui-même, et pour le seul plaisir de se souvenir, en plaçant par le silence son œuvre à l'abri de la censure et de la persécution, Barbier a véritablement écrit pour la postérité. Sa chronique, rédigée au jour le jour, suit les événements par le détail durant une période de quarante-cinq ans; c'est donc le recueil de souvenirs contemporains le plus vaste et le plus étendu que nous ait légué le dix-huitième siècle. Cette circonstance suffirait seule à recommander cette chronique à l'attention des esprits sérieux; mais ce n'est point là son unique mérite, elle a de plus la variété, l'exactitude et la sincérité.

Le *Journal* de Barbier embrasse dans son ensemble la société tout entière, par ses côtés les plus élevés et les plus vulgaires. Il contient tout à la fois, pour nous servir des mots consacrés, le *premier Paris*, les *nouvelles extérieures*, et les *faits divers de chaque mois*, et de la sorte on y trouve, non-seulement les échos de tous les bruits de la capitale, mais encore une véritable chronique des principaux événements qui ont agité l'Europe du vivant de l'auteur, et cette chronique contient souvent, sur l'histoire politique et diplomatique, des renseignements que l'on chercherait vainement ailleurs. Rien n'est plus curieux que de voir l'histoire se faire ainsi au jour le jour, non pas avec ce jugement calme et réfléchi qu'on porte sur le passé, mais avec l'inquiète curiosité de l'avenir et l'émotion dont il est si difficile de se défendre quand il s'agit d'événements qui s'accomplissent sous nos yeux. Barbier ne se contente pas en effet d'enregistrer toutes les nouvelles au fur et à mesure qu'elles se répandent ; il fait connaître les commentaires et les suppositions du public, les prévisions auxquelles il se livre. Cette manière a bien son intérêt ; elle est vivante, animée, discursive comme la conversation ; et à défaut d'autre enseignement, elle montre combien il faut se défier des jugements de la foule, et pour rappeler le mot d'un ancien, combien la fortune se plaît à se jouer de la prévoyance des hommes.

Quelques faits généraux, d'une grande importance politique et sociale, dominent, dans les Mémoires de Barbier, les anecdotes de la ville et de la cour ; et ces faits semblent préparer de loin la révolution française, et donner le secret de ses colères, de ses bienfaits et de ses crimes. Les bals de l'Opéra, qui s'ouvrent dans les dernières années de la Régence, et qui reçoivent plus tard de la présence de Louis XV une sorte de consécration officielle, développent dans la population parisienne le besoin effréné des plaisirs étourdissants. Le système de Law y développe à son tour la passion de l'agiotage ; le jansénisme, par les folies de ses convulsionnaires, par ses disputes sur d'insaisissables abstractions, compromet et affaiblit l'autorité du clergé, et prépare ainsi les voies à l'école encyclopédique ; à côté du schisme qu'il introduit dans l'Église, on voit surgir sous le nom de *Multipliants* ou *d'Elisiens*, des hérétiques qui rappellent le moyen âge, mais qui n'ont plus l'excuse du fanatisme ou de la conviction, et qui cherchent à exploiter des dupes plutôt qu'à faire des adeptes. L'anarchie est partout, dans la société religieuse aussi bien que dans la société civile. Les traitants, qui trouvent des associés jusque dans les plus hautes régions du pouvoir, créent, pour d'infâmes spéculations sur les blés, la société d'agiotage que l'histoire a flétrie du nom de *Pacte de famine*, et cette société qui organise la misère publique, compte le Roi parmi ses complices. C'est une dégradation universelle; l'armée conserve son courage et son héroïsme, mais cette armée est livrée trop souvent à des chefs incapables; le clergé donne encore l'exemple des plus hautes vertus, mais l'éclat de ces vertus est obscurci par la vie scandaleuse de quelques-uns de ses chefs; le gouvernement, au lieu de faire de l'autorité, fait de la violence, parce qu'il est faible; et Barbier, spectateur impassible de toutes les hontes de son temps, les expose sans réticence et sans colère, avec une abondance de détails, qui ne peut laisser aucun doute sur sa parfaite sincérité.

Nous n'insisterons pas plus longtemps sur l'intérêt qu'offrent pour notre histoire les volumes que nous présentons ici au public. Chacun reconnaîtra leur importance, en les comparant aux documents qui ont été publiés jusqu'ici sur la même époque, et les faits y parlent assez haut, pour qu'il soit facile d'en tirer les conclusions. On comprendra mieux les massacres de septembre, sans que du reste l'horreur qu'ils inspirent en soit diminuée, quand on aura vu, dans le *Journal*, la foule avide d'émotions cruelles, se presser aux affreux supplices qu'une législation atroce autorisait, et que des juges appliquaient avec une barbarie sanguinaire. On comprendra les profanations des tombeaux de Saint-Denis, par celles qui outragèrent le convoi de Madame Henriette, fille de Louis XV, morte dans la fleur de sa jeunesse et de sa beauté. Si Barbier semble s'arrêter parfois avec trop de complaisance sur les vices, les lâchetés et les misères de son temps, il faut du moins lui rendre cette justice, que sans chercher à faire de l'histoire un enseignement sévère, il a donné d'utiles leçons à la postérité. Il a montré comment l'abus des jouissances sensuelles conduit les peuples, par l'abaissement des caractères, au dernier degré de l'abaissement politique; comment les grands pouvoirs d'un État, en luttant sans cesse entre eux, comme l'ont fait le parlement et la royauté, s'affaiblissent l'un par l'autre, et finissent par se trouver désarmés tous les deux devant l'ennemi commun. On voit la société française entraînée sur cette pente fatale qui mène aux abîmes, et c'est Barbier qui dresse, à son insu, l'acte d'accusation.

Cent ans ne sont point encore écoulés depuis le jour où sa main a tracé la dernière page de son *Journal*, et la société dont il s'était fait le peintre fidèle a disparu dans un immense naufrage. Quels événements et quelles leçons! et qui pourrait y méconnaître la loi providentielle du châtiment et la loi mystérieuse de l'expiation chrétienne? C'est le sang des martyrs de l'Abbaye qui lave les souillures de Dubois; c'est le sang du vertueux Louis XVI qui lave les souillures de Louis XV.

Nous ajouterons qu'au point de vue politique, le *Journal* de Barbier contient aussi d'utiles enseignements, parce qu'il offre souvent un tableau complet de la diplomatie européenne. L'auteur, affligé de notre abaissement, se demande avec tristesse : *Pourquoi ne sommes-nous pas les premiers en Europe?* La réponse était bien simple : c'est qu'il nous manquait alors ce que nous possédons aujourd'hui : une pensée haute et un caractère ferme pour diriger au profit de la France l'intelligence et l'activité de ses enfants. Le secret de la grandeur de notre pays a toujours été dans la force et la modération de son gouvernement.

L'édition que nous donnons ici comble dans notre histoire une lacune importante, en mettant sous les yeux du public, dans toute l'intégrité de son texte et la sincérité de sa rédaction, un livre que la *Société de l'histoire de France* n'avait publié que par extraits, et dont elle avait fait souvent, pour ces extraits mêmes, une rédaction nouvelle. On y trouvera, ce qui n'est point ailleurs que dans le manuscrit autographe, toute l'histoire diplomatique, toute l'histoire militaire et toute l'histoire parlementaire du temps. Les suppressions de mots, de membres de phrases ou d'épigrammes que les libres allures de

Barbier rendaient indispensables, ont toujours été indiquées par des points, et nos lecteurs reconnaîtront aisément que nous leur donnons plus du double de ce qu'a donné la *Société de l'histoire de France* ; ils reconnaîtront surtout aux formes du style, que nous avons scrupuleusement respecté la rapide et mordante improvisation de l'auteur. Des éclaircissements historiques et des notes, empruntées aux écrivains les plus autorisés, complètent ou rectifient, partout où il en est besoin, les assertions de Barbier, et relient son récit à l'histoire générale. Des sommaires ont aussi été ajoutés en tête de chaque mois.

Nous croirions manquer à un devoir, si nous ne donnions pas ici un témoignage public de notre reconnaissance au regrettable ministre que la mort a enlevé si jeune, au pays et aux lettres, à M. Hippolyte Fortoul, qui a bien voulu nous autoriser à publier pour la première fois dans son entier ce précieux *Journal*. Nous serions également ingrats, en n'exprimant pas ici tout ce que nous devons à la bienveillante obligeance de M. Taschereau, l'un des hommes qui ont rendu le plus de services à notre histoire littéraire, par leurs travaux personnels, et qui dirige aujourd'hui la réorganisation et les catalogues de la Bibliothèque Impériale avec la plus intelligente activité.

JOURNAL DE BARBIER

ANNÉE 1718

Avril.

Incendie du Petit-Pont, à Paris. — Détails.

Le mercredi 27 avril 1718, il y eut un incendie effroyable sur le Petit-Pont[1], au Petit-Châtelet[2]; et les maisons qui débordoient toutes sur l'eau, et qui étoient posées sur des pilotis de bois, qui craignoient à toutes les grandes eaux de périr dans les dégels par la débâcle des glaçons, furent consumées et détruites entièrement en sept à huit heures de temps par le feu, ce qui doit paroître bien surprenant. Ce qui a été cause est encore plus extraordinaire.

Une femme avoit perdu son fils, qui s'étoit noyé. On lui dit qu'elle trouveroit le corps de son fils en mettant dans une sébille de bois un pain de saint Nicolas de Tolentin[3], qui est un saint dont le domicile est chez les

---

1. Ce pont, ainsi nommé par opposition au *Grand-Pont* qui unissait la cité à la rue Saint-Denis, existe encore, malgré ses diverses transformations, entre la cité et la rive gauche de la Seine, le long de l'Hôtel-Dieu. Il vient d'être reconstruit entièrement. Au treizième siècle, le roi y percevait un droit de péage. Le singe devait payer quatre deniers; mais si son maître était jongleur, il n'avait, pour acquitter cette somme, qu'à le faire gambader devant le péager. De là, dit-on, vint le proverbe : *Payer en monnaie de singe*.

2. Cette forteresse, qui n'était d'abord qu'une tour destinée à protéger les abords de la Cité, fut réédifiée en 1369 par le prévôt Hugues Aubriot. Elle subsista comme prison jusqu'en 1782, époque à laquelle elle fut démolie, et sur son emplacement furent établis la place du Petit-Pont et les bâtiments accessoires de l'Hôtel-Dieu.

3. Saint Nicolas naquit vers 1239, à Saint-Ange, près de Fermo, dans la Marche d'Ancône. Il entra tout jeune dans l'ordre de Saint-Augustin, et passa la plus grande partie de sa vie à Tolentin, où il mourut le 10 septembre 1309. Voyez Baillet, *Vies des Saints*, au 10 septembre.

Grands-Augustins[1], avec un cierge allumé. Elle le fit. Cette sébille se promena sur l'eau et alla s'arrêter contre un bateau de foin, qui étoit attaché sur le quai de la Tournelle, vis-à-vis les Dames de Miramion[2]. Le feu y prit. Le maître du bateau ne voulut point prendre les soins nécessaires pour faire conduire ce bateau au milieu de l'eau et le faire couler à fond. Les marchands de bois, qui en avoient une grande quantité en pile sur le pont, craignirent que le feu ne gagnât les autres bateaux de foin et de charbon, et que par le vent cela ne vînt à leur bois. Ils coupèrent la corde; le bateau s'en alla tout en feu au gré de l'eau. Il prit la petite rivière, enfila les deux petits ponts de l'Hôtel-Dieu[3],

1. Ce couvent, occupé d'abord par des frères Sachets, ou frères de la Pénitence de Jésus-Christ, fut cédé en 1293 par ces religieux, réduits à la plus grande pauvreté, aux ermites de l'ordre de Saint-Augustin, qui y séjournèrent jusqu'en 1790. La halle à la volaille a été construite sur une partie de l'emplacement de cette communauté. L'église, rebâtie sous Charles V, était célèbre. Elle renfermait le tombeau de l'historien Philippe de Commynes. La sculpture des stalles et de la chaire était l'œuvre de Germain Pilon, ainsi qu'une statue de saint François en terre cuite, placée dans le chœur. Henri III y installa, en 1579, l'ordre du Saint-Esprit et y tint le premier chapitre. C'était encore dans ce monastère que se tenaient, depuis 1605, les Assemblées du clergé de France. Là était le dépôt de ses archives.

2. La communauté des Filles de la Sainte-Famille réunie à celle de Sainte-Geneviève, fondée en 1674 par Marie Bonneau, veuve de Léon-Jacques de Beauharnais, sieur de Miramion, était située sur le quai de la Tournelle. Ces religieuses ne faisaient pas de vœux et se consacraient à l'instruction des jeunes filles et au soulagement des blessés. Voyez sur madame de Miramion leur fondatrice, que rendit célèbre l'amour malencontreux de Bussy-Rabutin, les *Historiettes* de Tallemant des Réaux, édit. in-12, t. IX, p. 234, les *Mémoires* de Saint-Simon, éd. in-12, et ceux de Bussy.

3. On attribue généralement la fondation de cet hôpital à saint Landri, évêque de Paris, au septième siècle. Saint Louis agrandit l'Hôtel-Dieu et fut l'un de ses bienfaiteurs. Le feu prit deux fois à cette maison, en 1737 et en 1772, et y causa de grands dommages. C'était au dix-huitième siècle l'hôpital le plus malsain de Paris. Un des deux ponts dont il est ici question avait été construit en pierre, en 1625, par les administrateurs pour y établir une salle, à la charge de laisser un petit passage pour les piétons, qui devaient payer un double pour droit de péage. De là son nom de *Pont au Double*. (Le double équivalait à deux deniers; cette monnaie fut remplacée par le liard). Ce pont

qui sont de pierre; mais quand il fut au Petit-Pont
du Petit-Châtelet, il ne put pas passer dessous, parce
que les arches étoient remplies et embarrassées de poutres et de pièces de bois. Le feu prit aisément aux premières maisons où logeoit un nommé Olivier, marchand linger, du côté de l'Hôtel-Dieu. Cela commença
à sept heures du soir; comme le feu prenoit dessous,
et que toutes ces maisons étoient de bois, il fut impossible de l'éteindre. Le marchand voisin avoit marié sa
fille la veille, et on étoit au lendemain ; il n'y avoit personne dans la maison. Le feu consuma d'abord toutes
les maisons entre le Petit-Châtelet et l'Hôtel-Dieu, et il
gagna en même temps, tant par-dessous que par le travers de la rue, aux maisons de l'autre côté, en sorte que
tous les deux côtés étoient en feu en même temps. Je
sortis à neuf heures du soir de voir un de mes amis
contre la rue Saint-Denis[1]; on voyoit de là tout l'air en
feu. J'arrivai jusqu'à la Madeleine[2], et non plus avant,
parce que le guet gardoit tous les passages, et que l'on
prenoit tout le monde pour travailler. C'étoit un spectacle affreux de voir cet embrasement : les pompes, qui
alloient à force, ne faisoient que l'irriter; la vue de ce
feu étoit aussi épouvantable du côté de la rue Saint-Jacques, par l'ouverture de l'arcade du Petit-Châtelet,
il sembloit un grand four à chaux. L'on voyoit tomber
les poutres entières, la rivière au bas du pont fut bientôt
comblée, l'eau ne passoit plus que par une arche; toute
la charpente, qui tomboit, brûloit même dans l'eau,

n'existe plus. L'autre pont, attenant à l'Hôtel-Dieu, était le pont Saint-Charles qui servait de communication à la salle Saint-Charles située sur la rive gauche, devenue aujourd'hui un annexe fort important.

1. C'était ordinairement par cette rue que les rois et les reines de France faisaient leur entrée dans la ville de Paris.

2. Sainte-Madeleine de la Cité était située rue de la Juiverie. C'était, dit-on, une ancienne synagogue, donnée en 1183 par Philippe-Auguste à l'évêque de Paris, après l'expulsion des juifs. Elle ne fut érigée en paroisse qu'en 1491. Là se tenait la *Grande Confrérie aux Bourgeois de Paris*. Cette église a été démolie à la Révolution.

dans ces décombres; et quand le bateau de foin a été consumé à un certain point, il a passé jusqu'auprès du pont Saint-Michel[1], où il a achevé de brûler jusqu'à la fin. Étant à ras d'eau, il brûloit encore le lendemain après midi.

Tout le guet fut sur pied ; on ordonna de jeter de l'eau des puits dans toutes les maisons du voisinage ; on commanda des détachements de soldats aux gardes[2] pour travailler, qui arrivèrent de tous les faubourgs en veste, un sergent à la tête, avec des pioches et des outils ; des Capucins[3] et des Cordeliers[4] y vinrent. Plusieurs personnes, soldats et moines, y périrent, tant par le feu que par l'eau ; d'autres furent ensevelies sous les ruines.

Tous les magistrats y vinrent. M. le premier président (M. de Mesmes[5]), M. le procureur général (M. Joly de Fleury[6]), M. le lieutenant de police (M. de Machault[7]), le lieutenant criminel (M. Lecomte), le procureur du Roi

---

1. Ce pont, construit d'abord en bois, en 1384, par Hugues Aubriot, avait été, en 1618, réédifié en pierre et couvert de maisons qui disparurent lors de l'édit de septembre 1786.

2. Les gardes-françaises, régiment d'infanterie de la maison du Roi.

3. Ces religieux de l'ordre de Saint-François, de la plus étroite observance, étaient ainsi nommés à cause du grand capuchon qu'ils portaient. L'auteur de cette réforme, qui eut lieu en 1525, était un franciscain, Matteo Baschi du couvent de Monte Falcone. Les moines qui l'adoptèrent prirent d'abord le nom de frères ermites mineurs. C'est le pape Paul III qui changea ce nom en celui de Capucins.

4. Moines de l'ordre de Saint-François, ou *Frères-Mineurs*. Leur surnom venait de la corde qui leur servait de ceinture.

5. Jean-Antoine de Mesmes, né à Paris en 1661, conseiller au Parlement, fut nommé, en 1703, prévôt et grand-maître des cérémonies des ordres. Il devint, en 1710, membre de l'Académie française, et deux années plus tard premier président. Il mourut en 1723, ainsi que nous le verrons plus bas.

6. Gui Joly de Fleury, procureur général au Parlement, naquit à Paris en 1675. Ce magistrat distingué fit faire de grands travaux sur l'histoire ancienne de la France. Il fit inventorier à nouveau et dépouiller le Trésor des Chartes dont il était garde. Il donna, en 1746, la démission de sa charge en faveur de son fils ; et il mourut dix ans après, en 1756.

7. Louis-Charles de Machault. Il fut le successeur de René Le Voyer d'Argenson, de 1718 à 1720.

(M. Moreau), le prévôt des Marchands (M. Trudaine[1])
et échevins, et les commissaires du Châtelet. Il y avoit
aussi MM. le maréchal de Villeroi[2], gouverneur du Roi;
le maréchal de Villars[3], le duc d'Antin[4], Contades[5], major
des gardes françoises; le duc de Tresmes[6], gouverneur
de Paris; et M. le cardinal de Noailles[7], archevêque de
Paris. Tous ces messieurs étoient à l'Hôtel-Dieu dans le
salon qui donne sur le Petit-Pont, pour donner les
ordres nécessaires.

Il y a eu une perte considérable de marchandises,
surtout des marchands, qui étoient du côté du Petit-
Châtelet, et qui ont été brûlés les premiers; non-seulement ils ont perdu les marchandises et meubles, qui
ont été brûlés ou jetés dans l'eau, mais aussi la plupart
de celles qu'ils ont été obligés de confier aux premiers
venus, qu'on ne leur a point rapportées; car il y a toujours beaucoup plus de fripons que d'autres.

Tout Paris vint toute la nuit voir le feu de tous les
quartiers; c'étoient des processions de monde. C'étoit

1. Charles Trudaine, prévôt des marchands de Paris, de 1716 à 1720.
2. François de Neufville, duc de Villeroi, né vers 1643, fut élevé avec Louis XIV et lui dut sa fortune. Nommé maréchal après la bataille de Nerwinden, en 1693, il ne sut que se faire battre en Italie à Chiari et se faire prendre à Crémone. Redevenu libre, il alla dans les Pays-Bas perdre la bataille de Ramillies. Louis XIV lui retira le commandement en chef et lui donna comme compensation le gouvernement de Lyon, et plus tard le nomma gouverneur de son jeune successeur. Il mourut dans l'oubli, en 1730.
3. Louis-Hector, marquis, puis duc de Villars, maréchal de France, naquit à Moulins en 1653. Grand homme de guerre, malgré les critiques de Saint-Simon, Villars a été le sauveur de la France à Denain. Il mourut en 1734.
4. Louis-Antoine de Pardaillan-Gondrin, duc d'Antin, né en 1665, surin-tendant des bâtiments, mort en 1736.
5. Gaspard de Contades, mort lieutenant général, en 1735.
6. François-Bernard Potier de Gesvres, duc de Tresmes, gouverneur de Paris, 1704-1739.
7. Louis-Antoine, second fils d'Anne, premier duc de Noailles, naquit vers 1651. Destiné à l'état ecclésiastique, il devint, en 1695, archevêque de Paris et cardinal. Sa conduite pleine d'hésitation, au milieu des agitations reli-gieuses du dix-septième siècle et du dix-huitième, le rendit suspect aux deux partis. Il mourut en 1729.

une désolation de voir tous les environs du Petit-Pont déménager, le Marché-Neuf[1] et la rue de la Huchette; on ne voyoit que des gens qui portoient des meubles, jusqu'à des servantes en chemise qui emportoient leurs hardes.

Le Petit-Châtelet, qui est très-bien bâti, a sauvé la rue de la Huchette et le côté de la rue Galande; un pavillon très-vieux, mais fait de pierres de taille, qui étoit derrière une maison d'un marchand, a sauvé le Marché-Neuf, d'autant que le vent y donnoit; par bonheur, il n'étoit pas grand. On abattit beaucoup de ce côté-là, et le feu y étoit encore tout le lendemain. Pendant trois jours, les magistrats ne cessèrent pas d'y aller donner des ordres. Il y a eu vingt-deux maisons brûlées[2]. Pendant huit jours, on ne passoit pas sur le Petit-Pont. On a fait visiter les fondements du pont par des architectes. Il y a eu un arrêt du Parlement[3], qui a ordonné une quête générale dans toutes les paroisses de Paris, pour dédommager les pertes de cet incendie, et un mandement de M. l'archevêque pour faire exhorter au prône, dans lequel il est dit que c'est un malheur et en même temps une punition du ciel[4].

M. le Régent[5] eut peur à la nouvelle de cette désola-

---

1. Le Marché-Neuf était situé dans la Cité, près la Seine, entre le pont Saint-Michel et l'église de Saint-Germain-le-Vieux. La Morgue a été élevée en partie sur cet emplacement.

2. Suivant le rôle de distribution des quêtes, il y avait eu vingt maisons incendiées, dont treize appartenaient à la ville, et quatorze démolies en partie, dont trois étaient encore la propriété de la ville.

3. Il y eut un arrêt, rendu le 3 mai 1718, qui ordonna de procéder au déblaiement des maisons incendiées. Le 18 du même mois, autre arrêt qui ordonna des quêtes. Le produit de ces quêtes s'éleva à la somme de 111,898 livres, 9 sols, 9 deniers, somme qui fut répartie suivant un rôle de distribution arrêté le 10 août par le Parlement.

4. Ce mandement fut publié le 6 mai. On y lit en effet : « Les vices qui se répandent comme un déluge, etc. »

5. Philippe II de France, duc d'Orléans, fils de Philippe Ier, frère de Louis XIV, et de Charlotte-Élisabeth de Bavière, né à Paris en 1664, devint régent du royaume, en 1715, pendant la minorité de Louis XV. Il mourut en 1723, ainsi que nous le verrons plus loin.

tion; tout le peuple, qui fut en l'air toute la nuit, fit apparemment appréhender ou un pillage, ou quelque chose de pis, parce que cela se termine quelquefois en émotion, surtout quand il y a du mécontentement. En un mot, il y avoit des compagnies de soldats aux gardes que je vis sortir de la rue de la Huchette, à onze heures du soir, en ordre et armés, et on ordonna aux gendarmes[1] et aux mousquetaires[2] d'être prêts à monter à cheval.

Août et Septembre.

Law, sa biographie. — La Banque. — Réformation et refonte de la monnaie. — Lutte du Parlement contre Law. — D'Argenson, garde des sceaux. — Lit de justice du 25 août. — M. le Régent. — M. le Duc, surintendant de l'éducation du Roi. — Les princes légitimés. — M. le duc du Maine. — M. le comte de Toulouse rétabli dans ses honneurs. — La duchesse du Maine. — D'Argenson et le Parlement. — La Chambre de justice. — L'exempt Pomereu. — M. de Noailles exilé. — M. d'Argenson disgracié. — Le cardinal Albéroni. — Intrigues. — Conseillers au Parlement arrêtés, MM. de Blamont, de Saint-Martin, de Calendes. — Le conseiller Broussel. — Assemblées du Parlement. — Les avocats. — Mot du Régent. — Remontrances, réponse au Parlement.

Law[3], qu'on appelle communément *Las*, est un étranger originaire d'Écosse, fils d'un orfévre, homme bien fait, et le plus habile qu'il y ait en Europe en matière

---

1. Régiment de cavalerie qui faisait partie de la maison du Roi.
2. Corps de cavalerie de la maison du Roi. Il y avait deux compagnies : les *mousquetaires gris* et les *mousquetaires noirs*.
3. Jean Law de Lauriston, dont la famille existe encore en France, était en effet originaire d'Écosse. Il naquit à Édimbourg vers 1670 ou 1671. Son père, qui était orfévre et banquier, lui laissa en mourant d'immenses richesses. Law avait alors quatorze ans. Parvenu à sa majorité, il se livra à ses goûts pour les voyages, et se mit à étudier le commerce et le crédit. Obligé à la suite d'un duel d'abandonner l'Angleterre, il se réfugia à Amsterdam où il put facilement suivre les progrès de la banque de ce pays qui était alors dans un grand état de prospérité. Revenu en Écosse, Law voulut faire appliquer un système nouveau de banque qui fut repoussé. Il parcourut de nouveau le continent, s'arrêta à Bruxelles, puis à Paris, où Louis XIV ne voulut pas l'entendre. Chassé par d'Argenson, à cause de son bonheur au jeu, il alla en Italie où il gagna encore des sommes considérables. Il s'empressa de rentrer en France à la mort de Louis XIV, et présenta son système au Régent qui l'accueillit et lui permit de l'appliquer en partie.

de compte et en la connoissance des matières d'or et d'argent.

Cet homme étoit si heureux au jeu et savoit si bien prendre le parti le plus avantageux, qu'il a été renvoyé de plusieurs républiques. Il s'est sauvé d'Angleterre et y a été condamné à être pendu. Il est venu en France, pays de refuge; il y a amené une femme, qu'on dit être la femme d'un autre, qu'il a enlevée en Angleterre.

Il a gagné d'abord considérablement au jeu, et n'avoit point d'autre emploi que de joueur. Il s'est insinué auprès de M. le duc d'Orléans, Régent, à qui il a fait goûter la science qu'il avoit pour compter mieux qu'un autre, et il est entré peu à peu dans les affaires d'État. Pour s'introduire auprès du Régent, il a cherché accès auprès du duc de Noailles[1], qui étoit ministre, et ensuite il l'a fait chasser pour être en sa place.

Il a établi une Banque[2], en vertu de lettres patentes, par laquelle il a fait un tort considérable aux autres banquiers; et peu à peu il a trouvé le secret, pour rendre le Régent maître de tout l'argent du royaume, de faire porter dans la Banque tout l'argent du Roi, et de donner des billets aux trésoriers pour distribuer au public.

Au mois de mai 1718, il a imaginé une réformation de monnoie très-avantageuse pour le Roi : il n'y avoit que lui de capable de pousser jusque-là la finesse des calculs.

On porte à la Monnoie sept mille livres, savoir : cinq mille en argent et deux mille en billets d'État; on ne donne point sur-le-champ le payement; on donne un billet à trente jours, signé du directeur de la Monnoie,

---

1. Adrien-Maurice, duc de Noailles, neveu de l'archevêque de Paris, né à Paris en 1678, maréchal de France, fut, en 1715, nommé président du conseil des finances, et s'efforça d'arrêter la banqueroute. Comme général, il montra quelques talents, cependant il se fit battre à Dettinghen en 1743, et quitta alors le service. Il mourut en 1766. Ses *Mémoires*, rédigés par l'abbé Millot, ont été publiés, en 1777, en 6 volumes in-12.

2. Cette banque fut autorisée par édit du 2 mai 1716.

nommé Foubert. (A présent, ils sont à quarante jours pour l'argent, et à vingt jours pour les louis). Comme les vieux écus, que l'on recevoit à cinq livres à la Monnoie, valoient six livres dans le public, le même argent que le Roi recevoit, il l'envoyoit dans ses caisses pour payer sur le pied de six livres l'écu, où il gagnoit un sixième; et, avant l'expiration du billet, qui étoit à trente jours, par la circulation, le même argent, qui avoit été porté à la Monnoie le 1ᵉʳ du mois, pouvoit y être reporté trente fois. Jugez par là combien, avec ces premières cinq mille livres, il gagnoit avant de les payer, et combien il acquittoit de billets d'État[1]. D'ailleurs, comme on pesoit l'argent à la Monnoie, Law avoit donné une facilité : il recevoit de même qu'à la Monnoie sans peser, et vous donnoit un billet de banque que vous portiez à la Monnoie, et pour lequel l'on vous donnoit un billet à trente jours de Foubert. Il avoit la facilité de remettre dans le commerce les billets d'État et de gagner moitié dessus.

Le gain que le Roi a fait sur cette refonte, l'abus qu'il y avoit, parce qu'on ne biffoit point les billets d'État à mesure qu'on les recevoit, la perte que tout le royaume feroit un jour sur des écus de six livres qui ne valoient intrinsèquement que deux livres dix-sept sols, le prix haut que cela donnoit à toutes les marchandises et aux fonds de terre, ont excité le Parlement à s'opposer à cette fabrication. Ils n'ont pas voulu enregistrer l'édit ; ils ont fait d'itératives remontrances. La Chambre des Comptes[2]

1. Ces billets, créés par édit du 7 décembre 1715, sur la proposition du Conseil des finances et de M. de Noailles, devaient être donnés à tous les anciens porteurs de créances sur l'État : billets de l'Artillerie, billets de l'Extraordinaire des guerres, de la Marine, de Tontine, promesses de la Caisse des emprunts, etc., dont les titres auraient été vérifiés. Ces billets d'État étaient signés par le prévôt des marchands et par un député des Six corps des marchands, et rapportaient un intérêt de 4 pour cent. On devait les brûler à l'Hôtel de Ville, à mesure de leur extinction.

2. La Chambre des Comptes, comme aujourd'hui la Cour des comptes, était une cour souveraine établie pour entendre, clore, apurer et juger les comptes

et la Cour des Aides[1] se sont même jointes pour en faire aussi[2].

Mais toutes ces démarches n'ont eu aucun fruit. On a envoyé cinquante soldats aux gardes à la Banque de Law pour la garder, et autant à la Monnoie pour soutenir la fabrication, qui alloit toujours (parce que le Parlement avoit fait défense par un arrêt de travailler).

Le Parlement a bien vu qu'il falloit directement s'adresser à Law, qui étoit l'inventeur et l'auteur de tout le mal. Le Parlement a rendu un arrêt, le 12 août 1718, qui ne fait que renouveler les anciennes ordonnances, pour faire défenses à tous étrangers de s'immiscer dans les deniers royaux, afin qu'on laissât aller les choses en règle, que tous les deniers des recettes fussent portés chez les officiers comptables, comme gardes du Trésor Royal, trésoriers de l'Extraordinaire des guerres, receveurs généraux et autres, parce que leurs charges répondent de leur maniement, au lieu qu'il n'y a aucun recours contre Law, si par malheur la Banque se fermoit.

Cet arrêt fit beaucoup de bruit; on le lisoit partout. Comme M. de Mesmes, premier président, paroissoit avoir changé de bonne foi et avoir quitté le parti de la Cour pour embrasser celui du Parlement et du peuple (quoique cependant bien des gens doutent encore de la sincérité de ce changement; mais ce sont les fins politiques, car, pour l'apparence, elle étoit pour lui), on ne doutoit pas que si Law eût été pris dans ce temps, qu'on ne lui eût fait promptement un procès, et qu'on ne l'eût pendu dans la cour du Palais. Tout le peuple en parloit ainsi et le souhaitoit. Law fut conseillé même de se retirer au Palais-Royal. La peur le prit; cependant il n'en

des officiers chargés des deniers royaux. Elle était en outre préposée à la conservation du domaine et des droits qui s'y rattachaient.

1. La Cour des Aides était une autre cour souveraine chargée de veiller à la perception des impôts et de juger tous les procès civils et criminels qui touchaient cette matière.

2. Ces remontrances furent adressées au Régent, le 30 juin 1718.

est rien arrivé. Mais, comme le Parlement s'assembloit toujours, malgré les défenses qu'on lui faisoit, cela détermina M. d'Argenson[1], garde des sceaux, et président des finances, grand génie et d'expédition, d'apporter un remède prompt et violent à tous ces remuements.

Pour cela, la nuit du 25 au 26 août, qui est le lendemain de la Saint-Louis, on prépara tout au Louvre[2] pour tenir un lit de justice et secrètement. La nuit on envoya chez tous les ducs et pairs, maréchaux de France, gouverneurs de province, lieutenants-généraux et autres grands du royaume, qui ont droit de séance au lit de justice. Des princes du sang, il n'y avoit que M. le Duc[3] qui savoit le secret de cette menée. Le vendredi, à six heures du matin, comme le Parlement devoit s'assembler, on envoya, de la part du Roi, ordonner au Parlement de prendre leurs robes rouges et de venir tous en corps au Louvre. Ils furent si fort étonnés de cette nouvelle, qu'ils furent hors d'état de prendre un parti sage dans cette affaire, et de prévoir à peu près le motif de ce lit.

Comme c'était là un coup de partie, et que le Régent craignoit, la Cour prit des sûretés : tout le régiment des gardes françoises marcha dès le matin ; une partie fut au Louvre, et l'autre se rangea dans différents quar-

---

[1] Marc-René Le Voyer d'Argenson était né à Venise, en 1652, pendant le séjour que son père fit en cette ville, comme ambassadeur de France. Il succéda à La Reynie dans les fonctions de lieutenant de police, et se fit remarquer par sa haute intelligence et son habileté. Le Régent, en 1718, le nomma vice-chancelier et garde des sceaux, pendant le premier exil du chancelier d'Aguesseau. D'un extérieur repoussant, dit-on, et de formes sévères, d'Argenson, par la nature même de ses fonctions, fut exposé à de nombreuses inimitiés qui ne l'épargnèrent pas. Il mourut en 1721.

2. Aux Tuileries. Voyez sur ce lit de justice, Saint-Simon, *Mémoires*, édit. in-12, t. xxxii, p. 36 et suiv.

3. Louis-Henri, duc de Bourbon et d'Enghien, chef de la maison de Condé, né en 1692, mort en 1744. Le titre de M. le Duc appartenait de droit aux fils aînés des princes de Condé. (Voy. à ce sujet Saint-Simon, édit. in-12, t. xiii, p. 37 et suiv.) Prince sans capacité et sans intelligence, il devint ministre à la mort du Régent, et laissa un déplorable souvenir de son administration.

tiers de Paris, dans des endroits cachés, comme dans la cour de la Foire Saint-Germain[1]. Les gendarmes étoient tous prêts dans l'hôtel de M. le prince de Soubise[2]; les chevau-légers[3] de même; les mousquetaires gris étoient à cheval dans l'hôtel[4]; et les mousquetaires noirs, dont l'hôtel est trop éloigné[5], étoient dans la cour de la Foire Saint-Germain. Il y avoit un mousquetaire à cheval à la porte des Tuileries, du côté du Pont-Royal, et un au Carrousel, pour recevoir les ordres dont on auroit pu avoir besoin.

A la vérité, toutes ces précautions étoient assez inutiles, car le Parlement est composé de gens en robes sans défense, et s'il y avoit eu une sédition du peuple, qu'auroit fait ce petit nombre de troupes, la plupart fort indisposées contre le Régent (lesquelles étoient restées pour[6] la défense du Roi, et l'on savoit bien que le peuple ne lui en vouloit en aucune façon)?

A onze heures, le Parlement partit à pied, en robes rouges, du Palais, au nombre de cent cinquante-trois, et alla au Louvre, par la rue Saint-Honoré. Comme le peuple n'étoit point averti de cela, cette marche ne fit aucun effet; le peuple ne suivoit pas; il y avoit seulement au Louvre un grand concours de ceux qui avoient su cette nouvelle. Le lit de justice assemblé, la première chose que le garde des sceaux proposa fut d'enregistrer ses lettres de garde des sceaux et de vice-chancelier, ce que le Parlement avoit refusé.

Ensuite M. le Duc présenta sa requête, qui étoit toute

---

1. Aujourd'hui l'emplacement du marché Saint-Germain.

2. L'hôtel occupé maintenant par la Direction générale des Archives de l'Empire, rues du Chaume et des Francs-Bourgeois, au Marais.

3. Compagnie de cavalerie légère dont le Roi était capitaine. Ils portaient l'habit écarlate bordé de blanc.

4. Cet hôtel était situé sur la rue du Bac, vers le n° 15, sur les terrains du marché Boulainvilliers.

5. Rue de Charenton. Aujourd'hui l'hospice des Quinze-Vingts.

6. « Elles n'auraient pu servir que pour... » 1re édition.

préparée, pour demander, en qualité de premier prince du sang, la surintendance de l'éducation du Roi, que l'on avoit donnée à M. le duc du Maine[1], lors du lit de justice pour la régence. Cela fit du murmure, parce que M. le duc du Maine est un prince très-sage et très-estimé; le premier président voulut répondre et demander au Roi de donner du temps pour délibérer sur des matières aussi importantes. Le garde des sceaux coupa la parole au premier président, se tourna du côté du Roi, comme pour faire semblant de lui demander sa volonté, et il répondit que le Roi vouloit être obéi sur-le-champ[2].

En sorte que sans que personne, ni des seigneurs ni du Parlement, donnât son avis, on enregistra l'arrêt du Conseil du 21 août 1718, qui est très-fort contre le Parlement[3]; l'édit, qui dégrade MM. le duc du Maine et le comte de Toulouse[4] de leur qualité de princes[5] et des honneurs y attachés, les remet au rang de leur duché. M. le Duc fut installé dans sa place de surintendant de l'éducation. M. le duc du Maine fit démeubler dès l'après-midi même. Et, par des lettres-patentes aussi enregistrées le même jour, M. le duc de Toulouse fut rétabli dans ses honneurs pour sa vie durant seulement. Le Parlement sortit à deux heures et s'en retourna. Il n'y eut pas la moindre émotion, quoique tout le monde fût fort surpris de la disgrâce de M. le duc du Maine.

On craignoit d'abord quelque mouvement de ce prince, qui auroit pu être excité par madame la duchesse du

---

1. Louis-Auguste de Bourbon, duc du Maine, prince souverain de Dombes, fils légitimé de Louis XIV et de madame de Montespan, né en 1670, mort en 1736.

2. Voyez Saint-Simon, *Mémoires*, éd. cit., t. XXXII, p. 90.

3. Il cassait l'arrêt du 12 août (voy. plus haut, p. 10), et interdisait au Parlement de s'immiscer dans les affaires d'État.

4. Louis-Alexandre de Bourbon, troisième fils légitimé de Louis XIV et de madame de Montespan, né en 1678, mort en 1737. Grand amiral de France, il se distingua dans la guerre d'Espagne, et se tint éloigné des intrigues de la duchesse du Maine.

5. « Du sang. » 1re édition.

Maine[1]; qui est Condé en son nom, haute et outrée au dernier point de ce malheur pour ses enfants.

Quoique, dans les articles de l'arrêt du Conseil, il fût expressément défendu au Parlement de s'assembler pour aucune affaire d'État, il s'assembla dès l'après-midi et le lendemain matin samedi.

Cela irrita M. le garde des sceaux, qui n'étoit pas fâché de trouver les occasions d'abaisser le Parlement, et il en faut dire les raisons : — Dans le temps de la Chambre de Justice[2], qui étoit composée pour la meilleure partie de messieurs[3] du Parlement, puisque les deux présidents étoient MM. de Lamoignon et Portail[4], présidents à mortier, on avoit terriblement donné d'inquiétude à M. d'Argenson, pour lors lieutenant général de police et conseiller d'État. On avoit été sur le point de décréter contre lui, sous prétexte de malversation. Il avoit été mandé plusieurs fois; on avoit arrêté tous les gens qui lui avoient servi dans le secret, ou commissaires ou exempts du temps du Roi; et le Parlement avoit cherché toutes les preuves qu'il auroit voulu trouver contre

---

1. Anne-Louise-Bénédicte de Bourbon, fille de Henri-Jules, duc de Bourbon et d'Anne de Bavière, et petite-fille du grand Condé, était née le 8 novembre 1676. Elle épousa le duc du Maine en 1692. Elle mourut en 1753, dans la retraite, après avoir cherché à jouer un rôle politique sous la régence.

2. Ce tribunal extraordinaire avait été institué par un édit de mars 1716: afin, dit le préambule de cet édit, « de réprimer les abus et réparer les désordres commis dans les finances... afin que les malversations des officiers comptables et des gens d'affaires, dans la perception, le maniement et la distribution des deniers publics ne demeurassent jamais impunies. (Depuis le 1er janvier 1698). » Il y eut 4410 justiciables taxés par cette chambre pendant l'année que dura sa puissance, et le montant des taxes s'éleva à la somme de 219,478,391 livres, somme égale aux deux septièmes de la masse des biens imposés. Au mois de juin 1717, on n'avait encore payé que soixante-dix millions sur les taxes. L'impuissance de cette recherche, bien constatée par ce résultat, fit supprimer la chambre en 1718. La création de ce tribunal fut une des causes qui contribuèrent à rendre le numéraire très-rare.

3. Titre d'honneur donné aux membres du Parlement.

4. Il devint dans la suite premier président et mourut en 1736. Il avait commencé par être avocat général. (Voy. les *Mémoires* de Saint-Simon, t. x, p. 54).

M. d'Argenson. Il étoit piqué du crédit qu'il avoit eu du temps du Roi et de celui même qu'il s'étoit ménagé par intrigue et par son esprit auprès du Régent, car Pomereu[1], un de ses exempts, avoit été arrêté par ordre de la Chambre de Justice ; on avoit saisi une cassette de papiers secrets. Il eut le crédit d'avoir sur-le-champ une lettre de cachet du Régent, avec laquelle il fit sortir Pomereu de prison, lequel s'enfuit, et la cassette fut portée au Régent. Les présidents de la Chambre voulurent avoir raison de ce coup d'autorité, mais ils furent mal reçus du Régent, et tous les papiers furent brûlés. *Inde ira.*

Or, quand au mois de février 1718, M. d'Argenson a eu, tout d'un coup un matin, la place de M. le duc de Noailles, président des finances, et de M. d'Aguesseau, chancelier et garde des sceaux, lequel fut relégué à Fresne, sa terre, à six lieues de Paris, du côté de Meaux (ces deux hommes étoient les deux plus grands ennemis de M. d'Argenson), le Parlement ne douta pas alors qu'il ne se vengeât de lui ; et aussi il n'y a pas manqué, parce qu'effectivement la vengeance est la vertu la plus flatteuse et la plus digne d'un grand cœur.

Tout Paris alla le complimenter, chacun sous différentes intentions. Nous y allâmes, mon père[2] et moi. Il nous dit : « Pour vous, je sais bien que vous m'aimez. Je prie M. votre fils de m'aimer aussi. » Et cela devant tout le monde, et peut-être pas sans malice.

A l'égard de M. d'Aguesseau, on n'a jamais su la raison de sa disgrâce ; rien n'a été plus secret. On se doute pourtant à présent qu'il y avoit des conférences entre lui et M. le duc du Maine et quelques membres du

---

1. « Un drôle intelligent et adroit, qui était fort à sa main (et qui se nommait Pomereu), pour faire des découvertes, pour faire arrêter des gens et quelquefois les garder chez lui quelque temps. » Saint-Simon, *Mémoires*, t. XXVII, p. 32.

2. Édmond-Jean Barbier, avocat au Parlement, depuis l'année 1673 ; il était devenu, en 1696, le conseil de M. d'Argenson. Il mourut en 1735.

Parlement (comme étoit M. le président de Blamont[1]), au sujet de quelque intelligence avec l'Espagne, dont le ministre-cardinal Albéroni[2] est un esprit supérieur, et qui peut être soupçonné d'avoir ses vues et de jouer sa politique pour tâcher d'assurer à son maître la couronne de France, dans le cas de mort de Louis XV, malgré les prétentions du Régent.

Pour revenir aux faits du mois d'août, quand M. le garde des sceaux eut appris les assemblées du Parlement, du vendredi et du samedi, la nuit du dimanche au lundi, qui étoit le 29, à une heure après minuit, trois maîtres des requêtes[3] se transportèrent, avec vingt mousquetaires chacun et des carrosses à six chevaux, pour arrêter M. le président de Blamont, M. de Saint-Martin, conseiller, et M. Feydeau de Calendes, jeune homme de trente ans, fils du président Feydeau (tous les trois de la quatrième des Enquêtes), et mettre le scellé chez eux, sur leurs papiers. Chez M. de Saint-Martin, le portier ne voulut point ouvrir la porte. On avoit des haches toutes prêtes avec lesquelles on enfonça la porte. On les mit dans un carrosse, chacun avec un laquais à eux, et ils partirent à trois heures du matin, par le chemin de Montlhéry; chaque carrosse escorté de seize mousquetaires avec un brigadier. On les a menés : M. de Saint-Martin aux îles de Sainte-Marguerite[4]; il avoit beaucoup de peine à s'embarquer.

1. Sur les intrigues de ce président qui fut tour à tour l'ennemi et l'espion du Régent, voyez Saint-Simon, t. xxxii, p. 126-127, et t. xxxiii, p. 50.

2. Jules Albéroni, né à Parme, en 1664, était le fils d'un jardinier. Par son esprit et ses intrigues, il parvint à être l'agent du duc de Parme auprès du duc de Vendôme, qu'il sut amuser. Il devint son secrétaire, le suivit en Espagne, où il réussit à conclure le mariage d'Élisabeth Farnèse, fille de son premier souverain, avec Philippe V. Devenue reine, Élisabeth le fit ministre, grand d'Espagne et cardinal. Il fut exilé en 1720, et se retira en Italie où il mourut, en 1752.

3. MM. de Saint-Aubin. (*Note de Barbier*).

4. Ils furent envoyés, dit Saint-Simon, t. xxxii, p. 127, Blamont aux îles d'Hyères, Saint-Martin à Belle-Isle, et Feydeau de Calendes dans l'île d'Oléron. Cet exil dura plusieurs mois.

Cette nouvelle fit beaucoup de bruit à Paris; mais nulle émotion, comme dans le temps où l'on arrêta M. Broussel[1], à la minorité de Louis XIV, ce qui causa la guerre civile.

Présentement qu'on n'est point accoutumé aux troubles, et que chacun sent le désagrément de quitter sa maison et sa famille pour être exilé dans des endroits très-éloignés, une pareille action fit peur à chaque membre en particulier. Et il est certain que, dans des affaires d'État, ceux qui ont la force en main doivent coup sur coup faire des actions publiques et violentes; cela anime les braves; mais aussi, comme le plus grand nombre est des craintifs, cela intimide la plupart et déconcerte toutes les menées, et cela rompt les partis qui pourroient se former[2]. Car, en effet, à entendre parler tout le monde, chacun ne demandoit pas mieux que de se joindre au Parlement, mais personne n'osoit commencer ni se déclarer pour chef. Et cela suffit pour conserver le dessus à la Cour sans rien craindre[3].

Le Parlement s'assembla le lundi, et il fut délibéré qu'on fermeroit le Palais. Les avocats, sans en avoir été priés par le Parlement, délibérèrent de n'aller plaider nulle part, ni à la Cour des Aides, ni aux autres Chambres; ils arrêtèrent même qu'en haine des maîtres des requêtes, qui avoient eu assez peu de cœur pour aller faire les commissaires chez des membres du Parlement, et pour pareille occasion, de ne jamais monter aux requêtes de l'Hôtel, ce qui auroit fait tomber absolument la seule juridiction qu'aient les maîtres des requêtes.

Le Parlement resta fermé deux jours; il y eut des conférences entre lui et la Cour, et il ouvrit le jeudi. Les avocats plaidèrent à la Grand Chambre. Le premier

---

1. En 1649. Ce fut l'un des premiers événements de la Fronde. Le conseiller Broussel, emprisonné un moment par ordre de la Régente, se rattacha plus tard à la cour et devint l'un de ses serviteurs dévoués.

2. On trouvera beaucoup de ces maximes dans notre auteur.

3. Personne n'ose attacher le grelot, comme on dit. (*Note de Barbier.*)

président les remercia, au nom de la Cour, de leur zèle, et les pria de remonter aux requêtes de l'Hôtel.

On dit que, quand on rapporta à M. le Régent l'action des avocats, il répondit : « Quoi ! ces b..... là s'en mêlent « aussi ! » Et que le seigneur, qui lui parloit, lui dit : « Monseigneur, ce sont ceux qu'il est le plus difficile « de réduire ; car il est permis de faire taire un avocat ; « mais il est impossible de le faire parler malgré lui. »

Le Parlement ensuite a envoyé MM. les gens du Roi demander audience au Roi, et il y a été, par une députation nombreuse en robe noire, pour demander ses prisonniers.

Voici la réponse que leur fit M. le garde des sceaux, M. le premier président[1] y étant et ayant très-bien parlé au Roi : « Les affaires qui attirent aujourd'hui la dépu« tation de son Parlement sont matières d'État qui de« mandent le secret et le silence. Le Roi a voulu faire « respecter son autorité. La conduite que tiendra son « Parlement dans ces circonstances déterminera sa dis« position et ses sentiments. »

Cette réponse a paru très-haute et très-insultante pour le Parlement ; cependant il s'en est revenu avec cela. Les vacances sont arrivées, les prisonniers ont toujours continué leur route. Et voilà où en sont les choses aujourd'hui.

Les gens, qui ont le talent de penser juste à leur aise des choses quand elles sont arrivées, et *quand*[2] on en voit les inconvénients et tout ce qui les accompagne, disent que le Parlement devoit refuser d'aller au Louvre et demander d'être éclairci du sujet ; ou bien, étant au Louvre, refuser l'enregistrement des lettres de M. le garde des sceaux, auquel cas il n'y auroit point eu de lit de justice, n'y ayant point de chancelier ; et, en second lieu, qu'au sujet de la liberté de leurs confrères, il ne

---

1. M. de Mesmes. (*Note de Barbier*).
2. *Qu'on.* (Mss.)

falloit pas l'aller demander, mais fermer le Palais jusqu'à leur retour, ce qui auroit fait crier tout le peuple.

Décembre.

Traités avec l'Angleterre et l'empereur contre l'Espagne. — Conspiration. — L'abbé Porto-Carrero. — Le prince de Cellamare. — Les faux sauniers. — Le prince de Cellamare arrêté. — M. Le Blanc. — L'abbé Dubois. — Arrestations : le marquis de Pompadour, Saint-Géniès, etc. — Requête du Parlement. — Bruits. — M. de Saint-Aignan, ambassadeur en Espagne. — La Banque Royale. — M. d'Argenson.

Comme la guerre est prête de se déclarer entre l'Espagne et la France, par les traités particuliers que M. le Régent a faits avec l'Angleterre et l'empereur; que le roi d'Espagne ne paroît pas avoir envie de faire la guerre aux François, au moyen d'une déclaration et d'un manifeste qu'il a envoyés tout imprimés à Paris; et que les François de leur côté ne semblent pas avoir aucune raison de guerre contre le roi d'Espagne, que l'on regarde toujours comme l'héritier présomptif du sang, si le Roi venoit à manquer, indépendamment du droit des renonciations; M. le Régent et son conseil secret ont eu des soupçons de quelques négociations secrètes entre le cardinal Albéroni, ministre d'Espagne, et homme très-habile, et quelques grands seigneurs d'ici que l'on ne connoît pas précisément. On pourroit soupçonner le duc du Maine, à cause des disgrâces qui lui sont arrivées dans le dernier lit de justice.

Ces soupçons ont pu se trouver dans les papiers du secrétaire de M. de Joly de Fleury, procureur général, que l'on a mis à la Bastille, et que l'on dit être un pensionnaire d'Albéroni.

Sur ces conjectures, on a arrêté, il y a quelque temps, à Poitiers, le neveu du cardinal Porto-Carrero[1], grand

---

1. L'abbé Porto-Carrero, neveu du cardinal de ce nom. Voyez Saint-Simon, *Mémoires*, t. XXXII, p. 182, et Duclos, *Mémoires secrets*, édit. 1791, t. I, p. 290. Il voyageait avec Monteleone, le fils de l'ambassadeur d'Espagne, à Londres.

seigneur d'Espagne, qui revenoit de Rome[1], parce que le roi d'Espagne avoit ordonné depuis six mois à tous les Espagnols de sortir de Rome. On a cru qu'un homme de cette qualité pourroit être porteur de quelque chose de confiance; et on a pris prétexte sur un marchand anglois[2] qui a fait une très-forte banqueroute, et que le roi d'Angleterre avoit prié M. le Régent de faire arrêter.

Effectivement, on a trouvé à ce seigneur un paquet pour le roi d'Espagne, dans lequel il y avoit une lettre pour le roi, écrite de la main du prince de Cellamare[3], ambassadeur d'Espagne en France, qui portoit, dit-on, en termes très-forts : « Gardez-vous bien, Sire, de renon-
« cer à la couronne de France. Si vous le faites, le jeune
« Roi ne sera pas en vie dans trois mois; mais si vous ne
« renoncez pas, nous sommes sûrs de notre coup. Tout
« est prêt pour l'exécution; et le plus vif poison n'est
« pas trop bon pour servir le contre-poison. » Il y avoit aussi dans le paquet la liste des seigneurs de France et de la cour qui trempoient dans la conspiration.

Cela a fait connoître que tous les faux sauniers[4] qui sont répandus autour de Paris, sous le commandement des sieurs de Colingri[5] et de Rasoir, qui sont des officiers

---

1. Il revenait de Madrid, suivant Saint-Simon, *loc. cit.*
2. Ce banqueroutier était un Espagnol établi en Angleterre depuis longues années, si l'on en croit Saint-Simon, dont le récit se rapproche de celui de notre auteur. Suivant Duclos, au contraire, t. I, p. 290, Dubois fut averti de toute cette intrigue par La Fillon, célèbre appareilleuse, grâce à l'indiscrétion d'un secrétaire de M. de Cellamare, amant d'une de ses pensionnaires.
3. Antonio Giudice, prince de Cellamare, fils du duc de Giovenazzo, dont il porta le titre, était né à Naples en 1657. Il se rendit célèbre par ses intrigues pendant son ambassade en France. Saint-Simon en parle et en fait l'éloge. Il mourut à Séville, en 1723.
4. Les contrebandiers qui transportaient le sel et le vendaient à bas prix. Saint-Simon en parle, t. XXXII, p. 161. Ils existaient surtout en Champagne et en Picardie, et formaient des bandes nombreuses qui luttaient souvent contre les troupes royales.
5. Ou Colinery. Ce chef de contrebandiers, après avoir été gracié en Picardie, alla recommencer en Poitou, où il fut arrêté en 1724. Voyez *Journal de Marais*, *Revue Rétrosp*, t. X, p. 228 (2e série).

qui ont servi ici pendant quinze ans, sont des troupes envoyées par le cardinal Albéroni pour faire quelque coup, qui ont pris prétexte du faux sel pour se disperser de côté et d'autre; ils sont au nombre de cinq ou six mille, peut-être même davantage. Ils ne font de tort dans aucun endroit où ils passent, ils ont de l'argent, et l'on s'étoit toujours méfié de la qualité de ces gens-là, car on n'a jamais vu six mille faux-sauniers autour de Paris.

M. le Régent, ayant été instruit de la conspiration par la découverte de cette lettre, a pris des mesures avec ses ministres.

Aujourd'hui vendredi, 9, M. le Régent a envoyé chercher M. l'ambassadeur d'Espagne, et lui a dit d'aller chez M. Le Blanc[1], secrétaire d'État de la guerre, pour affaires. M. L'ambassadeur y a été. On dit qu'il s'attendoit ici à être arrêté, parce qu'il savoit qu'on avoit arrêté le neveu de Porto-Carrero. M. Le Blanc lui a demandé s'il reconnoissoit cette lettre, en présence du maréchal de Bezons[2] et de M. l'abbé Dubois, secrétaire des affaires étrangères. Il a répondu que oui, et qu'elle étoit de sa main. M. Le Blanc a répondu que cela étant, il l'arrêtoit de la part du Roi. Il a monté par une porte de derrière dans le carrosse de M. Le Blanc, et il l'a conduit en son hôtel. Aussitôt arrivés, il y avoit trente mousquetaires en habit ordinaire et bourgeois, qui étoient répandus dans toutes les maisons voisines, qui sont entrés dans l'hôtel. M. Le Blanc et M. l'abbé Dubois ont mis le scellé sur tous les endroits où il y avoit des papiers avec garde, et l'ambassadeur est resté dans son hôtel, dans un appartement qu'on lui

1. Claude Le Blanc, né en 1669. Il était secrétaire d'État de la guerre depuis 1713. Il mourut en 1728.

2. Jacques Bazin de Bezons, né en 1645, maréchal de France, mort en 1733. Il avait obtenu cette haute distinction par les services qu'il avait rendus en Espagne. C'était un ami du duc d'Orléans. Saint-Simon donne sur ce personnage des détails curieux.

a laissé. Cette affaire est de très-grande conséquence par rapport au nombre des conjurés.

Le vendredi, il y a eu un conseil de Régence. M. le Régent montra la liste des conjurés, mais il ne les nomma pas. On dit que M. de Chavigni[1], évêque de Troyes, M. le maréchal de Villars, et M. le maréchal d'Uxelles[2] n'assistèrent point à ce conseil.

Samedi, 10, on a arrêté M. le marquis de Pompadour[3], lieutenant général des armées du Roi (il a épousé une fille du maréchal de Noailles); M. le marquis de Saint-Géniès[4], bâtard du maréchal de Navailles[5], colonel de houzards, et le comte de Virion, autre officier.

Aujourd'hui dimanche, on disoit qu'on conduisoit hors de France, l'ambassadeur d'Espagne, avec trente mousquetaires.

Le Parlement, samedi, a envoyé des députés au Régent pour demander la liberté du président de Blamont; le Régent a répondu avec beaucoup d'honnêteté, au Parlement, et a dit que, quand on auroit examiné s'il ne trempoit pas dans la conspiration découverte, l'on le rappelleroit aussitôt.

Aujourd'hui 13 décembre, M. l'ambassadeur n'est point encore parti.

---

1. Denis-François II Bouthillier de Chavigni succéda à François I de Chavigni, son oncle, comme évêque de Troyes, le 20 avril 1698. Il mourut en 1730. Il était depuis 1716 archevêque de Sens.

2. N. de Blé, marquis d'Uxelles, maréchal de France, était né à Châlons, en 1653. Il devint président du conseil des Affaires étrangères, à la mort de Louis XIV. Il mourut en 1730. Duclos le représente comme un homme médiocre et d'un esprit étroit, et de mœurs plus que suspectes.

3. Saint-Simon donne sur ce personnage de singuliers détails. Il avait été ambassadeur en Espagne. C'était une nullité complète.

4. « C'était, dit Saint-Simon, t. xxxii, p. 193, une espèce d'aventurier, bâtard de Saint-Géniès, mort en 1685, lieutenant général et frère du maréchal de Navailles, mort en 1684. » Sa mère, Antoinette Drouart, était morte en 1671.

5. Ph. de Montault de Bénac, duc de Navailles, maréchal de France, était né en 1619. Il a laissé des *Mémoires*. C'était un officier distingué.

M. le Régent eut hier un frisson; une pareille nouvelle suffit pour faire tomber malade.

On dit que, par arrêté du conseil de Régence, les mousquetaires sont retirés de chez M. l'ambassadeur, qu'il ne part pas, et qu'il dit même qu'il ne partira pas sans les ordres du roi, son maître, et que personne n'est ici en droit de lui en donner; que c'est une affaire particulière entre le Régent et le roi d'Espagne, qui n'en veut ni au Roi ni aux François.

D'autres disent que cette prétendue conspiration n'a rien de réel, qu'on auroit dû avoir déjà donné un manifeste pour justifier l'insulte faite à un ambassadeur de l'arrêter, et de prendre ses papiers, que c'est un prétexte pour faire une querelle d'Allemand à l'Espagne, pour l'engager dans une guerre. On ne peut rien encore décider sur toutes les nouvelles qui courent de cette affaire; il faut attendre d'autres éclaircissements.

On dit que le projet étoit d'enlever M. le Régent, et de le mener en Espagne. M. le comte d'Aydie[1], beau-frère du comte de Rions[2], comblé des bienfaits de madame de Berry[3], étoit du parti et a pris la fuite.

M. de Foucault de Magni[4], introducteur des ambassadeurs, est aussi en fuite.

L'ambassadeur est parti[5], il a un gentilhomme ordinaire du Roi[6], et un officier de mousquetaires pour le

---

1. « D'Aydie, veuf de la sœur de Riom et de même nom que lui et qui logeait au Luxembourg, disparut. » Saint-Simon, t. XXXII, p. 194. Sa femme avait été dame d'honneur de la duchesse de Berri.

2. Sicaire-Antonin-Armand-Auguste-Nicolas d'Aydie, comte de Rions, né en 1692, premier écuyer de madame de Berri, colonel de dragons.

3. Marie-Louise-Élisabeth d'Orléans, fille du régent Philippe d'Orléans, née en 1695, avait épousé le duc de Berri, petit-fils de Louis XIV. Elle mourut en 1719, à l'âge de vingt-quatre ans, épuisée par toute sorte d'excès.

4. « C'était un misérable fou. » Saint-Simon, loc. cit. Son père, Foucault, qui était conseiller d'État et chef du Conseil de Madame, eut la permission de vendre la charge de son fils.

5. Le mardi, 13 décembre.

6. Il se nommait Du Libois. Voyez Saint-Simon, loc. cit.

conduire jusque sur la frontière; il est demeuré en chemin jusqu'à ce qu'on ait des nouvelles de M. de Saint-Aignan[1], notre ambassadeur. On parle bien différemment de cette affaire; on dit toujours qu'une grande partie des principaux officiers étoient du parti; on parle aussi du Parlement. M. le Régent a fait imprimer les lettres[2] qui ont été prises, pour justifier ce qu'il a fait; l'on ne croit pas tout cela bien sincère.

Enfin voici les lettres. Il s'en faut bien que toutes les nouvelles qui sont ci-dessus se trouvent véritables. Il n'y a dans ces lettres ni conspiration contre la vie du Régent, ni contre l'État.

Tout le monde a pensé uniformément, au sujet de ces lettres, c'est-à-dire que M. le Régent a très-mal fait de les produire, et encore plus mal fait de s'être obligé à une justification, par la démarche qu'il a faite de faire arrêter la personne sacrée d'un ambassadeur. Ces lettres sont un manifeste donné par le roi d'Espagne à la nation françoise. Elles sont pleines d'esprit et de bons sentiments pour le Roi et pour la nation.

Il y a une lettre de M. de Cellamare aux ambassadeurs qui sont à Paris, et une autre de M. l'abbé Dubois aux mêmes.

M. de Cellamare a traité M. l'abbé Dubois comme un maraud[3].

Des personnes poussent la politique jusqu'à dire que c'est un tour du cardinal Albéroni, d'avoir fait donner avis sous main, par les menées de l'ambassadeur, que le neveu de Porto-Carrero portoit des lettres secrètes pour rendre publics tous les mécontentements qu'on a contre l'administration présente, et que le Régent a donné dans le panneau. Il faut attendre l'événement de tout ceci.

1. Paul-Hippolyte de Beauvilliers, duc de Saint-Aignan, né en 1684, mourut en 1776, lieutenant général et membre de l'Académie française. Il était ambassadeur en Espagne depuis 1715.
2. Elles ont été reproduites dans les *Mémoires de la Régence*, in-12.
3. Lors de son arrestation. Voyez Saint-Simon, t. xxxii, p. 189.

On a porté au Parlement un édit à enregistrer, qui établissoit une Banque royale à la tête de laquelle étoit le Roi.

On dit que le Parlement refusa hier absolument l'enregistrement. C'étoit un ouvrage de Law.

On dit que M. d'Argenson, garde des sceaux, fait ce qu'il peut pour être premier président; il n'a que cette porte-là pour se tirer d'embarras dans les affaires présentes.

ANNÉE 1719.

Janvier.

Suite de la conspiration. — L'abbé Brigaut arrêté. — Le duc du Maine arrêté. — M. de Trudaine. — Madame la duchesse du Maine arrêtée. — Le cardinal de Polignac. — M. de Malezieu. — Bruits de Paris — Les Jésuites sont du complot. — Guerre contre l'Espagne. — Remarques. — Le manifeste du roi d'Espagne supprimé. — Traité de l'Espagne avec l'empereur. — Le cardinal Albéroni.

SUITE DES AFFAIRES DU TEMPS.

M. l'abbé Brigaut[1], qui a été arrêté dans le temps de M. de Pompadour, homme d'esprit et de lettres, a, dit-on, tout déclaré dans la Bastille, dans la question.

La nuit du 28 au 29 décembre, qui étoit la nuit du jour des Innocents, c'est-à-dire le jeudi matin, les mousquetaires montèrent à cheval; un lieutenant[2] des gardes du corps se transporta à Sceaux, accompagné de vingt gardes du Roi et de vingt mousquetaires, et à huit heures du matin il arrêta M. le duc du Maine, de la part du Roi. Ce prince alloit à la chasse, sa chaise étoit toute prête.

M. de Trudaine, prévôt des marchands, et conseiller d'État, y étoit aussi pour mettre le scellé sur tous les papiers. Il lui témoigna le chagrin qu'il avoit d'être chargé d'une pareille commission. Le prince lui répondit qu'il aimoit mieux que ce fût lui qu'un autre.

Le lieutenant, avec l'escorte, a conduit M. le duc du

---

1. « Un abbé Brigaut, fort dans le bas étage, qui était en fuite, fut pris à Nemours et conduit à la Bastille. » Saint-Simon, *loc. cit.* Voyez dans les déclarations de la duchesse du Maine, Lemontey, *Histoire de la Régence*, pièces, t. II, p. 399 et suiv., quelques détails sur les intrigues de cet abbé.
2. Il s'appelait La Billarderie. Voyez Saint-Simon, t. XXXII, p. 206.

Maine à Doullens, entre Amiens et Arras, en Picardie.

Le même jour, à la même heure, M. le marquis d'Ancénis[1], fils de M. le duc de Charost[2], capitaine des gardes du corps du Roi, a arrêté madame la duchesse du Maine, princesse du sang, dans une maison qu'elle louoit à Paris, avec pareille escorte. M. Fagon[3], conseiller au conseil royal des finances, y mit le scellé. On l'a conduite avec quelques pages et quelques femmes de chambre au château de Dijon[4].

Le même jour, on a été mettre pareillement le scellé chez M. le cardinal de Polignac[5], à qui l'on a enjoint de partir sur-le-champ pour son abbaye[6], et qu'un gentilhomme a accompagné.

Il est resté six mousquetaires à Sceaux, et six chez M. de Polignac pour la sûreté des scellés. On a envoyé par lettres de cachet M. le prince de Dombes[7] à Bourges, et M. le comte d'Eu[8] à Gien, et mademoiselle du Maine[9] a été mise dans un couvent. C'est ainsi que toute cette famille, si chérie de Louis XIV, a été dispersée. On a arrêté M. de Malezieu[10], chancelier de Dombes, et le tout de M. et de madame la princesse du Maine, homme

1. Il avait épousé la fille de d'Entraigues. Voyez Saint-Simon, t. xii, p. 241. Il avait alors le titre de duc.
2. Armand de Béthune II, duc de Charost, baron d'Ancenis, né en 1663. Il remplaça, en 1722, le maréchal de Villeroi comme gouverneur du Roi. Il mourut en 1747.
3. Fils du premier médecin du Roi, et ami de madame de Maintenon. Saint-Simon en parle.
4. La princesse devint ainsi la prisonnière de M. le Duc, qui avait le gouvernement de la Bourgogne. Elle y fut tenue fort serrée, dit Saint-Simon.
5. Melchior de Polignac, archevêque d'Auch et cardinal, né en 1661 au Puy, mourut en 1741. Il a écrit en latin un poëme célèbre, l'*Anti-Lucretius*.
6. L'abbaye d'Anchin en Flandre.
7. Louis-Auguste, prince de Dombes, né en 1700, mort en 1755.
8. Louis-Charles, comte d'Eu, né en 1701.
9. Louise-Françoise. Elle fut envoyée, si l'on en croit Saint-Simon, à l'abbaye de Maubuisson. Et les deux jeunes princes, ses frères, furent exilés à Eu.
10. Nicolas de Malezieu, précepteur du duc du Maine, membre de l'Académie française en 1701, était né à Paris en 1650. Il mourut en 1727.

d'esprit. On dit que la princesse, M. le cardinal de Polignac et lui travailloient ensemble pour des mémoires. La princesse a de l'esprit et beaucoup de vivacité.

On a mis le scellé sur ses papiers. J'ai appris d'un officiers des mousquetaires qu'il étoit bien fâché d'un portefeuille qu'il n'avoit pas pu soustraire. On l'a conduit à la Bastille, apparemment afin qu'il soit à portée pour être interrogé.

On a arrêté un avocat général[1] du parlement de Toulouse, qui travailloit avec M. le duc du Maine.

On a arrêté un avocat du parlement de Toulouse, qui est venu s'établir à Paris[2], et qui avoit travaillé pour M. le duc du Maine dans son procès contre M. le Duc. On voit bien pour celui-là que c'est pousser la vengeance trop loin. On a même arrêté un autre avocat de Toulouse par hasard à Paris pour affaire particulière, lequel soupoit dans ce moment-là avec lui.

On s'attend qu'il y aura bien d'autres personnes arrêtées. On a meublé la Bastille et Vincennes, et mis tout en état. On dit que toute la cour est enveloppée dans le parti d'Espagne. Personne ne trouve dans l'éclaircissement qui a été donné de la conspiration de sujet d'arrêter des princes de la part du Roi. Les officiers même, dont M. le Régent se sert, en parlent comme cela.

On trouve cette entreprise bien hardie. On l'attribue à M. d'Argenson et à M. l'abbé Dubois, dont le caractère est violent, et dont la politique est d'aller toujours en avant par les voies de fait. Je crois après tout qu'ils ont raison. Quand on a la force en main, il faut s'en servir coup sur coup et violemment, c'est le moyen d'abattre, d'étourdir et de dissiper un parti qui n'a pas encore levé la tête, et qui n'est pas encore au point d'opposer la force à la force.

1. « Davisard. Il s'était signalé par ses factums pour le duc du Maine contre les princes du sang. » Saint-Simon, *loc. cit.*
2. M. Barjeton, avocat. *Note de Barbier.*

On dit que les Jésuites sont aussi du parti, ils ne sonnent mot, ils ne s'écrivent même aucune nouvelle d'une province à une autre, parce que depuis longtemps toutes leurs lettres sont décachetées.

On ne parle plus de nouvelles dans les cafés, elles sont devenues trop sérieuses. Mais dans les maisons, on ne parle que de cela, et en bien des façons différentes, ainsi qu'il se pratique à Paris. On nomme tous les jours des gens pris qui ne le sont pas.

Hier, le jour de l'an, il était un bruit général dans tout Paris qu'on verroit la nuit ou le lendemain quelque chose d'extraordinaire. Effectivement, les gendarmes avaient ordre de se tenir prêts. On disoit un lit de justice; d'autres qu'on devoit arrêter M. le prince de Conti[1], M. le maréchal de Villars et M. le duc de Noailles. C'est aujourd'hui, et il n'est rien arrivé de tout cela.

La guerre est déclarée contre l'Espagne, on y envoie trente ou quarante mille hommes, M. de Berwick[2] y commande. Le Roi l'a dit à son lever. Elle n'est pas encore publiée ni affichée à Paris.

On presse fort M. le premier président de Mesmes de se démettre de sa charge. On lui offre cinq cent mille livres. La raison, dit-on, qui l'en empêche est qu'il doit beaucoup et qu'il seroit tourmenté par ses créanciers.

REMARQUES.

On dit que le motif particulier de la triple alliance faite entre M. le Régent, l'Empereur et le roi d'Angleterre est pour forcer le roi d'Espagne à renoncer une seconde fois à la couronne de France, pour l'assurer d'avantage

---

1. La maison de Conti était une branche cadette de la famille de Condé. Louis-Armand, comte de La Marche, prince de Conti, né en 1695, était gouverneur du Poitou. Il mourut en 1727. Il soutint contre sa femme un procès scandaleux et dont il sera question plus bas.

2. Jacques Fitz-James, duc de Berwick, maréchal de France, fils naturel de Jacques II, né à Moulins en 1671. Il fut tué devant Philipsbourg en 1734. Général habile, il gagna, en 1707, la bataille d'Almanza, en Espagne.

à M. le Régent. L'intérêt des princes alliés étoit de donner la Sicile à l'Empereur, comme le duc de Savoie la lui a cédée. L'Angleterre donnoit Gibraltar aux Espagnols, et la France donnoit à l'Angleterre Calais et Toulon, qui sont deux ports considérables, en sorte que c'était l'Angleterre qui avoit le plus profité dans ce traité particulier pour une renonciation dont l'événement auroit encore été incertain.

Voilà le sujet et le motif particulier de la guerre d'aujourd'hui contre *le roi d'*Espagne ; apparemment que si on a des forces considérables contre lui, qu'on lui prenne des places et qu'on le force à faire la paix, ce sera à la condition de la renonciation à la couronne de France, renonciation qui ne vaut toujours rien, puisqu'on ne renonce point à un droit qui n'est point acquis. *Non est successio viventis.*

On dit communément ici qu'il y a eu à Madrid un homme écartelé dans la fin de décembre 1718, et un autre pendu nommé Bataille[1] ; qu'ils ont avoué dans leur interrogatoire la conjuration qu'ils avoient faite pour empoisonner le roi d'Espagne, le prince des Asturies et le cardinal Albéroni.

On dit communément ici qu'il y a eu une trêve de trois mois entre l'Empereur et l'Espagne, et que l'ambassadeur de l'Empereur est venu dire à M. le Régent de surseoir à tout.

Le sujet, à ce que l'on dit, est un mariage du prince des Asturies avec une des archiduchesses, nièces de l'Empereur.

Cela doit intriguer furieusement le Régent après avoir fait déclarer la guerre contre l'Espagne.

Il y a eu un arrêt du Parlement qui a supprimé le

---

1. Ce personnage et son compagnon, de Sartines, le père du lieutenant de police, étaient établis en Espagne. Ils furent arrêtés en effet, mais ni l'un ni l'autre ne furent mis à mort, ni soumis à aucune peine. Voyez les *Mémoires* de Duclos et Lemontey.

manifeste du roi d'Espagne dont il lui en avoit été adressé deux exemplaires, l'un à M. le premier président, l'autre à M. le procureur général, avec défenses à aucun particulier de l'avoir.[1]

Le vendredi d'après, on distribua à Paris la *Gazette d'Hollande*; il étoit entièrement transcrit dedans, en sorte que tout le monde le vit, ce qui marque l'attention de ceux qui ont soin de l'examiner; et à six heures on donna ordre aux colporteurs de la retirer partout.

La nouvelle est certaine du traité de l'Empereur avec le roi d'Espagne, et l'ambassadeur de l'Empereur en a rendu compte à M. le Régent. On dit que le sujet est le mariage du prince des Asturies, et à son défaut des autres princes d'Espagne avec les deux filles de l'Empereur, qui n'ont que trois ans et un an, et à leur défaut avec les nièces de l'Empereur, filles de l'empereur Joseph. Par là, en cas de la mort du roi de France, l'Empereur reconnoît le roi d'Espagne successeur immédiat du royaume de France, lui et les siens; le roi d'Espagne, en cas de retour en France, rendra l'Espagne à l'Empereur.

On peut dire que ce traité est un tour du cardinal Albéroni, qui attendoit pour le faire paroître toutes les démarches que le Régent a faites, et qui dérange fort ses mesures.

On ne sait point encore quelle suite tout ceci aura.

---

1. Voyez Saint-Simon, t. xxxii, p. 248. Il était intitulé: *Manifeste du Roi catholique adressé aux trois États de la France, du 6 septembre* 1718.

ANNÉE 1720.

Mars.

Le comte de Horn. — Ses désordres. — Assassinat d'un agioteur. — La rue Quincampoix. — Le comte de Horn arrêté. — Son procès. — Sa condamnation. — Assemblées de la rue Quincampoix défendues. — Arrêt contre les vagabonds.

Au mois de mars, vers le 9 ou le 10[1], logeoit à Paris, à l'hôtel de Flandres, rue Dauphine, le comte de Horn[2], cadet du prince de Horn, souverain dans la Flandres, parent de l'Empereur, de Madame Douairière[3] et de M. le Régent lui-même.

Son frère lui faisoit ici douze mille livres de pension; il avoit perdu considérablement à la Foire Saint-Germain, où le jeu était considérable cette année, à cause de la quantité de billets de banque.

Deux coquins, vieux officiers[4], qu'il fréquentoit, lui conseillèrent de faire un mauvais coup. Ils le rassurèrent apparemment sur sa qualité et sur son crédit; et l'occasion étoit facile, à cause des portefeuilles où l'on portoit des sommes considérables.

1. Le 22 mars, vendredi, jour de la Passion, dit Duclos.
2. Antoine-Joseph, deuxième fils de Philippe-Emmanuel, comte de Horn, et d'Antoinette de Ligne, capitaine réformé dans les troupes autrichiennes. La maison de Horn, une des plus anciennes de l'Europe, appartenait aux Pays-Bas.
3. La Princesse palatine, mère du Régent, dont la *Correspondance* complète vient d'être publiée récemment dans la *Bibliothèque Charpentier*.
4. L'un s'appelait Laurent de Mille, Piémontais, capitaine réformé dans le régiment allemand de Bréhenne, et un prétendu chevalier d'Estampes ou Duterne, dont le véritable nom était Lestang, âgé de vingt ans, et fils d'un banquier flamand. Ce misérable, qui parvint à s'échapper, prit le nom de Grandpré, et alla se réfugier dans les Indes hollandaises. Voyez Duclos, *Mémoires*, t. II, p. 66. Voyez aussi Saint-Simon, t. XXXIV, p. 50 et suiv.

Pour cet effet, un jour, dans la rue Quincampoix, où étoit l'agiot, ils proposèrent, lui troisième, à un homme, facteur-courtier, qu'ils savoient avoir des papiers à plusieurs personnes, de faire quelque affaire; et, pour la consommer, ils allèrent dans un cabaret, dans une chambre au second, dans un petit cul-de-sac¹ de la rue Saint-Martin, derrière la rue Quincampoix. L'homme étant assis (il avoit pour cent cinquante mille livres d'effets), le comte de Horn par derrière lui entortilla la tête avec sa serviette, et, pendant ce temps, on lui donna dix coups de poignard. Il ne laissa pas de crier un peu; deux se sauvèrent par la porte, le comte de Horn se jeta par la fenêtre, et, à la faveur des pièces de bois qui soutiennent les maisons, il ne se blessa pas; mais il eut l'imprudence d'aller lui-même chez le commissaire Reguard, rue Saint-Martin, rendre plainte qu'on avoit voulu l'assassiner. Le commissaire le reçut avec respect, mais le peuple, qui vint du cabaret chez le commissaire, dit que c'étoit lui qu'il falloit arrêter. Le commissaire l'arrêta, il fut conduit en prison; cela se répandit dans sa famille. De Milly, un des deux autres, fut pris aussi.

Toute la maison de Chatillon, le prince d'Épinoi, le comte d'Egmont, prince de Flandres, allèrent demander sa grâce à Madame² et à M. le Régent. M. Law demanda l'exemple à M. le Régent, parce que cela faisoit tort à son système et à la liberté des négociations. On lui fit son procès; on jugea d'abord la compétence. Comme on approchoit des fêtes de Pâques, la famille ne cherchoit qu'à gagner du temps, peut-être pour faire agir l'Empereur.

On promit mille livres à un avocat pour trouver un expédient. Il y en eut un, qui trouva celui d'appeler au Grand Conseil de l'incompétence. Law, qui se trouva pris par là, fit donner par M. le Régent un arrêt du

---

1. Dans l'impasse de Venise.
2. Madame, mère du Régent.

Conseil, par lequel le Roi nomma commissaires les conseillers du Châtelet pour juger en dernier ressort, de manière qu'il fut jugé et condamné à être rompu vif, lui et de Milly, en place de Grève.

La famille renouvela ses instances auprès de M. le Régent, pour échanger la peine et le faire décoller, attendu que l'autre supplice honteux empêchoit les filles de leur maison d'être chanoinesses en Flandres. Le Régent fut inexorable[1], attendu même qu'il lui étoit parent; et il fut exécuté avec de Milly en place de Grève, et il expira une heure sur la roue le mardi-saint[2], qui étoit le dernier jour que l'on pouvoit exécuter.

On dit que le prince de Horn, son frère, a écrit une lettre très-forte[3] à M. le Régent, que son frère étoit un scélérat, qui méritoit fort la punition qui lui étoit arrivée, mais qu'il espéroit que Dieu en réservoit autant pour punir ceux qui faisoient plus de mal qu'il n'en avoit fait.

Law, qui avoit envie de mettre fin aux négociations de la rue Quincampoix, prit prétexte de cette aventure. On défendit les assemblées dans cette rue; le guet s'empara des deux bouts, pendant huit jours, depuis le matin jusqu'au soir, et on donna ordre à tous les gens sans aveu et fainéants de sortir de Paris.

Mai.

Arrêt du conseil sur les actions. — M. le Duc et M. le prince de Conti. — Remontrances du Parlement. — M. le Régent. — Nouvel arrêt du conseil. — Hausse et baisse des actions. — Intrigues de M. d'Argenson et de Dubois

---

1. Saint-Simon, t. XXXIV, p. 53, raconte qu'à la sollicitation de la famille il avait réussi à obtenir du Régent qu'il y eût commutation de peine. Mais Law et Dubois revinrent à la charge, et forcèrent presque le Régent à laisser l'arrêt s'exécuter.

2. Le 26 mars.

3. Duclos, t. II, p. 71, reproduit la lettre tout entière. Lemontey la tient pour apocryphe.

contre Law. — Law insulté, sa garde. — Law n'est plus contrôleur-général, il est conseiller d'État.

REMARQUES.

21 mai. — Cet arrêt[1] a été rendu pendant la vacance du Parlement dans les fêtes de Pentecôte. M. le Duc ni M. le prince de Conti n'y étoient point. M. le Duc a fait grand bruit à son retour de Chantilli, mais il fut apaisé en peu de temps, c'est-à-dire avec de l'argent (on dit quatre millions).

Le lundi, lendemain de la Trinité, cinq jours depuis l'arrêt[2], le Parlement rentra, et les chambres s'assemblèrent. L'avis de tous fut qu'il falloit avoir raison sur cet arrêt.

On députa MM. les gens du Roi au Louvre demander la permission au Roi de s'aller jeter à ses genoux. Le Roi, qui étoit instruit par M. le maréchal de Villeroi, répondit qu'il recevroit toujours son Parlement avec plaisir. Ils allèrent ensuite au Palais-Royal. M. le Régent les reçut fort bien, et il dit qu'il ressentoit lui-même le malheur public, qu'il faudroit tâcher d'y remédier. Le Parlement étoit dans le dessein d'aller à pied au Louvre, et tout le peuple étoit disposé à le suivre. Le peuple sentoit la faute qu'il avoit faite, lors du lit de justice, de n'avoir point accompagné le Parlement. Ceci étoit d'autant plus dangereux pour M. le Régent, que toutes les troupes étoient indisposées contre lui. Le Parlement auroit été le maître, et l'on disoit que le parti étoit pris de déclarer le Roi majeur, ce qui avoit de grandes suites.

M. le Régent, qui a de l'esprit et qui avoit parlé jusqu'ici avec hauteur au Parlement, fut obligé de caler.

1. Cet arrêt du Conseil, du 21 mai 1720, rendu sur la proposition de d'Argenson et des autres adversaires de Law, causa la chute du système. Il portait réglementation et réduction du prix des actions et des billets de banque.
2. Le 26 mai.

Il envoya le même jour, à onze heures, M. de La Vrillière, secrétaire d'État[1], dire au Parlement que tout seroit rétabli.

27. — Le même jour après midi, il y a eu arrêt du Conseil, qui révoque celui du 21.

Depuis le 21 jusqu'au 27, il y a eu des gens heureux, qui vendirent leurs actions à la Banque, sur le pied de huit mille livres, lesquelles en firent dix mille livres le 27, par la remise des billets de banque. Mais on n'a plus payé dès le 27 après midi à la compagnie les actions, ce qui les a fait tomber cruellement jusqu'à quatre mille livres. L'épouvante étoit dans l'actionnaire, d'autant que la Banque étoit fermée parce que des commissaires[2], nommés par arrêt du Conseil, pour en faire la visite tous les trois mois, y furent le 28. On disoit que c'étoit le Parlement; ce qui n'étoit pas vrai.

Tout le monde dit que l'arrêt du 21 n'étoit pas de l'avis de M. Law, mais que cela a été proposé par M. d'Argenson, garde des sceaux, M. Le Blanc, secrétaire d'État, et l'abbé Dubois, aussi secrétaire d'État, pour faire tomber Law. Effectivement, le coup étoit bien capable de cela.

M. Law dit en sortant du cabinet du Régent aux officiers de ne point vendre leurs actions, et que tout iroit bien; il en dit tout autant dans la Banque.

29. — Le mercredi, je le vis passer dans la rue de Richelieu, dans un carrosse magnifique; il fut insulté en sortant de la Banque[3] par un particulier. Comme on n'entroit point dans la Banque, il y avoit un monde infini dans la rue.

Le soir, il eut un major des gardes suisses avec trente

---

[1]. Louis Phelypeaux, marquis de La Vrillière, né en 1672, secrétaire d'Eta depuis 1700, fut en 1715 chargé de la maison du Roi. Il mourut en 1725.

[2]. MM. Pelletier des Forts, Fagon, Trudaine, prévôt des marchands. *(Note de Barbier)*.

[3]. La Banque venait d'être transférée rue Richelieu, à l'hôtel de Nevers, qui fait aujourd'hui partie de la Bibliothèque impériale.

Suisses[1]. On dit partout qu'il étoit arrêté, mais je me doutai bien que c'étoit pour sa sûreté; ce qui étoit vrai, car il a toujours été très-parfaitement uni avec le Régent.

Le jeudi, on lui ôta la place de contrôleur général (et cela n'est pas bien sûr, car personne n'est encore à la tête, et les bureaux sont toujours chez Law). C'est M. d'Argenson qui est remis à la tête de la finance comme il étoit auparavant.

On le disoit, mais c'étoit faux.

On a joué en cette occasion, en fine politique de cour, le Parlement, à qui M. le Régent, dans le moment qui pressoit, promit de travailler avec deux ou trois commissaires d'entre eux aux affaires publiques, ce qui n'a point été exécuté quand le péril a été passé.

30. — Le vendredi, M. le Duc fut deux heures chez M. Law, et tous les ducs et duchesses y allèrent aussi. On vit bien par là qu'il n'étoit point disgracié; et effectivement on a su hier, samedi, qu'il est conseiller d'État d'épée, intendant général du commerce et directeur général de la Banque et de la Compagnie des Indes (cela n'est pas sûr), avec séance au Conseil de Régence.

Juin.

Agioteurs à la place Vendôme. — Visites à la Banque. — Nouvel arrêt du conseil d'État sur la monnoie. — Payements à la Banque. — Argent rare. — Émeute à la Banque. — La Banque fermée. — L'abbé Dubois, archevêque de Cambrai. — Le cocher de l'abbé Dubois et celui du cardinal de Mailly. — D'Argenson donne sa démission de garde des sceaux. — Retour de d'Aguesseau. — D'Argenson haï. — Le Pelletier Des Forts, commissaire des finances. — Payements des billets de banque chez les commissaires. — Jours de marché. — Billets coupés. — Plaisanterie sur d'Argenson. — *Le chien noir.* — La Madeleine de Traisnel.

L'agiot s'est fait tous ces jours-ci dans la cour de la Banque; mais, comme cela embarrassoit, on a renvoyé

---

1. « Beuzwalde, major du régiment des gardes-suisses, qui avait été averti, arriva avec seize Suisses. » Saint-Simon, t. xxxiv, p. 103. Ils se retirèrent le dimanche suivant, 2 juin.

d'hier au soir, samedi 1ᵉʳ juin, dans la place de Vendôme. J'y allai hier; en sorte que les assemblées, qui étoient défendues dans la rue Quincampoix, vont recommencer de ce côté-là.

On dit qu'on a trouvé treize cent millions d'argent dans la Banque, cela s'entend sur le pied de quatre-vingt-deux livres dix sols le marc, comme il est à présent. Bien des gens croient même que cela n'est pas vrai.

Il y a un arrêt[1] qui permet à tout le monde d'avoir tant d'argent chez soi qu'on voudra. Cette permission vient quand presque personne n'en a plus. D'ailleurs, on dit que cet arrêt n'est pas du consentement de Law. Il est incroyable, le manége affreux que l'on fait à la Banque. On ne paye que cent livres à chaque personne, et il faut avoir un billet de cent livres. Ils ne payent que le matin, sous prétexte que les commissaires du Conseil font la visite l'après-midi, et cela dure depuis huit jours. C'est une tuerie affreuse; il n'y a point de jours qu'il n'y ait quelqu'un d'étouffé; et dans cette ville de Paris, qui est immense, à peine y a-t-il un sol pour fournir à la dépense de la bouche. Voilà l'état où l'on est à présent. Tout est bouleversé; ce sont des changements à chaque instant, et cela va toujours à perdre et ruiner tout le monde.

On ne sait pas d'où vient qu'ils payent si lentement; je crois que c'est pour fabriquer de l'espèce.

M. Law n'a plus depuis deux jours sa garde; M. le Régent dit au major, qui l'accompagnoit, qu'il pouvoit se retirer.

Depuis l'arrêt du 21, la méfiance est entière pour les billets de banque, et l'arrêt du 27 n'a rien rétabli. Comme ils voient que tout le monde veut avoir de l'argent, et qu'ils n'en ont pas apparemment de quoi faire face, ils

---

[1]. Cet arrêt révoquait celui du 20 janvier 1720, qui faisait défense, sous peine de confiscation, d'avoir chez soi plus de cinq cents livres en espèces, et même de posséder des objets d'or ou d'argent.

ont déclaré aujourd'hui, 7 juin, qu'ils ne payeroient que le 12, sous prétexte des commissaires du Conseil, et qu'ils donneroient de l'argent aux commissaires du quartier. Ils craignent avec raison qu'il n'arrivât quelque chose à la Banque; car avant-hier, 5 juin, il y eut un tapage épouvantable, des épées tirées; les soldats mirent par deux fois la baïonnette au bout du fusil, et il ne faudroit rien pour mettre le feu dans une sédition.

Ils étoient quatre au Conseil lors de ce bel arrêt : le Régent, le garde des sceaux, l'abbé Dubois, Le Pelletier Des Forts[1] et Le Blanc. Chacun renie cet arrêt et dit qu'il n'est pas de lui. La voix publique est qu'il n'est pas de Law. On l'attribue à M. le garde des sceaux.

A propos de l'abbé Dubois, il est sacré archevêque de Cambrai, dimanche prochain, au Val-de-Grâce. Comme il passe pour un scélérat, les polissons disent que c'est un secret que M. le Régent a trouvé pour lui faire faire sa première communion (parce qu'il sera obligé de dire la messe).

On a fait encore une autre histoire sur son compte. Son cocher se querelloit avec le cocher de M. l'archevêque de Reims, qui est Mailly[2]. Chacun d'eux s'échauffoit sur la qualité de son maître ; le cocher de l'archevêque de Reims dit que son maître sacroit le Roi : « Voilà « grand'chose, dit l'autre cocher; mon maître sacre « Dieu tous les jours! »

La preuve de ce que j'ai dit ci-dessus du garde des sceaux arriva hier au soir. M. le Régent envoya dire à M. le garde des sceaux qu'il n'avoit qu'à lui rapporter les sceaux. M. d'Argenson y alla sans hoquetons[3] par

1. Michel-Robert Le Pelletier Des Forts, comte de Saint-Fargeau, né en 1675, remplit par deux fois les fonctions de contrôleur général : 1° en 1720; 2° de 1726 à 1730. Il mourut dans la retraite dix ans plus tard.

2. François de Mailly, cardinal-archevêque de Reims, 7 février 1711. Il mourut le 13 septembre 1721.

3. C'étaient deux archers qui tiraient ce nom de la casaque ou surtout dont ils étaient revêtus.

la cour des cuisines, et il attendit le Régent, qui étoit allé à Saint-Cloud. On a envoyé dès l'après-midi à Fresne rechercher M. d'Aguesseau, qui est revenu la nuit.

Tout le monde se réjouit fort de cette nouvelle à cause de l'arrêt qu'on attribue à M. d'Argenson[1], lequel est généralement haï de tout le monde et même du peuple.

Il y a apparence que M. d'Argenson n'avoit persuadé au Régent de rendre cet arrêt que pour faire tomber Law; mais on a fait entendre à M. le Régent combien il avoit hasardé par cet arrêt jusqu'à être destitué de la Régence, et il a vu l'importance du coup qu'on a voulu lui faire faire.

Pour moi, je crois que les choses ne peuvent plus aller bien. Tout est dans une trop grande confusion pour pouvoir régler l'État, sans couper bras et jambes à tous les particuliers.

M. Le Pelletier Des Forts a le titre de commissaire général des finances, et sous lui M. d'Ormesson d'Amboile, beau-frère de M. le chancelier, et M. de Gaumont, chef du Conseil de M. le prince de Conti, tous deux maîtres des requêtes. J'entends tout le monde jurer contre M. Le Pelletier Des Forts, et dire que c'est le plus indigne de tous les hommes pour aimer à faire du mal. Comme il a été déjà dans la finance, il est connu.

C'est M. Law lui-même qui a été à Fresne rechercher M. d'Aguesseau. Il a été ce matin avec lui chez le Régent. Il y a eu grande réjouissance le matin devant la porte du chancelier. On dit que l'abbé Dubois étoit du complot, et même que le Régent lui a donné cent coups de poing parce qu'ils sont bons amis.

On dit que M. Le Blanc, secrétaire d'État de la guerre, en est aussi. D'autres disent le contraire. Pour moi, je l'ai trouvé aujourd'hui avec un air bien triste.

---

1. Voyez Saint-Simon. Cet historien prétend que, dans cette circonstance, le Régent lui offrit les sceaux.

Les gens politiques regardent autrement cette affaire, et je l'ai pensé de même.

Cet arrêt a été l'ouvrage de M. le Régent et de Law. Ils ont voulu tenter cette voie, ils se sont pressés d'y mettre remède, et l'on dit que le Parlement a demandé au Régent, M. le chancelier; que le Régent a dit à M. d'Argenson, qu'il falloit plier, et qu'on ne pouvoit pas se dispenser de le rappeler. M. le garde des sceaux a dit que cela étant, il rapporteroit les sceaux; que le Régent lui a répondu, que cela n'étoit pas nécessaire, qu'ils feroient chacun leur charge; qu'il lui a même cité l'exemple de M. Séguier, qui étoit demeuré chancelier et qui avoit eu trois gardes des sceaux; mais que le garde des sceaux lui avoit dit qu'il falloit rendre les sceaux pour apaiser tout le monde; et la preuve de cette intelligence c'est que M. le Régent lui a envoyé des lettres de garde des sceaux honoraire, qu'il a donné un bénéfice de douze mille livres de rente à l'archevêque de Bordeaux[1], son frère, et que son fils reste dans sa charge de lieutenant de police. Il n'y a que le peuple qui est la victime de toutes ces politiques.

La Banque est toujours fermée, et l'on donne de l'argent chez les commissaires des quartiers.

16 juin. — C'est toujours de même. Les jours de marché, les anciens commissaires ont de l'argent. Il y a un corps de soldats aux gardes dans tous les marchés, ce qui est impertinent. L'on n'entre qu'avec une peine extrême chez les commissaires, l'on ne paye à chaque personne que trois petits billets de dix livres, et l'on ne coupe ceux de cent livres qu'à la Banque, où il y a une presse à se faire étouffer. Voilà quelle est l'administration présente.

PLAISANTERIE.

Quand on eut ôté les sceaux à M. d'Argenson, il s'en

---

[1]. François-Élie de Voyer de Paulmy d'Argenson, archevêque de Bordeaux, 1719 — 25 octobre 1728.

alla d'abord quelque temps chez les Jésuites de la rue Saint-Antoine, et ensuite à la Madeleine-de-Traisnel[1]. couvent faubourg Saint-Antoine. On fit une affiche :

« Il a été perdu un grand chien noir avec un collier
« rouge et les oreilles plates. Ceux qui le trouveront

[1]. Cette communauté de femmes appartenait à l'ordre de Saint-Benoît. Elle avait été fondée, au douzième siècle, en Champagne, à Traisnel. Les religieuses vinrent, en 1654, s'établir à Paris, rue de Charonne (au n° 100 de la rue). D'Argenson fut l'un de leurs bienfaiteurs. Il y possédait un appartement où il venait souvent se reposer. Ce goût particulier de l'ancien lieutenant de police pour une pareille résidence lui attira nombre de chansons.

Avec moins de peine,
René d'Argenson
A la Madeleine
Fait le carillon.

AUTRE.

Il court à la Madeleine,
Villemont est son Hélène ;
Elle en fait son beau Paris,
Et par une fausse porte
Entrant, ressortant souvent,
Là, sa finance il transporte
Et couche dans le couvent.

———

Content d'un si beau succès,
Il dormoit en assurance,
Alors que Son Éminence (*le cardinal de Noailles*),
Sans forme d'autre procès,
Va visiter la nonnette,
Et fait venir un maçon :
La chose fut bientôt faite,
La porte devint cloison.

———

Hé quoi ! métamorphoser,
Dit Villemont en colère,
Une porte nécessaire !
Cardinal ! c'est trop oser !...
. . . .
La métamorphose, hélas !
Au retour valut matine ;
Le ministre n'en fit mine,
Mais fit tout jeter à bas.
Et malgré Son Éminence,
Contre lois, règle et raison,
Par cette porte, en silence,
Il console Villemont.

« s'adresseront à l'abbesse[1] de Traisnel, et on les récom-
« pensera. »

M. d'Argenson est grand et noir. Il est chancelier de l'ordre de Saint-Louis, et il a le grand-cordon rouge, et les oreilles plates, à cause de l'événement.

Juillet.

Le comte d'Argenson donne sa démission de lieutenant de police. — M. Baudry lui succède. — Les quatre frères Paris exilés. — Les agioteurs. — Mot contre d'Aguesseau. — *Et Homo.* — MM. Fagon et Trudaine disgraciés. — La cause. — M. de Châteauneuf, prévôt des marchands. — Mot sur Trudaine. — Le Parlement. — Baisse des billets. — Arrêt de la Cour des Monnoies. — Payements chez les commissaires. — L'agioteur Molini. — Payements suspendus, repris à la Banque. — Émeutes rue Vivienne, au Palais-Royal. — Personnes étouffées. — Le duc de Tresmes. — Law insulté. — Il se cache. — Difficultés du Parlement avec la Cour, les rentes, la Compagnie des Indes — Inquiétudes dans Paris. — Parlement transféré à Pontoise. — Le prince de Conti. — Cherté excessive. — Mécontentement des troupes. — Monnoies. — Les Mousquetaires au Palais de Justice. — Lettre de cachet. — Les avocats au Parlement et les avocats au Châtelet. — La Banque toujours fermée. — Le Parlement à Pontoise. — Le premier président. — Vers sur le Parlement.

2 juillet. — Autres nouvelles. Dimanche, dernier juin, au soir, M. de La Vrillière, secrétaire d'État, alla à la Madeleine-de-Traisnel, où est M. d'Argenson, le prier d'envoyer chercher son fils, le lieutenant de police[2], pour lui demander la démission de sa charge.

C'est M. Baudry[3], maître des requêtes, qui a sa place. Pour cette fois, cela est sûr. Hier l'intendant de M. d'Ar-

---

1. Madame Gilberte-Françoise Veni d'Arbouze de Villemont était alors prieure de cette communauté. Elle passait pour partager ses bonnes grâces entre M. d'Argenson et un flûtiste célèbre nommé Des Coteaux, qui, dit-on, l'avait rendue mère. Voyez Saint-Simon, t. xxxiv, p. 114.

2. Marc-Pierre de Voyer de Paulmy, comte d'Argenson, né en 1696. Il fut nommé quelque temps après intendant de Tours. Voyez Saint-Simon, t. xxxiv, p. 126. Il remplaça à son tour, M. Baudry commé lieutenant de police, de 1722 à 1724, devint, en 1742, secrétaire d'État de la guerre et sut par son administration préparer les succès de Fontenoi et de Lawfeldt; disgracié en 1757, il mourut dans la retraite, en 1764.

3. Gabriel Taschereau de Baudry, lieutenant de police, 1720-1722.

genson vint faire avec mon père la quittance pour le brevet de retenue de cent cinquante mille livres.

Ce n'est pas tout. Les Paris, qui sont quatre frères, qui étoient directeurs des vivres, lors de la guerre, qui ont été depuis (il y a deux ans) à la tête des fermes générales, qui sont de grands fripons, mais qui ont de l'esprit infiniment, sont exilés tous quatre d'avant-hier, en Dauphiné, qui est leur pays. Il y en a deux qui ont été soldats.

Ces gens étoient les créatures de M. d'Argenson. Cela prouve cependant un souterrain que l'on n'entend pas dans cette affaire. Ces gens-là tenoient peut-être conseil avec d'Argenson, qui savoit le secret du Régent et de Law; et le but étoit de faire tomber le système et Law. Il faut bien qu'il y ait quelque chose de vrai là dedans.

L'agiot continue toujours à la place de Vendôme, vis-à-vis le chancelier[1]. Tout le monde croit qu'il est livré à la cour et qu'il devient aussi méchant que les autres. On dit aussi qu'on afficha, il y a deux jours, la nuit à sa porte, en grosses lettres, un fort joli mot : « ET HOMO FACTUS EST. » Cet homme perdra toute sa réputation, car il ne peut aider à faire que du mal.

La Banque est toujours fermée, et les payements se continuent deux fois de la semaine, jours de marché, chez les commissaires, au nombre de huit, avec grand embarras.

On dit que demain on payera à la Banque à cinquante-cinq sols l'écu, qui ne vaut que cinquante sols dans le public. Cela seroit indigne, mais ils n'oseront le faire, car la méfiance est si grande qu'on tirera de l'argent à quelque prix que ce soit.

MM. Fagon et Trudaine[2], conseiller d'État et prévôt

---

1. Aujourd'hui le ministère de la justice, place Vendôme. L'hôtel avait été formé par la réunion de deux maisons confisquées sur deux traitants, Bourvalais et Villemarec, mis à contribution par la Chambre de justice.

2. « Trudaine mit le comble par un propos imprudent qui lui échappa de surprise en public à un brûlement de billets, comme si quelques-uns de

des marchands, sont disgraciés. Cela vient de la visite qu'ils ont faite à la Banque, après l'arrêt du 21 mai. M. Bourgeois, trésorier général de la Banque, conduisoit les commissaires dans les trésors de la Banque, et il leur montroit des piles de sacs en leur disant : « Messieurs, c'est de l'or. Il y a dans ce coin-là dix millions; dans cet endroit-là, six, etc. » M. Fagon lui dit qu'il ne signoit pas ainsi un procès-verbal, que pour être plus sûr de la quantité de millions, il falloit apporter une table et les compter. M. Trudaine approuva l'avis de M. Fagon. M. Bourgeois leur dit que cela ne se pouvoit pas, et qu'il falloit avoir de la foi. *Inde ira.*

M. de Chateauneuf[1], conseiller au Parlement, et qui a été deux fois ambassadeur, a été nommé pour être prévôt des marchands, mais on dit qu'on ne veut pas le recevoir à cause qu'il est Savoyard, et qu'il faut être de Paris. Le Roi, par une lettre de cachet, l'a dispensé de la naissance.

On en a voulu si fort à M. Trudaine, que le Roi a ordonné de faire la cérémonie de l'Hôtel de Ville pour l'élection d'un prévôt des marchands et de deux échevins dès aujourd'hui, 5 de juillet, ce qui ne s'est jamais fait que le jour de Saint-Roch, dans le mois d'août[2].

On fait à présent tout à l'extraordinaire. On dit qu'on a mis à sa porte :

CRUCIFIXUS EST PRO NOBIS.

Aujourd'hui, 6 juillet, M. Baudry a été reçu au Parlement et installé lieutenant de police.

Hier 5, le Parlement fit une députation au Régent,

---

ceux-là lui eussent déjà passé par les mains. » Saint-Simon, t. xxxiv, p. 118 et 119. Le duc prétend s'être opposé autant que possible à la disgrâce de Trudaine, qui passait pour un magistrat intègre.

1. Pierre-Antoine de Castagnères de Châteauneuf. Il était né à Chambéry. Il fut trois fois ambassadeur à l'étranger : 1° de 1689 à 1696, à Constantinople; 2° en Portugal, de 1703 à 1705; 3° enfin auprès des États-Généraux des Pays-Bas, de 1713 à 1716.

2. Le 17 août.

pour demander l'ouverture de la Banque et un payement des bureaux à l'ordinaire. Le Régent répondit qu'il feroit ce qu'il pourroit, qu'il falloit auparavant régler le change avec l'étranger.

Le Parlement s'est encore assemblé ce matin, 6 juillet.

L'argent à la place de Vendôme se vend pour des billets, depuis trente jusqu'à quarante pour cent de perte. Il y a un arrêt de la Cour des Monnoies, qui défend cette usure, à peine des galères. Le Parlement a trouvé mauvais que la Cour des Monnoies se mêlât de la police, et il a raison.

On distribue chez les huit commissaires depuis vingt jusqu'à vingt-cinq mille livres à chacun, chaque jour de marché. Ils coupent aussi les petits billets de cent livres en ceux de dix livres. Ils ont tous les jours de la semaine chez eux une garde de soldats aux Gardes avec des sergents, qui est triplée le jour des payements. Ils sont à présent comme de petits ministres, car les magistrats et les gens de la première qualité vont les prier en grâce de leur garder sur leur payement cent livres, parce qu'on ne donne effectivement que dix livres à toute la populace; et c'est une tuerie le mercredi et le samedi. Personne effectivement n'a d'argent, et il semble qu'on aille leur demander l'aumône.

Malgré l'arrêt de la Cour des Monnoies, il est venu à la place un homme nommé Molini, qui jouoit, il y a deux ans, à la Comédie. Il s'est placé dans un bureau avec un paquet de billets de dix livres, avec lesquels il coupoit ceux de cent livres, moyennant vingt-cinq sols, et avec trente ou quarante mille livres d'argent qu'il donnoit pour des billets de banque à trente-cinq pour cent de profit. Il a montré à la garde un cachet de la Banque qu'il avoit, mais on a été chercher un exempt de la Cour des Monnoies, qui est venu l'arrêter. Molini n'a pas voulu le suivre; un des exempts de la garde ordinaire a été chez Law, et on a eu un ordre du Régent de le laisser en paix. Il y est venu de cette manière trois ou quatre fois pendant la seconde semaine de juillet. On dit que la Cour des Monnoies en a fait ses plaintes au Régent, lequel leur a répondu qu'il ne donnoit pas l'argent à une plus haute valeur qu'il n'étoit, mais que c'étoit le billet de banque qui perdoit.

Les commissaires ne payent plus depuis le 6 de ce mois. La raison pour laquelle on ne leur donne plus d'argent : 1° Ils sont fort fatigués de cette commission ; 2° ils ne sont pas en sûreté chez eux : on vouloit escalader leurs maisons ; 3° il coûtoit à la Banque, pour distribuer aux huit commissaires, chaque jour de marché, deux cent cinquante mille livres d'argent, et cela est beaucoup. Ils donnent cinquante mille livres par semaine au bureau de la Volaille pour les rôtisseurs ; quarante mille livres par semaine pour les deux marchés de Poissy. Il en faut pour les manufacturiers, pour payer le prêt de tous les soldats, et pour les provinces, où il y a des bureaux de banque et où l'on paye mieux qu'à Paris.

Ils s'épuisent d'argent insensiblement, parce qu'il n'y a pas de circulation et qu'il ne reparait plus. Chacun le garde et cherche à dépenser son billet. Ceux même qui ont gagné aux actions, et à qui le fond ne coûte rien, font acheter de l'argent dans les provinces, à vingt-cinq pour cent de perte ; la veille d'une diminution où le peuple cherche à ne pas perdre, ils le gardent, et, de cette manière, tout l'argent se resserre, et la Banque voit qu'elle s'épuise sans qu'il y rentre un sol pour les droits du Roi, que l'on paye en billets. Ce qui est fort opposé au dessein du Régent d'avoir tout l'argent.

Dans cet embarras, ils ont pris le parti, le 8 (lundi), de payer à la Banque un seul billet de dix livres à chaque personne, et alternativement, le lendemain, de couper les billets de banque en petits.

On entroit par la rue Vivienne dans les jardins du

Palais-Mazarin[1], et l'on passoit ensuite dans la galerie[2] où étoient les bureaux. Quand le jardin étoit plein, on ne laissoit plus entrer personne, et on expédioit ceux qui étoient dedans ; cela faisoit perdre toute la journée à de pauvres gens.

Cela a été exécuté deux ou trois fois avec une presse et une foule extraordinaire, de manière qu'il y avoit toujours quatre ou cinq personnes d'étouffées pour pouvoir entrer dans le jardin. Ce qui fait particulièrement cette presse, ce sont les gens de livrée et quantité de vagabonds qui tâchent à avoir de l'argent pour le revendre à ceux qui ne veulent pas se faire écraser.

Hier[3], mercredi 17, la rue Vivienne fut remplie de quinze mille âmes, dès trois heures du matin. La foule fut si considérable, qu'il y eut seize personnes d'étouffées avant cinq heures. Cela fit retirer le peuple. On en porta cinq du long de la rue Vivienne ; mais, à six heures, on en porta trois à la porte du Palais-Royal. Tout le peuple suivoit en fureur ; ils voulurent entrer dans le Palais-Royal, que l'on ferma de tous les côtés. On leur dit que le Régent étoit à Bagnolet, qui est une maison de campagne de madame la Régente ; le peuple répondit que cela n'étoit pas vrai, qu'il n'y avoit qu'à mettre le feu aux quatre coins, et qu'on le trouveroit bientôt. C'étoit un tapage affreux par tout ce quartier-là. Une bande porta un corps mort au Louvre. Le maréchal de Villeroi leur fit donner cent livres. Une autre bande se jeta du côté de la maison de M. Law, et ils cassèrent toutes les vitres ; on y fit entrer des Suisses pour la garder.

Pendant ce temps-là, M. le Régent avoit peur[4], on

---

1. La partie de la Bibliothèque impériale occupée par le département des Manuscrits. Le jardin, qui est aujourd'hui abandonné et rempli de matériaux, doit être rétabli et orné d'une grille, le long de la rue Vivienne.

2. C'est la galerie occupée maintenant par le département des Estampes, qui vient d'être restaurée d'une manière fort heureuse.

3. Voyez Saint-Simon, t. xxxiv, p. 130.

4. « J'arrivai au Palais-Royal, où M. le duc d'Orléans, en très-courte

n'osa pas faire paroître de troupes. Rocheplatte, un de ses officiers de garde, avoit fait entrer cinquante soldats aux gardes en habit bourgeois. Quand ils eurent pris leurs mesures en dedans, à neuf heures, ils ouvrirent leurs portes, et, en un moment, les cours furent pleines de quatre à cinq mille personnes[1]. M. Le Blanc, secrétaire d'État de la guerre, y vint avec une garde de gens déguisés. M. le duc de Tresmes, gouverneur de Paris, y entra[2]; tout le peuple entoura son carrosse; il jeta de l'argent, même de l'or, et il eut ses manchettes toutes déchirées. M. Law y vint aussi dans son carrosse, dans la grande cour. Quand son cocher vit cette populace, il commença à dire qu'il faudroit faire pendre quelqu'un de ces Parisiens. Cette insolence anima le peuple; on ne lui fit pourtant rien dans le palais; mais il sortit seul avec son carrosse. Une femme, tenant la bride de ses chevaux, lui dit : « B.....! s'il y avoit quatre femmes « comme moi, tu serois déchiré dans le moment. » Elle avoit perdu son mari. Il descendit et lui dit : « Vous « êtes des canailles[3]! » Le peuple le suivit, brisa le carrosse et maltraita si fort le cocher, qui fut arrêté dans un embarras, qu'il mourra, dit-on, aujourd'hui. Voilà ce qui s'est passé; il ne s'en est guère fallu qu'il n'y ait eu une sédition entière. Le peuple étoit si échauffé, que le commissaire Daminois[4], qui demeure vis-à-vis le Palais-Royal, voulut paroître en robe, et que le peuple lui dit qu'il eût à se retirer, sinon qu'il feroit le quatrième corps mort. Cette émotion a commencé, dit-on, par quatre femmes qui vouloient donner du cœur aux

---

« compagnie, était fort tranquille, et montrait que ce n'était pas lui plaire que « de ne l'être pas. » Saint-Simon, *loc. cit.*

1. Un officier y vint avec vingt mousquetaires en habit ordinaire. C'est l'officier qui me l'a dit. (*Note de Barbier*).

2. Celui-ci harangua le peuple par le balcon pour apaiser. (*Note de Barbier*).

3. L'officier des mousquetaires y étoit. (*Note de Barbier*).

4. Ce commissaire exerça ses fonctions pendant plus de soixante-dix ans.

hommes. On a enterré les gens morts, et cela s'est apaisé.

Law vouloit sortir, mais on l'en empêcha. Il est demeuré dans le Palais-Royal, chez Coche, premier valet de chambre du Régent, et chez madame de Nancré, pendant dix jours sans sortir. Le Régent s'habilloit pendant ce fracas; il étoit blanc comme sa cravate, et ne savoit ce qu'il demandoit.

Dans l'après-midi, le Parlement fut au Palais-Royal par députés, c'est-à-dire, les commissaires nommés pour travailler avec le Régent, qui sont : le président Portail, l'abbé Pucelle[1] et l'abbé Menguy[2].

La dispute, qui est à présent, est que le Régent veut supprimer une seconde fois les rentes sur la ville, créées depuis deux jours, et en faire la conversion en actions, et que le Parlement enregistre l'établissement de la Banque et de la Compagnie des Indes[3].

Le Parlement ne veut point entendre à cela; sa raison est que tout s'est fait sans leur participation, que tout est bouleversé, qu'il n'y a plus que deux ans de minorité, et qu'ils n'ont que faire de s'embarrasser là dedans.

Le Régent leur répondit ce même jour-là qu'ils eussent à prendre leur parti promptement, sinon que le sien étoit tout pris.

Aujourd'hui, jeudi 18, j'ai passé à deux heures après minuit dans la rue Vivienne; il y avoit déjà une douzaine de personnes assises par terre à la porte du jardin. Il faisoit beau clair de lune.

1. L'abbé Pucelle, janséniste renforcé, était conseiller clerc au Parlement; il fut l'un des chefs de l'opposition qui éclata si souvent au sein de sa compagnie contre les mesures du gouvernement de Louis XV.

2. L'abbé Menguy, conseiller au Parlement, ami de l'abbé Pucelle et janséniste. Il travailla cependant à la réunion du Parlement et de la cour, lors de l'exil à Pontoise. Le prince de Conti mourant le nomma son exécuteur testamentaire.

3. La compagnie devenait maîtresse de tout le commerce. Voyez Saint-Simon, *loc. cit.*, et Duclos, t. II, p. 80.

20, samedi. — Jeudi, on n'ouvrit pas la Banque, et il y eut une ordonnance du Roi, que l'on lut apparemment au peuple, qui attendoit le jeudi matin à la porte de la Banque, qui fait défenses de s'assembler, à peine de désobéissance; qui *surseoit*[1] au payement de la Banque pour prendre les mesures nécessaires jusqu'à nouvel ordre.

Hier, vendredi 19, il y avoit des troupes autour de Paris, ce que le Régent avoit préparé depuis longtemps. Il y a un camp de Suisses au bout des Champs-Élysées. On avoit fait un camp à Montargis, disoit-on, pour le canal, où étoient le régiment de Champagne[2], Pont et Royal-Marine[3]. Ce camp-là vint coucher à Melun hier, pour être ce soir à Charenton. Cela fait cinq mille hommes. Il y a aussi un régiment de cavalerie au Roule[4].

Ce matin, on n'a payé d'argent en aucun endroit, quoique jour de marché; mais, dans chaque marché, il y avoit deux corps de garde de soldats aux gardes avec les officiers. Tout s'est passé très-tranquillement. Les boulangers ont pris des billets de banque, et je suis persuadé que, pour les engager toujours à venir à Paris, on leur donne de l'argent à Gonesse[5] et ailleurs.

Il y avoit dans la *Gazette* d'aujourd'hui que le Roi avoit rendu un édit par lequel il déclare la Compagnie des Indes perpétuelle, à condition qu'elle retirera six cents millions de billets de-banque en un an; outre ce, six cents millions pour le virement des parties et compte en banque, et un milliard pour les vingt-cinq millions

---

1. *Surcit.* (Mss.)
2. Ce régiment d'infanterie est devenu, en 1791, le 7ᵉ de ligne.
3. Le 60ᵉ de ligne.
4. Ce quartier de Paris n'était encore qu'un village, qui fut érigé en faubourg en 1722. On prétend que c'est le *Crioilum* cité dans la vie de saint Éloi. Au treizième siècle, ce lieu est appelé *Rolus, Rotulus*, en français, *Role* et *Roule*.
5. Voyez Saint-Simon. Gonesse, bourg de Seine-et-Oise, à 18 kilomètres de Paris, était célèbre par le nombre de ses boulangers qui venaient, les jours de marché, vendre leur pain à Paris.

de rente sur la ville, tant en récépissés qu'en billets, au moyen de quoi, dans un an, il n'y aura plus de billets de banque ni de récépissés.

Cet édit n'est point daté, parce qu'il n'a point été registré en Parlement. Voilà précisément la querelle. Si le Parlement avoit voulu registrer, cela auroit donné de la confiance au public, et cela empêcheroit le désordre; mais le Parlement ne veut entendre à quoi que ce soit, et attendre la majorité.

M. le chancelier d'Aguesseau, qui est présentement livré à la Cour, s'est fait fort apparemment de faire passer au Parlement tout ce qu'il voudroit, et il s'est trompé. Bien des gens croient qu'il ne restera pas longtemps en place, il n'est pas assez grand génie pour cela, et il est caustique.

Dimanche matin, 21, à quatre heures, les mousquetaires[1] ont porté des lettres de cachet à tout le Parlement en particulier, pour se rendre, dans deux fois vingt-quatre heures, à Pontoise, où le Roi transfère le Parlement. Les lettres de cachet étoient burinées. On dit que le Régent a découvert qu'ils vouloient s'assembler pour déclarer le Roi majeur.

Pour les empêcher de s'assembler au palais, les gardes du corps ont été s'emparer des salles du palais, les mousquetaires ont été les relever à midi, et, dans les cours, il y avoit des soldats de la garde françoise et suisse; les portes n'étoient ouvertes qu'au guichet. Tout cela s'est passé tranquillement dans Paris. Le guet à cheval a marché aussi toute la matinée.

On disoit dans Paris qu'il y avoit aussi une lettre de cachet pour M. le prince de Conti[2]. Il parle fortement pour le peuple dans le Conseil; il est brouillé avec M. le

---

1. Un officier avec quatre mousquetaires. (*Note de Barbier.*)
2. Ce désintéressement du prince n'était rien moins que réel. Il avait pris une part très-vive à l'agiotage et en avait retiré des bénéfices considérables. Voyez Saint-Simon, t. xxxiii, p. 255-256.

Duc, son beau-frère, et avec M. le Régent; il a même défendu à sa femme[1] de l'aller voir. M. le Duc est livré au Régent à cause des grands gains qu'il a faits, et M. le prince de Conti dit hautement que l'intérêt est indigne des princes du sang.

Si ce prince avoit été turbulent, il auroit été en état de faire un grand coup, même de faire déposer le Régent de sa régence, en se mettant à la tête du Parlement. Le peuple l'auroit suivi indubitablement. Les troupes que l'on fait venir autour de Paris, ni la maison du Roi ne serviroient guère au Régent, car tout le monde en particulier est indigné du bouleversement général. Il n'y a point d'officier qui ne perde et qui ne mange son bien par la cherté excessive de tout, parce que le marchand, qui est fripon naturellement, veut s'exempter de la perte qui peut arriver sur le billet de banque, et il vend les deux tiers de plus. Une paire de bas de soie vaut quarante livres; le beau drap gris vaut soixante-dix ou quatre-vingts livres l'aune; un train de carrosse, qui valoit cent écus, vaut mille livres. L'ouvrier, qui gagnoit une livre dix sols par jour, veut gagner six livres, et il est quatre jours sans travailler, à manger son argent; de sorte qu'on ne peut venir à bout de rien faire, et tout coûte extraordinairement. Le moellon, qui coûtoit douze livres la toise, vaut quatre-vingts livres, ainsi de tout le reste. Cela est si général, que tout le particulier souffre infiniment, hors une petite poignée de monde, qui a gagné ce qui sert à ruiner les autres.

L'officier, qui en cela est particulier, jure tout haut contre le gouvernement. Ils ne demandent qu'un mouvement pour frapper, et ils le disent généralement dans toutes les auberges.

Des colporteurs distribuoient dimanche, dans les rues, ce billet :

---

[1]. Louise-Élisabeth de Bourbon, sœur de M. le Duc, avait épousé le prince de Conti en 1710.

« Le Parlement, par son opposition continuelle au
« gouvernement, fait resserrer l'argent; mais, malgré
« toute sa mauvaise intention, l'argent paroîtra la
« semaine prochaine, et le billet de banque ne perdra
« plus. »

Tout le monde voit bien que c'est une espérance qu'ils veulent donner pour empêcher aucun mouvement sur ce qui arrive au Parlement; et ils ont fait prudemment de le faire un dimanche, qu'il n'y a point de boutique ouverte, et que le peuple est sorti de Paris. Mais quand le Parlement sera une fois dehors, l'on dit aussi que le Roi ira à Versailles. Alors ils feront ce qu'ils voudront, et comme réellement, et par expérience, ce sont des fripons qui en ont fait de toutes les manières depuis un an, on attend quelque tour pareil soit sur l'argent, soit sur les billets.

On parle d'une augmentation d'espèces. On dit que ces petites pièces de deux livres cinq sols à présent, et qui ne valent dans leur valeur que dix-neuf sols, vaudront quatre livres; en sorte qu'un homme, qui tirera pour thésauriser, perdra un jour les trois quarts dessus. Mais à la vérité ce ne pourra être de longtemps, parce que, comme l'argent est resserré, et que le Régent en a une bonne partie, comme il y en aura peu, il faudra de nécessité le tenir haut.

M. le prince de Conti a été, ce matin dimanche, au Conseil qui s'est tenu au Louvre. On dit que M. le Duc l'est venu trouver, qu'il l'a averti de la lettre de cachet, qu'il l'a prié de dire seulement son avis sans parler trop haut à M. le Régent. Voilà où cela en est à présent.

Lundi 22. — M. le premier président part aujourd'hui pour Pontoise, et tout le Parlement décampe.

Mardi 23. — Les soldats françois et suisses ont quitté ce matin les cours du Palais; mais les mousquetaires sont toujours dans les salles; il n'y entre aucune personne en robe. Tout le monde, c'est-à-dire, du petit bourgeois, s'y va promener par curiosité. Dans la Grand Chambre, qui est le principal siége des Rois, il y a des tables; les mousquetaires y boivent et jouent; ils sont couchés tout le long des bancs d'en haut; ils font des farces, il y en a qui jugent et d'autres plaident[1].

L'on dit que M. d'Aguesseau n'a pas voulu sceller la déclaration du Roi qui transfère le Parlement; qu'on a porté les sceaux chez le Régent, et qu'il l'a scellée lui-même. On croit qu'il s'en retournera à Fresnes; peut-être rappellera-t-on M. d'Argenson.

La lettre de cachet :

« Le Roi, par de bonnes considérations, a transféré
« son Parlement à Pontoise. Il vous ordonne, Monsieur,
« de vous y rendre pour y rendre la justice, et vous dé-
« fend de vous assembler ailleurs, à peine de dés-
« obéissance et de privation de votre charge, si n'y
« faites faute. Dieu vous ait, Monsieur, en sa sainte et
« digne garde. »

On dit cependant que les conseillers n'ont emporté aucun procès et qu'ils n'y veulent rien faire.

M. le procureur général a écrit au bâtonnier des avocats[2], pour les faire avertir d'aller à Pontoise. Le bâtonnier a écrit, en conséquence, à tous ses confrères. Les avocats ont résolu entre eux de n'y point aller; ils ne veulent pas même plaider en aucune juridiction. Ils vouloient aussi que les avocats, qui plaident au Châtelet, ne plaidassent point. Les jeunes du Châtelet étoient fort de cet avis-là; mais les anciens ont résolu de vuider leurs affaires et d'aller à l'ordinaire. Ils ont regardé cette fantaisie des avocats comme une vraie inutilité, qui n'aboutira à rien, d'autant qu'on ne peut rien reprocher à

---

1. « Ils tinrent leurs séances sur des fleurs de lis et jugèrent un chat à mort, comme on juge un chien dans la comédie des *Plaideurs*. » Voltaire, *Hist. du Parlem.*, t. XXVI. p. 286.

2. Taupinart de Tilière.

ceux qui exécutent la lettre du bâtonnier et celle du procureur général. Et d'ailleurs le Châtelet est une juridiction séparée qui va à son ordinaire.

La déclaration du Roi, pour la translation du Parlement, a été enregistrée à Pontoise, le 27 juillet. On voit tout le faux du préambule de cette déclaration par le dérangement où l'on est, et qui a été expliqué ci-dessus. L'enregistrement est aussi avec protestation contre le contenu de la déclaration [1].

Depuis le mercredi, 17 juillet, la Banque n'a point été ouverte, et l'on ne paye nulle part (cette Banque, qui étoit si florissante à la fin de l'autre année, où l'on demandoit à un homme qui auroit demandé deux millions, s'il vouloit de l'or ou de l'argent!), en sorte que l'on se passe d'argent avec grande peine, et on le vend toujours à la place ouvertement; il a été jusqu'à cinquante pour cent, ce qui est indigne, car on ne veut de billets nulle part, et on est obligé de prendre à crédit.

Le Parlement a été à Pontoise avec une grande obéissance. Ils font une dépense très-considérable. Le premier président y est avec toute sa famille; il loge à Saint-Martin [2], dans la maison de M. le duc d'Albret [3], laquelle est magnifique; il y tient une table ouverte de cinquante couverts à dîner et à souper. Bien des femmes de conseillers y sont aussi; les présidents à mortier ont table ouverte, et quelques-uns des jeunes conseillers très-riches. Ils s'y divertissent de leur mieux, mais il n'y en a guère de bien logés, à cause de la petitesse de la ville.

Ils ne s'embarrassent pas de la déclaration; ils disent qu'ils ne feront rien. Les avocats, dit-on, n'y veulent

---

1. Voyez Saint-Simon, t. xxxiv, p. 139.

2. Il logeait dans l'ancienne demeure du cardinal de Bouillon, dont le jardin passait pour un chef-d'œuvre. Voyez Saint-Simon, t. xxxiv, p. 137.

3. Emmanuel-Théodose, duc d'Albret, fils et successeur de Godefroi-Maurice duc de Bouillon et de Marie-Anne Mancini, mourut en 1730. Saint-Simon n'en fait pas l'éloge.

point aller, et on croit que cela leur est dit sous main de la part du Parlement.

On a fait une plaisanterie; on dit que M. le Régent a mal choisi Pontoise pour transférer le Parlement, qu'il falloit l'envoyer à Fresnes, qui est la terre de M. d'Aguesseau, que c'est là où l'on change de sentiments, à cause du parti que prend le chancelier.

> Si tu veux de ton Parlement
> Punir l'humeur hautaine,
> De Pontoise, trop doux Régent,
> Fais le sauter à Fresne!
> C'est un lieu de correction,
> La Faridondaine, la Faridondon
> Où d'Aguesseau s'est converti,
> Biribi,
> A la façon de Barbari,
> Mon ami!

On dit que M. le Régent a fait inviter sept ou huit avocats, des plus fameux, d'aller à Pontoise; mais on croit que, sous main, le Parlement leur fera dire de ne point venir.

Août.

Argent rare. — Les louis de Noailles. — Les agioteurs à l'hôtel de Soissons. — Les loges du prince de Carignan. — Mécontentements. — Cherté. — Le comte et la comtesse de Roucy. — Les *demoiselles* de la rue Git-le-Cœur. — Revues. — Chevaliers de Saint-Louis. — L'argent à quarante pour cent. — Baisse des actions. — Chanson. — Actions nouvelles. — La Constitution *Unigenitus* au Parlement. — L'Université et le chancelier d'Aguesseau. — Les louis d'or. — La Compagnie des Indes. — Croizat. — Le comte d'Évreux. — Friponnerie de Law. — Le Régent et les Corps des Marchands. — Fausse lettre de l'Empereur.

1er août. — L'argent est augmenté de presque moitié. La pièce qui ne valoit que deux livres cinq sols, vaut quatre livres; elle ne vaut par elle-même qu'une livre, en sorte que le billet de banque, qui seroit acquitté avec de pareille monnoie, perdroit soixante-quinze pour cent.

Le louis de Noailles[1] quatre-vingt-douze livres, l'écu de dix au marc douze livres, celui de huit au marc quinze livres. Avec cela, on ne paye pas à la Banque, pour éviter apparemment le tumulte, mais on payera demain cent livres chez les agents de change, en retenant par eux leur droit ordinaire, qui est d'un sol par livre. La monnoie est augmentée à proportion.

1ᵉʳ août. — La place pour trafiquer les actions est changée. Ce n'est plus à la place de Vendôme, c'est dans le jardin de l'hôtel de Soissons[2]. Tout autour, on a fait des loges, toutes égales, propres et peintes, ayant une porte et une croisée avec le numéro au-dessus de la porte. C'est de bois, il y en a cent trente-huit, avec deux entrées, l'une dans la rue de Grenelle, et l'autre dans la rue des Deux-Écus. Des Suisses de la livrée du Roi aux portes, et des corps de garde avec une ordonnance du Roi pour ne laisser entrer ni artisans, ni laquais, ni ouvriers. Ce sont deux personnes qui ont entrepris cela, peut-être au profit de la Banque. Ils donnent cent cinquante mille livres à M. le prince de Carignan[3]; il leur en coûte encore cent mille livres pour l'accommodement, et chaque loge est louée cinq cents livres par mois, ce qui feroit par an huit cent vingt-huit mille livres.

Les avocats ne veulent point absolument aller à Pontoise. La plupart des fameux s'en vont à leur terre. On croit que c'est pour faire plaisir au Parlement qu'ils en agissent ainsi.

---

1. Ces louis étaient ainsi nommés parce que M. de Noailles, alors président du conseil des finances, les avait fait frapper.

2. Aujourd'hui la halle au blé. Cet hôtel, démoli en 1750, avait été bâti par Catherine de Médicis. Le prince de Carignan s'empressa de profiter de cette aubaine, et il recueillit l'agiotage que le chancelier voulait expulser de la place Vendôme.

3. Victor-Amédée de Savoie, prince de Carignan, né en 1669, lieutenant général. Ce prince, qui, suivant Saint-Simon, *tirait à toutes mains de toutes parts*, était criblé de dettes; il fit toutes sortes de métiers, fut directeur de l'Opéra et tint une maison de jeu. Il mourut en avril 1741. Voyez plus bas.

Les conseillers au Parlement vont et viennent librement à Paris.

Tout le monde est si animé contre le Régent, que sur ce que l'on disoit qu'on vouloit reléguer M. le maréchal de Villeroi, M. de Courtanvaux[1], capitaine des Cent-Suisses de la garde, dit dans un endroit que, comme ils étoient dans le Louvre, ils ne recevoient point de lettre de cachet de dehors, que si quelqu'un en apportoit, ils sauroient bien le recevoir.

J'ai appris par deux personnes différentes qu'on avoit jeté dans les carrosses des billets burinés, où il y avoit : « Sauvez le Roi, tuez le *Tyran*, et ne vous embarrassez pas du trouble. » Si cela est, c'est bien hardi.

Depuis l'augmentation d'espèces, tout est augmenté de moitié ; cela fait un prix dont on n'a jamais entendu parler : la bougie vaut neuf livres ; le café dix-huit livres (la livre) ; ce qui coûtoit autrefois, l'un une livre douze sols, et l'autre deux livres dix sols. Tous les revenus sont diminués de moitié, et bien des bourgeois ont perdu leurs fonds aux actions qu'ils ont achetées bien cher. Cela fait que chacun mange son fonds, et que dans deux ans Paris sera très-gueux.

Il arriva le 3 de ce mois une aventure fort extraordinaire. Madame la comtesse de Roucy[2], femme fort jolie et fort jalouse de son mari, savoit qu'il alloit souvent chez une demoiselle, autrement p...... Elle a voulu l'y surprendre, elle y a été faire un peu de tapage. On dit qu'elle lui trouva un bracelet avec le portrait de son mari. La demoiselle étoit avec d'autres filles de pareille profession, et la fin de la querelle est qu'on a jeté la comtesse par la fenêtre d'un second étage dans la rue

---

1. Michel-François Le Tellier, marquis de Courtanvaux, fils aîné de Louvois, né en 1663, mourut en 1721.

2. Sans doute Marguerite-Élisabeth Huguet, qui avait épousé, en 1714, François de Roye de La Rochefoucauld, comte de Roucy, mort en 1725, brigadier d'infanterie. Cette dame mourut en 1735, quinze ans après l'événement dont il est ici question.

Gille Cœur[1], proche le pont Saint-Michel. On croit qu'elle mourut hier. Les filles sont au Châtelet.

Vendredi, 2 du présent mois d'août, M. Le Blanc, secrétaire d'État de la guerre, fit la revue de la brigade, qui est au camp de Charenton, composée de six bataillons.

Samedi, 3, M. de Biron[2], qui a le détail particulier de l'infanterie, en fit aussi la revue.

Lundi, 5, à quatre heures après midi, M. le Régent vint au camp, et il en fit la revue à cheval par tous les rangs. Le Roi arriva ensuite avec M. le Duc et M. le maréchal de Villeroi. Il passa tout le long de la ligne à cheval, accompagné de M. le Régent et de toute la Cour à cheval; ensuite on fit faire quelque mouvement aux troupes, et on les fit défiler dans la plaine devant le Roi. Il y avoit un concours de carrosses effroyable, et un peuple étonnant. A peine les troupes purent-elles se faire faire place pour leurs exercices. Le Roi fit vingt chevaliers de Saint-Louis dans les trois régiments, et donna la grâce à trois déserteurs.

7 août. — Malgré la valeur à quoi on a fait monter l'espèce, on ne paye déjà plus que dix livres chez les changeurs. Hier, à la Bourse (hôtel de Soissons), on emprisonna deux ou trois particuliers qui prenoient quinze pour cent pour donner de l'argent pour un billet de cent livres. Le soir, l'argent étoit à quarante pour cent; on est encore dans la même misère.

On est toujours dans la même misère; point d'argent. La Banque envoie elle-même le matin vendre de l'argent à quinze ou seize pour cent de bénéfice pour elle à la Bourse, par sept ou huit personnes, et ceux qui l'achètent d'eux le revendent dans la journée dix-huit pour cent.

---

1. Gît-le-Cœur.
2. Charles-Armand de Contaut, duc de Biron, maréchal de France, né en 1663. Il fut l'un des roués du Régent. Saint-Simon en parle. Il mourut en 1756.

Les actions sont toujours très-basses, on ne fait presque aucune négociation à la Bourse, et l'on croit que tous ceux qui ont loué les loges les abandonneront à la fin du mois.

Le Parlement doit être content d'être éloigné, il ne lui convenoit pas d'être présent à une pareille conduite.

On a fait des chansons sur lui, cela ne pouvoit manquer.

> Le Parlement est à Pontoise,
> Sur l'Oise,
> Par l'ordre du Régent.
> Il leur a pris tout leur argent,
> Et puis après lui cherche noise.
> Le Parlement, etc.

> Tant que putes et maq........
> Règleront la nation françoise,
> Les gens de lois bridés comme des veaux,
> La fourche au c.., regagneront Pontoise.

On a fait pour cinquante millions d'actions nouvelles, qui sont réputées valoir douze mille livres, et qui n'en coûteront que neuf mille en neuf payements. C'est pour retirer pour six cents millions de billets de banque. On fait semblant qu'elles sont déjà prises par les gens de qualité; cependant, je ne vois pas beaucoup l'agioteur donner là dedans.

Il y aura sans doute quelque coup contre les billets de banque dans ce mois-ci, pour faire valoir les actions; et, ce qui donne lieu à croire cela, c'est que Law loge à présent dans le Palais-Royal, et qu'il a emprunté l'appartement de M. le comte d'Estampes[1], capitaine des gardes du corps du Régent, lequel est allé avec toute sa maison dans ses terres.

---

1. Philippe-Charles, comte d'Estampes, chevalier de Malte, capitaine des gardes du corps du Régent, colonel du régiment de Chartres, brigadier en 1719, mort en 1737. Il était fils de Charles d'Estampes, marquis de Mauny et de Marie du Regnier.

12 août. — On a envoyé ces jours-ci au Parlement des lettres-patentes pour enregistrer, portant la réception de la Constitution *Unigenitus*[1]. MM. de l'Université de Paris ont envoyé un syndic former opposition à l'enregistrement. M. l'abbé Dubois, archevêque de Cambrai et secrétaire d'État, les envoya quérir. Mais comme c'étoit un petit nombre d'habiles gens, il fut bientôt confondu. M. d'Aguesseau, chancelier, a mieux fait, il ne s'est pas amusé à disputer, il les a envoyé chercher, et il leur a défendu nettement de s'opposer à l'enregistrement. C'est ce même homme, qui a tenu tête à Louis XIV pendant plusieurs années contre la Constitution, qui vouloit se sacrifier pour la religion[2]. Sans la mort de Louis XIV, sa charge de procureur général auroit été supprimée pour en mettre un autre qui étoit M. Chauvelin. Point du tout, en deux mois de temps cet homme change et devient lui-même le protecteur de la Constitution. Indépendamment du fond de la dispute, cela fait un très-grand déshonneur à M. le chancelier. Il ne peut plus passer, où que comme un plat génie, ou que comme un homme sans honneur.

AUTRE CHANSON SUR LE PARLEMENT.

Le Parlement fait pénitence,
Je pense,
Pour quelque grand péché.
Du testament qu'il a cassé,
C'est le feu Roi qui prend vengeance.
Le Parlement, etc.

15 août. — On continue toujours à ne point donner d'argent; il se vend publiquement à la Bourse jusqu'à

---

[1]. Cette bulle avait été publiée en septembre 1713 par le pape Clément XI, et portait condamnation de cent et une propositions hérétiques contenues dans les *Réflexions Morales* du père Quesnel. Les jansénistes appelaient de cette décision au futur concile.

[2]. D'Aguesseau avait résisté à Louis XIV, qui voulait faire recevoir cette bulle par le Parlement.

vingt-neuf pour cent. Hier, j'en eus à quinze pour cent (par des distributions qui se faisoient par gens de la Banque pour le faire baisser), des louis de Chevalier que l'on a eus à trente-deux livres. On donne un billet de mille livres pour en avoir neuf, parce que l'or se vend deux mille quatre cents livres le marc.

22 août. — L'arrêt du conseil du......, qui forme un règlement pour les billets de banque, n'a apporté aucun changement. Il ne se fait aucune négociation à la place pour les actions, tout est mort. Ils avoient créé pour cinquante millions de nouvelles soumissions. Ils en ont fait encore pour vingt millions, ce qui a fait tout tomber. On n'y parle que de couper des billets en plus petits, et de vendre de l'argent.

Il y a tant de friponnerie dans le procédé de Law; en voici un fait particulier. Dans l'année dernière, 1719, la Compagnie des Indes n'étoit pas encore parfaitement établie, elle s'associa avec plusieurs gros particuliers pour acheter des marchandises. M. Croizat[1], cordon bleu, par charge, qui a marié sa fille à M. le comte d'Évreux[2], et qui étoit un des plus riches particuliers de l'autre règne pour son commerce de mer, ayant vingt millions de biens, avoit mis deux millions en société avec la compagnie des Indes. Au mois de décembre dernier, les marchandises sont arrivées, et elles ont aug-

1. Ou Crozat. Ce personnage, très-intrigant, qui devint receveur du clergé, avait commencé, dit-on, par être laquais, puis le petit commis de Penautier, trésorier des états du Languedoc. De commis, Croizat devint son caissier, puis s'enrichit dans la banque et les armements maritimes. Il obtint du Régent l'agrément de la charge de trésorier de l'ordre du Saint-Esprit, qu'il remboursa aux héritiers de l'avocat général Chauvelin. « Le Régent, dit Saint-Simon, t. xxv, p. 61, y trouva le prêt d'un million au roi en barres d'argent... Mais ce fut un cri général. »

2. C'était le troisième fils du duc de Bouillon, Godefroi-Maurice de La Tour d'Auvergne, et de Marie-Anne Mancini. Esprit turbulent et inquiet, le comte d'Évreux s'était mésallié en épousant la fille de Croizat, afin de rétablir sa fortune délabrée. Ce mariage fut peu heureux, si nous en croyons Saint-Simon. Sur les amours de la comtesse d'Évreux avec le diable, voyez les *Mélanges* de Bois-Jourdain, t. II, p. 313-319.

menté de deux tiers à présent. M. Croizat dit à M. Law que le temps étoit favorable pour les vendre. Law lui répondit qu'il n'avoit rien dans ces marchandises, que le Roi les avoit adjugées à la Compagnie des Indes par un arrêt du Conseil, sauf à pourvoir au remboursement des capitaux des intéressés, et à leur payer l'intérêt de leur argent à deux pour cent. Pour le remboursement, on a donné à M. Croizat deux millions de compte en banque qui est un fonds imaginaire et perdu, en sorte que la Compagnie des Indes retient toutes les marchandises sans qu'il lui coûte rien.

Le dernier jour, Croizat et Law étoient chez le Régent. Celui-ci demanda à Croizat pourquoi il ne mettoit rien en compte en banque, il lui dit : « Monseigneur, j'y « voulois mettre cent mille écus, ce qui me suffisoit « pour mes correspondances; mais de force on m'y fait « mettre davantage, car j'y ai à présent deux millions « qu'on m'a pris. » Law, qui voulut éviter peut-être la suite de cette conversation, dit à Croizat : « Mais, mon- « sieur, pourquoi ne faites-vous pas revenir l'argent « que vous avez en pays étranger? » — « Monsieur, dit « Croizat, Son Altesse Royale me parle de compte en « banque; quand elle me parlera d'autre chose, j'aurai « l'honneur de lui répondre. » Le Régent ne dit mot. On voit par là que ce malheureux Law est fripon, fier et insolent.

Dans le mois d'août, les Six Corps des marchands allèrent chez M. le Régent par députés (c'est-à-dire les gardes) : c'étoit dans le temps que l'on vendoit l'aune de drap jusqu'à quatre-vingts livres. L'on crioit beaucoup contre eux principalement. Il y avoit un procès entre eux et Van Robais, grand fabricant. Leur visite étoit, je crois, à ce sujet. M. le Régent les reçut d'une manière bien peu convenable à son rang, il leur dit qu'ils étoient des voleurs, des fripons, des b..... de gueux, et qu'ils s'allassent faire f....., et leur tourna le c... Ces pauvres marchands demeurèrent tout stupéfaits ; ils allèrent chez M. le maréchal de Villeroi, gouverneur du Roi, lui rendre compte de leur réception, lequel leur fit beaucoup d'honnêtetés, et par politique vouloit leur faire entendre qu'ils avoient mal entendu. Ils allèrent aussi à M. d'Aguesseau, chancelier, lui dire que leur coutume étoit, au retour de chez le Roi ou de chez le Régent, de faire mention sur leurs registres de ce qui avoit été dit et répondu, et que jamais les Six Corps n'avoient été reçus de la sorte. M. le chancelier les adoucit et leur dit qu'il falloit ménager cela dans leur procès-verbal.

24 août. — M. le Régent alla hier au soir coucher dans le Louvre[1] ; on lui a meublé l'appartement de madame la Duchesse[2]. On ne sait pourquoi il quitte le Palais-Royal, cela donne lieu à bien des raisonnements. Les uns disent qu'il a peur, et qu'il croit être là plus en sûreté, d'autres attribuent à mauvaise intention cette approche. Quels discours n'essuie-t-on pas quand on doit répondre de ses actions à tout un peuple[3] ?

Dimanche 25, les soldats aux gardes furent assemblés à quatre heures du matin sous prétexte d'une revue ; ils marchèrent vers le Louvre sans tambour, y restèrent jusqu'à six heures, et s'en revinrent jurant beaucoup de toutes ces marches. Il faut qu'il y ait quelque chose en l'air qu'on ne sait pas. On dit que l'Empereur a écrit une lettre au Régent fort haute sur la manière dont il gouvernoit ; que Louis XIV, avant de mourir, lui avoit fait demander son amitié pour son petit-fils ; qu'il voyoit avec chagrin ce qui se passoit ; et que, s'il ne changeoit pas de conduite, le roi d'Espagne, le duc de Savoie et lui sauroient bien lui faire savoir si cela est vrai.

Il y a des pourparlers pour l'accommodement du Par-

1. Aux Tuileries.
2. La duchesse de Bourbon, Marie-Anne de Conti, qui avait épousé en 1713, Louis-Henri, duc de Bourbon. Elle mourut en 1720.
3. C'est pour y coucher, dit-on, les veilles de conseil de régence, afin d'être tout porté. (Note de Barbier).

lement. On croyoit que la chambre des vacations reviendroit à Paris, mais il paroît décidé qu'elle restera à Pontoise[1].

Septembre.

Foire de Bezons. — Promenades à l'Étoile. — Mademoiselle Law insultée. — Nouvelle baisse des billets. — L'église Saint-Germain-le-Vieil. — La Constitution et le Parlement. — Luxe des conseillers. — Chambre des vacations. — M. d'Armenonville. — Réflexions. — Les actionnaires ruinés. — L'abbé de Saint-Albin, bâtard du Régent. — L'abbesse de Chelles. — Le Grand Conseil. — Enregistrement de la Constitution. — Le chancelier.

1er septembre. — Ç'a été cette année comme toutes les autres la mode d'aller à l'Étoile[2] promener pour voir le retour de la foire de Bezons[3]. Mademoiselle Law y est venue promener sur les six heures dans un carrosse à sept glaces. Tous les laquais et la populace, qui étoient à l'Étoile, ont commencé à dire : « C'est là la livrée de ce « b..... de gueux, qui ne paye pas les billets de dix « livres! » Et dans le moment ils ont pris des pierres et de la terre, en ont accablé le carrosse. Le cocher n'a eu que le temps de fuir à toutes jambes; mademoiselle Law a été blessée : voilà la réception qu'elle a eue. J'étois à à m'y promener pendant ce temps-là.

6. — Les malheurs publics continuent et augmentent. Le billet de cent livres perd quarante-quatre pour cent sur la place; on ne donne plus d'argent nulle part; on ne veut plus de billets dans le commerce, en sorte que le bourgeois est obligé de perdre la moitié de son bien,

---

1. Voyez Duclos, *Mémoires*, t. II, p. 83.
2. Au bout du Grand-Cours, à l'endroit même où ont été construits la barrière et l'Arc de Triomphe de l'Etoile. Ce lieu avait été ainsi nommé parce qu'il se trouvait au centre même où venaient aboutir plusieurs des allées du Grand-Cours plantées depuis 1670.
3. Bezons, dans le département de Seine-et-Oise. La foire se tenait dans cet endroit le dimanche qui suivait le 30 août, jour de la Saint-Fiacre. Les Parisiens se rendaient en foule à cette fête.

et avec l'autre moitié d'acheter tout. deux tiers au-dessus de sa valeur.

Au mois de septembre, il est arrivé une chose singulière et abominable. Des coquins sont entrés, dans l'après-midi, dans l'église de Saint-Germain-le-Vieil[1], au Marché-Neuf, et ils ont empli de m.... tout le maître-autel et le tour du tabernacle. Voilà une vraie impiété sans profit, car ils n'ont rien volé. Ils n'ont point été découverts ni pris.

10. — La constitution est une des grandes occupations du Parlement. Les lettres-patentes déclaroient nuls, et de nul effet, les appels faits par les quatre évêques et par l'Université. Le Parlement étant assemblé, MM. de La Porte et Clément tirèrent chacun de leurs poches une requête, tant des quatre évêques[2] que de l'Université, par laquelle ils s'opposoient à tout ce qui seroit fait au préjudice de leur appel au futur concile; cela augmenta la difficulté de la délibération; et les commissaires nommés par le Parlement se sont assemblés plusieurs fois. On les menaçoit même de[3] M. Joly de Fleury, procureur général, homme très-décrédité dans le Parlement et entièrement dévoué à la Cour (je crois que c'est par nécessité, n'ayant pas de bien; cela n'en est pas moins indigne d'un magistrat d'abandonner le parti de sa patrie et de ses confrères). On croyoit donc qu'il avoit dans sa poche une déclaration du Roi pour proroger le Parlement jusqu'à ce qu'il eût enregistré les lettres-patentes.

Enfin le vendredi 6, les commissaires s'étant assem-

---

1. Cette église n'était d'abord qu'une chapelle consacrée à saint Jean-Baptiste. Pendant l'invasion des Normands, en 886, les moines de Saint-Germain-des-Prés s'y retirèrent avec les reliques de saint Germain. C'est à cette époque que le nom de cette petite église fut changé. Supprimée en 1791, elle fut vendue en l'an IV et démolie. Les maisons situées aux numéros 4 et 6 sur le quai du Marché-Neuf ont été construites sur son emplacement.

2. Les appels au futur concile des quatre évêques, de Mirepoix, de Senez, de Montpellier et de Boulogne.

3. *Que.* (Mss.)

blés, la délibération étoit d'enregistrer les lettres-patentes, mais avec des modifications, des restrictions et des explications qui ne convenoient point au Régent, car ils faisoient droit sur les requêtes présentées. On dit qu'il y en avoit aussi une, signée de vingt-six curés de Paris. Comme tout ce qui se passe à Pontoise est su au Palais-Royal, le samedi 7, à cinq heures du matin, M. de La Vrillière, secrétaire d'État, arriva à Pontoise, chez M. le premier président, qui retira de MM. les commissaires, qu'il fallut assembler à cet effet, les lettres-patentes, en vertu d'une lettre de cachet dont il étoit porteur. On dit que M. le Régent est fort en colère contre le Parlement, et il y paroît.

C'est ordinairement le 7, à midi, que le Parlement entre de droit en vacation, et qu'on lui envoie la lettre de cachet pour former la chambre des vacations. Cette année, ils n'en ont point, et tout le Parlement vaque. Les requêtes du Palais se sont assemblées, et comme elles n'ont point de vacances que celles qu'elles se donnent, elles ont tenu audience; mais la chose est plaisante. Le samedi, à midi, presque tout le Parlement est sorti de Pontoise, les uns pour revenir à Paris, et les autres pour partir dans leurs terres, dans le dessein de n'en pas revenir sitôt. M. le premier président est resté, et trois ou quatre conseillers dans chaque chambre des requêtes. Voilà l'état de Pontoise. J'y étois le 4, 5 et 6 de ce mois par curiosité; et effectivement, cela est original de voir ce Parlement dans cette petite ville, et le palais dans le couvent des Cordeliers. La Grand'Chambre est dans leur réfectoire, et est assez belle. On travaille toujours à faire les autres; je ne vois guère d'accommodement entre la Cour et le Parlement. Il y a des présidents et des conseillers assez bien logés, mais la plupart du Parlement est logé à faire pitié, dans de petites maisons, chez des artisans, et dans de très-pauvres meubles. Il y fait très-cher vivre. Les habitants de Pontoise ont profité de cette occasion pour vendre leurs denrées.

Il y a des présidents qui se ruinent par la dépense qu'ils y ont faite. M. le premier président y fait une figure magnifique[1], et cela est dans son caractère. Il loge dans la maison de M. le duc d'Albret, que l'on appelle Saint-Martin, qui est très-belle. Il y est avec toute sa famille. Il y a deux tables ouvertes à dîner chez lui; l'une qu'il tient, et l'autre tenue par son secrétaire, nommé Boulas, pour tous les officiers inférieurs du Parlement qui vont et viennent; et cela est très-bien servi. Ce soir mademoiselle de Mesmes[2], sa fille, fait les honneurs et retient les conseillers. On est fort content d'elle. Il y a un nombre de domestiques étonnant. Le président Chauvelin[3] a vingt-cinq couverts à dîner et à souper. Il a un cuisinier et huit aides de cuisine. Le président Pelletier tient table, aussi Bernard, conseiller. Rouillé de Meslay donna, le dernier jour, un dîner au premier président, de sept mille livres. On y mange beaucoup, et on joue; et malgré cela tout le Parlement s'y ennuie beaucoup. Que sera-ce donc dans l'hiver? Il y en a qui font déjà leurs provisions.

Comme on ne peut pas se passer à Paris d'une cour supérieure pour les arrêts de défense et les affaires sommaires, on parle fort d'une chambre de commissaires du conseil, composée de trois conseillers d'État et de dix maîtres des requêtes; c'est M. d'Armenonville[4] que l'on

---

1. Suivant Saint-Simon, il avait reçu plus de cent mille écus du Régent, pour soutenir son rang à Pontoise.
2. Marie-Anne-Antoinette, fille aînée de M. de Mesmes, qui épousa le duc de Lorges. Voy. p. 91.
3. Germain-Louis de Chauvelin, qui fut, sous le cardinal de Fleuri, garde des sceaux et secrétaire d'État des affaires étrangères. Né en 1685, il mourut dans la disgrâce, en 1762.
4. Fleuriau d'Armenonville, intendant des finances, administrateur habile, qui fut tour à tour conseiller d'Etat, capitaine du bois de Boulogne, secrétaire d'Etat de la guerre, président de cette chambre établie aux Grands-Augustins et garde des sceaux. Il mourut dans la retraite, en novembre 1728.

fait président. Elle tiendra à l'Arsenal[1]. Si cela est, le Parlement pourroit bien revenir à Pontoise à la Saint-Martin.

On parloit même hier qu'on évoqueroit toutes les affaires à cette chambre, et le Parlement resteroit sans fonctions. Il faut convenir de plusieurs choses au sujet du Parlement; il a eu raison de refuser l'enregistrement de tout ce qui a été fait depuis le ministère de Law. L'expérience le fait voir, il n'y a eu que des friponneries insignes, un bouleversement général de l'État et la ruine de presque tous les bons particuliers. Mais au surplus rien n'est plus inutile que cette prétendue formalité du Parlement que l'on désire pour autoriser ce qui se fait.

Le Parlement est un corps respectable en particulier, mais fort impuissant dans une minorité, et dans des affaires d'État incapable de prendre aucun parti. La raison en est sensible : c'est une compagnie nombreuse, composée d'un nombre de gens âgés, fort savants pour les contestations, mais qui n'ont plus la légèreté d'esprit nécessaire en matière délicate, accoutumés à la manière ancienne de penser dans leur jeunesse et qui n'ont pas suivi le changement du gouvernement. Car la politique change de temps à autre. Il y a un grand nombre d'ignorants et de jeunesse, gens riches, qui passent à d'autres charges et qui négligent la cause de la compagnie, gens de rien en quantité, qui tiennent par leur famille à la finance et au ministère, qui craignent, qui n'osent ni ouvrir un avis, ni le soutenir, qui sont quelquefois espions du prince et du ministère, et qui trahissent le secret.

Tout cela ensemble forme un corps qui s'attache aux lois de l'État et aux ordonnances pour refuser de passer de certaines choses, et pour obéir, mais qui n'ont jamais la résolution de faire un coup de partie, ni d'entreprendre

---

1. Aujourd'hui la Bibliothèque de l'Arsenal, au bout du quai des Célestins.

quoi que ce soit. Je leur disois, par exemple, à Pontoise :
« Qui vous a obligés, Messieurs, d'obéir à la lettre de
« cachet qui vous a envoyés ici tous? vous savez que le
« Parlement doit obéissance au Roi, mais vous savez en
« même temps qu'elle ne vient pas du Roi et qu'on ne
« fait qu'emprunter son nom. Si chaque conseiller eût
« resté chez lui, c'eût été une affaire d'envoyer des
« mousquetaires prendre un chacun. Le peuple étoit
« irrité contre le prince, et cela ne se seroit pas passé
« aisément. » — « Nous voulons être dans la règle, me
« dirent-ils. » — « Mais, leur répondis-je, vous jouez
« avec des fripons qui n'en ont pas, et vous serez tou-
« jours la dupe. » Et, en effet, leur prétendue tutelle est
très-inutile au Roi mineur, puisqu'ils sont hors d'état
d'empêcher le prince Régent, qui quelquefois a des vues
très-opposées à l'intérêt du Roi, de déranger le gouvernement ; et ce défaut d'enregistrement, qui met une
barrière entre le peuple et le Régent, ne fait qu'empêcher la confiance pour tout ce que l'on fait, et cela
redouble le mal. C'est un état agité et incertain comme
nous sommes à présent.

L'exemple de cette minorité doit engager le Roi à
former un conseil particulier de régence capable de
s'opposer au prince Régent. On peut rendre justice à
Louis XIV, qu'il l'avoit prévu par son testament ; mais
il falloit l'établir de son vivant, et y donner une forme.
Les princes doivent savoir que tout leur pouvoir meurt
avec eux, et que leur volonté a besoin de leur présence
pour être exécutée.

20 septembre. — Grande désolation dans le public,
par l'arrêt du Conseil du 15 septembre[1] ! Tout le monde

---

1. Les porteurs d'actions non encore remplies, auxquels avait été lais-
sée la liberté de répondre ou non à l'appel, étaient tenus dans le mois d'acquitter le supplément de trois mille livres par action en billets de banque
de cent livres, de cinquante et de dix livres, ou en actions non remplies, à
raison de trois actions pour deux remplies qui leur seraient délivrées; si mieux

est ruiné, de quelque façon que l'on se tourne. Il n'y a que ceux qui ont pris de l'argent en fondant leurs actions à mille livres, qui se trouveront avoir fait fortune. Autrement, personne ne pourra échapper à la friponnerie du Conseil. Pour moi, j'ai gagné jusqu'à soixante mille livres, et je ne gagne plus rien pour avoir gardé mes actions!

L'or a été jusqu'à sept mille livres le marc; il va et vient tous les jours.

Autre nouvelle pour la Constitution. Le Régent a à cœur de faire enregistrer la Constitution. On lui a promis pour cela un chapeau de cardinal pour l'abbé de Saint-Albin[1], son bâtard, quoique non reconnu; un pour l'abbé Dubois, que le chapitre de Cambrai ne veut pas reconnoître. On dit même qu'il lui fait un procès, et qu'il a la preuve par des titres qu'il est marié[2] et qu'il a des enfants; mais cela s'assoupira avec de l'argent.

30. — On dit que M. le Duc veut épouser madame l'abbesse de Chelles, fille du Régent[3], et que, pour cet effet, il faut que le pape la relève de ses vœux

ils n'aimaient les convertir en actions rentières. Le dernier d'octobre, les actions non remplies devenaient nulles et d'aucune valeur.

1. Cet abbé Charles de Saint-Albin était fils d'une comédienne nommée Florence, et n'avait pas encore été reconnu par le Régent. Il fut successivement abbé de Saint-Ouen, coadjuteur, puis évêque de Laon, le 23 avril 1722 jusqu'au 17 octobre 1723, jour où il devint le successeur de Dubois comme archevêque de Cambrai, jusqu'au 9 mai 1764. Madame, mère du duc d'Orléans, qui avait une grande tendresse pour lui, assista, malgré tous les usages, à la thèse qu'il dut soutenir en Sorbonne.

2. Saint-Simon, t. xxxviii, p. 141-142, rapporte également ce bruit, et donne de piquants détails sur la manière dont Dubois fit disparaître les traces de ce mariage. Ce fut là, dit-on, l'origine de la fortune de M. de Breteuil.

3. Louise-Adélaïde, abbesse de Chelles, née en 1698. Cette jeune princesse, qui avait pris le voile en mars 1718, menait dans son abbaye, que son père visitait souvent, une vie assez dissipée, quoique janséniste renforcée. Cela donna lieu à bien des médisances, dont voici un échantillon :

> De l'abbaye
> Où réside Vénus,
> Nonne jolie
> Disant peu d'*oremus*;
> Loin des soins superflus,
> Ne songeant tout au plus

Le Régent, voyant donc qu'il n'y avoit rien à faire au Parlement, a envoyé un beau matin la déclaration avec lettres-patentes d'évocation pour l'enregistrement au Grand Conseil qui n'étoit point averti.

Le premier président de Verthamon[1], qui est un homme très-méprisé, est dans le parti de la Cour; cependant il fut délibéré qu'on leur donneroit communication de toutes les pièces énoncées dans la déclaration. Cela fait, ils s'assemblèrent deux jours après; ils étoient deux cent soixante-dix-sept, compris quatre maîtres des requêtes, envoyés par le Régent. Il y eut dix-huit voix contre l'enregistrement, et entre autres trois maîtres des requêtes.

Le Régent, piqué, alla, lundi 23 septembre, lui-même au Grand Conseil, avec tous les princes du sang, six maréchaux de France, de ceux que l'on sait être jésuites (Villeroi, Villars, Matignon), et plusieurs ducs et pairs; enfin ils étoient au nombre de trente-cinq, et il n'y avoit que dix-huit conseillers ou présidents. Ainsi il n'étoit pas difficile de l'enregistrer à la pluralité des voix. M. le chancelier d'Aguesseau lui-même y présida, prit les suffrages, fit l'éloge de la Constitution, du Roi, du Régent, répondit aux objections de ceux qui opinoient. Le Régent prenoit aussi la parole et parloit, à ce que l'on dit, très-savamment; il a de l'esprit, et il avoit sa leçon faite. La plupart des conseillers ont pourtant demandé qu'on mît dans l'enregistrement, que c'étoit par ordre exprès du Roi, quoique quelques-uns

Qu'à bien passer la vie,
Fait bons les revenus
De l'abbaye.

Du monastère,
L'amoureux directeur (le *Régent*), etc.

[1]. Ce personnage, sur lequel Barbier donne plus loin quelques détails, était peu estimé. Il fut, dit Saint-Simon, accusé d'avoir fait des changements à l'arrêt rendu par le grand conseil dans l'affaire du cardinal de Bouillon contre les moines de Cluny. Il mourut en 1738.

aient parlé assez haut. Personne n'a eu l'esprit de dire au chancelier qu'il n'étoit point d'avis pour l'enregistrement, et qu'il n'avoit d'autres motifs que ceux dont M. d'Aguesseau s'étoit servi si généreusement pour s'opposer à Louis XIV, de glorieuse mémoire[1]. Enfin elle a été enregistrée. M. le Régent alla, dès l'après-midi, en rendre compte à madame sa fille de Chelles, qui est pourtant contre, et M. l'abbé de Saint-Albin est parti sur-le-champ pour Rome[2]. C'est à savoir si le pape sera content d'un pareil enregistrement qui ne vaut rien, le Grand Conseil n'étant ni en possession, ni en droit de le faire.

On a découvert une nullité dans l'enregistrement prononcé par M. le chancelier, fondée sur la pluralité des voix; c'est que tous les princes du sang y étoient, comme MM. le Régent, duc de Chartres[3], duc de Condé, prince de Conti, comte de Toulouse, duc d'Antin[4], beau-frère du Régent; tout cela n'est compté que pour une voix, à cause de la parenté. De même les ducs et pairs et maréchaux étoient alliés ensemble pour la plupart, en sorte que les voix du Grand Conseil l'auroient emporté.

Octobre.

Désolation dans Paris. — Arrêt du Conseil. — Chambre aux Augustins. — M. de Crochetel. — Le cardinal de Noailles et ses irrésolutions. — Mot du Régent sur lui. — Encore les actions et les billets de banque. — Agiotage. — Détails. — Nouveaux arrêts. — Agents de change.

12 octobre. — La désolation augmente tous les jours dans Paris et le gouvernement devient plus funeste. Le

---

1. Suivant Duclos, au contraire, t. II, p. 86, un conseiller, nommé Pérelle, protesta et répondit au chancelier, qui lui demandait où il avait trouvé de pareilles maximes : «Dans les plaidoyers de feu M. le chancelier d'Aguesseau.»

2. Cela n'est pas vrai. (*Note de Barbier*).

3. Louis d'Orléans, né en 1703, duc de Chartres, fils du Régent, mourut en 1752, dans l'abbaye Sainte-Geneviève, après avoir voulu racheter, par les exagérations de la pénitence, les désordres de sa jeunesse.

4. Le duc d'Antin, fils légitime du marquis de Montespan, était par con-

billet de banque a toujours perdu de plus en plus sur la place; on n'avoit enfin ce matin que dix-huit livres d'un billet de cent livres; et cent soixante livres d'un billet de mille livres; trois louis d'or[1] de Noailles pour un billet de mille livres, et trois et demi des Chevalier.

Un arrêt du Conseil, du 10 octobre, a donné le dernier coup aux billets de banque. Ils seront anéantis au 1er novembre prochain. Que de gens ruinés et qui n'auront plus de quoi vivre, n'ayant pour tout bien que quelques billets reçus en remboursement! Il est fort aisé à présent de deviner le but et la fin du système. C'est un jeu de gobelets, qui a duré deux ans pour attirer dans les coffres du Régent tout l'argent du royaume. Depuis, il en a donné et rendu le moins qu'il a pu, et il garde le reste. Mais la ruine de l'État vient de ce qu'en faisant sa main, il n'a pas pu empêcher d'autres gens de profiter de l'occasion par les gains immenses qu'ils faisoient. Law doit avoir en pays étrangers des sommes immenses. M. le Duc a pris tant qu'il a pu; M. le duc d'Antin de même; des étrangers, qui ont tiré de la Banque ou leur remboursement de la Ville; ou leur gain sur les actions, et quelques gros agioteurs fins et heureux; de manière que ce royaume, qui étoit si beau et si florissant, il faut le réduire comme s'il y avoit eu quatre ou cinq cents millions de moins en espèces, car personne n'a d'argent, ou ceux qui en ont le cachent. Voilà bien à présent la justification du Parlement et la raison pour laquelle on l'a éloigné.

On a créé une chambre, qui tient aux Augustins, sous le nom de Chambre des Vacations, composée de conseillers d'État et de maîtres des requêtes. C'est M. d'Armenonville qui préside. Il y a grande apparence qu'elle

---

séquent beau-frère du Régent qui avait épousé sa sœur utérine, fille légitimée de Louis XIV.

1. 20 au marc. (*Note de Barbier*).
2. 25 au marc. (*Note de Barbier*).

continuera après la Saint-Martin. Il sera bien honteux dans l'histoire à ceux qui ont accepté ces places de prêter la main et leur ministère à toutes les iniquités qui se font, tandis qu'ils font partie de cet état, et qu'ils sont chacun en particulier ruinés comme les autres.

Il est arrivé une chose qui apprend à Law ce qu'on pense sur son chapitre. M. de Crochetel, officier avec croix de Saint-Louis, a malheureusement quelque ressemblance dans sa livrée avec celle de Law. Il passoit dans la rue Saint-Antoine. Son carrosse fut assailli du peuple et de pierres; il eut beau montrer sa croix; il se sauva avec présence d'esprit dans les Grands-Jésuites[1]; on le poursuivit jusqu'au maître-autel[2]; et, comme il sautoit la balustrade, on lui donna un grand coup de bâton sur l'épaule.

M. le Régent est très-piqué contre le Parlement, à cause de la Constitution. Le Pape n'est pas content de l'enregistrement du Grand Conseil; il veut celui du Parlement : point de chapeau par conséquent. C'est le père Lafitau[3], jésuite, qui s'est mêlé de cette négociation. Il est agent à Rome des affaires de France. Le Pape l'a fait évêque, pour avoir séance avec les cardinaux, et il l'a dispensé à cet effet de la règle de son ordre, qui leur défend d'accepter un évêché; ils ne peuvent être que cardinaux.

M. le Régent croyoit être sûr de M. le cardinal de

---

1. La maison professe, aujourd'hui le Lycée Charlemagne.

2. Maintenant l'église Saint-Louis et Saint-Paul, rue Saint-Antoine.

3. Pierre-François Lafitau, de la compagnie de Jésus, évêque de Sisteron, de 1719 au 5 avril 1764, était né à Bordeaux en 1685. Il a laissé une *Histoire de la Constitution unigenitus.* « Lafitau, dit Duclos, t. II, p. 155, avoit le caractère d'un vrai valet de comédie, fripon, effronté, libertin, et grand constitutionnaire. Comme il n'est pas possible de s'expliquer ainsi sans preuves sur un prélat qui vit encore, voici ce que je lis dans une lettre du cardinal Dubois au cardinal de Rohan : « *En suivant le chemin que l'évêque de Sisteron m'a marqué avoir fait faire à des montres et à des diamants, j'ai trouvé des détours bien obscurs, et d'autres trop clairs.* » Dans une lettre de l'abbé de Tencin à sa sœur : « *L'évêque de Sisteron est parti d'ici avec la v.....; c'est apparemment pour se faire guérir qu'il va à la campagne.* »

Noailles, pour donner son mandement; mais le cardinal a tourné une seconde fois; il est à présent opposé à la Constitution. Il a dit au prince qu'il n'avoit promis de le donner qu'en cas que le Parlement eût enregistré. Le Régent l'a traité de haut en bas, et lui a dit en propres termes qu'il y avoit longtemps qu'on lui avoit dit qu'il étoit un grand benêt et une f.... bête, et qu'il s'allât faire f..... Le cardinal lui a répondu que, s'il n'avoit point de considération pour sa personne, il devoit du moins avoir du respect pour son caractère, et il le quitta. Ce compliment, tout indigne qu'il est dans la bouche d'un prince en place, ne doit point surprendre; ils lui sont familiers contre le Parlement et autres.

Il y a eu effectivement une chambre des vacations, qui a été ouverte au commencement d'octobre, composée de M. d'Armenonville, de conseillers d'État et de maîtres des requêtes. Elle a continué jusqu'à la Saint-Martin. Le public n'étoit pas content d'être jugé là. Ces juges annonçoient eux-mêmes qu'ils n'entendoient rien à ces affaires; ils alloient très-lentement. M. d'Armenonville s'est fait aimer par ses manières gracieuses. On avoit voulu donner la concurrence aux avocats au Conseil, pour y postuler avec les procureurs; mais ils n'ont pas voulu se compromettre avec eux, et les procureurs au Parlement y plaidoient seuls.

Cette chambre a fini à la Saint-Martin.

La désolation continue toujours dans le gouvernement des affaires : sous prétexte de remettre les choses à une valeur intrinsèque, l'on a réduit les comptes en banque aux trois quarts de perte. Celui qui y avoit dix mille livres est réduit à y avoir crédit pour deux mille cinq cents livres. On avoit promis, par l'arrêt, de rendre les billets de banque, qu'on y avoit portés, à ceux qui ne voudroient point de cette réduction. Tous les marchands ont été à la Banque pour retirer; mais, comme c'est une infidélité perpétuelle, on ne leur a rien rendu.

On a réduit aussi les actions que l'on a dans ses mains sur le pied de douze mille livres, et qui coûtent à quelques bourgeois quinze mille livres de leur véritable bien, à deux mille livres d'argent intrinsèque, à vingt-sept le marc, avec promesse du même dividende à trois cent soixante livres par action, ce qui n'est ni possible ni naturel. Tout le monde s'attend à la perte entière de tout le papier. L'action n'a ni baissé ni augmenté par cet arrangement; elle est restée entre six à sept mille livres en billets de mille livres. Il sembloit que, par proportion aux comptes en banque, elle dût être à huit mille livres.

Ils ont trouvé un débouchement pour les billets de banque; car c'est là le plus difficile. L'argent est dans ce mois à cinquante sols le petit écu de trente au marc. On a rendu un édit ou déclaration pour les monnoies, par lequel il est dit qu'ils prendront l'écu sur le pied de quarante sols; qu'on portera les deux tiers en argent et un tiers en billets dont on vous rendra le montant entier en mêmes écus de trente au marc, refrappés de neuf à trois livres pièce. L'opération a été facile à faire; ils retiroient le billet pour rien, et ils vous rendoient à trois livres la même quantité de pièces que vous leur donniez à deux livres. Il ne leur en coûtoit que les frais de la marque, quoiqu'il n'y eût aucun avantage à cela pour le particulier, qui donnoit un marc d'argent à soixante livres; qui le reprenoit de la Monnoie à quatre-vingt-dix livres; et qui perdoit son billet en entier. Cependant on ne laissoit pas par l'opération de retirer la moitié de la valeur de son billet; ce qui servoit pour s'aider pour la dépense particulière et pour ce qu'on devoit. Il y avoit une presse considérable; cela faisoit même un agiot de gens qui alloient et venoient de la place à la Monnoie. Ils vendoient leurs billets en argent vieux à la place, et passoient avec d'autres billets à la Monnoie. Cela a fait monter un peu le billet jusqu'à vingt-cinq et trente livres; cela a déplu à M. Law; cela lui a paru trop avantageux pour le public; en sorte que le samedi, 26 octobre, il a paru trois arrêts épouvantables : l'un pour faire fermer la Monnoie; l'autre pour indiquer des diminutions sur les espèces, de mois en mois, et pour dire qu'on prendroit le petit écu à deux livres douze sols à la Monnoie, et qu'on en rendroit un de trois livres: (C'est deux sols de gain pour le particulier et huit sols pour le profit de la Compagnie des Indes qui a les monnoies). Le troisième pour les actions : il est dit que tous les actionnaires de bonne foi déposeront leurs actions à la Banque, pour être contre-scellées, et leur être rendues quinze jours après; que ceux qui ont fait des gains immenses, et qui en ont eu de la première main, rapporteront la même quantité d'actions qu'ils ont eues, sinon obligés de les acheter de la Compagnie des Indes à treize mille cinq cents livres chacune en billets de banque, lesquelles demeureront à la Banque en dépôt pendant trois ans. Rien n'est plus ridicule, ni plus mal tourné que tous ces arrêts-là à l'ordinaire; tout le monde voit bien que c'est encore là une friponnerie pour avoir toutes les actions, et n'en rendre que ce qu'ils voudront. Mais on ne peut pas les éviter, car l'action que l'on garderoit, n'étant point contre-scellée, n'aura point de dividende et ne sera point négociable.

Pour empêcher le commerce des actions, on a fermé, le mardi 29, l'hôtel de Soissons. Il y a des agents de change[1] nommés chez qui l'on va. L'argent est à dix-sept ou dix-huit livres pour un billet de cent livres. Il sembloit que cela dût faire augmenter les actions, les grands agioteurs étant obligés d'en acheter pour les remettre à la Banque; cependant elles ne sont qu'à cinq mille livres ou environ.

On porte avec une foule extraordinaire à la Banque

---

[1]. Par l'arrêt du conseil du 25 octobre, soixante agents de change venaient d'être créés.

les actions. On s'y crève, et on a été obligé de donner de nouveaux délais. On passe par les mains de quatre commis qui enregistrent le porteur; il porte et laisse ses actions au premier, dont il prend un billet pour aller aux autres. Le dernier tient les grands livres de compte en banque sur lesquels il y a *Doit* et *Avoir* ; il est inscrit là-dessus, et il y signe son nom. Cela me fait bien présumer qu'on donnera au porteur de l'action un crédit en banque pour la somme de deux mille livres, à quoi est fixée l'action.

D'autres disent que de quatre ou de trois on en rendra une. De quelque manière que ce soit, l'on sera toujours ruiné. Les rentes sur la Ville, tant perpétuelles que viagères, sont remplies et fermées. L'on parle aussi d'une furieuse réduction même pour les anciens rentiers, ce qui est étonnant puisqu'ils perdent déjà la moitié de leur revenu.

Il y a eu des conférences avec le premier président pour s'accommoder, mais cela ne réussit pas. Ce qui paroit même intéresser le plus le Régent, c'est la Constitution. Cependant je crois que c'est un prétexte pour parvenir à faire enregistrer et autoriser le système, ce qui est difficile.

Novembre.

Le Parlement transféré à Blois. — Repas du premier président. — Chambre des Pairs. — Démission de d'Aguesseau. — Le Parlement se réconcilie avec le Régent. — Mandement du Cardinal. — Recherches contre les agioteurs. — Morier et sa femme. — La *Messe Rouge* à Pontoise. — Les agioteurs taxés. — Compagnie des Indes et ses actionnaires.

Samedi 9 novembre, les porteurs de lettres ont eu ordre d'aller dans leurs quartiers chez chaque conseiller au Parlement demander où il étoit, ce qui a fait présumer quelque chose de nouveau.

Lundi, jour de Saint-Martin[1], chaque conseiller a

---

1. Le 11 novembre.

reçu une lettre de cachet par laquelle le Roi leur ordonne de se rendre à Blois, où il transfère son Parlement pour y faire la rentrée le 2 décembre. Cela a étonné tout le monde, car tout étoit préparé pour la Messe Rouge[1], à Pontoise, le lendemain mardi, et il étoit défendu par la lettre de cachet de s'assembler ailleurs qu'à Blois, à peine de désobéissance et de privation de leurs charges. M. le premier président avoit fait préparer un repas superbe pour tout le Parlement; enfin, il est resté pour quinze mille livres de viandes à revendre entre les mains du rôtisseur pour le compte de M. le premier président.

Il y a eu des conseils violents contre le Parlement; on dit même que la suppression avoit été passée pendant quelque temps, et que l'on en feroit deux à Tours, à Poitiers ou à Lyon. M. le Duc étoit de l'avis de la suppression, mais MM. les ducs et pairs s'y sont opposés, attendu que c'est leur premier privilége que d'avoir séance au Parlement, qui est la Cour des Pairs. Il avait été agité pour les indemniser de faire une Chambre des Pairs, mais cela avoit avec soi de grands inconvénients. Cette chambre auroit été puissante, et le Régent n'en auroit pas été maître comme du Parlement.

Le lendemain des lettres de cachet, M. le Régent a présenté à M. d'Aguesseau à sceller la déclaration qui transfère le Parlement à Blois[2]. M. le chancelier a refusé; il s'est fort emporté sur cet éloignement contre M. le Régent, il lui a dit qu'il lui rapporteroit les sceaux[3]. Le Régent lui a dit qu'il vouloit les sceaux et la démission de la place de chancelier, ce que l'autre n'avoit garde de faire. On a cru, le 13 et le 14, que M. d'Agues-

---

1. Les membres du Parlement assistaient toujours en robes rouges à cette messe de rentrée, qui se célébrait le 12 novembre. Les présidents à mortier y dansaient certains pas. Bonnet, *Hist. de la Danse*, parle de cet usage singulier.
2. Voyez Duclos, t. II, p. 89.
3. Voyez Duclos, t. II, p. 90. Le Régent refusa d'accepter la démission de d'Aguesseau.

seau n'avoit plus les sceaux et qu'il s'en retournoit à Fresnes. Quelque chose qu'il fasse à présent, il est bien méprisé d'en être revenu.

Les choses se sont accommodées[1], vendredi dernier, 15 novembre, par l'entremise, dit-on, de M. le maréchal de Villars. On a rapproché le chancelier, le cardinal de Noailles et le Parlement. Ce prélat a présenté ce jour-là le mandement pour la Constitution (que M. le Régent lui demandoit tant), au Roi; et samedi à M. le Régent, apparemment sous condition que le Parlement enregistrera la Constitution, conformément au mandement. C'est le souterrain de l'accommodement. On dit aussi qu'on présente au Parlement l'enregistrement de la Compagnie des Indes et de billets royaux qu'on veut répandre dans le public à la place des billets de banque qui ne sont plus de cours.

18. — Les nouvelles sont aujourd'hui que le Parlement ne va point à Blois, qu'il rentre à Pontoise pour y dire la Messe Rouge et pour enregistrer ce qu'il faudra, après quoi il reviendra à Paris.

Tout étoit néanmoins préparé pour le voyage. Vendredi 15, tous les procureurs s'assemblèrent au Palais, de l'ordre du procureur général, pour savoir ceux qui vouloient aller à Blois, d'autant que le Roi souhaitoit qu'il y en eût deux cents. Il n'y en eût que vingt-cinq qui répondirent oui, les autres objectèrent qu'il n'y avoit point d'argent; qu'ils n'avoient que des billets de banque. La réponse des procureurs de communauté[2] fut qu'ils avoient fait les mêmes objections; mais que le

---

1. Voyez Duclos, *loc. cit.* Les intermédiaires de cette réconciliation furent La Vrillière, Le Blanc et Dubois même, qui conseillèrent au premier président d'aller saluer le Régent, sous prétexte de prendre congé. La visite eut lieu et amena la révocation des lettres de cachet qui envoyaient le Parlement à Blois. Dans toute cette affaire, l'abbé Menguy et l'abbé Pucelle aidèrent à la réunion des deux parties.

2. Les procureurs chargés par leurs confrères de veiller aux intérêts de la communauté.

Roi vouloit absolument qu'il en eût deux cents, et que M. le procureur général les marqueroit lui-même sur la liste.

On dit que pendant une minorité on ne peut pas éloigner le Parlement dix lieues au delà de la demeure du Roi ; je ne sais pas si cela est vrai.

On manque toujours d'argent à Paris, on n'a que quinze livres dix sols pour un billet de banque de cent livres, et cependant Paris et la province en sont farcis.

Enfin la situation du Parlement est changée. Ils ont reçu des lettres de cachet[1], qui leur ordonnent de se rendre à Pontoise pour faire la rentrée lundi prochain, 25 novembre[2]. On dit qu'il n'est question que de l'enregistrement de la Constitution, dont on est apparemment d'accord. Le mandement du cardinal est publié, il est assez beau et très-finement travaillé pour conserver et ménager la doctrine des deux parties : c'est à proprement parler un jeu de mots et une dissertation comique sur des points de doctrine. Le mandement contient des explications des propositions condamnées. Le Pape ne vouloit pas, à ce qu'on dit, de la réception avec explications. M. le Régent a trouvé lui-même le secret de les accommoder, pour qu'il ne parût pas suivant la lettre que ces explications fussent données par le cardinal pour interpréter la bulle. Il est dit dans l'acceptation du cardinal (et c'est le Régent qui a ajouté de lui-même ce mot), qu'elles étoient données *uniquement* pour empêcher les personnes ignorantes ou mal intentionnées d'y donner un mauvais sens.

Law fait procéder à présent à la recherche de ceux qui ont gagné des sommes immenses ; il ne rendra pas au bon bourgeois le bien qu'il a perdu, mais il tâche d'égaler tout le monde en pauvreté. On s'y prend d'une façon violente, qui est une suite d'indignités et de tyran-

---

1. Voyez Duclos. t. I, p. 91.
2. Arrêt du conseil du 24 octobre 1720.

nies ; car, en un mot, celui qui a gagné cinquante millions (comme il y en a), a été plus hardi et plus heureux qu'un autre; il n'a rien pris à personne, et il a profité des arrêts et déclarations du Roi. C'est M. Landivisiau [1], maître des requêtes, fils d'un commerçant de Saint-Malo, qui a la direction de cette recherche. On entre chez un homme et on met le scellé dans toute sa maison ; on lui prend ses bijoux, sa vaisselle d'argent et tout ce qu'il a. On en nomme déjà trois scellés avec garnisons :

Un chez Dupin, qui étoit autrefois Savoyard, et de là laquais chez M. Tourton, gros banquier; il est parvenu de manière qu'il a gagné au système vingt millions suivant le bruit public.

Chez Koli, qui a été trésorier de M. de Bavière;

Chez Morier, qui étoit un petit banquier, qui étoit en prison il y a deux ans, devant cinq cent mille livres. Il a épousé une jolie femme, qui étoit fille de boutique au Palais, nommée Dufour. Elle est devenue maîtresse de M. de La Vrillière, secrétaire d'État. Cela a donné lieu à de gros gains. Ils avoient pris une maison assortissante; des équipages, maître d'hôtel, portier, deux femmes de chambre à madame. Voilà l'excès où ces gens-là avoient porté l'insolence! Mais il valoit beaucoup mieux ne point donner lieu à ces gains, et ne pas tourmenter à présent tous ces gens-là contre le droit des gens.

L'on est si accoutumé au luxe et au plaisir dans cette ville que, malgré la misère générale où l'on est, puisque dans les meilleures maisons il n'y a pas un sol, et que la circulation des choses nécessaires à la vie et à l'entretien se fait par crédit, tout le monde crie et se plaint; cependant, je n'ai jamais vu un spectacle plus rempli et plus superbe qu'hier, mercredi, 21 novembre, à l'Opéra, où les comédiens représentoient. Il est impossible que

[1]. M. Danycan de Landivisiau.

le Régent, en voyant cela, se repente, ni soit touché de tous les maux qu'il fait.

On agiote actuellement dans la cour de la Banque. Des archers s'y promènent; mais il est impossible d'empêcher le commerce de papiers dont tout le monde est rempli.

Lundi 25, on a dit la Messe Rouge à Pontoise. Il n'y manquoit que deux présidents à mortier : MM. de Novion[1] et Amelot, et la plus grande partie du Parlement y étoit, ce qui n'est pas ordinaire à la rentrée. On a remis à lundi prochain à s'assembler pour délibérer sur la déclaration qui leur avoit été envoyée, dès le mois d'août, pour l'enregistrement de la Constitution. Le bruit général de Paris est qu'on ne croit pas qu'ils l'enregistrent. Si cela est, le Régent prendra quelque parti violent contre le Parlement.

L'on continue toujours à taxer tant ceux qui ont gagné que ceux qu'ils croient avoir gagné; car, comme ces gains sont devenus à rien, beaucoup de ceux qui ont remué et gagné sont plus mal et moins riches qu'ils n'étoient auparavant.

28 novembre. — Autre friponnerie de la Compagnie des Indes. Sous prétexte qu'elle a besoin d'argent, et qu'elle ne peut s'adresser qu'à ses actionnaires, comme, au moyen de l'arrêt du conseil du 24 (?) octobre dernier, on a été obligé de porter toutes ses actions, et qu'ils en sont maîtres, ils veulent que les actionnaires de bonne foi (c'est-à-dire ceux à qui on les rendra ou une partie de celles qu'ils ont portées) donnent à la compagnie, pour chaque action qu'on retirera, cent livres en argent et cinquante livres en billets de banque. Il y a une infinité de gens qui ne sont pas en état de faire cette avance d'argent dont on a à peine pour vivre; faute de porter les

---

1. André Potier de Novion succéda à M. de Mesmes comme premier président en décembre 1723. Il se démit de ces fonctions en septembre 1724, par raison d'économie, disait-on. Il mourut en 1731, complétement oublié.

Décembre.

Bruits divers. — Assassinat et vol d'un juif, marchand de diamants. — La Constitution enregistrée à Pontoise par le Parlement. — Croizat et Samuel Bernard. — Démission de Law. — M. Le Pelletier de La Houssaye, contrôleur général. — Les frères Paris rappelés. — Le duc de Richelieu à l'Académie françoise. — L'abbé Gédoyn et le duc de La Force. — Law à Guermande. — La duchesse de Lorges. — Le Parlement à Paris. — Les avocats et le premier président. — Law quitte la France. — Ses richesses, bruits absurdes. — Incendie à Rennes. — Peste en Provence et à Marseille. — Dévouement de l'évêque Belsunce. — La peste à Aix. — Paris ruiné.

Le 2 décembre, le Parlement s'est assemblé à Pontoise; on a seulement nommé les mêmes commissaires pour examiner la déclaration que l'on veut qu'ils enregistrent pour la Constitution.

On dit aussi que M. le Régent leur a fait présenter à enregistrer la Compagnie des Indes, la Banque, etc.

On dit qu'il ne reviendra pas à Paris.

Le Pape n'est pas content du mandement de M. le cardinal de Noailles; il a écrit à M. le Régent qu'il falloit le faire d'une autre façon; le cardinal sera embarrassé.

4. — Jeudi dernier, 28 novembre, un juif, Joseph Lévi, avec un autre homme nommé Dumesnil, emmenèrent dans une chambre un autre juif, intime ami de Joseph, marchand de diamants, et qui en avoit considérablement, lui coupèrent la gorge, et lui donnèrent deux coups de marteau à la tête. Comme la femme de celui assassiné savoit que son mari étoit sorti avec ses deux amis qu'elle connoissoit, ils jugèrent à propos d'aller sur le soir lui demander du thé; elle leur en fit, et comme elle se baissoit pour mettre le thé, ils lui donnèrent plusieurs coups de marteau sur la tête; elle tomba la tête en sang, ils s'enfuirent. Une petite fille cria, ils renversèrent la petite fille sur la mère d'un coup; elle

contrefit par prudence la morte. A six ans! On vint; elle n'étoit pas morte, elle déclara le nom et la demeure. Là-dessus le juif a été pris: Dumesnil s'est sauvé. On a fait son procès. Il a tout nié; point de preuves suffisantes. Il a été jugé aujourd'hui, 4 décembre. Six voix pour être rompu; cinq pour être mis à la question. A la question, il a tout avoué, qu'il avoit tué un homme dans la rue Poupée, contre Saint-André[1]; dans une auberge, que le cadavre étoit dans une armoire. La justice y a été. Mon serrurier a été mandé pour jeter bas la serrure de la chambre et ouvrir l'armoire, et il m'a dit, une heure après l'expédition, qu'il y avoit dedans un homme qui avoit la gorge coupée et deux coups à la tête, dans le bas de l'armoire, ayant des pendants d'oreille de petits diamants. On a emporté le cadavre au Châtelet. Douze juifs l'ont accompagné de la rue Poupée au Châtelet, où ils l'ont gardé toute la nuit, en faisant les prières à leur façon, et le lendemain ils l'ont emporté pour l'enterrer. On a emmené le maître, maîtresse et servante de l'auberge que l'on dit être un b......[2]. Ce juif a demandé à se faire chrétien, croyant peut-être par là se dérober au supplice. Ce juif avoit trois chambres dans Paris; une rue Beaubourg, où il a été pris, une rue Poupée, où a été fait le crime; et une au faubourg Saint-Marceau, avec des noms différents, sans passer pour juif.

Jeudi 5 décembre, il a été baptisé le matin, par le curé de Saint-Germain-de-l'Auxerrois, dans la prison, avec grande cérémonie, et l'après-midi il a été rompu vif en place de Grève. On dit que les juifs ont voulu

---

1. L'église Saint-André-des-Arcs, qui avait été construite sur une partie des terrains occupés aujourd'hui par la place de ce nom, remontait en grande partie au seizième siècle. Elle était célèbre par son architecture. C'est là que de Thou fut enterré; c'est là aussi que fut baptisé, le 22 novembre 1694, François-Marie Arouet de Voltaire. L'église, vendue comme propriété nationale, en 1797, fut démolie quelque temps après.

2. L'hôte et l'hôtesse sont sortis de prison. (*Note de Barbier*).

donner de l'argent pour le retirer et le faire mourir à leur façon, mais on n'a pas voulu.

Le juif qui a été assassiné s'étoit fait chrétien il n'y avoit que six mois. Sa femme est fort jolie; elle n'est pas encore morte, elle a été trépanée trois fois[1].

Mercredi, 4 décembre, le Parlement a enregistré à Pontoise la déclaration pour la Constitution, mais comme il l'a enregistrée en 1714; de manière que ce n'est avoir rien fait, c'est un jeu que cela, et les constitutionnaires ne doivent point être contents. On disoit qu'il reviendroit mardi prochain; mais ce bruit ne paroît pas se confirmer.

On attend ici tous les jours la mort du Pape[2], ce qui apportera du changement à ces sortes d'affaires. On a rappelé le cardinal de Polignac que M. le Régent avoit exilé dans une de ses abbayes, à cause de l'affaire de M. et de madame la duchesse du Maine. M. le Régent a peut-être besoin de lui à présent pour l'envoyer à Rome, comme il est grand politique et homme d'esprit. Chaque nation a toujours ses brigues à Rome pour faire élire un pape dans son parti.

11 décembre. — On parle fort de changement dans les finances. Law ne tient pas à grand chose. Son parti est bas; on dit que M. Croizat et les Paris, Samuel Bernard[3], garde du Trésor Royal, sont liés ensemble pour le perdre, et qu'ils offrent entre eux soixante millions.

Cette nouvelle vient de m'être confirmée par la lettre d'un directeur de la Compagnie des Indes, lequel alla voir hier au soir Law, et lui marqua le chagrin qu'il avoit de ce qu'il les quittoit. Law lui répondit que s'il ne se mêloit plus des affaires, d'autres s'en mêleroient.

---

1. La femme du juif est morte, le 8 ou 10 décembre. (*Note de Barbier*).

2. Clément XI. Il avait été élu pape en 1700. Il mourut le 19 mars 1721.

3. Samuel Bernard, fils du peintre de ce nom, célèbre financier, naquit à Paris en 1651. Il prêta souvent à l'Etat des sommes considérables, et mourut en 1739, laissant une fortune immense.

M. le Duc et le duc de La Force[1] étoient avec lui : ce sont ses protecteurs ; on appeloit le duc de La Force son premier commis.

La nouvelle étoit, hier au soir, qu'il étoit exilé et relégué à une terre. Si une fois il perd sa place, je doute qu'il aille loin sans être la victime de ceci. Il a fait bien du mal, il a beaucoup d'ennemis, et surtout le Parlement.

14. — Le changement est véritable ; M. Law n'est plus en place. On dit que c'est lui qui a demandé à se retirer, et à n'avoir plus de poste.

M. Le Pelletier de La Houssaye[2], conseiller d'État, et à présent chancelier de M. le Régent, est contrôleur général des finances ; sous lui, M. d'Ormesson, beau-frère de M. d'Aguesseau, chancelier, et M. de Gaumont, chef du conseil de M. le prince de Conti, tous deux maîtres des requêtes[3] ; MM. Croizat et Bernard, à la tête de la Compagnie des Indes. Ce sont deux hommes puissamment riches. Avant que Law fût ici, ces deux hommes étoient riches de plus dix millions chacun. Samuel Bernard est au demeurant un grand fripon, qui a été cause, en 1709, d'une banqueroute de vingt ou trente millions qui se fit tant à Lyon qu'à Genève[4]. Au surplus, il a

---

1. Henri-Jacques Nompar de Caumont, duc de La Force, né en 1675. Il s'était enrichi dans le commerce des actions et avait voulu faire en grand le commerce d'épiceries. Nous allons voir bientôt quel procès il eut à soutenir à cette occasion contre la communauté des épiciers. Il ne passait pas pour brave, si l'on en juge par l'épigramme suivante :

> La Force, commis de d'Argenson,
> Hait beaucoup le bruit du canon,
> Il craint qu'un boulet ne le perce ·
> Pour oisif, il ne l'est jamais ;
> En guerre, il fait la controverse,
> Et la maltôte en temps de paix.

2. Félix Le Pelletier de La Houssaye, conseiller d'Etat, etc., contrôleur général, fut, en 1721, nommé prévôt et maître des cérémonies des ordres du Roi. Il mourut en 1723.

3. On dit qu'il n'est point question de ces deux maîtres des requêtes. Il n'y a que M. de La Houssaye. (*Note de Barbier*).

4. Suivant Saint-Simon, t. xii, p. 263-264, cette banqueroute ruina en-

quatre-vingts ans; il ne sera pas longtemps dans cette place.

On dit qu'ils associent avec eux cinq ou six gros négociants de Saint-Malo. Cela pourra peut-être à la fin faire une compagnie considérable pour le commerce.

Les Paris, créatures de M. d'Argenson, qui ont été exilés dans leur pays, sont rappelés pour être à la tête des fermes générales.

Voilà l'arrangement. Cependant personne ne donne dans la bosse; on croit que tout ceci est un jeu; que Law est et sera toujours le conseil du Régent; que l'on met en sa place des gens de probité pour leurrer le peuple, et pour que le mal qui arrivera encore ne tombe pas sur le compte de Law.

On dit que le Parlement revient lundi prochain.

Jeudi 12 de ce mois, M. le duc de Richelieu[1], jeune seigneur de beaucoup d'esprit, fut reçu à l'Académie françoise[2]. L'abbé Gédoyn[3] lui fit le compliment, et il le loua sur ce que, dans ces temps-ci, il n'avoit point oublié son rang et sa qualité, pour ne songer qu'à faire des gains sordides, et faire toutes les démarches nécessaires pour cela. M. le duc de La Force[4] étoit présent, qui n'a pas quitté Law, qui travaille avec lui comme son premier commis, et qui a gagné des biens immenses. M. de La Force fit à la fin compliment à M. de Richelieu, lequel lui répondit que c'étoit à l'abbé Gédoyn qu'il falloit

---

tièrement le crédit de Bernard, à Lyon et dans les contrées voisines, malgré l'assistance que lui donna Desmarets.

1. Louis-Armand du Plessis, duc de Richelieu, petit-neveu du cardinal, maréchal de France, né à Paris en 1696, célèbre par ses galanteries, son courage et son esprit, vécut jusqu'en 1788. Il se maria trois fois.

2. Il succédait au marquis de Dangeau, dans le trente-deuxième fauteuil de l'Académie.

3. Nicolas Gédoyn, jésuite, né à Orléans en 1667, a laissé une traduction de Quintilien; il était entré à l'Académie en 1719, à la mort du marquis de Mimeure. Il mourut en 1744.

4. Il était également membre de l'Académie depuis 1715, et avait succédé à Sillery.

faire compliment; qu'il avoit à merveille caractérisé tout le monde. Le duc de La Force ne parut pas content de tout cela.

Hier 14, M. Law sortit de Paris pour aller à Guermande[1] près Lagny; tous les seigneurs ont été lui dire adieu, car il est toujours en faveur.

M. Le Pelletier de La Houssaye a dit au directeur de la Compagnie des Indes, avec la permission de M. le Régent, qu'il défendoit à aucun d'eux d'avoir aucun commerce avec M. Law. Pour moi, je crois que, pendant l'absence de M. Law, on fera bien du mal au pauvre peuple.

Tout le Parlement a assisté en robes rouges au mariage de madame la duchesse de Lorges[2], qui s'est fait dans l'abbaye Saint-Martin[3], et ils ont signé par députés. M. de La Vrillière, secrétaire d'État, y étoit, qui a apporté à la mariée, de la part du Roi, un carcan de diamants, qui vaut apparemment deux cent mille livres.

Hier, mardi 17, le Parlement a enregistré à Pontoise la déclaration qui le rappelle à Paris; ils sont tous revenus hier et aujourd'hui.

On dit que M. Law a été arrêté à Guermande par Du Val, le fils du commissaire du guet, qui le conduit à Effiat en Auvergne, terre à lui.

Cela n'est pas vrai. M. Law est toujours à Guermande.

M. Landivisiau est inspecteur général de la Banque et de la Compagnie des Indes, dont il ne rendra compte qu'à M. le Régent, ce qui s'est fait à cause de la manière dont M. Le Pelletier de La Houssaye paroissoit vouloir agir avec les directeurs de la compagnie. Car tous les

---

1. Guermante, suivant le *Dictionnaire des Postes*, dans le département de Seine-et-Marne, à deux kilomètres de Lagny, son chef-lieu de canton. Cette terre, ancienne propriété de la famille de Viole, avait été vendue à Law par Paulin Prondre, receveur général de Lyon.

2. Mademoiselle de Mesmes. Voy. p. 69. Ce mariage se fit au grand désespoir du duc de Saint-Simon, oncle du duc de Lorges.

3. A Pontoise. Voyez plus haut, p. 56. Cette abbaye de l'ordre de saint Benoît avait été fondée avant l'an 1069.

politiques croient que tout ceci n'est qu'un jeu ; que Law conseillera toujours le Régent : ce n'est peut-être que pour apaiser le Parlement qu'on l'a éloigné.

Aujourd'hui vendredi, 21, le Parlement a tenu audience de sept heures. Les avocats ont été faire compliment au premier président. Le bâtonnier a dit que les avocats avoient perdu la parole, et qu'il alloit *la* leur rendre. Le premier président a répondu que la conduite des avocats étoit parfaite, et qu'on ne pouvoit que s'en louer.

Le premier président a fait avertir les avocats par le bâtonnier que, dans les plaidoiries où il s'agiroit de parler de la chambre des vacations tenue aux Augustins, on ne le fît pas sans parler auparavant au président de l'endroit et de la chambre où l'on plaideroit.

23 décembre, lundi. — Les nouvelles les plus justes aujourd'hui sont que Law a été à Guermande samedi, il y a huit jours, jusqu'à mercredi ; qu'il a passé jeudi et vendredi dans le Palais-Royal, d'où il est sorti le samedi à deux heures après minuit. On dit qu'il est à Ypres en Flandre, et d'autres veulent qu'il soit allé à Rome ; mais les plus fins politiques croient qu'il a fait semblant de sortir ; qu'effectivement quelqu'un affidé a passé sous son nom à Ypres dans une chaise de poste ; mais qu'il est caché au Palais-Royal, et cela n'est su que du Régent, de M. le Duc et de Coche, premier valet de chambre du Régent. Cela se fait à cause du Parlement, et d'ailleurs Law ne veut pas être présent à tout ce qui se fera. Par exemple, on a arrêté, la nuit de samedi dernier, Bourgeois, trésorier général de la Banque, Du Revest, contrôleur de la Banque, et Fénelon, qui isoit les billets, gens amis et placés par Law. On a aussi arrêté Fromaget, banquier et directeur de la Banque. Tous ces gens ont des millions, et on leur demande de l'argent.

Pour moi, je crois que, quand on aura fait bien du mal, et une espèce d'arrangement, on fera semblant d'avoir besoin de Law, et qu'on le fera reparoître et remettra en place.

M. le Duc le protége ouvertement, et M. le Régent a dit en plein Conseil qu'il lui avoit donné sa parole d'honneur de ne toucher ni à la personne, ni aux biens de Law.

Sa femme et sa fille sont à Paris dans leur maison; son fils est éclipsé comme lui, c'est-à-dire perdu aux yeux du public.

28 décembre. — On sait présentement ce qu'est devenu Law. Il a passé sûrement à Valenciennes[1], où il a été arrêté, les uns disent par le commandant, les autres par M. d'Argenson[2] le fils, intendant, qui y demeure. Il montra un passe-port particulier de M. le Régent, et on lui donna des chevaux. Il avoit avec lui l'écuyer de M. le Duc[3]; il étoit dans une de ses chaises et quatre ou cinq hommes de sa livrée. Il a été à Bruxelles, où il a été reçu magnifiquement par M. Du Prié, qui y commande pour l'Empereur. On l'attendoit à la Comédie, où il descendit.

Il a eu l'insolence de dire qu'il avoit enrichi la noblesse, et qu'il laissoit Paris florissant.

Une nouvelle aussi sûre pour le moins est qu'il a passé une quantité étonnante de chariots pleins d'or et d'argent, sortant de France par la Flandre. On le sait par ceux qui les ont conduits ou vu charrier, et l'on compte, suivant le nombre qu'on en a vu, qu'il est passé cent

---

1. Suivant Saint-Simon, t. xxxiv, p. 183, ce fut à Maubeuge que d'Argenson, fils aîné du garde des sceaux et intendant, le fit arrêter, et le relâcha sur l'ordre exprès du Régent. Dans ses *Loisirs*, d'Argenson confirme ce fait, et il rapporte une curieuse conversation que Law lui tint.

2. Réné-Louis de Voyer de Paulmy, marquis d'Argenson, fils aîné de Marc-René, le lieutenant de police, naquit en 1696. Il fut successivement intendant de Hainaut, de 1720 à 1724, conseiller d'Etat, et ministre des affaires étrangères, en 1744. Il s'efforça dans ses dernières fonctions de relever la politique de la France si abaissée à cette époque. D'Argenson, obligé par des intrigues de cour de donner, en 1747, sa démission, passa le reste de sa vie, jusqu'en 1757, dans l'étude et la retraite. Il a laissé des Mémoires dont des fragments ont été publiés sous le titre de *Loisirs d'un ministre d'État*, in-8.

3. M. de Sarrobert, capitaine des chasses de Chantilly.

cinquante millions[1]. On n'en sait pas positivement la destination. Les uns disent que le Régent a acheté de l'Empereur le comté de Flandre et le Brabant, et que l'Empereur fera en sa faveur un dixième électeur. Les autres, que c'est pour négocier un mariage d'une archiduchesse avec M. le duc de Chartres; mais elles sont trop âgées, il n'y a pas d'apparence. Les autres croient que le Régent fait placer ces sommes en pays étrangers par Law, pour avoir des fonds et une retraite à la majorité.

Il paroît toujours certain que Law est parti de l'agrément du Régent et comme son négociateur; il ne va pas pour rien. Il a passé par Hambourg; on ne sait pas où il est.

Il est étonnant qu'on enlève ainsi l'argent du royaume sans savoir pourquoi, tandis qu'on ne sait plus comment faire pour payer les troupes et les rentes sur la Ville, et que tout le monde est aux abois : car on dit qu'à la Monnoie on envoie de tous côtés assiette à assiette pour vivre. Voilà l'état où l'on nous a mis en un an.

Autre malheur sur la France !

Le dimanche, 21 décembre, sur le minuit, le feu a pris dans une maison particulière dans la ville de Rennes en Bretagne, mais le feu a augmenté de telle manière qu'il a duré six jours et six nuits, et que toute la ville en général est brûlée. Il ne reste plus que les faubourgs. Ç'a été une désolation comme l'on s'imagine. Tout le monde a fui de la ville, et s'est allé camper avec des tentes au milieu des prés, autour de la ville. J'ai vu des lettres datées *Aux prés de Rennes*. Tous les habitants sont ruinés. Ils écrivent tous : « Il n'est plus de Rennes. » Le marchand, dont j'ai vu la lettre, écrit qu'il rend grâce à Dieu d'avoir sauvé sa femme et son enfant, mais qu'il

---

[1]. Ces bruits que rapporte ici Barbier étaient entièrement dénués de fondement. Law sortit de France pauvre, après avoir possédé des millions. Voyez dans notre *Appendice* les deux lettres écrites par lui au Régent, pour se disculper de cette accusation.

a perdu trois maisons dans la ville et un magasin plein de marchandises.

La cathédrale est brûlée; Saint-Sauveur, qui étoit bâti de neuf il y a un an, le palais, les Cordeliers et les Carmes ne le sont pas. Il y a le bel horloge, qui est une tour de pierres de taille, on y a porté des marchandises, toutes les minutes des notaires et autres papiers, croyant les mettre en sûreté : la tour a fondu, et tout a été brûlé. Le Parlement étoit en robes rouges, qui faisoit travailler tout le peuple. Il a conduit les Religieuses Ursulines dans la maison des Pères Bénédictins, qui est hors la ville.

On a abattu jusqu'à dix maisons, pour arrêter le feu; mais il reprenoit partout; toutes les nouvelles des bourgeois portent que ce sont les soldats (qui y sont) qui mettoient le feu à mesure qu'il s'éteignoit, pour piller. On en a pris un sur le fait, qui voloit un saint ciboire d'or rempli d'hosties : il a été brûlé. Je l'ai vu marqué dans deux lettres. Voilà une désolation épouvantable.

Le Parlement va à Vannes.

On parle encore d'un bourg proche Lyon qui est brûlé.

Il y a un an à présent que la ville de Sainte-Ménéhould a été entièrement brûlée; il n'en reste presque plus rien.

La Provence a été désolée cette année par la peste[1], et l'on peut mettre en cet endroit le récit de ce malheur.

La peste a commencé à Marseille à la fin de juillet de cette année : les uns disoient que c'étoit par le mauvais blé qu'on y avoit mangé. Effectivement la famine y avoit

---

1. Que la peste soit en Provence,
   Ce n'est pas notre plus grand mal,
   Ce seroit un bien pour la France
   Qu'elle fût au Palais-Royal !
   En abattant deux ou trois têtes,
   Elle en conserveroit cinq cents;
   Badauds, vous en serez exempts,
   Car elle n'en veut pas aux bêtes.
   Mais pour la santé du Régent
   Ce seroit une bonne affaire
   Que la peste prît à l'argent;
   Il songeroit à s'en défaire.
   (Note postérieure de Barbier.)

été l'hiver, et l'on attribuoit cela à la dureté et à la mauvaise administration de Law.

Mais j'ai vu des gens du pays, qui disent que c'est un vaisseau, dans lequel il y avoit des marchandises qui appartenoient à un consul, qui, pour profiter d'un bon moment de vente, eût le secret de débarquer des marchandises sans leur avoir fait faire la quarantaine; ce que l'on fait toujours pour les marchandises du Levant, crainte de la peste. La peste a tellement pris force dans la ville de Marseille, que toute la ville a été perdue. On avoit beau murer des rues entières, l'une après l'autre, cela ne faisoit rien; on ne pouvoit pas s'enfuir, parce que le duc de Savoie avoit envoyé des troupes, qui tiroient sur tous ceux que l'on voyoit dans les champs. L'évêque[1] a assisté les malades avec un zèle étonnant, et à la fin il est mort dans la ville de Marseille quatre-vingt mille personnes, et toutes les marchandises qui étoient dans la ville ont été perdues. On a rompu des coquins qui entroient dans les maisons, massacroient les malades abandonnés, et pilloient. Il se rencontre toujours de ces sortes de gens. Un chirurgien a trouvé un secret pour arrêter un peu le cours de la peste. Elle n'est plus à présent à Marseille; il y a même déjà quelque temps; mais elle a gagné Aix. Il y a plus de trois mois que le Parlement en est sorti. La peste y est encore. Je vis avant-hier une lettre de Lyon, où l'on mandoit qu'elle étoit à vingt lieues d'Avignon. Il y a par bonheur le Rhône entre deux pour gagner Lyon. Si elle y venoit malheureusement, nous serions tous perdus.

Paris est ruiné par la misère et la rareté d'argent; car on ne sent pas encore son mal. Le monde est farci pour la plupart de billets de banque, et attend une ressource. On emprunte, on vend pour ne pas donner un billet de

---

1. Henri-François-Xavier de Belsunce de Castel-Moron, né à La Force, dans le Périgord, en 1671, mort en 1755. Son dévouement pendant la peste de Marseille a rendu sa mémoire impérissable.

mille livres pour quatre-vingt-douze livres, et un billet de cent livres pour dix livres ; mais, comme il ne sera plus question, à ce que je crois, de ces billets, on sera au désespoir. Voilà les malheurs qui sont arrivés dans ce royaume cette année ; voilà de quoi exercer les prières des bons croyants.

ANNÉE 1721.

Janvier.

Les actions de Barbier. — Chansons sur le temps présent. — Le Régent et ses maîtresses: madame de Parabère et madame de Sabran. — *Le Départ de Law.* — Les directeurs de la Compagnie des Indes. — Encore le Parlement. — Billet de banque. — *Épitaphe* et bon mot du Régent. — Querelle entre les avocats. — Ballets aux Tuileries. — Le Roi y danse. — *Dom Japhet d'Arménie.* — Le duc de Nevers duc et pair. — Bruits populaires.

Cette année est bien différente de l'autre pour tout le monde, et pour moi en particulier. J'avois, en janvier, pour soixante mille livres d'effets en papier, à la vérité, imaginaires, mais qu'il ne tenoit qu'à moi de réaliser en argent, ce que je n'ai eu ni l'esprit, ni le bon sens de faire ; et tout cela est tombé à rien, de manière que je n'ai pas aujourd'hui de quoi donner les étrennes aux domestiques, et cela sans avoir joué ni perdu !

CHANSONS SUR LE TEMPS PRÉSENT.

Sur l'air *de Joconde.*

I.

Philippe, prince de renom,
    Disciple d'Épicure,
Grand imitateur de Néron,
    Toi, qui sais la peinture,
Reconnois-toi dans ce portrait
    Qui te sera fidèle,
Celui qui te fait trait pour trait,
    Est un second Apelle.

Parabèr'[1] fait tous tes plaisirs,
 Personne n'en ignore,
Sabran[2] contente tes désirs;
 Ce n'est pas tout encore.
Ton Sénèque est le d'Aguesseau
 Et Law est ton Narcisse.
Malgré son triomphe nouveau,
 Il faudra qu'il périsse.

—

Britannicus n'a pour appui
 Que le céleste empire,
Le Parlement étant pour lui,
 Tu veux qu'il se retire.
Tu as pillé tous ses trésors,
 Et n'en donne à personne,
Tu veux te servir de son or,
 Pour ravir sa couronne.

—

Ne crains-tu point le châtiment
 De Néron ton modèle?
Crois-moi, change de sentiment,
 Quitte ceux de Cromwell;
Rends au public tous ses effets,
 Au peuple sa finance;
Nous oublierons tous tes forfaits
 Et d'Espagne[3] et de France[4].

—

Je ne trouve point étonnant
 Que l'on fasse un ministre,
Et même un prélat important,
 D'un maq......, d'un cuistre;
Rien ne me surprend en cela,
 Car un chacun sait comme

1. Madame de Parabère, maîtresse du Régent.
2. Madame de Sabran, autre maîtresse du Régent. Elle était de la maison de Foix.
3. La conspiration contre Philippe V, roi d'Espagne.
4. Allusion à l'accusation d'empoisonnement du duc de Bourgogne.

De son cheval Caligula
  Fit un consul de Rome.

—

C'est ainsi que notre Régent
  Assure sa mémoire,
Et qu'un projet éclatant
  A tracé son histoire.
Néron, qu'on croyoit sans égal,
  A trouvé sa copie
Si conforme à l'original,
  Que pour elle on l'oublie.

SUR LE DÉPART DE LAW.

Sur l'air nouveau : *Un cordelier d'une riche encolure.*

II.

Assez longtemps pour mon profit en France
  J'ai fait résidence,
    Sachant prévenir
    Un cruel avenir ;
Les héritiers de la vertu gauloise,
    Rappelés de Pontoise
    Pourroient bien ici
    Me causer du souci.

—

Si les robins mettoient sur moi la patte,
    J'en aurois la gratte ;
    Je plaindrois mon sort,
    Malgré tout mon support,
A l'ombre mis pour ma belle entreprise,
    Oui, de Pierre-Encise,
    J'aurois pour maison
    L'ennuyeuse prison.

—

Là détenu, sans avoir d'espérance
  De sortir de France,
    Il faudroit compter.
    J'aurois à déchanter.

Je voudrois faire en vain le diable à quatre,
L'on sauroit rabattre,
Par un long torquet,
Ma gloire et mon caquet.

—

Faudroit subir rude interrogatoire,
Trouver en matière
L'argent que j'ai pris
Aux trois quarts de Paris.
Mon directeur n'ordonnant pas de rendre
Ce que j'ai pu prendre,
Dérivons d'ici,
C'est mon plus court parti.

—

Mon intérêt, ma sûreté s'y trouve,
Le Régent m'approuve.
J'ai même aujourd'hui
Condé pour mon appui.
Content de voir que j'ai rempli ses coffres,
Il me fait les offres
De prendre son train
Pour avancer chemin.

—

La chose ainsi, je monte en sa calèche
Çà, faisons dépêche!
Adieu vos écus,
Messieurs, n'y pensez plus!
Le sort m'étant favorable et propice,
Je les porte en Suisse.
Qui les reverra
Plus fin que moi sera!

—

Vous, que l'on vit aux actions avides,
Les croyant solides,
Toujours en papier
Vouloir réaliser,

Servez-vous donc de vos billets de banque!
Si l'argent vous manque,
Cherchez le payeur
Pour avoir leur valeur.

Les actions sont toujours dans la main de tous les bourgeois. Il y en a à qui elles coûtent considérablement, et je ne crois pas que cela vaille quoi que ce soit par la suite.

On a tenu une grande assemblée à la Banque, dimanche 28 décembre, et jeudi 2 janvier. M. le Duc est vice-protecteur de la Compagnie des Indes ; on a nommé huit directeurs d'honneur, qui sont : MM. le duc d'Antin, maréchal d'Estrées[1], de Nocé[2], ... gens dont l'avarice et la mauvaise foi perdront plutôt la Compagnie des Indes que d'y faire avoir confiance. Ils pilleront tout pour eux s'ils le peuvent.

On a nommé aussi huit directeurs pour examiner l'état de la Compagnie, qui sont, dit-on, de très-habiles banquiers. On ôte à la Compagnie des Indes les recettes générales, les fermes générales. On remet tout suivant l'ancien gouvernement. Cela fait voir l'idée et la raison du bouleversement général qu'on a fait. On laisse à la Compagnie des Indes le tabac et tous ses priviléges pour le commerce ; c'est là-dessus que sera fondé le dividende des actions.

Il n'y a eu en tout ceci que le corps du Parlement, qui, en corps, a eu de l'esprit et de la force de s'être toujours opposé à une déprédation aussi générale et aussi manifeste qu'il y a eu dans ce gouvernement depuis deux ans, car pour le particulier, on a tous été aveuglés et ensorcelés.

1. Victor-Marie, duc d'Estrées, né en 1660, lieutenant général des flottes franco-espagnoles, maréchal de France, mort en 1737.

2. Les autres noms sont restés en blanc dans le manuscrit. Les huit directeurs étaient : le duc d'Antin, le marquis de Lassay (et non Nocé), les maréchaux d'Estrées et de Grammont, le duc de Chaulnes, le marquis de Mezières et M. de Vendôme.

On dit que le Parlement se rebrouille avec le Régent ; il les a menacés de les renvoyer. Mais tout le monde dit qu'ils ont pris généralement le parti de ne point obéir aux lettres de cachet et de rester à Paris. Le Régent pourroit bien avoir le démenti de cela, car ce seroit une affaire d'envoyer prendre chaque conseiller chez lui ; et présentement tout le monde est mécontent. Pour moi, je crois que ce bruit étonnera le Régent, et qu'il l'empêchera de prendre aucun parti là-dessus.

La raison de la brouillerie est sur trois édits, ou déclarations que l'on présentoit au Parlement à enregistrer :

Pour doubler la capitation ;

Pour imposer le dixième sur tous les biens, et pour abolir généralement le billet de banque en quelque main qu'il soit.

Le Parlement a refusé, et il a eu raison. Tout le monde est ruiné, et l'on voudroit diminuer son revenu par des impositions. A l'égard du billet de banque, il n'y a qu'à le laisser comme il est. On a cinquante-cinq livres d'un billet de mille livres, six ou sept livres d'un billet de cent livres, et cinq ou six livres d'un billet de dix livres.

On dit que le Parlement a déposé au greffe ses billets de banque ; cela sera difficile à acquitter, à moins que le Roi, à sa majorité, ne fasse une grâce particulière pour eux seuls, car il y a bien d'autres gens qui les gardent aussi ; et le prix où ils sont n'est pas un moyen pour engager à s'en défaire.

Tout le monde convient que le billet de banque est de tout ceci ce qui embarrasse le plus le Régent ; car, après l'arrêt qui défend sous des peines d'avoir plus de cinq cents livres d'argent chez soi, l'anéantissement du billet de banque est épouvantable. Je ne sais comment il pourra se laver de cela.

On regarde comme un trait de politique à M. le Régent d'avoir laissé escorter Law par des gens de la livrée de M. le Duc; mais d'un autre côté, tout le monde sait que c'est de concert avec lui, car il négocie certainement avec l'empereur.

Comme il y a toujours des gens qui font des vers ou des contes, même sur les princes; on dit une épitaphe pour le Régent :

> Ci-gît Philippe de Bourbon,
> Petit prince, mais grand ....

On dit aussi qu'étant à souper avec madame de Parabère[1], sa maîtresse, Law et l'abbé Dubois, on lui apportoit quelque chose à signer, ce qu'il n'étoit pas en état de faire, pour avoir bu, il dit : « Parbleu! voilà un « f.... royaume bien gouverné; par un ivrogne, par une « p......, par un fripon, et par un maq......! »

15 janvier. — Continuation de querelle[2] entre les avocats du Palais[3] contre ceux attachés au Châtelet. La semaine dernière, Me Favrel, avocat plaidant au Châtelet, alla, à l'audience de sept heures, pour un appel pour un procureur du Châtelet, son ami. Les avocats l'aperçurent, firent du murmure, et résolurent de ne point conclure contre lui. On avertit de cela le président de Lamoignon qui présidoit, et il fit retirer le placet, et on avertit le procureur de charger un autre avocat.

On parle de faire un tableau séparé, et on dit dans le monde qu'on parle fort de mon père[4], qu'on rejette sur

---

1. Madame de Parabère, Marie-Madeleine de La Vieuville, née en 1693, maîtresse du Régent, était fille de madame de La Vieuville, dame d'atours de la duchesse de Berri. A peine mariée à César de Beaudean, comte de Parabère (en 1711), elle se livra à tous les désordres, et devint veuve en 1716. Saint-Simon, t. XXVI, p. 35, fait à son mari l'épitaphe suivante :
« Parabère mourut aussi. Pour le personnage qu'il faisait en ce monde, il eût
« mieux valu pour lui de le quitter plus tôt. »

2. Voyez plus haut, p. 55. Les avocats au Châtelet avaient continué de plaider pendant l'absence du Parlement.

3. Les avocats qui plaidaient devant le Parlement.

4. Edmond-Jean Barbier.

lui la faute des avocats du Châtelet d'avoir plaidé. Voilà où cela en est.

Lundi, 29 décembre, commencèrent les ballets chez le Roi, dans la grande salle des machines des Tuileries, qui est magnifique. On n'y entre que par billets. J'y allai samedi, 11 de ce mois ; le Roi y dansa deux entrées seul. Il est fort délicat, et il ne danse pas avec grande vivacité ; il est sérieux. M. le duc de Chartres y dansa une entrée ; il dansa fort mal et de mauvais air. Vingt seigneurs de la Cour, depuis l'âge du Roi jusqu'à vingt-deux ans, au moins, y dansent ; le marquis de Villeroi[1], petit-fils du maréchal, y brille quoique fort gros. Les seigneurs dansent avec les filles de l'Opéra ; ils ont envoyé chacun un présent à leurs femmes. Cela est fort bien exécuté ; la symphonie et la musique sont très-belles. Les acteurs de la comédie représentèrent aussi *Dom Japhet d'Arménie*[2], qui fit beaucoup rire. Les uns trouvent mauvais que le Roi danse ainsi sur un théâtre avec des filles de l'Opéra ; d'autres le trouvent bon, parce que Louis XIV l'a fait. Il n'y a que cela qui puisse excuser[3].

Mardi, 14 janvier, fut reçu au Parlement duc et pair, M. le duc de Nevers[4], connu sous le nom du prince de Vergagne, qui a épousé la princesse Spinola. L'assemblée étoit magnifique. Tous les princes du sang et les ducs et

1. Louis-François-Anne de Neufville, marquis de Villeroi, duc de Retz, né en 1695. Son grand-père, le maréchal, le maria en 1716, à Marie-Renée de Montmorency-Luxembourg, afin de se venger de la rapacité de la famille de Rohan. Voyez Saint-Simon, t. XXVI, p. 38.
2. Comédie de Scarron, en cinq actes et en vers.
3. C'était le maréchal de Villeroi qui s'était avisé de faire danser ce ballet à Louis XV. Il réussit en cela à dégoûter le Roi de cette espèce de divertissement. Voy. Saint-Simon, t. XXIX, p. 226.
4. Philippe-Jules-François-Mancini Mazarini, duc de Nevers, né en 1676. Il était fils de Philippe-Julien-Mancini Mazarini, duc de Nevers et de mademoiselle de Thianges. Il se maria en 1709, à Marie-Antoinette Spinola, fille aînée de Jean-Baptiste Spinola, qui à prix d'argent avait été fait prince de l'empire, en 1677, par Léopold, et grand d'Espagne par Charles II. Le jeune Mancini prit alors le titre de prince de Vergagne, avec la permission de Spinola, qui en conserva toutefois le rang et les priviléges.

pairs y étoient. Il arriva une chose assez extraordinaire; un homme très-mal vêtu, en gris, demanda à s'avancer, et entra effectivement dans le parquet, et dit tout haut, qu'il étoit parent du Roi, qu'il s'appeloit le prince de Lévi, et qu'il demandoit acte à tous les princes. Le premier président ne le laissa pas achever, il le fit prendre par des huissiers qui le descendirent en bas. C'étoit un fou.

Samedi, 18, j'allai au ballet du Roi, le spectacle étoit magnifique et bien rempli.

Les anciens receveurs généraux des finances rentrèrent en exercice comme par le passé. On a fait des fermiers généraux.

Comme les porteurs d'actions sont obligés de porter cent cinq livres en argent pour faire mettre une signature à l'action (pour quoi on donne un billet de la Compagnie de cent cinq livres payable au porteur dans un an); un homme dit à un autre qu'il venoit d'arroser quatre actions. : — « Vous venez, cela étant, dit l'autre, « d'embaumer quatre corps morts! » Joli mot, parce qu'on croit effectivement cela un effet perdu.

Mardi, 21 de ce mois, il couroit un bruit populaire qu'il devoit arriver à Paris un malheur extraordinaire. Les uns disoient que ce seroit un feu du ciel, les autres que ce seroit une sédition. Il n'est rien arrivé; la journée s'est passée tranquillement. On dit que cela est remis à samedi 25.

M. le duc d'Antin, beau-frère du Régent, est allé à Bellegarde, par manière d'exil. Il a eu de grosses paroles au sujet de M. le duc de La Force, dont on n'a point voulu pour directeur honoraire de la Compagnie des Indes. M. le Duc a demandé au Régent son éloignement. M. le Régent craint M. le Duc, et n'ose pas lui refuser rien.

Cela n'est pas, M. le duc d'Antin est à Paris.

Février.

M. le Régent et M. le Duc. — Le prince de Conti. — Arrêts du Conseil. — Visa. — Le duc de Brissac, duc et pair. — Le duc de La Force, *négociant*. — Ses marchandises aux Augustins. — Oriant. — Poursuites contre le duc. — Bons mots. — Caricature. — Le duc au Parlement. — Le grand-écuyer et sa femme. — Aventure de madame de Saint-Sulpice. — Vers. — Le duc de La Force au Parlement.

Le dernier dimanche de janvier, il y eu un conseil extraordinaire pour tâcher de trouver un arrangement aux affaires. M. le Régent et M. le Duc s'y querellèrent et se jetèrent l'un à l'autre l'évasion de Law[1]. On a même distribué à la main tout le résultat de ce conseil. Pour moi, je crois que c'est un jeu joué entre ces deux princes, qui ont pillé ensemble le royaume. On dit que l'on trouve sur les registres d'un commis de la Banque, nommé...... [2], qu'il a délivré et payé à M. le Duc dix-sept cent mille louis d'or; cela fait, dit-on, soixante-un millions.

On a été fort content dans le public de la manière dont M. le prince de Conti[3] a parlé dans ce conseil. J'en aurai le résultat.

Il a été publié, le 3 février, deux arrêts du conseil du 26 janvier, pour l'examen de tous les papiers et effets d'un chacun. Cette opération est impossible; tout le monde sent bien que cela n'est fait que pour surseoir au payement des rentes sur la ville. Cela met au désespoir; c'est la dernière ressource de tout le monde pour vivre.

Aujourd'hui, 6 février, on a reçu au Parlement duc et pair M. le duc de Brissac[4]. Comme à la dernière ré-

1. Voyez Duclos, t. II, p. 98 et suiv.
2. Le nom est resté en blanc dans le manuscrit.
3. Le prince de Conti, qui jouait alors ce rôle, avait été l'un des grands actionnaires du système et avait en un jour fait enlever quatre fourgons d'argent à la Banque. Voyez Duclos, t. II, p. 99, 101.
4. Charles-Timoléon-Louis de Cossé, duc de Brissac, né en 1693.

ception de M. le duc de Nevers, on avoit remarqué que M. le prince de Conti avoit plus de monde [1], d'officiers et de gentilshommes ou seigneurs de la cour à la suite que M. le Duc. Cela a fait qu'hier M. le Duc et M. le prince de Conti écrivirent des billets à tous les gens d'épée pour les accompagner au palais. M. le Duc est entré avec trente ou quarante personnes; le prince de Conti avoit un cortége de cent cinquante jeunes gens. J'ai vu sortir M. le Duc, après la réception, avec son même monde. Le prince de Conti a été déjeuner à la buvette avec M. le premier président, et il est revenu à la grande audience. Quantité des ducs et pairs y sont restés, et tous les officiers et particuliers, seigneurs ou autres, qui n'ont point de séance, ont attendu le prince de Conti, et l'ont accompagné de même en sortant. Tout le public s'est bien aperçu de cette différence, et cela a dû faire enrager M. le Duc; car c'est bien déclarer que, dans une affaire, il n'auroit pas beau jeu. Ils sont toujours très-mal ensemble.

M. le Duc avoit une livrée superbe en pages et laquais.

Il y a plusieurs seigneurs, comme le duc de La Force[2],

1. Voyez Duclos, t. II, p. 101.
2. Le duc de La Force fut poursuivi par le Parlement comme ami de Law et comme l'un de ceux qui avaient demandé sa suppression. Le prince de Conti fut l'un des plus ardents à cette poursuite, afin de se venger du duc. Voici à quelle occasion : « Le prince de Conti, qui en avoit amassé à toutes
« mains (*des actions*) et à qui il en restoit encore après avoir asséché Law
« du plus gros par les quatre surtouts d'argent en espèces qu'on a vu naguère
« qu'il se fit payer tout à la fois à la Banque et voiturer tout à la fois chez
« lui, cherchoit à employer encore des papiers qui lui restoient : il sut que le
« duc de La Force étoit prêt d'acheter une terre obscure, mais considérable
« pour sa valeur; il courut sur son marché déjà conclu. Il trouva de la résis-
« tance, et l'orgueil joint à l'avarice ne le put pardonner. ..... Law parti, et
« la Banque et la Compagnie en désarroi, le prince de Conti imagina de faire
« faire une insulte juridique au duc de La Force, sous prétexte de monopole,
« bien assuré que Mesmes et le Parlement les porteroient de grand cœur à
« faire cet affront à un duc et pair. Il ne se trouva à la fin que de la Chine,
« des paravents et quelques autres colifichets semblables, qui montrèrent en
« plein l'iniquité, l'excès et l'abus de la passion. » Saint-Simon, t. XXXIV, p. 239.

le maréchal d'Estrées[1], le duc d'Antin et autres, qui ont réalisé en marchandises d'épiceries, café, thé, charbon de terre, eau-de-vie, porcelaine et autres choses, et qui en ont des magasins.

On a découvert que le duc de La Force en avoit pour un million dans les Augustins. Le dernier lundi du mois de janvier, en vertu d'une ordonnance de M. Baudry, lieutenant de police, qui en avoit parlé à M. le Régent, à la requête des épiciers, le commissaire Labbé s'est transporté, avec nombre d'archers, aux Grands-Augustins[2], et il a saisi les effets et enlevé. Il a paru un nommé Oriant, qui avoit été reçu marchand, il y avoit un mois; homme n'ayant rien, qui étoit logé au troisième étage, sans meubles, qui a réclamé ces marchandises. On a interrogé ce particulier. M. Baudry avoit d'abord ordonné que les marchandises seroient vendues avec amende pour l'Hôtel-Dieu et l'Hôpital-Général[3]; mais M. le procureur général en a appelé. On a décrété prise de corps contre Oriant. Dans son interrogatoire, il a mêlé M. le duc de La Force. On a confisqué les marchandises au profit de l'Hôpital-Général et de l'Hôtel-Dieu; mais jeudi dernier, 13 février, le Parlement fit assembler tous les princes et les ducs et pairs pour cette affaire, à cause que le duc de La Force y étoit impliqué; et enfin on a décrété contre lui d'assigné pour être ouï. Le prince de Conti et le maréchal de Villars ont opiné fortement contre lui. Le Parlement est charmé à son tour de tenir quelqu'un des seigneurs, qui étoient contre lui du temps de Law. Hier 19, on a été, en vertu d'une ordonnance du lieutenant de police,

---

1. Voyez Saint-Simon, *loc. cit.*
2. Il y avait, dit-on, de ces marchandises jusque dans la bibliothèque. Les religieux avaient loué au duc toute leur maison. Voy. *Journal* de Marais.
3. Aujourd'hui la Salpêtrière. Cet établissement, situé place et boulevard de l'Hôpital, avait été fondé sous le nom d'*Hôpital-Général*, en 1656, par Louis XIV, sur la proposition de M. de Bellièvre, premier président au Parlement, pour y renfermer les pauvres et les mendiants.

chez le duc de La Force, à son hôtel [1]. On n'y a rien
trouvé; le Duc y est venu et il a déchiré l'ordonnance,
et il y a eu un procès-verbal de rébellion. On a fait
depuis ce temps-là plusieurs saisies pareilles; on ne
sait la suite qu'aura cette affaire, mais elle est menée
vivement.

On a fait des plaisanteries sur le duc de La Force.
On dit qu'il a présenté une requête à M. le Régent,
portant qu'il étoit au-dessous de la dignité d'un duc et
pair d'essuyer une pareille poursuite, et que, s'il ne
vouloit pas arrêter le cours de cette procédure, il le
supplioit de demander pour lui au Roi la permission de
se retirer hors du royaume, et que le Régent a mis au
bas de la requête :

« Bon voyage au suppliant! »

On dit que M. le duc de La Force a été voir M. le
prince de Conti, qui l'a reçu fort honnêtement. Après
un certain temps, M. le duc de La Force s'est levé,
M. le prince de Conti l'a reconduit et lui a dit qu'il lui
étoit obligé de son honnêteté, mais qu'il avoit ses provisions faites pour le carême.

L'arrêt du conseil, qui ordonnoit le visa, n'a point
d'exécution; on attend un autre arrangement. On reconnoît bien là l'esprit du conseil de ce pays-ci.

20 février. — On a publié aujourd'hui un arrêt du conseil, qui ordonne le visa de tous les effets royaux devant
les commissaires. Cet arrangement paroît bien long pour
pouvoir être exécuté; ils pouvoient prendre des mesures bien plus justes.

Aujourd'hui, mercredi 20, M. le duc de La Force est
entré à dix heures et demie au palais, avec un gentil-

---

1. Non pas à son hôtel, mais dans une maison qui lui appartient, qui étoit
vide, à laquelle on avoit vu entrer des charrettes de tonneaux. (*Note de Barbier*). L'hôtel du duc était situé rue Taranne et cette maison se trouvait dans
la rue Saint-Dominique.

homme et cinq laquais, pour subir son interrogatoire devant MM. de Paris et Le Feron, commissaires de la cour dans la petite Tournelle.

M. le duc de La Force a dit qu'il venoit pour exécuter l'arrêt, quoiqu'il pût s'y opposer, attendu que la procédure étoit nulle : 1° en ce que la cour n'avoit pas été suffisamment garnie de ducs et pairs du royaume autant qu'il en falloit pour faire le procès à un duc et pair; 2° qu'il falloit que les pairs fussent assemblés de l'ordre du Roi; que cependant il étoit de son honneur de se justifier et de réparer l'insulte qu'on lui avoit faite, mais qu'il y avoit un préliminaire dont il falloit convenir, et qu'il ne pouvoit passer pour l'intérêt commun des ducs et pairs, qui étoit : qu'il ôteroit lui-même son épée pour prêter le serment, qu'après il la remettroit, se couvriroit, qu'il seroit assis, et qu'il répondroit ainsi, mais qu'il ne le pouvoit pas faire autrement.

Les commissaires ont répondu qu'ils ne savoient pas ce droit, qu'ils ne pouvoient pas en convenir d'eux-mêmes, et qu'ils en rendroient compte à la cour. On s'est ainsi retiré sans rien dire de plus. M. le duc de La Force est sorti par la grande salle; il y avoit deux mille âmes assemblées pour le voir; il a passé au milieu de deux haies, et on entendoit des gens qui crioient : « Voilà le marchand de chandelle, de cire, de café, etc.! » Une pareille insulte n'est peut-être jamais arrivée à un duc et pair.

Bernard, son secrétaire, et son valet de chambre, sont venus ce matin se rendre à la Conciergerie. Il y avoit l'huissier Choulx, chargé de les aller prendre de *force* dans l'hôtel de La Force. On veut tirer des éclaircissements de ces gens-là. Enfin on traite cette affaire au sérieux comme monopole.

On a fait une estampe, où un marchand lève d'une main un très-gros ballot pour le charger sur un crocheteur, et on lit en bas :

Admirez La Force!

Hier, vendredi, 21 février, les princes et ducs furent assemblés au Parlement, non pas sur la première affaire du duc de La Force, mais sur la visite qui a été faite dans la maison qui lui appartient, et où il a déchiré lui-même l'ordonnance de M. Baudry, lieutenant de police.

M. le duc de La Force étoit lui-même en habit de duc et pair à la Grand Chambre. On ne savoit pas de quoi il seroit question; on dit que, quand M. de Lamoignon [1], avocat général, a parlé, M. le duc de La Force l'a interrompu une première fois, et que M. de Lamoignon lui a répondu « qu'il n'y avoit que le Roi qui étoit en « droit de l'interrompre; » que nonobstant cela, M. le duc de La Force lui dit encore sur quelque chose que cela n'étoit pas vrai, et que M. le premier président dit : « Huissiers, faites sortir le duc de La Force; » et qu'il étoit sorti [2].

Ce qui est de certain, c'est que d'un avis presque général sur cette affaire, il a été décrété d'ajournement personnel : ce qui l'interdit des fonctions et honneurs de duc et pair.

On dit aussi qu'il a été décidé qu'il subiroit l'interrogatoire debout, nu-tête, sans chapeau et sans épée.

Une nouvelle est que M. le prince Charles [3], de la maison de Lorraine, grand écuyer de France, qui a épousé la fille [4] de M. le duc Adrien-Maurice de Noailles, et qui en a reçu, dit-on, huit cent mille livres en billets

---

1. Georges de Lamoignon de Blancmesnil, né en 1683, successivement avocat général, président à mortier au Parlement, premier président de la Cour des Aides, en 1746, et chancelier en 1750. Il mourut en 1772.

2. Il était dans la lanterne, il voulut aller à sa place de duc et pair. M. le Premier lui dit : « Monsieur, où allez-vous? » Il ne fit pas semblant d'entendre. M. le Premier lui dit : « Monsieur, retirez-vous. » Et ensuite dit aux huissiers de le faire retirer jusqu'à ce que force demeure à justice. Cela arriva après son interruption. Il avoit été dès le matin décrété. (*N. de B.*)

3. Charles de Lorraine, comte d'Armagnac, né en 1684.

4. Françoise-Adélaïde de Noailles. Ce mariage eut lieu en 1717.

de banque[1], a dit à sa femme qu'il n'étoit plus en état de soutenir le train qui lui convenoit, et qu'il falloit qu'elle s'en retournât chez son père, qu'il en a même parlé à M. le duc de Noailles ; que la princesse n'a pas voulu aller chez son père, et que M. le cardinal de Noailles l'a conduite aux Dames de la Visitation du faubourg Saint-Germain[2]. On ne comprend pas le motif véritable du prince Charles ; on ne dit point qu'il puisse se plaindre de la conduite de sa femme ; on le blâme fort.

Autre nouvelle. Madame de Saint-Sulpice, fille d'un intendant de maison, La Coudraye[3] (qui a un fils conseiller de la Cour des Aides), et femme d'un homme d'affaires[4], a eu ses jours passés tout le ... brûlé jusque dans la m..... Elle en a pensé mourir. On dit que c'est le feu qui a pris à son panier[5] ; mais cela n'est pas possible. Il faudroit pour cela qu'une personne fût seule et endormie pour faire un tel effet. On dit que c'est dans une partie avec M. le Duc, qui lui a fait ce beau tour[6], apparemment avec une bougie. Non.

NOTE.

Madame de Saint-Sulpice est une jolie femme et coquette, qui a l'imprudence de souper avec des princes du sang, et qui souffre d'eux de mauvaises scènes quand ils sont ivres.

1. Des huit cent mille, il n'a reçu, dit-on, que deux cent mille livres en billets de banque. (*Note de Barbier*).

2. Cette communauté avait été établie, en 1673, rue du Bac, sur l'emplacement occupé aujourd'hui par le passage dit Sainte-Marie. Elle avait été fondée, en 1657, par la comtesse Geneviève d'Enfréville, dans une maison de la rue Montorgueil.

3. Rayot de La Coudraye, intendant de M. de Pontchartrain, contrôleur général.

4. Elle était alors veuve de Véret, sieur de Saint-Sulpice, commissaire général de marine.

5. Cela se met sous la jupe pour arrondir. (*Note de Barbier*).

6. L'auteur de cette atroce méchanceté fut, dit-on, le comte de Charolois, à la suite d'un souper donné par madame de Prie.

Il y a quelque temps que le comte de Charolois[1] la déshabilla toute nue (elle étoit ivre morte); ils l'emmaillottèrent dans une nappe avec des serviettes, comme un enfant, et ils la ramenèrent ainsi dans un carrosse à sa porte.

Depuis, M. le Duc lui a fait ce beau tour sous son siége. On mit deux traînées de poudre avec deux pétards. Elle n'a pas le ... brûlé, mais elle a le ventre et un grand trou à la cuisse. On dit qu'elle aura peine à en revenir[2]. C'est La Peyronie[3], chirurgien du Roi, qui la voit.

On a fait plusieurs chansons sur cette aventure. En voici une :

I.

Le grand portail de Saint-Sulpice[4],
Où l'on a tant fait le service,
Est sapé jusqu'au fondement.
On est surpris que par caprice
Les Condé aient si follement
Renversé ce grand édifice.

1. Charles de Bourbon, comte de Charolois, second fils de Louis III, prince de Condé et frère de M. le Duc, était né à Chantilly, en 1700. Ce prince, dont il sera souvent question dans ces mémoires, semblait réunir en lui les vices les plus décriés, et alliait la cruauté à la débauche. Il alla, en 1717, servir sous le prince Eugène contre les Turcs, et il mourut en juillet 1760, ainsi que nous le verrons, d'une goutte remontée, dans sa petite maison de la barrière Montmartre.

2. Madame de Saint-Sulpice se guérit lentement de cet accident. Elle boita longtemps après ; et Marais raconte, à la date du 15 mars 1722 (*Revue rétrospective*, 2ᵉ série, t. VIII), que, retournant dans le monde, elle rencontra, chez madame de La Houssaye, madame de Chabannes, qui lui dit qu'on lui avait fait une bien mauvaise plaisanterie de la brûler. Elle répondit : « Il n'y a ni « bonne ni mauvaise plaisanterie ; c'est mon étourderie qui en est la cause. » Madame de Chabannes répliqua que personne n'en croyait rien, et qu'elle était malheureuse de ne pouvoir parler. « Je serois encore plus malheureuse, re- « partit madame de Saint-Sulpice, si je ne pouvois justifier des innocents. » Et tout le monde d'applaudir. — Il fut, dit Marais, question de lui retirer la tutelle de ses enfants.

3. Fr. Gigot de La Peyronie, fameux chirurgien, né à Montpellier en 1678, il fut premier chirurgien et médecin consultant de Louis XV ; il mourut en 1747.

4. Les *Mélanges* de Bois-Jourdain, II, p. 10, donnent une leçon différente de ces vers satiriques.

II.

Au grand Condé, qui dans la guerre
Était plus craint que le tonnerre,
Bourbon, que tu ressembles peu !
A trente ans tu n'es qu'un novice,
Et tu n'as jamais vu le feu
Qu'à la brèche de Saint-Sulpice [1].

Mardi, 25 février. — Les ducs et pairs s'assemblèrent en particulier chez M. de Mailly, archevêque de Reims, comme premier duc et pair de France, sur l'ajournement personnel de M. le duc de La Force. On dit que les deux tiers furent de l'avis de ce qui avoit été fait au Parlement; l'autre tiers avec M. l'archevêque de Reims à la tête signa une requête au Roi.

Jeudi, 27 février, au soir, on a signifié à M. le procureur général un arrêt d'évocation au conseil de cette affaire que M. le Régent a accordé.

M. le procureur général en a rendu compte à la Cour vendredi matin, dernier février. Aussitôt, on a envoyé chez tous les princes et ducs. Ils ne purent pas s'assembler tous le matin, on a remis l'assemblée à l'après-midi.

On a résolu de nommer des commissaires qui iront, aujourd'hui samedi, 1er mars, faire des remontrances au Roi.

Mars.

L'ambassadeur turc. — Remontrances du Parlement. — Les pages du Roi à la foire Saint-Germain. — Les laquais. — Le duc de Richelieu et made-

---

[1]. La collection manuscrite, dite de Maurepas, renferme un troisième couplet que ne donne pas Barbier. Le voici :

La bonne dame de Saint-Sulpice,
Sans penser aucune malice,
Étant seule, et prenant son fard,
Le feu prit à la cheminée :
Cet accident me surprend, car
Elle étoit souvent ramonée.

moiselle de Charolois. — Les appelants. — Le cocher d'un loueur de voitures et sa maîtresse. — Émeute. — Entrée de l'ambassadeur turc. — M. Rémond. — L'opéra de *Thésée*.

Jeudi, il y eut une grande assemblée à la Banque. A la place des directeurs, on nomma six syndics, qui sont la plupart gens de qualités; M. le Régent et M. le Duc y étoient. On aura bien de la peine à empêcher que cette Compagnie ne tombe entièrement, car M. le Régent ne la soutient plus. On lut un grand mémoire apporté par M. le Duc, et on demanda qu'on ne fît point le visa des actions. Il y aura encore quelque chose de nouveau touchant ce visa.

Il arrive dans le mois prochain, à Paris, un ambassadeur du Grand Seigneur, qui est, dit-on, la troisième personne de l'empire, nommé Rei Effendi[1].

Le Grand Seigneur n'envoie, dit-on, des ambassadeurs qu'au roi de France, pour l'avénement à la couronne. Il y a très-longtemps qu'il n'en est venu ici. On lui fait de grands honneurs, depuis qu'il est sur les terres de France. Il est venu par Bordeaux à cause de la peste de Provence. Il a été accompagné et escorté des régiments de cavalerie qui étoient sur sa route; toute la maison du Roi, par détachement, va le prendre à Étampes, suivant le rang des compagnies : ce sont les gens d'armes ou les gardes du corps qui iront le prendre à Étampes[2].

Samedi dernier, 1er mars, on s'assembla au Palais. Des commissaires nommés se retirèrent dans la chambre de Saint-Louis[3] pour faire les remontrances. M. le prince de Conti demanda s'il pouvoit y aller; on lui répondit qu'il étoit commissaire né. Il demanda s'il pouvoit aller à la députation; on lui répondit qu'il étoit député né en qualité de prince du sang. Il demanda à M. le Duc s'il

---

1. « Méhémet Effendi Tefderdar, c'est-à-dire grand trésorier de l'empire. » Saint-Simon, t. xxxiv, p. 243.
2. La maison du Roi n'y a point été. *(Note de Barbier)*.
3. Ou la chambre dorée occupée aujourd'hui par la cour de cassation.

vouloit y aller. Et effectivement, samedi, les trois princes du sang : M. le Duc, M. de Charolois, son frère, et M. le prince de Conti avec les commissaires du Parlement et les gens du Roi allèrent au Louvre, en grand cortége, faire des remontrances au Roi, lesquelles on dit être très-fortes[1].

L'on prétend que les ducs et pairs ne peuvent point avoir d'autres juges que la Cour des pairs, et que le Roi ne peut pas les faire juger par des commissaires. On a cité à cet effet d'anciens exemples. C'est l'intérêt des ducs de soutenir ce droit pour ne pas tomber dans l'inconvénient, dans de certaines occasions, d'un jugement de commissaires qui sont ordinairement dévoués aux ordres de la Cour.

D'autres disent que le Parlement ne peut pas faire le procès à un duc et pair, sans la permission du Roi, et sans que la Cour des pairs soit assemblée par ordre du Roi.

M. le chancelier d'Aguesseau a répondu que le Roi n'entendoit pas déranger le cours de la juridiction du Parlement, ni le privilége des ducs et pairs, mais que par des considérations particulières, il avoit attiré à lui cette affaire pour en prendre connaissance. On attend à présent la réponse définitive du oui ou du non sur l'évocation.

Les princes et ducs s'assemblèrent encore, lundi 3 mars, au Parlement. Il faut que le Régent ou le Parlement ait le démenti de cette affaire.

Dans le mois dernier, au commencement de la foire Saint-Germain[2], il y a eu une grande querelle entre les pages du Roi et de tous les princes du sang, contre les pages des seigneurs ambassadeurs et étrangers. Les premiers ne vouloient pas que les autres entrassent sur le théâtre des danseurs de corde. Il y eut un grand tapage; ils désarmèrent le guet; et pendant trois jours, ils

---

1. Voyez *Mémoires de la Régence*, t. III, p. 87.
2. La foire Saint-Germain commençait le 3 février.

étoient au nombre de deux cents, à se promener dans la foire avec des cannes. On a apaisé cela.

Hier 4 mars, les laquais des princes, ducs et seigneurs de la Cour s'étoient donné parole. Ils s'assemblèrent à la foire, et ils entrèrent de force dans les danseurs de corde, firent un grand tapage, empêchèrent le jeu. On fit venir non-seulement la garde de la foire, mais les soldats aux gardes répandus dans le faubourg Saint-Germain, qui sont venus la baïonnette au bout du fusil. Ils ont désarmé quelques soldats, mais à la fin, ils ont crié merci; ils avoient presque tous des bâtons sous leurs habits. On les a fait sortir un à un, on leur a pris leurs bâtons et on en a arrêté six de différentes maisons. Il y en a de l'hôtel de Conti, de Bouillon, qui étoient les plus mutins. On verra ce qu'on en fera. Cela mérite punition; c'est presque une sédition, et tout le faubourg Saint-Germain étoit en alarme.

6 mars. — Jeudi dernier, on a reçu duc et pair M. le duc de Richelieu, que tout le monde dit être marié avec mademoiselle de Charolois[1], princesse de Condé, mariage qu'il a fallu faire de nécessité.

8 mars. — Hier samedi, l'ambassadeur turc arriva par Charenton dans le faubourg Saint-Antoine; il étoit escorté par cinquante maîtres de cavalerie, l'épée à la main, et la maréchaussée. Le régiment du Roi monte la

---

1. Louise-Anne de Bourbon, mademoiselle de Charolois, porta pendant quelque temps le titre de *Mademoiselle*. Cette princesse, fort jolie et fort gracieuse, s'abandonna à tous les plaisirs, et eut, dit-on, beaucoup d'amants, dont l'un des plus favorisés fut M. de Coigny. Comme toutes les femmes qui, placées dans les rangs élevés de la société, affichent le mépris du devoir, elle occupa vivement l'attention de ses contemporains, et se fit une célébrité par ses désordres. Elle eut un jour la fantaisie de se faire peindre en cordelier. (Ce portrait se trouve au musée de Versailles.) C'est à cette occasion que Voltaire lui adressa cet impromptu :

> Frère Ange de Charolois,
> Dis-nous par quelle aventure
> Le cordon de saint François
> Sert à Vénus de ceinture.

garde chez lui où il est. On se prépare à de grandes magnificences pour son entrée.

M. le duc de La Force a présenté deux requêtes au Roi qui sont belles et bien écrites. C'est M. Terrasson[1], avocat, qui est son conseil, et il est lui-même homme d'esprit et savant. J'aurai ses deux requêtes et les remontrances.

Dimanche 9 mars, on tint un grand conseil de régence sur cette affaire. Le Roi envoya lundi une déclaration au Parlement, qui renvoie l'affaire au Parlement.

Lundi 10, les princes et ducs s'assemblèrent au Palais, et on enregistra la déclaration avec des modifications, comme il se voit par l'arrêt ci-joint[2].

En conséquence, M. le duc de La Force a subi un interrogatoire cette semaine.

L'affaire de la Constitution paroissoit être assoupie depuis l'enregistrement du Parlement et les ordres de M. le Régent de n'en plus parler ni écrire; elle est plus réveillée que jamais. Il a paru une petite liste imprimée contenant les noms de deux cents personnes, qui ont appelé de la Constitution tout nouvellement. M. Baudry, lieutenant de police, en manda dix, dont l'abbé d'Asfeld étoit le premier. Il leur demanda s'ils avouoient ce petit livre; qu'ils savoient là-dessus l'intention du Roi et de M. le Régent. Ils répondirent qu'oui; qu'au surplus, le Roi étoit maître de leurs biens et de leurs personnes; mais qu'il ne pouvoit point les contraindre à

1. Matthieu Terrasson, né à Lyon, en 1669, avocat au Parlement de Paris, mort en 1734.
2. Du lundi 20 mars, arrêt du parlement, les princes du sang y étant :
Enregistré, ouï et le requérant ce procureur général du Roi, sans que dudit enregistrement on puisse inférer la nécessité d'aucunes lettres pour les procès criminels des princes et pairs, ni que le contenu en la présente déclaration puisse préjudicier directement ni indirectement, ou en aucune manière que ce soit aux droits et privilèges des princes et pairs de France et autres ayant séance en la cour, de n'être jugés qu'en icelle en la manière accoutumée, et sera le procès continué suivant les derniers errements en exécution des arrêts des 15 et 21 février dernier, et procédé en exécution d'iceux. *(Note de Barbier).*

pécher, et que le silence où ils demeureroient seroit un péché.

M. Baudry fit écrire leur réponse; il en a envoyé chercher dix tous les jours qui ont dit la même chose; et depuis il a paru une nouvelle liste de quatre cents autres personnes. Cela ne prend pas le chemin de finir sitôt.

Mercredi 12 mars, un cocher d'un loueur de carrosses, dans la rue des Grands-Augustins, n'ayant volé qu'une barre de fer de trente sols à son maître, avoit été mis entre les mains de la justice, et condamné à avoir le fouet et la fleur de lis. Il fut exécuté devant la porte du maître. On dit que la maîtresse cria de fouetter fort. Cela anima si fort la populace, qui étoit amassée, que, quand l'expédition fut faite, ils entrèrent dans la maison, cassèrent les vitres, tirèrent de dessous les remises deux carrosses jusque dans la rue Saint-André, y mirent le feu, et les traînèrent dans les rues. Ils étoient au nombre de quatre mille. La nuit et le lendemain il y eut du guet au coin de la rue, crainte de récidive.

Dimanche 16 mars. — L'ambassadeur turc a fait son entrée dans Paris [1], à cheval, accompagné de M. le maréchal d'Estrées et de M. Rémond [2], introducteur des ambassadeurs, fils d'un fermier général, que l'on appeloit Rémond *le Diable* (il est mort, dit-on, en comptant ses écus). Il avoit un équipage très-leste et très-magnifique. Il y avoit un concours de peuple étonnant. Le Roi étoit incognito dans la Place-Royale, chez le marquis de Boufflers, jeune seigneur, fils du maréchal.

Le vendredi, 21 mars, l'ambassadeur alla chez le Roi. La maison du Roi, cavalerie, faisoit un très-bel effet dans

---

1. Voyez Saint-Simon, t. xxxiv, p. 243.
2. Il avait succédé dans cette charge à Foucault de Magny. C'était, si l'on en croit Saint-Simon, t. xxv, p. 225, un homme d'esprit peu scrupuleux, qui s'était fait l'ami indispensable de l'abbé Dubois et même du Régent. Il épousa une fille de Rondé le joaillier.

le rond vis-à-vis le pont des Tuileries, et les gardes françoises et suisses le long du jardin. On l'a fait entrer par le derrière de la maison [1], parce que la véritable entrée n'est pas assez belle pour un Louvre. Le Roi étoit sur un trône, au bout de la petite galerie, avec un habit brodé de diamants. On a été le voir par curiosité. Toute la cour y étoit magnifique.

Le dimanche 23, il a été voir M. le Régent; le mardi 25, l'abbé Dubois, secrétaire des affaires étrangères; et il ne va pas rendre visite aux princes du sang.

C'est un homme qui a bonne mine, qui a de l'esprit et des manières, duquel on est très-content. Il a avec lui son fils, homme de trente ans; mais le bruit est que c'est le fils du Grand-Seigneur, qui est incognito. On remarque cela par les déférences que l'ambassadeur a quelquefois pour lui.

Jeudi 27 mars, il alla, avec toute sa suite, à l'opéra de *Thésée* [2]; il étoit dans l'amphithéâtre. On leur servit la collation. Ils furent fort contents du spectacle. Le prix étoit doublé partout.

Jeudi 27, on a eu la nouvelle de la mort du pape Clément XI, du jour de Saint-Joseph [3]. MM. les cardinaux de Rohan [4], de Mailly et de Bissy [5] partent cette semaine pour Rome.

---

1. L'ambassadeur entra dans les Tuileries par le pont tournant, et parcourut le jardin jusqu'au palais. Saint-Simon, t. xxxv, p. 245. Le duc d'Antin, afin de conserver la mémoire de ce fait, commanda cette année même, à Charles Parrocel, peintre de bataille, deux tableaux qui ont été depuis reproduits en tapisseries; ce sont l'*Entrée* et la *Sortie* de l'ambassadeur turc par le jardin des Tuileries et le pont tournant.

2. Opéra dont les paroles sont de Quinault et la musique de Lulli. Il fut représenté, en 1675, à Saint-Germain pour la première fois.

3. Il mourut le 19, le jour de la fête de saint Joseph.

4. Armand-Gaston de Rohan, cardinal, évêque de Strasbourg et grand aumônier, membre de l'Académie française, né à Paris, en 1674, mort en 1749. — Gaston de Rohan, qu'on avait surnommé *la Belle Éminence*, s'étoit rendu célèbre par son luxe et ses mœurs efféminées.

5. Henri de Thiard de Bissy fut successivement évêque de Toul de 1692 à 1704 et évêque de Meaux, de 1705 au 26 juillet 1737, jour de sa mort. Il

Avril.

La Compagnie des Indes et le Conseil d'État. — Les actions et les billets. — Encore les avocats, Forestier, Gobert. — Madame de Boismélé. — Ouragan sur la Seine.

Ce qui occupe à présent le Conseil depuis quinze jours est l'anéantissement de la Compagnie des Indes, établissement qui avoit été fait pour durer toujours, sur la foi duquel tous les plus honnêtes gens ont été remboursés de leur bien en billets de banque. Cet établissement ne dure que deux ans, et on le détruit exprès, parce que le système particulier de M. le Régent est rempli. La Compagnie a présenté une requête au Conseil, signée de dix syndics. C'est un bel ouvrage, mais bien hardi. La friponnerie de l'administration y est à découvert. On dit que c'est un jeu entre M. le Régent et M. le Duc, qui vouloit soutenir la Compagnie. Ce que je ne comprends pas est comme M. le Régent a souffert qu'on imprimât cette requête. Sa conduite sera connue de toute l'Europe : il y est dit nettement qu'il est la cause de tout ce dérangement. La politique ne connoît rien à ceci. D'un autre côté, M. le Régent étant absolu, comme il est, de simples syndics et directeurs de cette Compagnie auront-ils osé se heurter contre l'intention du Régent ?

Hier 7 avril, on a dû tenir le dernier conseil de régence à ce sujet, ce qui intéresse bien du monde.

La Compagnie est à bas ; l'arrêt est rendu : il est ordonné qu'elle rendra compte de clerc à maître de tous les billets de banque qui ont été faits, pendant qu'il est prouvé qu'on en a fait pour dix-sept cents millions[1] sans arrêt du Conseil. On juge bien que ce n'est que par l'ordre de M. le Régent. Ils ont présenté

---

devint l'ami de madame de Maintenon, et fut nommé cardinal et abbé de Saint-Germain-des-Prés. Il était un des soutiens du parti constitutionnaire.

1. Il y en eut pour douze cents millions d'émis seulement.

une requête au Conseil, qui est très-forte, et qui contient au clair tout le stratagème de M. le Régent (on peut dire en bon françois son procès). Je ne conçois pas comment il a laissé imprimer de pareils faits. Ce prince est plus politique qu'un autre. J'aurai l'arrêt et la requête.

Enfin l'action de la Compagnie des Indes, qui coûte à bien du monde dix, douze et quinze mille livres de bon bien, vaut sur la place cinquante-cinq livres! Cela ne se conçoit pas; en un an de temps, on n'a jamais vu un dérangement pareil. Le billet de mille livres vaut aussi cinquante-cinq livres.

Le visa continue toujours, et on attend un arrêt au sujet de toutes les acquisitions faites depuis trois ans. Je crois que la misère augmentera toujours de plus en plus.

La querelle entre les avocats plaidants au Parlement continue toujours contre ceux du Châtelet. Forestier, qui a toujours plaidé au Châtelet, a quitté la plaidoirie il y a dix-huit mois, bien avant l'exil du Parlement. Son dessein est de continuer à travailler dans le cabinet. Un avocat du palais n'a pas voulu travailler avec lui. Comme il n'étoit point dans le cas des autres, il a fait assembler les anciens avocats, lesquels étoient pour lui, comme de raison. Il n'y a eu d'autre réponse de l'autre, nommé Gobert, excité apparemment par ses confrères, sinon qu'il ne reconnoissoit ni le parquet, ni les anciens pour juges, et qu'il étoit maître de travailler avec qui il vouloit. Ils sont au palais tout au plus huit, dans lesquels il y en a six jeunes qui ont un talent étonnant pour la plaidoirie, et qui mènent tout le palais. Il y longtemps que le barreau n'a été si florissant. Ils veulent être maîtres. On dit qu'ils se sont assemblés douze, ces fêtes, dans la maison de campagne de Normant[1], un d'eux, pour faire un mémoire

1. Alexis Normant et non Le Normand, fils d'un procureur au Parlement

contre les avocats consultants, lesquels sont récusables, selon eux, d'avoir tenu leurs cabinets ouverts pendant l'exil du Parlement.

Samedi-saint, sur le minuit, mourut une femme de ma connoissance, en couches; elle craignoit les grossesses, et elle étoit accoutumée d'accoucher quelque jour de grandes fêtes. Elle disoit tous les jours, pendant cette grossesse, qu'elle accoucheroit le vendredi-saint d'une fille et qu'elle en mourroit. Tous les trois faits sont arrivés juste : elle accoucha le vendredi-saint sur les dix heures; son mari vint lui dire : « Tu dois être bien contente; tu es accouchée d'une fille. — Cela est vrai, dit-elle; mais cela me coûtera la vie. » Elle était assez bien; deux heures après, il lui prit une faiblesse, et elle passa. Voilà une prophétie bien accomplie. Cependant, je n'ai jamais rien remarqué d'extraordinaire dans cette femme, qui étoit madame de Boismêlé, femme d'un banquier en cour de Rome.

La dernière fête de Pâques, il y eut un ouragan si considérable, qu'il périt à Meulan, sur la rivière, un batelet qui descendoit à Rouen, où il y avoit seize personnes, et une barque qui montoit à Paris, où il y avoit cinq cent mille livres de marchandises.

Mai.

Le Visa. — Réformes dans l'armée. — Mort de M. de Chamillard. — Mort de M. Desmarets. — Mort de M. d'Argenson. — Son testament. — Ses funérailles. — Insultes de la populace. — Le ballet des Tuileries et le chevalier de Fénelon. — Le duc de Richelieu et M. le Duc. — Folie et suicide de M. de La Goupillière, conseiller au Parlement. — Le duc de Chartres, colonel général de l'infanterie. — M. de Trudaine et M. Fagon. — Le pape Innocent XIII. — La peste à Toulon. — Bon mot. — La tête de mort. — Duel du chevalier de Breteuil et du chevalier Gravelles dans la rue Richelieu. — Le Régent et madame d'Averne, sa maîtresse.

Le visa continue toujours, et il paroît que c'est le dessein du Conseil de le faire sérieusement, quoique le

de Paris, était né dans cette ville, en 1697. Avocat, Normant se distingua et par son éloquence et par sa probité. Il mourut en 1745, à quarante-huit ans.

Conseil soit dans l'impossibilité de satisfaire à ceux qui ont des billets de banque provenant ou de vente de marchandises, ou d'argent porté à la Banque, car M. le Régent ne peut jamais sauver le reproche, qu'on peut lui faire, des deux arrêts du Conseil qui ont forcé avec menaces de porter son argent à la Banque. Il y aura toujours des injustices dans l'opération du visa, soit par les p......, soit par l'argent qu'on donnera. Les riches se tireront toujours d'affaires, et le bon bourgeois sera la victime du système.

On fait une réforme considérable dans les troupes, tant dans l'infanterie que dans la cavalerie, sous prétexte que le Roi n'est pas en état d'entretenir deux cent mille hommes qu'il a actuellement. Cependant, depuis la régence, on a dû faire des profits immenses pour le Roi; d'un seul article, dans une refonte de monnoies, en 1717, on portoit de l'argent vieux avec des billets d'État; il étoit notoire que le Roi gagnoit plus de quatre-vingts millions; on ne sait ce que cela est devenu.

Il sembleroit même qu'on ne seroit pas dans un temps à réformer, vu qu'on peut craindre une guerre de l'Empereur et du roi d'Espagne, et qu'ils ont toutes leurs troupes en bon état.

Il y a actuellement une mortalité sur les anciens ministres de ce pays-ci. M. de Chamillard[1], âgé de soixante-quinze ans, ou environ, est mort dans le mois d'avril; c'étoit un bon homme, mais de peu de génie, que Louis XIV avoit cependant chargé de deux postes, qui demanderoient chacun deux hommes : ministre de la finance et secrétaire d'État de la guerre. C'étoit madame de Maintenon qui l'avoit placé dans ces emplois pour se rendre maîtresse et pour favoriser madame la duchesse de Bourgogne, qui vouloit qu'on ménageât son père dans la

---

1. Michel de Chamillard, né en 1651, avait été nommé contrôleur des finances en 1699, et ministre de la guerre en 1701. C'était un honnête homme, mais un administrateur incapable.

guerre de Savoie : c'est cette malheureuse politique qui a commencé à perdre la France.

M. Desmarets[1], qui a été contrôleur général depuis M. Chamillard, et qui l'étoit à la mort de Louis XIV, a été enterré avant-hier, 6 de mai. Il étoit neveu du grand Colbert, avoit travaillé sous lui ; il avoit été disgracié pour quelque friponnerie qu'il avoit faite dans les monnoies, et qui méritoit bien la corde. Il a été remis en place vingt ans après. Qui pourroit-on choisir de mieux dans ce pays-ci pour ministres que des fripons ? Cependant cela ne blesse pas M. de La Houssaye, qui l'est aujourd'hui ; c'est un honnête homme, mais aussi il ne fait rien de lui-même. Tout le mal est fait, et le Régent sait tout celui qu'il a encore à faire.

Aujourd'hui, 8 mai, à huit heures du matin, est mort M. d'Argenson, âgé de soixante-dix ans, ci-devant garde des sceaux et ministre des finances. Mon père a été appelé ce matin par les enfants pour lire son testament et leur donner conseil. Il est étonnant qu'il n'ait rien laissé à mon père, qui étoit son conseil depuis vingt-cinq ans, et le tout *gratis*; mais il n'est pas heureux dans son travail. M. d'Argenson est mort dans le couvent de Traisnel, faubourg Saint-Antoine, où il s'étoit retiré depuis un temps. Il étoit fort ami de la prieure[2], fille d'esprit et de condition.

Ç'a été le plus grand génie et le plus grand politique de ce siècle, comparable au cardinal de Richelieu. Il avoit la confiance de Louis XIV ; il est resté lieutenant de police de son règne, parce qu'il étoit nécessaire au Roi dans ce poste, par la connoissance qu'il avoit de Paris ; mais en même temps il avoit plus de crédit dans son poste inférieur que les ministres et les premiers magistrats.

Il a fait des coups étonnants pour la politique depuis

---

1. Nicolas Desmarets remplaça Chamillard comme contrôleur général en 1708. Il fut destitué en 1715. Son administration fut très-probe.
2. Madame de Villemont. Voyez plus haut, p. 43, note 1.

la régence. Aussi est-il haï généralement de tout le monde; on lui impute le mal que le Régent a fait, par l'autorité qu'il lui a donnée, surtout par le moyen du lit de justice tenu au Louvre.

Il dit lui-même par son testament qu'il ne laisse pas de bien pour les postes qu'il a remplis. On ne croira pas que cela soit vrai; il étoit à portée plus qu'un autre de voir le faux du système et d'avoir mis à part de l'argent comptant.

Il laisse trois enfants : un aîné[1], qui est conseiller d'État et intendant de Maubeuge, marié à une demoiselle Meliand; un cadet[2], intendant de Tours, marié à mademoiselle Larcher, et une fille, mariée richement à un brave officier nommé Collande[3], fils d'un marchand de Rouen.

Samedi, 10 mai, on a porté le corps de M. d'Argenson à Saint-Nicolas-du-Chardonnet[4], où il a sa sépulture, à dix heures du matin, avec un cortége convenable à sa dignité. Le peuple accompagnoit la pompe en maudissant le défunt; les femmes se jetoient sur les chevaux : « Ah! voilà le fripon! le chien qui nous a fait tant de « mal! » Le peuple lui a attribué sans sujet la suite du système. Tout le mal s'est fait depuis qu'il n'étoit plus en place; on ne peut lui reprocher que le lit de justice.

On dit que le frère de Law, qui demeuroit à Versailles, est à la Bastille depuis trois jours; on ne sait pas à quel sujet, car celui-ci n'est coupable de rien.

Samedi dernier, 10 mai, il arriva un grand malheur

---

1. René-Louis, marquis d'Argenson. Voyez p. 93, note 2.
2. Marc-Pierre, comte d'Argenson. Voyez plus haut, p. 43, note 2.
3. Legendre de Collande, maréchal de camp, fils d'un marchand de Rouen nommé Legendre.
4. Cette église, qui remonte au treizième siècle, a été réédifiée en 1661, dans la rue des Bernardins; au coin de la rue Saint-Victor. Les amateurs des arts y trouveront plusieurs tableaux de maîtres fort estimés. Elle doit son nom au fief du *Chardonnet* sur le territoire duquel elle fut construite.

au ballet, qui fut représenté dans la salle des Tuileries, devant le Roi, pour l'ambassadeur du Grand-Seigneur. Le carré où se met le Roi et les princes est entouré d'une balustrade de fer avec des pointes. Avant le ballet, il fait fort obscur, et l'on passe par-dessus la balustrade pour aller à différentes places. Le chevalier de Fénelon, âgé de vingt-sept ans, sous-lieutenant aux gardes et neveu de l'archevêque de Cambrai précédent, en passant, est tombé, s'est enfoncé une des pointes dans la cuisse, qui lui a coupé la veine cave ; on l'a emporté, et, à sept heures, il est mort.

M. le duc de Richelieu est exilé de ces jours-ci[1]. On dit qu'à Chantilly, M. le Duc l'a écarté dans le bois, et a voulu lui faire mettre l'épée à la main, au sujet de mademoiselle de Charolois, sa sœur. Le duc de Richelieu s'est défendu sur la qualité de prince du sang, lequel l'a menacé de le tuer. Le duc de Richelieu s'est laissé blesser à la main, croyant que cela suffiroit. M. le Duc n'a pas voulu en rester là ; enfin le duc de Richelieu l'a blessé au ventre ; il s'est fait panser sur-le-champ en secret. On a dit effectivement, il y a huit jours, que M. le Duc étoit retombé malade à Chantilly, et c'étoit de cela.

Tout le monde dit aussi que l'esprit de M. le Duc est un peu dérangé depuis quelque temps. Le changement n'est pas grand, car il en avoit très-peu auparavant, et du mauvais.

Dimanche dernier, 11 mai, il est arrivé un grand malheur. M. de La Goupillière, conseiller au Parlement, garçon de trente-quatre ans, s'est tué d'un coup de pistolet. L'esprit lui avoit un peu tourné, et l'on dit que cela vient de famille. Sa mère est interdite pour démence, et il a un frère qui mérite de l'être. Il alla le matin chez Dinet, procureur au Parlement et son voisin ; il parla du

1. Cela n'est pas vrai. Le duc est toujours ici, mais la batterie est certaine. (*Note de Barbier*).

temps avec le chagrin que tout le monde ressent. On dit cependant qu'il est très-riche. Dinet vouloit lui parler morale; il se leva et lui dit qu'il étoit son ennemi, qu'il le voyoit bien. A midi, il envoya son cocher chez Dinet pour le prier de passer chez lui pour affaire de conséquence. Dinet, qui avoit vu le dérangement d'esprit, n'y alla point; il pria le cocher de dire qu'il ne l'avoit pas trouvé, et en cela Dinet a été très-heureux. Le cocher a rendu réponse à son maître, lequel a tiré de sa poche un pistolet qu'il a tiré sur le cocher; il lui a simplement blessé un peu l'épaule, et sur-le-champ, d'un autre pistolet, il s'est tiré trois balles dans la bouche. Deux conseillers ont été chez lui; on a instruit son procès, et il fut enterré hier, 13 mai.

Les uns attribuent ce dérangement d'esprit aux affaires du temps; les autres à une maîtresse, fille d'un menuisier, dont il avoit eu *des* enfants, à qui il avoit promis mariage, chez laquelle il n'alloit plus, et qui l'avoit menacé de le faire tuer; mais cela doit peu intimider un conseiller au Parlement.

M. le Régent n'oublie rien pour se rendre maître des troupes. Il a fait donner par le Roi à M. le duc de Chartres[1], son fils, la commission de colonel général de l'infanterie de France, laquelle n'avoit point été remplie depuis le duc d'Épernon[2], sous Henri III. Les Rois l'avoient regardée comme dangereuse à leur autorité à cause du grand crédit de cette charge.

Madame Law est dans une auberge du faubourg Saint-Germain. Le fait est certain. Le scellé est dans sa maison, rue des Petits-Champs. Il y a des maîtres des requêtes nommés pour liquider ses dettes. Elle paye ses créanciers.

---

1. C'est un prince bien mal fait, de mauvais air et dont on n'attend rien de bon. *(Note de Barbier).*

2. Jean-Louis de Nogaret de la Villette, duc d'Épernon, né en 1554, mort en 1642, favori et mignon de Henri III.

M. Trudaine et M. Fagon, conseillers d'État, avoient été nommés pour examiner l'état de la Banque. M. Trudaine a rapporté au Conseil que, huit jours avant le départ de Law, il y avoit vingt millions à la Banque que Law avoit détournés[1]. On n'a point trouvé non plus le compte à la Monnoie. Cependant on a donné des passe-ports à un malheureux comme celui-là, pour s'en aller dans une chaise de poste avec la livrée d'un prince du sang! Il est bien temps de reconnoître la friponnerie quand il n'y est plus. Cela a donné lieu à arrêter Guillaume Law[2]; il a été transféré de la Bastille au For-l'Évêque[3]. On a mis le scellé dans sa maison à Versailles.

Le Régent ne savoit pas apparemment ce tour-là des vingt millions, et il ne l'a pas trouvé bon.

Je sais sûrement que, la nuit d'avant-hier, 18 mai, un maître des requêtes est parti, avec un officier des mousquetaires, un huissier du Conseil, en carrosse à six chevaux, pour aller mettre le scellé dans une superbe maison à sept lieues de Paris. Comme il n'est revenu qu'hier, personne ne sait encore cela. On ne m'a point dit l'endroit; mais je me doute que c'est à Guermande, par delà Lagny, maison de Pronde[4], que Law a achetée.

Nous avons à la fin un pape, du 8 mai, nommé Michel Conti[5], âgé de soixante-six ans. Il y a eu six papes dans

---

[1]. Ce fait est inexact. Law n'enleva rien en abandonnant la France. Il se retira à Venise où il vécut presque dans l'indigence. Saint-Simon, t. XXXIV, p. 185, lui rend complète justice là-dessus. Voyez plus haut, p. 94, note et l'*Appendice*.

[2]. Son frère. (*Note de Barbier*).

[3]. Le For-l'Évêque, *Forum Episcopi*, était situé rue Saint-Germain-l'Auxerrois, sur l'emplacement occupé par la maison qui porte le n° 65. C'était le lieu où se rendait la justice de l'évêque de Paris. Reconstruit en 1652, cet édifice fut alors destiné à servir de prison aux détenus pour dettes et aux comédiens.

[4]. Financier. (*Note de Barbier d'Increville*). Paulin Fronde, receveur général des finances de la généralité de Lyon. Voy. plus haut, p. 91, note 1.

[5]. Michel-Ange Conti, évêque de Viterbe, cardinal en 1707, élu pape sous le nom d'Innocent XIII, le 8 mai 1721, sacré le 18 mai.

sa famille et soixante cardinaux. On dit qu'il n'est pas ami des Jésuites; ils feront en sorte de le faire devenir leur ami.

26 mai. — Nouvelle bien triste. La peste, qui a commencé en Provence, loin de finir, s'étend et augmente tous les jours. Il meurt quantité de monde à Toulon. Elle a gagné le Gévaudan, l'Auvergne, et enfin on la craint pour Paris; ce qui seroit effroyable. On a déjà fait deux consultations de médecins au Louvre, pour savoir si le Roi restera plus longtemps à Paris. On attend encore quelques nouvelles, parce que l'effroi se répandra, si on voit sortir le Roi. Quoi qu'il y ait des défenses de divulguer les nouvelles qu'on a de ce pays-là, tout le monde en parle, et chacun prend de loin ses mesures. Je sais d'un administrateur des hôpitaux qu'on a fait douze cents lits pour l'hôpital Saint-Louis[1], qui est le lieu des pestiférés.

Cela a fait dire à un de mes amis qu'il y avoit longtemps qu'on disoit dans ce pays-ci deux choses qui porteroient malheur: l'une: *Law vous f....*[2]; l'autre: *La peste vous crève.* Le premier est arrivé, puisque Law a ruiné la France en deux ans de temps, ou du moins les particuliers de la France, car la même richesse est dans le royaume, mais les particuliers ne l'ont plus. C'est encore ce qui alarme pour la peste. Il faut de l'argent dans ces calamités-là; la misère l'augmente dans le peuple.

Autre nouvelle plaisante. On dit partout ici qu'il y a une fille de quelque distinction, âgée de dix-huit ans, ayant trente ou quarante mille livres de rente, le plus beau corps et la plus belle peau qu'on puisse voir, mais

---

1. Cet hôpital, qui existe encore et qui est situé rue Bichat, a été fondé, en 1607, par Henri IV, et uni à l'Hôtel-Dieu pour renfermer les malades atteints d'affections contagieuses. Il est destiné aujourd'hui au traitement des maladies cutanées.

2. Allusion au juron provençal: *L'ase (l'âne) vous f....* Voyez à ce sujet le *Moyen de parvenir.*

là-dessus une tête de mort, toute décharnée, sans oreilles, menton, ni nez. C'est au-dessus de ce que l'on peut dire pour l'effroyable. Elle cherche à se marier, elle donne cent mille livres lors des noces et le reste si elle a un enfant. On veut que l'on porte les armes et le nom de sa maison. Elle demeure à la communauté de Saint-Chaumont[1]. Quelques personnes l'ont vue et en ont été effrayées. Elle ne trouve point de mari, quoique Paris soit bien rempli de gens qui n'ont rien, et qui coucheroient avec le diable. Bien des gens se présentent par la seule curiosité de la voir, mais on dit qu'on ne la montre plus, et il y a une *telle* foule de peuple à la porte de Saint-Chaumont qu'on a été obligé d'y mettre des archers, qui y sont actuellement. Ils ont même conduit quelques personnes au Châtelet.

Toutes ces circonstances sont véritables; il n'y a que le fond de l'histoire qui est faux, car il n'y a jamais eu de fille de cette figure; cela est présentement avéré. Cela fait voir le fond qu'il faut faire sur les nouvelles de Paris, car cela se disoit comme une chose sûre; on a même été jusqu'à crier dans les rues le portrait de la *Tête de Mort*, que j'ai placé dans ce recueil pour faire voir la sottise du Parisien[2]. On ne sait qui a donné lieu à ce conte; on dit que c'est un officier qui vouloit épouser une fille riche, qui étoit en province, dans un couvent, et que l'on a mise à Paris, à Saint-Chaumont, pour qu'elle fût plus en sûreté contre les extravagances de cet amant. De rage, dit-on, il a publié cette histoire[3].

1. Cette communauté, dite des *Filles de l'Union-Chrétienne*, avait été fondée, en 1673, par Anne de Croze, pour l'éducation des jeunes filles nouvellement converties au catholicisme, et sans fortune. Cette association s'établit, en 1683, dans l'hôtel dit de Saint-Chaumont, qui avait été occupé par le maréchal de La Feuillade. Devenu propriété nationale, le couvent fut vendu en 1798 et sur son emplacement fut ouvert le passage de Saint-Chaumont, qui unit la rue du Ponceau à la rue Saint-Denis.

2. Ce portrait n'existe plus dans le manuscrit.

3 Cette histoire, reproduite à plusieurs reprises depuis Barbier, a encore

Samedi, dernier de mai, veille de la Pentecôte, le chevalier de Breteuil, capitaine aux gardes, et le chevalier Gravelles, lieutenant aux gardes, se battirent en duel dans la rue de Richelieu, à midi et demi. Ils avoient eu querelle, et il y avoit longtemps qu'on poussoit le chevalier de Breteuil[1] à en avoir raison; il auroit bien fait de reculer encore, car il a eu deux coups d'épée dont il est mort le même jour. On ne sait pas encore comment cela se passera pour le chevalier Gravelles[2].

L'histoire galante de la cour est que le Régent a quitté madame de Parabère, fille du marquis de La Vieuville, sa maîtresse; il a pris madame d'Averne[3], jeune et belle, femme de M. Ferrand d'Averne[4], lieutenant aux gardes, maîtresse auparavant du jeune marquis d'Alincour[5], second fils du duc de Villeroi. Le Régent lui a envoyé cent mille livres pour avoir un habit d'été. Le Régent est la haine du public par rapport aux affaires publiques, et la risée des gens de cour pour les bagatelles. On sait déjà qu'il a ....[6] : la petite d'Averne elle-même en a ri.

Juin.

Encore le visa. — Les docteurs et la Constitution. — Caricature contre d'Argenson. — Requête du duc de La Force. — Cartouche. — La pluie et saint Gervais.

On continue toujours le visa jusqu'à la fin de ce mois-ci. Après, les effets qui seront présentés au visa

été renouvelée sous la Restauration, vers 1820, par un journal du soir, qui manquait un jour de copie.

1. Il avait vendu sa compagnie. (*Note de Barbier*).
2. Il n'y eut aucune poursuite.
3. Fille du marquis de Brézé. (*Note de Barbier*). C'était la fille d'un conseiller au Parlement, M. de Brégis.
4. Fils d'un lieutenant général d'artillerie, nommé Ferrand de Cossé. Ce mari complaisant reçut le cordon rouge et le gouvernement de Navarreins, avec douze mille livres d'appointements.
5. François-Camille de Neufville de Villeroi, marquis, puis duc d'Alincour, mestre de camp, mort en 1732.
6. Mot effacé dans le manuscrit, t. I, p. 307.

depuis le 1ᵉʳ juillet jusqu'au 15, perdront d'entrée de jeu un tiers; depuis le 15 jusqu'au 1ᵉʳ août, les deux tiers. Ce bel arrangement a été annoncé par un arrêt du Conseil.

On exile à force des docteurs qui sont contre la Constitution. On ne sait pourtant point encore si le nouveau Pape en prend le parti avec feu, mais on dit que c'est l'abbé Dubois qui fait cela pour attraper le chapeau. Les jésuites ont toujours du crédit, quoique sans paroître en avoir.

On a fait une estampe contre M. d'Argenson, qu'on appelle : *l'ombre inique, qui fait son entrée aux enfers.* Elle est triste pour la mémoire de ce grand magistrat[1]. J'ai l'estampe.

L'affaire de M. le duc de La Force n'est pas encore finie; il a présenté une requête au Roi en cassation des arrêts du Parlement. Le Roi lui a donné quatre conseillers d'État pour commissaires. Il y a un factum de sa part que l'on croit être fait par M. de Sacy, avocat au Conseil, qui est très-fort contre le Parlement. J'ai le factum.

Ce Cartouche[2], voleur dont j'ai parlé ci-dessus[3], n'est point encore pris; on a pris quelqu'un de ses camarades; il est toujours aussi insolent; il rôde dans Paris. On dit enfin qu'il a quelque sort; on dit aussi que M. le Régent a peur de lui; cependant il n'a jamais fait grand mal à Cartouche; mais c'est un déterminé à qui l'idée d'un coup peut venir. On dit qu'il y a des ordres certains pour le prendre, et une récompense considérable pour le

---

1. Voir la description dans le *Journal de Marais.*
2. Louis-Dominique Bourguignon, dit Cartouche, était né à Paris en 1693, dans la boutique d'un marchand de vins de la Courtille. Chassé du collége Louis-le-Grand, puis de la maison paternelle, il alla se joindre à une troupe de voleurs qui désolaient la Normandie, puis il revint à Paris où il forma une association de brigands dont il prit le commandement. Il rendit bientôt son nom fameux par une suite de vols et d'assassinats.
3. Il semble, d'après ces paroles de Barbier, qu'il se trouve une lacune dans son *Journal.*

preneur. La preuve aussi de la peur, c'est qu'il est défendu à tous armuriers de vendre ni avoir chez eux aucuns pistolets de poche, ni baïonnettes. On en fait la recherche même chez les particuliers. Il y a un tiers de l'amende pour le dénonciateur. Depuis deux ou trois jours, les commissaires de police en apportent des quantités que l'on brise publiquement. Cependant il n'y a eu ni déclaration du Roi publiée à ce sujet, ni ordonnance affichée; il faut bien qu'il y ait des ordres secrets pour cela.

Il pleut tous les jours plus ou moins depuis quinze jours; il a plu le jour de Saint-Gervais et Saint-Protais, qui étoit le 19, et les petites gens disent ordinairement qu'il pleut quarante jours de suite; mais, indépendamment de cela, la pluie a commencé devant, et il y a un pari de quarante mille livres qu'il pleuvra pendant quarante jours sur Paris. Cela va jusqu'au 28 juillet. Cependant cela est très-contraire pour les blés, car il pleut aussi en campagne.

Juillet.

Les paris de Bulio. — Promenades de nuit aux Tuileries. — Les épiciers contre le duc de La Force. — Enlèvements pour le Mississipi. — Arrêt du Parlement contre le duc de La Force. — Chanson. — Mariage manqué. — Jeune fille accusée. — Calomniateur condamné. — Dubois cardinal. — Le maréchal de Villeroi et son fils l'archevêque. — Bon mot sur Dubois. — Sa biographie. — Chanson. — Fête à Saint-Cloud donnée par le Régent à madame d'Averne. — Le comte de Sainte-Maure et sa nièce.

Au commencement de ce mois, la pluie a cessé; tout le monde étoit attentif, attendu les paris qui faisoient la conversation de tout le monde. Celui qui a parié seul contre tous les autres qu'il pleuvroit jusqu'au 28 juillet, une fois toutes les vingt-quatre heures, s'appelle Bulio[1], homme qui a gagné quelque chose au système dernier, mais qui est un fou et un ratier[2]; car, outre qu'il parioit

---

1. Ou Billot, suivant Marais, qui fut consulté sur son interdiction.
2. Qui a des *rats dans la tête*, c'est-à-dire des caprices.

quarante contre un, en disant qu'il pleuvroit pendant quarante jours, c'est qu'il parioit contre des montres, des cannes, des tabatières qu'il prisoit deux fois au delà de leur valeur. Cet homme[1] a déjà payé un grand nombre de gageures. Il avoit déposé de l'argent dans un jeu public ; on dit que cela va à plus de cinquante cinq mille livres. Cet homme s'étoit adonné à l'astronomie ; mais il est ratier. Sa famille a consulté sur ce fait à le faire interdire[2]. On avoit chargé les gardes de bois de nuit de rendre compte s'il avoit plu ou non.

La mode, cet été, est d'aller promener la nuit aux Tuileries. Toutes les petites maîtresses y vont, et cela devient un rendez-vous général. Le 4 de ce mois, M. le Régent y étoit la nuit avec sa nouvelle maîtresse, madame d'Averne. On dit que lui et toute sa compagnie y firent mille extravagances.

On travaille à force au Louvre pour l'exécution du visa qui a été fait. On dit qu'il y a plus de cinq cents commis employés : ils veulent aller vite. On attendoit un arrêt du Conseil, pour viser aussi les acquisitions nouvelles et réunir au domaine celles qui ne proviendroient aux acquéreurs que de pur gain du système, ou faire quelque autre opération ; mais on dit qu'*il* ne paraîtra pas, que tous les gens de qualité, qui ont acquis et gagné considérablement, s'y opposent. Le Régent n'osera ni faire cette loi, ni l'exécuter contre eux. C'est cependant là l'opération la plus sensible et la plus facile ; mais c'est ainsi que dans ce pays-ci on ruinera toujours tout.

On ne parle plus à présent de Cartouche ; il sembleroit que ce seroit un conte.

La requête de M. le duc de La Force n'a point passé au Conseil ; il a été renvoyé au Parlement. On est après son procès depuis lundi, 7 de ce mois de juillet. Les

---

1. On dit qu'il est retiré et que l'esprit lui a un peu tourné. (*Note de Barbier*).

2. Il est interdit. (*Note de Barbier*).

princes et ducs vont tous les jours au palais. On dit que c'est pour demain le jugement. Les épiciers ont donné un mémoire[1] contre lui très-beau. On dit qu'il y a dedans un fait bien grave : que M. le duc de La Force avoit signé avec d'autres un ordre pour prendre du monde dans Paris pour envoyer à Mississipi[2]; qu'on donnoit aux archers quarante livres d'un homme, autant d'une femme, et autant de deux enfants; ce qui a pensé exciter une sédition dans Paris, comme on verra ci-dessus. On peut regarder comme un crime d'État une pareille entreprise[3].

Samedi 12, tout le Parlement étoit assemblé dès six heures du matin. MM. les duc de Chartres, duc de Bourbon, le comte de Charolois et *le* prince de Conti y étoient avec plusieurs ducs et pairs. M. le duc de La Force étoit au palais avant six heures, pour voir passer ses juges et les saluer. Il étoit accompagné de près d'une vingtaine de gens de condition. On l'a interrogé, lui et tous les accusés. Il est entré dans la Grand'Chambre sans épée. On l'a ramené au greffe, et on avoit donné ordre à l'huissier de lui dire qu'il pouvoit s'en aller. On n'est sorti du palais qu'à une heure et demie, et tel est le jugement[4].

---

1. Le Mémoire des épiciers fut rédigé par Prévost, avocat, et fut imprimé par Coignard, in-folio.

2. Cette imputation se trouve page 25 du Mémoire. Quatre cents familles, composant au moins mille personnes, furent ainsi enlevées. Le duc de La Force était directeur de cette compagnie de la Louisiane. Le chevalier Landais était chargé d'acheter les outils, armes, etc. Bernard était le caissier. Douze lieues carrées avaient été cédées à cette compagnie.

3. Voyez Saint-Simon, t. xxxiv, p. 68-69.

4. Barbier a omis de mentionner l'arrêt rendu contre le duc de La Force. En voici les dispositions principales « : Sera tenu ledit Henri-Jacques Nompar de Caumont, duc de La Force, de se comporter à l'avenir d'une manière irréprochable et telle qu'il convient à sa naissance et à sa dignité de pair de France. En outre, la cour condamne Charles Oriant à être blâmé à genoux, le condamne à cent livres d'amende, le déclare déchu de sa maîtrise, et lui fait défense de s'immiscer dans le commerce; condamne Bernard, Landais et Despart à être admonestés et à aumôner chacun la somme de vingt livres au pain des prisonniers de la Conciergerie, leur fait défense de récidiver; con-

J'ai l'arrêt imprimé et tous les mémoires qui ont été faits sur cette matière.

Voici aussi une chanson qui a été faite depuis contre M. le duc de La Force :

CHANSON SUR M. LE DUC DE LA FORCE.

Sur l'air des Pendus.

Or, écoutez, petits et grands,
Nos seigneurs, étant sur les bancs,
Pour condamner le monopole.
De Mesme[1] alors pris la parole
Et dit : « Qu'on appelle Oriant. »
D'abord parut le patient.

—

On lui dit d'un ton aigre-doux :
« Il faut vous mettre à deux genoux,
« Apprenez que la cour vous blâme
« Et qu'elle vous déclare infâme,
« Pour avoir prêté votre nom
« A Jacques Nompar de Caumont. »

—

Après lui comparut Despart,
Suivi de Landais et Bernard,
Auxquels d'une voix claire et nette
On dit : « La cour vous admoneste,
« Soyez sages à l'avenir
« Ou bien on saura vous punir. »

—

Ensuite, on fit entrer Caumont,
Auquel on demanda son nom,

damne Oriant, Bernard, etc., en six mille livres de dommages-intérêts envers lesdits maîtres et gardes des marchands épiciers et aux dépens du procès ; — ordonne que toutes les marchandises comprises en la saisie seront vendues, etc. Et sur tous les deniers de la vente, prélevés les frais de justice, deux tiers seront distribués à l'Hôtel-Dieu et l'Hôpital Général, dont dix mille livres aux Cordeliers, et autant à l'abbaye Sainte-Périne de la Villette, et le tiers restant aux marchands et gardes de l'épicerie, etc. »

1. Le premier président.

S'il est parent ou domestique
De cette troupe magnifique
De crocheteurs et de commis ;
Même s'il est de leurs amis.

Mais Nompar ayant dit que non,
La cour lui demanda raison
D'avoir promis de grosses sommes,
Afin qu'on lui livrât des hommes,
Pour envoyer bien loin d'ici
Habiter le Mississipi.

Caumont dit sans se déferrer :
« Messieurs, il faut vous déclarer
« Que si vous punissez le crime,
« Vous aurez plus d'une victime.
« Plusieurs confrères que je vois
« En ont usé tout comme moi. »

On lui fit cette question :
« Comment êtes-vous donc caution
« De Bernard, votre secrétaire ?
« Monsieur, on ne sauroit vous taire
« Qu'un fait tellement odieux
« Est indigne de vos aïeux. »

Puis la cour le fit retirer
Et se mit à délibérer,
Disant : « Quelle sera la peine
« De ce marchand de chair humaine ?
« De le blâmer il n'est besoin,
« Tout l'univers en prend le soin.

« L'admonester ne suffit pas,
« Caumont n'en feroit aucun cas ;
« Mais pour punir son avarice,
« Il faut confisquer son épice,

« Ses mirobolans, et son *zin*,
« En un mot tout son magasin. »

Ainsi finit le jugement.
Plaignons le triste événement;
Est-il rien de si déplorable
Que cette histoire lamentable?
Elle feroit fendre le cœur
Si Nompar avoit quelque honneur.

Arrêt assez remarquable. Un jeune homme, fils d'un marchand de province fort riche, vouloit épouser une fille de Montdidier. Les parents de la fille n'ont point voulu. Elle demeuroit à Paris; elle étoit sur le point de se marier à un autre, qui n'avoit qu'une mère en province[1]. Ce jeune homme a écrit à la mère qu'il s'étonnoit qu'elle voulût marier son fils à cette fille; qu'il avoit été, lui, en commerce avec elle; qu'il en avoit eu même un enfant, et a signé la lettre. La mère a envoyé sur-le-champ un courrier à son fils avec défense à lui de passer outre au mariage. Le courrier est arrivé le matin, et à midi le mariage devoit se faire à Saint-Jacques-de-la-Boucherie[2]. Sur cette rupture, les parents de la fille sont venus à un éclaircissement. On leur a montré la lettre. Ils ont agi à l'extraordinaire contre le jeune homme, d'abord au Châtelet, ensuite au Parlement, où, par arrêt, il a été condamné à faire réparation d'honneur à la fille en présence de douze personnes (Elle a choisi douze notables de la rue Saint-Denis, et la réparation a été faite le jeudi 24 de ce mois); outre, en quinze mille livres de dommages et intérêts; et défense à lui d'habiter de sa vie, à peine de punition corporelle, dans la ville de Paris, où la fille demeuroit, dans celle

---

1. À Évreux. (*Note de Barbier*).
2. Église démolie à la Révolution, dont il reste une tour restaurée dernièrement. Elle se trouve rue de Rivoli, au coin de la rue Saint-Martin; elle tirait son surnom de la corporation des bouchers. Nicolas Flamel fut l'un de ses bienfaiteurs.

de Montdidier, lieu de sa naissance, et dans celle d'Évreux, où elle avoit manqué à se marier. Cette condamnation est rigoureuse et extraordinaire. Le père du garçon, pendant le procès, avoit voulu donner trente mille livres en pur don à la fille, et cent mille livres en mariage à son fils. La fille n'a voulu ni du premier ni du second pour mari.

Samedi 26 de ce mois, est arrivé de Rome le chapeau de cardinal[1] pour M. l'abbé Dubois, archevêque de Cambrai. Le Roi lui donna la calotte à la messe, dimanche. On dit que M. le maréchal de Villeroi l'avoit demandé pour son fils[2], archevêque de Lyon. Il y avoit bien de la différence entre ces deux sujets; car tout le monde est indigné. Cela fait bien du tort à la religion de voir placer un homme connu pour être sans foi et sans religion dans une des premières places de l'Église. Il doit être content d'être prince de l'Empire par son archevêché et prince de l'Église. On a déjà dit que le pape étoit le meilleur cuisinier qu'il y eût; qu'il avoit fait d'un *maquereau* un *rouget*. Et, avant d'avoir entendu cela, j'ai dit de mon côté que le pape étoit bon teinturier, d'avoir su mettre un *maquereau en écarlate*.

On dit que ce chapeau de cardinal, qui a été demandé par les princes étrangers, c'est-à-dire par l'Empereur et le roi d'Espagne, pour le cardinal Dubois, coûte au Régent quatre millions[3].

CARDINAL DUBOIS.

L'abbé Dubois[4] est originaire de Brives, surnommée

1. Lemontey, *Histoire de la Régence*, t. II, p. 47, raconte toutes les intrigues que nécessita cette négociation laborieuse, et à laquelle travaillèrent le cardinal de Rohan, le jésuite Lafitau et l'abbé de Tencin. Suivant cet historien, qui avait examiné les correspondances conservées aux archives des affaires étrangères, ce chapeau de cardinal coûta à la France huit millions.
2. François-Paul de Neufville de Villeroi, archevêque de Lyon, 30 novembre 1715 au 6 février 1731.
3. Voyez l'avant-dernière note.
4. Guillaume Dubois, né en 1656.

la Gaillarde, petite ville du Limousin, fils d'un chirurgien. Il est venu à Paris; il a été domestique d'un nommé M. Du Faur, principal du collége de Saint-Michel[1], rue de Bièvre. Cet homme étoit de condition, de la maison de Pibrac[2]; très-savant, très-curieux en livres et peu de bien. Dubois alloit chercher la portion pour son maître et pour lui.

M. Du Faur a été choisi pour être précepteur de M. le duc de Chartres, aujourd'hui Régent. Dubois l'accompagnoit en petit collet. Il avoit fait ses études dans le collége de Saint-Michel; il avoit beaucoup de vivacité d'esprit; il fut le lecteur du duc de Chartres.

Après la mort de M. Du Faur, ayant été goûté, il fut choisi pour précepteur: le duc de Chartres l'aimoit, et ne vouloit étudier qu'avec lui. Il a accompagné le prince dans les campagnes qu'il a faites. L'abbé Dubois étoit un homme mauvais, intrigant et insolent. Il étoit brouillé avec M. le Régent au commencement de la régence; mais il a fait ce qu'il a pu pour rentrer en grâce. Le prince l'a employé dans quelques négociations secrètes en Angleterre; il est devenu plus en faveur et dans le secret que personne. Il est devenu secrétaire d'État et archevêque de Cambrai; il a un appartement dans le Palais-Royal.

CHANSON SUR LUI.

Je suis du bois dont on fait les cuistres,
 Et cuistre je fus autrefois;
 Mais à présent je suis du bois
Dont on fait les ministres...

Quand M. le Régent eut donné à l'abbé Dubois l'arche-

---

1. Ce collége, fondé en l'honneur de saint Michel, par Guillaume de Chanac, évêque de Paris, au quatorzième siècle, fut supprimé en 1763 et réuni au collége Louis-le-Grand.

2. Le plus célèbre membre de cette maison fut Gui Du Faur de Pibrac, l'auteur des *Quatrains*.

vêché de Cambrai, M. le comte de Nocé[1], favori intime du Régent, lui dit : « Comment, Monseigneur, vous « faites cet homme-là archevêque de Cambrai? Vous « m'avez dit que c'étoit un chien qui ne valoit rien ! « — C'est à cause de cela, répondit le Régent; je l'ai « fait archevêque afin de lui faire faire sa première « communion. »

M. Dubois est aujourd'hui cardinal !

CHANSON SUR LE CARDINAL DUBOIS.

Sur l'air : *Ton humeur est, Catherine.*

Or, écoutez la nouvelle,
Qui vient d'arriver ici,
Rohan[2], ce commis fidèle,
A Rome a bien réussi,
Mandé par Dubois, son maître,
Pour acheter un chapeau.
Nous allons le voir paroître
Et couvrir son grand cerveau.

—

Que chacun s'en réjouisse !
Admirons Sa Sainteté,
Qui transforme en écrevisse
Un vilain crapaud crotté.
Après un si beau miracle,
Son infaillibilité
Ne doit plus trouver d'obstacle
Dans aucune faculté.

—

Les mœurs de Notre Éminence,
Son esprit, sa probité,
Sont aussi connus en France
Que sa grande qualité,

---

1. Le comte de Nocé était fils de M. de Fontenai, gouverneur du Régent. C'était un des roués les plus spirituels. Le mot rapporté ici par Barbier valut à son auteur une lettre de cachet.

2. Le cardinal de Rohan, évêque de Strasbourg, est encore à Rome à présent. *(Note de Barbier).*

> On sait d'ailleurs les services
> Qu'elle a rendus au Régent ;
> Aussi pour pareil office
> Fillon [1] au chapeau prétend.

On attend l'arrangement pour la liquidation du *visa*; on craint fort une banqueroute générale pour tous les effets. L'on parle fort aussi de changement de ministre.

La nuit du mercredi, 30 de ce mois, M. le Régent a donné une fête superbe à sa maîtresse madame d'Averne, dans la maison qu'il lui a louée à Saint-Cloud, qui est sur la côte, à droite du pont. Il y avoit douze hommes et douze femmes priés pour le souper, en habits neufs. Souper magnifique, grande musique ; à dix heures, on illumina tout le parc de la maison de lampions et de terrines attachés aux arbres. A minuit et un quart, on tira un feu d'artifice sur l'eau, qui fut beau et bien exécuté, malgré la petite pluie. J'ai vu cette fête : l'illumination étoit superbe, de voir tout un parc en feu ; tout Saint-Cloud, Boulogne et le bord de l'eau, de côté et d'autre, étoient remplis de carrosses avec des flambeaux, ce qui faisoit un fort bel effet. Il y avoit un monde épouvantable, de manière qu'hier matin les paysans de ce pays-là sont venus au Palais-Royal, au nombre de dix par députés, présenter un placet, attendu que les blés et les vignes ont été très-endommagés par le monde.

Malgré cet empressement du public pour voir cette fête, il n'y avoit personne qui n'en fût indigné ; et chacun auroit moins plaint ses pas, à ce que l'on disoit hautement, si le tonnerre avoit voulu s'en mêler [2].

Effectivement rien de plus contraire à la religion que de faire ainsi triompher l'adultère et le vice publique-

---

1. Fameuse maq...... depuis vingt ans. *(Note de Barbier.)* Cette femme, mariée d'abord à un suisse, puis à un valet de chambre et ensuite au cocher du comte de Saxe, se retira en Auvergne, où elle épousa en quatrièmes noces une personne titrée. Si l'on en croit Bois-Jourdain, la fin de sa vie fut irréprochable.
2. Voy. le *Journal de Marais* et les *Mélanges* de Bois-Jourdain, I, 208.

ment; contraire aussi à l'humanité de faire des fêtes dans un temps où tout le monde est ruiné, où personne n'a un sol; cela s'entend pour le général. Le roi de la fête ne s'est attiré que des malédictions, même par les gens de sa maison.

Au surplus, l'objet ne mérite pas d'être si fort éclairé; car cela n'est pas joli : car trop de gorge, pendante, fort noire du corps, et par conséquent une très-mauvaise jouissance, cela n'a de l'éclat que par du blanc et du rouge.

Mais je sais une nouvelle[1] que bien peu de gens savent. M. le comte de Sainte-Maure[2], premier écuyer du Roi, a dit au Régent que s'il avoit su qu'il eût eu le dessein de rompre avec son ancienne maîtresse, madame de Parabère, qu'il avoit quelque chose à lui proposer de beau comme l'Amour; le Régent lui ayant demandé ce que c'étoit, il lui dit qu'il n'y avoit plus moyen, qu'il avoit laissé faire cette fille religieuse; que d'ailleurs elle étoit sa nièce, et par conséquent fille de grosse condition. Le Régent, qui n'avoit pas fait grande attention d'abord à la proposition, reparla à Sainte-Maure et lui dit qu'il ne falloit pas s'embarrasser; qu'il falloit faire venir la religieuse. Cette conversation, je ne la sais que de ouï-dire; mais voici le fait, qui est sûr. On a envoyé ordre de laisser sortir la religieuse de son couvent, qui est contre Vareilles[3], terre de M. le comte de La Vauguyon[4], qui est à cent vingt-cinq lieues d'ici, du côté de Bordeaux; de la mettre entre les mains de M. le curé de Vareilles, et de la conduire ici, et descendre chez M. le comte de Sainte-Maure, son oncle, qui demeure aux

---

1. Cette nouvelle n'a pas eu de suite et ne s'est pas confirmée. *(Note de Barbier).*

2. Le comte de Sainte-Maure passait pour grand joueur. Il avait rempli, par le crédit de d'Antin, son cousin, la charge de premier écuyer du duc de Berri. Il conserva pendant sa vie les armes et la livrée de ce prince.

3. Vareilles, commune du département de l'Aveyron.

4. Nicolas de Quélen, comte de La Vauguyon, marquis de Saint-Mégrin, mort en 1725.

écuries[1], vis-à-vis Saint-Roch. Ce qui est de fait, c'est qu'il y a huit ou dix jours que le curé est arrivé avec la belle religieuse. J'ai un de mes amis de ce pays-là chez qui le curé est tous les jours. Et il y a quatre jours que le Régent entra à pied par cette porte pour aller au Louvre, ce qui ne lui arrive jamais. Le comte de Sainte-Maure étoit à sa fenêtre; il cria : « Gare l'eau ! » Le Régent leva le nez : « C'est toi, Sainte-Maure, dit-il. — Monsei-« gneur, je vous demande excuse.—Il faut, dit le Régent, « que je voie comme tu es logé. » Il monta ; la religieuse étoit dans l'appartement. Le Régent la lorgna fort, parla bas à Sainte-Maure ; le curé y étoit, qui vit cela. Voilà où l'histoire en est ; nous verrons si elle aura de la suite.

Août.

Maladie du Roi. — La saignée et l'émétique. — Les prières des quarante heures. — Helvétius le médecin. — *Prima mensis* de la Sorbonne. — M. de Villeroi à Notre-Dame. — *Te Deum* à la Sainte-Chapelle. — Feu de joie à la Grève. — Réjouissances dans Paris à l'occasion du rétablissement du Roi. — Osmont et ses transparents. — Bal *gratis* à la Comédie-Italienne. — Spectacles *gratis*. — Le Régent à Bagatelle. — Mariage du marquis de Villars. — Le Roi à Notre-Dame. — Les aumôniers. — Le *Te Deum* des gardes françaises. — Le Roi à Sainte-Geneviève. — La fête de la Saint-Louis. — Feu d'artifice, accidents. — Moreau, marquis de Mazières, faux monnayeur. — Mousquetaires tués par le guet. — Les neveux de M. de Clisson.

Jeudi 31 juillet, le Roi s'est trouvé mal à la messe, qui étoit en musique, à cause de la fête de Saint-Germain-de-l'Auxerrois. Il a dîné un peu; la fièvre lui a pris le soir. Hier vendredi, la fièvre a augmenté de manière qu'on l'a saigné du bras à quatre heures après midi, et on l'a saigné du pied à onze heures du soir ; cependant il se porte beaucoup mieux ce matin : il a pris de l'émétique, qui a fait une *évacuation charmante*. Un de mes amis

---

1. Les écuries du Roi étaient situées entre la rue de Richelieu, la rue Saint-Honoré et la rue Saint-Vincent (aujourd'hui rue du Dauphin). La rue de Rivoli n'existait pas, et sur son emplacement se trouvait le manège.

est venu exprès du Louvre me le dire. La consternation est dans les yeux de tout le monde qui sait la maladie; car cela a été bien vite.

Aujourd'hui 2 août, on attend un grand conseil, où l'on doit, dit-on, décider du sort des effets visés. Il n'y a que du mal à espérer.

Ce matin, 2 août, le Parlement s'est assemblé après le retour des gens du Roi de chez le Roi; et, par arrêt, il a ordonné la découverte de la châsse de Sainte-Geneviève et les prières de quarante heures, ce qui a été exécuté dès l'après-midi.

3 août. — Le Roi se porte infiniment mieux, il a bien dormi, il n'a plus ni fièvre, ni mal à la tête. Il s'est même levé. On attribue cela à la saignée du pied et à l'émétique qu'on lui a fait prendre, car on l'a traité un peu violemment. On connoît le besoin qu'on a de ses jours, et l'aversion qu'on a pour le Régent, par l'intérêt qu'on prenoit à sa santé; car par lui-même on n'a encore aucune raison de l'aimer ni de le haïr.

Dans le conseil de santé, c'est de Helvétius[1] le fils, médecin ordinaire du Roi, dont l'avis a prévalu pour le traiter de la sorte; cela le met dans une haute réputation, où il étoit déjà, quoiqu'à l'âge de trente-trois ans, fils de Helvétius[2], médecin hollandois, qui vit encore. Mais le fils est préféré. C'est Dodard[3] qui est premier médecin.

Comme au *prima mensis*[4] de juillet, en Sorbonne, on avoit élu un mauvais sujet, syndic par force (par lettre de cachet), lequel on vouloit déposer au *prima mensis* de

---

1. Jean-Claude-Adrien Helvétius, fils du suivant, né à Paris en 1685, fut le médecin de Marie Leczinska. Il mourut en 1755. Il avait alors près de trente-sept ans.

2. Adrien Helvétius, né en Hollande en 1661, mort à Paris en 1727, a découvert les propriétés médicales de l'ipécacuanha.

3. Claude-Jean-Baptiste Dodard, médecin de Louis XV, 1664-1730.

4. Assemblée qui se tenait à la Faculté de théologie, le premier de chaque mois.

ce mois; il y a eu défense à eux de s'assembler, par lettres de cachet. On dit que par députés, le 1ᵉʳ de ce mois, ils ont présenté une requête au Parlement pour se mettre sous sa protection, et ils y ont porté leurs registres. En spirituel, comme en temporel, il n'y a plus ni règle ni mesure.

Le dimanche, 3 de ce mois, M. de Villeroi, gouverneur du Roi, a été à Notre-Dame, l'après-midi, avec toute sa famille. Tout le peuple lui a demandé des nouvelles de la santé du Roi. Il a fait distribuer quelque argent. Il a fait sa prière, et douze chanoines l'ont reconduit en aumusse.

4 août. — Le Parlement a fait avertir promptement la Sainte-Chapelle; et à onze heures, après l'audience, on a chanté un grand *Te Deum* en musique, dans la grande salle du Palais, où tout le Parlement a assisté; on en a fait de même aux autres cours.

L'après-midi, le maréchal de Villeroi a été faire sa prière à Sainte-Geneviève[1].

Le soir, il y a eu un feu de fagots à la Grève[2] et des canons tirés. Mais grandes réjouissances et grandes folies dans tout Paris; toute la nuit des feux, des illuminations par toutes les fenêtres, des tables dans les rues, des danses, et beaucoup de filles maniées, *ce* qui est toujours la suite, avec des cris à étourdir : « Vive le Roi! » Ces fêtes durent trois jours. Hier, mardi, 5, c'étoit la même chose. Les libraires de la rue Saint-Jacques se sont distingués pour les illuminations en lampions. Les femmes de la halle ont été voir le Roi, et l'ont vu. Une a dit que son Roi n'en avoit pas plus long que son doigt, en faisant la démonstration, mais qu'elle donneroit la moitié d'elle-même pour qu'il en eût long comme la moitié de son bras, ce qui a fait rire le bon maréchal.

1. Cette église est aujourd'hui démolie. Le lycée Napoléon, ancien collège Henri IV, occupe les bâtiments de l'abbaye de Sainte-Geneviève.
2. La place qui est devant l'Hôtel de Ville.

Les charbonniers en corps ont été au Louvre avec des cocardes à leurs chapeaux et des tambours. En me promenant sur le quai de Conti, je les vis entrer à l'hôtel de Conti[1] pour attraper sans doute quelque argent. Ils avoient dans leur marche une brouette[2], dans laquelle il y avoit une charbonnière; sur la calotte de la brouette, il y avoit une autre femme à cheval, les jambes nues, en habit de toile, sans coiffure, et les cheveux tignonnés, la physionomie d'une femme ayant un seau de vin dans le ventre. Elle avoit l'air d'un diable; je la vis entrer sur son équipage dans l'hôtel de Conti.

6 août. — Les joies ont augmenté. A trois heures, on a chanté un grand *Te Deum* à Notre-Dame, sur la lettre du Roi à monseigneur l'archevêque. Toutes les cours y ont assisté en robes rouges; tous les princes et seigneurs y étoient, une affluence de peuple épouvantable. On a remarqué un fait : M. le Régent arriva dans un carrosse magnifique, il entra dans Notre-Dame sans que le peuple ait soufflé. M. le maréchal de Villeroi arriva; on cria dans les rues et dans l'église pendant un quart d'heure : « Vive le Roi! » Madame de Ventadour[3] arriva; on fit le même train, et en sortant de même. Cette indisposition générale et universelle de tout le peuple, comme s'ils s'étoient donné le mot, doit avoir chagriné le Régent. Pour moi, je n'allai point à cette cérémonie. Les grandes fêtes donnent toujours des occasions : j'allai passer deux heures dans un fiacre bien fermé hors de Paris.

Le soir, il y a eu des feux et des illuminations dans tout Paris, plus magnifiques les unes que les autres, chez les princes et chez tous les seigneurs, avec des tonneaux

---

1. L'hôtel des Monnaies a été construit sur l'emplacement de cet hôtel.

2. Ou *vinaigrette*. C'était une espèce de chaise ayant deux roues et traînée par un homme.

3. Charlotte-Éléonore de La Motte-Houdancourt (morte en 1727), veuve de Louis-Charles de Levis, duc de Ventadour, était gouvernante des enfants de France.

de vin que l'on vidoit pour les passants. Il y a un libraire, nommé Osmont, le fils, dans la rue Saint-Jacques, qui a pour enseigne l'*Olivier*. Il avoit trois balcons illuminés de lampions très-magnifiquement, mais le beau étoit deux papiers au haut de sa boutique, avec des lumières derrière; dans l'un étoit un passage d'*Isaïe*[1] :

Gaudete universi qui luxistis super regem;

dans l'autre étoit un passage d'*Osée*[2] :

Quia erit quasi oliva gloria ejus.

Jamais dans le jour il n'y a eu dans les rues le monde qu'il y a eu par tout Paris jusqu'à trois heures du matin, avec des folies étonnantes; c'étoient des bandes avec des palmes et un tambour, d'autres avec des violons; enfin les gens âgés ne se souviennent point d'avoir vu pareil dérangement et pareil tapage, réjouissance dans Paris. Il est impossible de décrire cela. Qui auroit pu courir les différents quartiers de Paris auroit eu un plaisir infini, car partout il y avoit des beautés différentes.

Le même jour, la Comédie Italienne[3], qui joue à la foire Saint-Laurent[4], a donné le bal *gratis*.

La joie continue toujours, mais plus en particulier, il n'y a point de compagnies, de corps et de communautés qui ne fassent chanter un *Te Deum*; cela fait tous les jours quelque illumination.

Hier, 8, la Comédie[5] a joué gratis. Le soir, un feu et une illumination superbe à la façade de leur hôtel.

---

1. Passage tronqué. *Isaïe*, c. LXVI, v. 10.
2. *Osée*, c. XIV, v. 7.
3. C'était la troupe que le Régent avait fait venir d'Italie, et qui s'était établie à l'hôtel de Bourgogne, le 18 mai 1716. Elle jouait à la foire par extraordinaire.
4. Cette foire avait été instituée par Philippe-Auguste en faveur des religieux de Saint-Lazare. Elle s'ouvrait le 18 juin et durait jusqu'à la Saint-Denis. Elle avait lieu sur les terrains occupés aujourd'hui par la rue de Chabrol et le boulevard de Strasbourg.
5. La Comédie-Française était située, depuis 1688, rue de l'Ancienne-

Aujourd'hui, 8, l'Opéra[1] joue *gratis*. Illumination le soir et un concert sur un amphithéâtre dressé dans la rue.

Enfin jamais santé n'a été célébrée à ce point; aussi est-elle bien chère.

On commence à parler partout de la maladie du Roi. On parle d'un mouchoir; et on dit que Helvétius lui a fait prendre un bouillon qui a bien opéré.

Les seigneurs se sont distingués, chacun par des illuminations; celle du marquis de Mailly[2], contre le Pont-Royal, étoit superbe, d'autant que le Roi vint la voir dans le bout du pavillon sur le Pont-Royal.

Tous les jours des *Te Deum* avec grande musique, cela ne finira pas sitôt.

Mardi 12, le maréchal d'Estrées donna à souper au Régent avec madame d'Averne, dans la petite maison de la maréchale d'Estrées, nommée *Bagatelle*, qui est sur le bord du bois de Boulogne, vis-à-vis l'eau et la maison de M. de Hurche. Cette maison, quoique bagatelle, lui a coûté cent mille livres au moins; mais ils ont gagné des biens immenses. Je soupois ce même jour dans le bois, dans une maison voisine; nous les vîmes tous passer. J'admirai la hardiesse du Régent, qui sait ou doit savoir qu'il n'a pas donné sujet de l'aimer; cependant il étoit dans un carrosse tout ouvert; la maréchale à côté de lui, la d'Averne sur le devant. Deux valets de pied, sans un page ni un garde. Cela ne peut pas s'appeler avoir peur. Avant souper, ils se promenèrent sur l'eau, nous entendimes de dessus la terrasse des fêtes de musique. Et delà il s'en alla coucher à Saint-Cloud.

Comédie, dans l'ancien jeu de paume de l'Étoile, sur l'emplacement de la maison qui porte aujourd'hui le n° 14.

1. L'Opéra était alors rue de Richelieu, dans la salle du Palais-Royal, qui avait été occupée par Molière. Cette salle fut détruite une première fois, en 1763, par un incendie, reconstruite en 1770 et brûlée de nouveau en 1781.

2. L'hôtel du marquis de Mailly (qui existe encore aujourd'hui) était situé entre le quai Voltaire et la rue de Beaune.

J'avois oublié à remarquer que le mardi 29 juillet, il y eut un grand mariage du marquis de Villars[1], fils unique du maréchal de Villars, dont il sera parlé dans l'histoire, avec une fille[2] du duc de Noailles, capitaine des gardes du corps. Ce sera un des plus riches seigneurs de la cour.

Dimanche, 17 du mois d'août, le Roi vint le matin à Notre-Dame, à deux chevaux, avec les gardes à pied, les Cent-Suisses, grand cortége et les princes. Il y eut un concours de monde surprenant.

Le Roi y seroit venu plus tôt pour rendre grâces du rétablissement de sa santé, mais il y avoit une dispute ecclésiastique, ce qui ne manque jamais d'arriver. Les chanoines de Notre-Dame prétendirent que personne qu'eux ne pouvoit dire la messe devant le Roi, dans leur église. Le grand aumônier du Roi soutint que partout où le Roi alloit, c'étoit à ses aumôniers à lui dire la messe. M. le grand aumônier, qui est le cardinal de Rohan, est à Rome; mais le premier aumônier soutint la chose à sa place.

Il fut décidé par M. le Régent que le Roi n'entendroit pas la messe dans le chœur, et qu'un aumônier lui diroit une basse messe à la chapelle de la Vierge. Ce qui a été exécuté.

Mercredi 20, les gardes françoises et suisses se sont assemblées dans la plaine des Sablons[3], et là ils ont chanté, sur les cinq et six heures du soir, un grand *Te Deum* au son du tambour. Le Roi, en revenant de la chasse, entra dans quelques rangs; ils firent trois décharges, et, s'étant rangés en bataille, ils se mêlèrent

---

1. Honoré Armand, prince de Martigues, marquis, puis duc de Villars, était né en 1708. Il devint pair en 1708 et membre de l'Académie française à la mort du maréchal son père. Il mourut en 1770, gouverneur de la Provence.

2. Amable-Gabrielle de Noailles, duchesse de Villars, née en 1706, morte en 1742.

3. Cette plaine, aujourd'hui le village de Sablonville, était à la porte de Paris, sur la rive droite de la Seine, derrière l'Etoile.

en forme de combat, ce qui fit un effet qui divertit beaucoup le Roi.

Aujourd'hui 22, le Roi a été entendre la messe à Sainte-Geneviève, à huit chevaux, et par conséquent les gardes à cheval. Il y avoit aussi gardes suisses et françoises; il y avoit nombre de carrosses, et dans celui du Roi, M. le Régent et le Roi, M. le Duc, M. le comte de Charolois, l'abbé de Clermont[1] et le prince de Conti, et le maréchal de Villeroi. Il a passé et repassé dans la rue Galande, devant ma maison.

J'ai pris aussi le soin de recueillir une chanson sur la santé du Roi, que l'on crioit dans les rues.

Le 25 août, jour de Saint-Louis, fête du Roi, il y a eu aux Tuileries un concert magnifique, à l'ordinaire, joué par tout l'Opéra, avec un chœur de voix. On y a tiré aussi un très-beau feu qui avoit été ordonné par M. le duc de Mortemart[2], premier gentilhomme de la chambre. C'étoit un artificier hollandois qui l'avoit entrepris. Comme on s'attendoit à quelque chose d'extraordinaire à cause des réjouissances publiques, toute la cour et tout le public voulurent être témoins de ce feu. Il y avoit de beaux morceaux d'artifices, mais en général le feu n'a pas été trop bien exécuté. Pour la décoration en peinture, elle étoit d'une grande hauteur et d'un grand goût. Il y eut trois ou quatre de ceux préposés pour l'exécution de tués ou estropiés. Il arriva un autre malheur, un nommé Thierry, avocat au Conseil, en sortant par le pont tournant, tomba dans l'esplanade, pour aller au Cours[3], dans le fossé; il se cassa la jambe. (Il est mort le 6 septembre.)

---

1. L'abbé Louis de Bourbon-Condé, comte de Clermont, dont il sera parlé plusieurs fois, était le frère de M. le Duc. Il était né en 1709. Il fut à la fois abbé du Bec, général et membre de l'Académie française, sans être jamais à la hauteur de ses fonctions. Il mourut en 1770.
2. Louis II, de Rochechouart, duc de Mortemart, né en 1681, mort en 1746.
3. Au Grand-Cours ou les Champs-Élysées. Le pont tournant donnait sur la

Aujourd'hui 30 août, on a coupé la tête à un gentilhomme nommé Moreau, marquis de Mazières, que l'on a pris dans son château, dit-on, en Normandie, pour avoir fait de la fausse monnoie, facile à faire à présent ; il y a des gros sols qui sont de même grandeur et frappés de même que les pièces de cinquante sols, dans lesquels il n'y a que pour dix-sept sols d'argent. On blanchit les sols, et ils passent pour pièces de cinquante sols, la seule différence est dans l'écriture qui est autour.

La nuit du 29 au 30, trois mousquetaires s'en retournoient à l'hôtel du faubourg Saint-Antoine, à minuit ; un d'eux portoit un flambeau et l'émoucha sur une borne ; le guet à pied, qui est souvent saoûl, leur dit insolemment « s'ils vouloient mettre le feu aux maisons ; » cela excita querelle, tant il y a qu'il y a deux mousquetaires tués[1] à coups de baïonnette ; on ne sait encore ce qui en arrivera.

30. — On a mené au Châtelet deux Bénédictins, ou du moins gens déguisés de même, bien montés, par les archers de la maréchaussée. Le geôlier[2] n'a pas voulu les recevoir, et il a dit de les mener à l'abbaye Saint-Martin[3]. Là on ne les a pas reconnus pour être de l'ordre. Ce sont des voleurs de grands chemins, mais effectivement l'un est un prêtre et l'autre un Capucin qui, au moyen de leurs lettres, se faisoient recevoir chez les curés et voloient. Ces deux voleurs sont neveux de M. de Clisson, capitaine grenadier du régiment des gardes. Il s'est jeté aux pieds du Régent. On les a tirés des mains de la justice, et ils sont enfermés à Bicêtre.

Les prisons sont pleines de voleurs ; on n'en a jamais tant vu. La misère les augmentera cet hiver.

place aujourd'hui dite de la Concorde, entre deux fossés. Le pont a été remplacé par la grande porte du jardin des Tuileries.

1. On n'a plus parlé de cela depuis. (*Note de Barbier*).
2. A cause des priviléges ecclésiastiques.
3. Le prieuré de Saint-Martin-des-Champs, de l'ordre de Cluny, fondé en 1070 par Philippe Ier, aujourd'hui le Conservatoire des arts et métiers.

Septembre.

Le tir à l'oie. — La guerre d'Espagne. — La peste en Auvergne. — L'orgueil des avocats plaidants. — Le mémoire de l'avocat Rochard. — Injonction d'être plus circonspect. — Les avocats et la quatrième des enquêtes. — M. Nègre, substitut. — Daunart, avocat. — Normant. — Aubry. — Refonte des monnaies. — Mariage du duc de Boufflers et de mademoiselle de Villeroi. — Nouvel arrêt du conseil d'État. — Mariage du Roi avec l'infante d'Espagne.

On a tiré l'oie devant le Louvre et devant le Roi. Grande affluence de peuple. Un échafaud a manqué; il y a eu un homme tué et quatre blessés; cela ne manque pas dans les fêtes.

On parle d'une grande nouvelle en fait de politique; on dit que l'on rend au roi d'Espagne les places de Saint-Sébastien et autres que nous avons prises il y a deux ans; l'on a déjà évacué, et la nouvelle secrète est que le roi d'Espagne a renoncé de nouveau à la couronne de France, et l'Empereur au royaume d'Espagne. Quel est le dessein de faire renoncer le roi d'Espagne quand le roi de France est en bonne santé? On dit que cette négociation a été faite par M. Law et M. le cardinal Dubois.

La peste est dans l'Auvergne, elle augmente tous les jours. Toutes les troupes sont occupées à garder les passages dans l'Auvergne et du côté de Lyon. On craint ici.

Notre ordre des avocats a changé de principes. On le distinguoit autrefois par une humilité mesurée et le désintéressement; il est aujourd'hui très-fier et très-intéressé.

Une chose qu'on n'a point encore vue au barreau, ce sont six ou sept jeunes avocats de trente à trente-cinq ans qui brillent dans la plaidoirie. Effectivement ils ont de grands talents pour l'éloquence et la facilité de parler. Mais à l'envi, il faut les bien payer pour les faire bien plaider.

Comme ces jeunes gens sont pour la plupart fils de procureurs, sans naissance d'ailleurs, ils sont d'une fierté insupportable, même avec les procureurs et officiers du palais. Tout le monde s'en plaint. Ils croient que le palais ne subsiste que par eux, qu'on ne sauroit s'en passer, à cause de leurs plaidoiries.

Cette vanité les a rendus insolents jusqu'à s'attaquer au Parlement. Tout ce qui se fait est dans une assemblée tumultueuse de quarante ou cinquante. Là, ils n'ont égard ni aux sentiments de leurs anciens, ni à aucune remontrance. A la fin de ce Parlement, il y a eu une affaire jugée à la quatrième chambre des enquêtes, au rapport de M. Goeslard, sur un appel de La Rochelle. Un nommé Rochard, avocat à La Rochelle, avoit écrit pour une femme, qui avoit rendu plainte contre un homme, de sottises à elle dites. L'avocat a écrit un peu trop vivement contre sa partie, et de plus a paraphrasé la plainte, et dans les écritures il a employé les mots de b...... de chevaucher, de membre dur et autres infamies.

L'homme a pris à partie l'avocat, lequel a été condamné sur les lieux à lui faire réparation. Sur l'appel, la femme a gagné son procès par l'arrêt. On dit qu'il y avoit une disposition contre l'avocat, conçue en termes trop généraux, qui auroit pu autoriser des parties mécontentes à prendre à partie un avocat. On s'est plaint de cela, on a eu raison (je n'ai pas vu le premier arrêt). On a donné honnêtement le procès en communication aux avocats; ils ont dit qu'ils vouloient qu'on rayât tout ce qui regardoit l'avocat Rochard.

Enfin, la chambre a réformé l'arrêt. J'ai vu le second : on décharge l'avocat de la réparation; on ordonne que les injures respectives seront rayées; on compense les dépens; on ordonne même que le mot *nommé Rochard* sera effacé, et qu'on mettra le mot de *maître*, qui appartient à la profession d'avocat.

On laisse seulement dans cet arrêt une injonction à Rochard d'être plus circonspect dans ses expressions, et de ne point employer de noms indécents et inutiles à la défense des parties. Cette injonction est par rapport à l'honnêteté publique, à laquelle il avoit certainement contrevenu. Cela ne regarde pas un droit de la profession.

L'ordre dans le milieu s'est fâché, et a fait le diable, vouloit faire changer l'arrêt. Le premier président en a parlé à M. le chancelier, lequel a réprimandé la quatrième chambre des enquêtes, par une lettre, d'avoir communiqué le procès. L'arrêt reste comme il a été rendu, et le Parlement a fini.

Samedi dernier, 6 septembre, cinquante ou soixante plaidants se sont assemblés, et ils ont résolu de n'être plus avocats pour aucun conseiller de la quatrième; de remettre aux procureurs tous les procès qu'ils avoient de la quatrième, et de n'y plus mettre le pied pour plaider.

On dit que le Parlement s'est uni pour soutenir la quatrième. Cela devient une cause commune, et qu'à la Saint-Martin, à la rentrée du Parlement, ils s'assembleront pour cet effet. Il faut avouer qu'il y a bien de la sottise et de la présomption dans la plupart des têtes de mon ordre; car le second ordre des plaidants suit le parti du premier, et cela devient cabale.

Autre querelle. C'est M. Nègre, substitut, fils du procureur, qui tient le parquet pendant les vacances. Jusqu'ici on a communiqué debout à M. de La Galissonnière, doyen du parquet, lequel étoit assis. Notre ordre prétend avoir droit de communiquer assis à un substitut; complot fait de n'y point aller autrement; que c'étoit une déférence pour M. de La Galissonnière, qui étoit fils d'un magistrat, au lieu que Nègre n'étoit que fils d'un procureur, pour lequel ils n'avoient plus aucun ménagement.

Hier, jeudi 12, on a été pour la première fois au parquet. Daunard[1], avocat, portoit la parole au nom de l'ordre. Il dit à M. Nègre qu'il falloit qu'il s'assît ou que M. Nègre restât debout pendant la communication; M. Nègre lui répondit que, s'il vouloit communiquer assis, il n'avoit qu'à venir chez lui, qu'il lui feroit donner un siége, et il se retira. A la tête de ces tumultueux est Daunard, qui est fils d'un secrétaire de palais; il est d'une suffisance étonnante. Ensuite Suard, fils d'un procureur et petit-fils d'un cabaretier de village, proche Sainte-Menehould; Normant, fils d'un procureur et petit-fils d'un sergent à Tours; Aubry, fils d'un avocat au Conseil et petit-fils d'un tailleur; Fessart, fils d'un procureur et petit-fils d'un paysan. Voilà les grands plaidants et les entêtés.

Nous verrons ce que cela deviendra à la rentrée du Parlement[2].

Pour nouvelles du temps, on parle fort de l'arrangement du visa, c'est-à-dire de quelque suite du système étonnante. Dimanche prochain, on attend l'arrêt pour les acquisitions faites depuis le 1er juillet 1719. On parle de mettre les louis d'or à cent livres et les écus à vingt livres, pour acquitter la liquidation du visa; cette augmentation ruinera tout. On dit que Law est à Paris incognito, et on ne doute point que tout ceci ne soit son système. On parle aussi de faire le cardinal Dubois premier ministre, comme étoient les cardinaux de Richelieu et de Mazarin.

Lundi, 15 septembre, M. le duc de Boufflers[3], fils du

---

1. Cet avocat se brouilla, en 1730, ainsi que nous le verrons, avec ses confrères qu'il abandonna dans l'affaire des *Quarante*, et il fut sur le point d'être rayé du tableau.

2. Il a été décidé que pour la première fois qu'on communiqueroit, que M. Nègre resteroit debout, et que pour les autres, il seroit assis à l'ordinaire.
(*Note de Barbier*).

3. Joseph-Marie, duc de Boufflers, né en 1706, lieutenant général. Il fit, en 1747, lever le siége de Gênes aux Autrichiens, et mourut le jour même de la retraite de l'ennemi.

maréchal de France[1]; a épousé mademoiselle de Villeroi[2], fille du duc, et petite-fille du maréchal, gouverneur du Roi.

Dimanche dernier, 14 septembre, on a tenu un grand conseil de régence, que l'on croyoit devoir régler les papiers; mais on n'a décidé autre chose, sinon que tous les notaires, tant de Paris que du royaume, donneroient un extrait de tous les actes, passés depuis le 1er juillet 1719, d'acquisition ou de remboursement. M. le chancelier et M. le maréchal de Villeroi n'étoient point de cet avis.

L'arrêt a été publié le 23 septembre.

Le fruit que l'on attend de cette recherche n'est pas si certain; l'exécution en sera difficile, parce que, dans ce pays-ci, les gens de qualité et de crédit se tirent toujours des lois rigoureuses, et par là elles tombent à rien; car ici ce sont les gens de cour qui ont le plus acquis et le plus payé de dettes.

À ce conseil, M. le cardinal Dubois, secrétaire d'État pour les affaires étrangères, tira des papiers de sa poche, concernant des articles de mariage entre le Roi et la fille du roi d'Espagne[3], qui n'a que trois ans et demi. On en parle comme d'une chose faite. Cette négociation a été faite par le cardinal Dubois et M. Law. Cela a été accepté du conseil de régence. On voit là une grande politique de M. le Régent. Le Roi ne pourra habiter avec la Reine de plus de huit ans d'ici, et c'est un temps considérable qu'il ne donnera point de postérité. M. le duc de Chartres doit aller chercher la Reine

---

1. Louis-François, duc de Boufflers, né en 1644, maréchal de France, combattit à Fleurus, prit Furnes, défendit Namur et Lille, et sauva l'armée à Malplaquet. Il mourut en 1711.

2. Madeleine-Angélique de Neufville de Villeroi, 1707-1787, se maria deux fois : 1º au duc de Boufflers; 2º au maréchal de Luxembourg.

3. Marie-Anne-Victoire, infante d'Espagne, née le 31 mars 1718. Renvoyée en Espagne en 1725; elle fut fiancée au prince du Brésil qui devint roi de Portugal, sous le nom de Joseph Ier.

en Espagne. Madame de Ventadour ira au devant d'elle jusqu'à Bayonne pour en avoir l'éducation.

Octobre.

Ambassade de Saint-Simon. — Mariage de mademoiselle de Montpensier avec le prince des Asturies. — Le duc de Chartres. — Chagrin du roi. — Bon mot du Régent à M. de Simiane. — M. de Torcy cède la surintendance des postes. — Meurtre derrière les Chartreux. — Cartouche arrêté. — Détails. — Sa culotte. — Mort du cardinal de Mailly. — L'abbé de Saint-Albin coadjuteur de Laon. — Mort de M. de Bezons. — Comédies sur Cartouche. — Son évasion. — Il est repris. — Ambassade du duc d'Ossone.

Le mariage du Roi est arrêté avec la jeune princesse d'Espagne. C'est la reine d'Espagne [1] qui doit être charmée de ce mariage, que sa fille devienne un jour reine de France.

M. le duc de Saint-Simon [2] doit partir, le 10 de ce mois, pour en aller faire la demande en Espagne, et la ramener. Il partira avec six seigneurs, huit gentilshommes, douze pages et trente-six valets de pied. On lui fait un gros équipage, et cela coûtera de l'argent.

En considération de ce mariage, la reine d'Espagne a déterminé le roi d'Espagne (qui est une bête, qui ne se mêle de quoi que ce soit) à en faire un autre. Mademoiselle de Montpensier [3], fille de M. le Régent, âgée de douze ans, épouse le prince des Asturies [4], fils aîné

---

1. Fille du prince de Modène. (*Note de Barbier*). Elisabeth Farnèse, princesse de Parme.

2. L'auteur des *Mémoires* sur le règne de Louis XIV et sur la régence, Louis de Rouvroi, duc de Saint-Simon, naquit en 1675. Il fut l'un des membres du conseil de régence. Il mourut en 1755.

3. Louise-Elisabeth d'Orléans, demoiselle de Montpensier. Cette jeune princesse monta un moment sur le trône avec le prince des Asturies, puis revint en France à la mort de son époux promener à Paris un fantôme de royauté. Elle avait reçu une éducation détestable. Voyez un mémoire de Lemontey sur les *Filles du Régent*, *Revue rétrospective*, 1re série, t. 1.

4. Louis de Bourbon, prince des Asturies, devint, en 1724, roi d'Espagne, sous le nom de Louis 1er, par suite de l'abdication de Philippe V. Il mourut après quelques mois de règne.

d'Espagne. Ce mariage s'est fait en même temps que l'autre. On dit que le Régent a fait donner plus de trois millions à la Reine pour faire faire ce mariage, lequel, après tout ce qui s'est passé entre le roi d'Espagne et M. le Régent, ne convient pas; d'ailleurs les Espagnols, qui sont fiers, pourront-ils aimer pour reine la fille de madame la Régente[1]? Il y aura toujours à dire sur cette origine. Cependant les compliments s'en font au Palais-Royal, et on fait les habits. Le prince des Asturies a quinze ans; il est bien fait, mais laid. Pour ce mariage, il sera consommé aussitôt que mademoiselle de Montpensier sera arrivée en Espagne. C'est de la boutique du cardinal Dubois, qui doit être un grand politique; car on ne peut rien de plus beau pour M. le Régent que de faire sa fille reine d'Espagne.

On parle aussi de marier M. le duc de Chartres avec la princesse d'Angleterre, petite-fille du roi d'Angleterre, duc d'Hanovre. Mais cela en reste à la nouvelle; même les grands politiques disent qu'il ne faut point marier M. le duc de Chartres, parce que, si par malheur le Roi venoit à mourir avant son mariage, on ne sauroit que faire de la petite Infante qui seroit en France; et, comme M. le Régent a des droits sur la couronne, elle épouseroit alors M. le duc de Chartres, et par là elle seroit toujours reine de France. La politique n'est pas mal trouvée.

Le Roi étoit chagrin d'abord de la nouvelle de son mariage[2]. Il en a pleuré, ne sachant pas trop ce que cela vouloit dire; mais on l'y a accoutumé, et il ne parle plus que de cela à présent.

10 octobre. — M. le duc de Saint-Simon ne part point; on parle de quelque contre-nouvelle sur le mariage de l'Infante avec le Roi. On dit que cela n'a pas passé dans les différents conseils des grands d'Espagne;

---

1. A cause de sa naissance. Elle était fille légitimée de Louis XIV.
2. Voyez Duclos, *Mémoires*, t. II, p. 121 et suiv.

car il est difficile de gagner tout le monde par argent, et en Espagne on ne conclut pas aisément des affaires importantes sans eux. On dit qu'ils demandent six ducs et pairs de France en otage pour assurance du mariage.

Notre pauvre argent sert à lever tous ces obstacles dont au fond nous n'avons que faire.

C'est M. le marquis de La Fare [1], capitaine des gardes de M. le Régent, et son favori, qui part pour l'Espagne. On dit que M. de Simiane [2], son premier gentilhomme, est fâché de n'avoir pas cet emploi, qui naturellement convient à sa charge.

M. le Régent, qui a beaucoup d'esprit et de gaieté, a répondu à M. de Simiane sur ses plaintes en badinant. Dans le temps que madame de Parabère étoit maîtresse du Régent, Simiane y alloit souvent avec le Régent, lequel se plaignoit à lui de la fierté de madame de Parabère, qui quelquefois lui renvoyoit des lettres sans les lire. Simiane lui répondoit par une vieille chanson : « *Il est de la raison, que le maître de la maison soit maître chez lui.* » Le Régent a planté la même chanson au nez de Simiane en riant, au sujet de l'ambassade pour l'Espagne.

On a ôté à M. de Torcy [3] la charge de grand maître et surintendant des postes de France, que l'on donne à M. le cardinal Dubois, comme étant une dépendance

---

1. Philippe-Charles, marquis de La Fare, né en 1635, maréchal de France en 1741, mort en 1752.

2. Il était devenu premier gentilhomme, en 1718, à la mort de son frère, mari de Pauline de Grignan, et petite-fille de madame de Sévigné.

3. Jean-Baptiste-Colbert, marquis de Torcy, fils de Charles Colbert, marquis de Croissy, et neveu de Colbert, naquit en 1665. Il fut ambassadeur, diplomate, et ministre des affaires étrangères en 1688, surintendant des postes en 1699, et fut obligé, en 1721, de se démettre de ces dernières fonctions dont Dubois voulait s'emparer. Si l'on en croit Saint-Simon, t. xxxv, p. 25 et suiv., Torcy, en échange de sa démission, « reçut quelque argent et soixante « mille livres de pension, sa vie durant, assignée sur le produit des postes, « dont vingt mille livres pour sa femme après lui. » Il mourut en 1746.

de la charge de secrétaire d'État des affaires étrangères. Cela vaut soixante mille livres par an. On dit que M. de Torcy a désobéi dans cette charge en quelque chose au Régent; c'est un honnête homme, et le public n'a pas reçu agréablement cette nouvelle; on lui conserve cependant quarante mille livres sur les postes.

Il a été fait, il y a deux ou trois jours, un meurtre effroyable derrière les Chartreux[1]. On a trouvé un homme avec les parties coupées qu'on lui avoit mis dans la bouche, le nez coupé et le ventre ouvert dont toutes les entrailles sortoient. Il est depuis ce temps à la Morgue, sans que personne le reconnoisse ou veuille le réclamer. Il avoit une carte très-bien écrite attachée sur lui, où il y avoit : « Ci-gît Jean l'Abbaty[2], qui « a eu le traitement qu'il méritoit; ceux qui en feront « autant que lui peuvent attendre le même sort. »

15. — Grande nouvelle à Paris! J'ai parlé ci-devant d'un nommé Cartouche, fameux voleur, que l'on cherchoit partout et que l'on ne trouvoit *pas*. On croyoit que c'étoit une fable; son existence n'est que trop réelle pour lui : ce matin, à onze heures, il a été pris; mais jamais voleur n'a eu tant d'honneur.

Les discours qu'on lui avoit fait faire l'avoient fait appréhender par le Régent; en sorte qu'on avoit donné des ordres secrets pour le trouver, et, par politique de la part de la Cour, on avoit fait courir le bruit dans Paris qu'il n'y étoit plus, qu'il étoit mort à Orléans; et

---

1. Le couvent des Chartreux, sur l'emplacement duquel on a percé les rues de l'Est et de l'Ouest, et l'avenue et le carrefour de l'Observatoire, avait été fondé par saint Louis, d'abord à Gentilly, en 1257, puis établi à Paris dans le château de Vauvert, vaste demeure alors en ruine et qui remontait au roi Robert. L'église des Chartreux, qui était justement célèbre, était l'œuvre d'Eudes de Montreuil. On y remarquait des tableaux de plusieurs maîtres, et entre autres la suite de la vie de saint Bruno par Eustache Lesueur.

2. Jean Lefebvre, surnommé Rebati, suivant le *Mercure*. Ce mot de *Rebati*, est un terme d'argot qui signifierait *tué*. Voyez Grandval, poëme de *Cartouche*.

même que c'étoit un conte, afin qu'il ne se méfiât pas lui-même de l'envie qu'on avoit de l'avoir.

Il a été découvert, tant par un vol qu'il a fait la nuit chez un cabaretier, lui quatrième, dont étoient des femmes avec des hottes pour porter les meubles (dont deux ont été prises et ont tout déclaré), que par un soldat aux gardes[1], de sa clique, qui l'a vendu et livré. Ce soldat aux gardes méritoit la roue, et cependant étoit tranquille. Pekom, aide-major des gardes, garçon adroit, qui savoit qu'ils étoient de connoissance, fit prendre le soldat pour le mener au Châtelet, pour son procès lui être fait, à moins qu'il ne voulût indiquer Cartouche. Il y a consenti, et a servi de mouche. M. Le Blanc, secrétaire d'État de la guerre, qui s'est mêlé de cette recherche, a chargé un des plus braves sergents aux gardes, qui a pris et choisi quarante soldats des plus déterminés et d'autres sergents avec lui. Ils avoient ordre de le prendre mort ou vif, c'est-à-dire de tirer sur lui, s'il s'enfuyoit.

Cartouche s'étoit couché cette nuit-là sur les six heures, et il étoit couché dans un cabaret de la Courtille, dans le lit du maître, avec six pistolets sur sa table. On a investi la maison, la baïonnette au bout du fusil. Du Val, commissaire du guet, y étoit aussi. On l'a pris dans son lit, heureusement sans coup férir, car il auroit tué quelqu'un. On l'a entouré de cordes, on l'a conduit en carrosse chez M. Le Blanc, lequel ne l'a point vu, parce qu'il étoit dans son lit indisposé; mais les frères de M. Le Blanc et le marquis de Traisnel, son gendre, l'ont vu dans la cour, avec nombre d'officiers et de commis, qui y étoient. On a ordonné de le conduire au Châtelet à pied, afin que le peuple le vît et sût sa capture. Il étoit habillé de noir à cause du deuil de madame la Grande Duchesse[1], qui est morte il y a quinze jours. J'ai oublié d'en marquer la mort. (Le Roi est en violet.)

1. François-Louis du Châtelet. Voyez plus bas, p. 169, note 1.
2. La grande duchesse de Toscane, Marguerite-Louise d'Orléans, fille du

On dit ici que Cartouche étoit insolent, qu'il grinçoit des dents et qu'il a dit qu'on avoit beau le garrotter, qu'on ne le tiendroit pas longtemps. Le peuple le croit un peu sorcier ; mais, pour moi, je crois que la fin de sa sorcellerie sera d'être rompu vif.

On l'a ainsi conduit au Grand-Châtelet avec un concours de peuple étonnant ; on l'a mis dans les cachots, attaché le long d'un pilier, afin qu'il ne puisse pas se casser la tête contre les murs. Et, à la porte du cachot, il y a quatre hommes de garde. Jamais on n'a pris pareille précaution contre un homme. Il sera demain interrogé.

On dit déjà que cet homme assassiné est de sa façon[1], que c'étoit une mouche qui s'étoit jointe à lui pour voler ; mais que Cartouche, fin, craignant que ce ne fût un tour pour le prendre, auroit conduit son faux compagnon derrière les Chartreux, sous prétexte de quelque entreprise, après avoir fait plusieurs vols ensemble, et que, pour payer son infidélité et pour intimider les autres, il l'auroit accommodé de la sorte.

Ce qui est d'étonnant, c'est que Cartouche étoit, lui quatrième, dans sa chambre, avec vingt coups à tirer. Il étoit sur son lit à raccommoder sa culotte ; mais, à la vérité, ils ont été surpris par un de leurs compagnons. On dit qu'il répond fort bien, et que ce n'est point lui qui s'appelle Cartouche, que son nom est Jean Bourguignon, qu'il est de Bar-le-Duc. On en saura davantage par la suite.

La mort est sur les grands ecclésiastiques. M. le cardinal de Mailly, archevêque de Reims, est mort sur la fin du mois dernier. On ne sait qui aura cette place. M. de Fréjus[2], précepteur du Roi, l'a refusée, soit par politique

frère de Louis XIII, Gaston, duc d'Orléans, née en 1645, mariée en 1661, à Côme III de Médicis, grand duc de Toscane, et morte à Paris le 17 septembre 1721.

1. Cela est sûr. (*Note de Barbier*).
2. André Hercule de Fleury, était né à Lodève en 1653. Il devint évêque

pour ne point quitter le Roi, soit par modestie. On lui a donné, pour son refus, une abbaye de quarante mille livres[1].

M. le Régent avoit fait nommer M. l'abbé de Saint-Albin[2], son bâtard de la petite Florence, qui étoit fille de l'Opéra, coadjuteur de Laon. M. l'évêque de Laon est mort; ainsi le voilà duc et pair de France; c'est assez bien établir ses enfants. Il a déjà dit la messe, mais on n'a point encore enregistré ses lettres de légitimation, et il les faut pour être évêque, et pour avoir son entrée au Parlement.

M. de Bezons[3], frère du maréchal de Bezons, archevêque de Rouen, est mort au commencement de ce mois. Voilà encore un beau morceau à donner.

Ce Cartouche s'est distingué dans sa qualité. Il lui arrive ce qui n'est jamais arrivé.

Lundi 20 octobre, on a affiché la comédie de *Cartouche*[4] à la Comédie Italienne, où Arlequin[5], qui est fort souple et bon acteur, fait cent tours de passe-passe.

Mardi 21, on joua *Cartouche*[6] à la Comédie Françoise,

---

de Fréjus en 1698 et précepteur du roi Louis XV. en 1715. Nous le verrons renverser et remplacer M. le Duc comme premier ministre en 1726. Il mourut en 1743. Il était alors cardinal.

1. Voyez dans Duclos, t. ii, p. 117, les motifs du refus de Fleury. Il craignait d'être exilé de la cour, à la fin de l'éducation du Roi. Le Régent sur son refus de succéder à M. de Mailly, comme archevêque de Reims, le força à recevoir l'abbaye de Saint-Étienne de Caen, bénéfice de soixante-dix mille livres de rente.

2. L'abbé de Saint-Albin fut légitimé par lettres enregistrées au parlement, le 22 avril 1722, et prit alors le nom d'abbé d'Orléans. Voy. plus bas.

3. Armand-Bazin de Bezons, nommé à l'archevêché de Rouen, le 15 décembre 1719; mort le 8 octobre 1721. Il eut pour successeur Louis de La Vergne de Tressan.

4. Comédie en prose par Louis Riccoboni.

5. C'était Tomaseo-Antonio Vicentini, dit Thomassin, né à Vicence en 1682. Il mourut à Paris en 1739, après avoir rempli avec un grand succès les rôles d'Arlequin. Son fils et son petit-fils, mort en 1807, lui succédèrent dans ce même rôle à la Comédie Italienne.

6. *Cartouche ou les Voleurs*, comédie en trois actes et en prose. Elle a été imprimée en 1721, in-12. Elle n'eut que treize représentations.

petite pièce assez gentille faite par Le Grand[1], comédien. Il y va un monde étonnant. Au surplus, les gens de bon sens trouveront fort mauvais qu'on laisse représenter sur le théâtre un homme qui existe réellement, qui est interrogé tous les jours et dont la fin sera d'être roué vif; cela n'est point séant.

La nuit du lundi à mardi, Cartouche pensa s'aller voir jouer lui-même. Il étoit dans un cachot avec un autre homme qui, par hasard, étoit un maçon, lequel n'étoit pas lié. Ils ont fait un trou à un tuyau de fosse; ils sont tombés dedans sans mal, parce que l'eau de la rivière passe et enlève tout. Ils ont ôté une pierre de taille très-grosse et sont entrés dans la cave d'un fruitier dont la boutique est sous l'arcade. Notez que le maçon avoit attrapé une barre de fer dans la démolition du tuyau. De la cave ils sont montés dans la boutique du fruitier, laquelle n'étoit fermée qu'à un petit verrou; mais ils ne voyoient pas clair pour trouver cela. Malheureusement, il y avoit un chien dans la boutique, qui fit un train de tous les diables. La servante se leva en entendant du bruit, cria : « Au voleur ! » de toute sa force par la fenêtre. Le maître fruitier descendit avec une lumière, lequel les auroit laissé sortir; mais, autre malheur ! quatre archers du guet, qui se retiroient, s'amusoient à boire de l'eau-de-vie; ils vinrent et entrèrent dans la boutique, reconnurent Cartouche, qui avoit des chaînes aux pieds et aux mains; ils le réintégrèrent dans sa prison par la porte de devant. Les geôliers eurent grande peur, attendu les ordres que M. le Régent a donnés pour prendre cet homme. Il n'est plus dans le cachot, il est dans une chambre où il est garrotté extraordinairement. Il dit pourtant qu'on ne le tiendra pas

---

1. Marc-Antoine Le Grand, auteur et acteur dramatiques, né à Paris en 1673, le jour même, dit-on, que Molière mourut. Il a écrit une trentaine de pièces pour le Théâtre-Français ou pour les Italiens. On remarque dans ses pièces de la verve et de l'esprit, mais quelquefois trop libre. Il mourut en 1728, à l'âge de cinquante-six ans.

longtemps. Il nie toujours tout; il est de grand sang-froid, et badine d'un air léger avec les magistrats qui l'interrogent; cela est étonnant : c'est un petit homme d'une très-petite figure.

Il est nourri extraordinairement par ordre de M. le Régent : il a à dîner soupe, bon bouilli et quelquefois une petite entrée, avec trois chopines de vin par jour.

On peut dire que voilà un homme très-extraordinaire. Il faut voir quelle en sera la fin. Tout le monde, qui a de l'accès, va le voir. Le fruitier a gagné de l'argent avec les badauds en leur montrant le trou.

M. le duc de Saint-Simon est parti pour aller en Espagne avec grand équipage [1].

M. le duc d'Ossone [2] est arrivé à la fin de ce mois comme ambassadeur d'Espagne pour les mariages.

Tout se prépare pour le départ de mademoiselle de Montpensier, pour le 15 du mois prochain.

Novembre.

Cartouche à la tour de Montgommery. — Du Chatelet son complice. — Le procès instruit à la Tournelle. — Le Roi au Palais-Royal. — L'opéra de *Phaéton*. — Bal. — Le laquais de M. d'Erlach. — Émeute. — Départ de la princesse des Asturies. — Duel de Fimarcon et de La Roche-Aymon. — Détails. — Fimarcon et la petite Émilie. — Cartouche à la question. — Cartouche à l'Hôtel de Ville. — Son exécution.

Cartouche a été transféré la veille de la Toussaint, à onze heures du soir, sans bruit, à la Conciergerie. Il est dans la tour de Montgommery [3], très-fort resserré.

Personne n'a poussé l'extraordinaire dans ce genre comme ce coquin-là.

---

1. Sur cette ambassade, voyez les Mémoires de Saint-Simon, t. xxxiv, p. 277, et t. xxxv, p. 88 et suiv.

2. Ou mieux d'Ossuna.

3. Cette tour était ainsi appelée à cause du séjour qu'y fit Montgommery lorsqu'il fut amené à Paris, en 1574, après avoir été fait prisonnier à Domfront. Elle porte encore le nom de Tour-de-César. Elle se trouve sur le quai de l'Horloge, à droite de l'entrée de la prison de la Conciergerie.

Les deux comédies sous son nom ont attiré bien du monde aux comédiens.

Le soldat qui l'a trahi et vendu s'appelle Du Châtelet[1], et est fort bon gentilhomme, mais c'est un scélérat pire que Cartouche. Il étoit du meurtre de derrière les Chartreux et se lavoit les mains dans le sang de l'assassiné par plaisir. Apparemment qu'on l'enfermera après lui avoir donné sa grâce qu'il a signée du Régent. C'est lui qui découvre toute l'intrigue de ce Cartouche. Il y a quarante-sept prisonniers, tant hommes que femmes, et on en prend encore tous les jours de cette clique.

Cartouche a été transféré à la Conciergerie, la nuit, sans archers et secrètement. Cela étoit plus sûr que d'en avertir des archers. Il est dans la tour de Montgommery bien nourri, mais bien barricadé.

Le premier président envoya des lettres-circulaires à tous ces Messieurs[2], pour se trouver le lendemain de la Messe Rouge au palais, pour que La Tournelle[3] travaillât au procès.

C'est M. *De Bouex*[4], gendre de M. Guyot de Chesne, avocat, qui en est le rapporteur.

M. Laurenchet, substitut, a travaillé pour les conclusions, qui sont contre lui à être rompu vif.

1. François-Louis Du Châtelet. Il fut renfermé à la Bastille, puis à la Salpêtrière par suite de commutation de peine. Voy. Lemontey, *Hist. de la Régence*, t. 1, p. 434, note. Il s'évada quelques années après, en 1724, et commit plusieurs crimes. Voyez *Journal de Marais*, mars 1724, *Revue Rétrospect.*, 2e série, t. x, p. 228; et plus bas, année 1724.

2. Les conseillers au Parlement.

3. Cette chambre du Parlement, chargée de l'instruction et du jugement des affaires criminelles, se composait d'une partie des membres de la Grand' Chambre, des cinq présidents à mortier les plus jeunes et de douze autres conseillers laïques, tirés des enquêtes et des requêtes. Elle avait pris son nom, soit de son mode de composition, chaque conseiller, à l'exception des clercs, y venant siéger à son tour, soit du lieu de ses séances, qui se tenait dans une tour.

4. Barbier l'appelle ici Du Bois et plus bas Arnault de Bouex. Il était conseiller à la troisième chambre des enquêtes.

Jeudi, 13 de ce mois, M. le duc d'Ossone, ambassadeur d'Espagne, eut son audience du Roi, avec grand équipage; mais il n'a point d'entrée. C'est pour le mariage du Roi et pour celui de mademoiselle de Montpensier.

Aujourd'hui, 16, il y a grande réjouissance à Paris[1]. Le Roi va au Palais-Royal, à quatre heures, signer le contrat de mariage de madame la princesse des Asturies, lequel a été fait par procuration par M. le duc d'Ossone. De là, le Roi va à l'opéra de *Phaéton*[2], pour la première fois de sa vie. L'Opéra est gratis; et on n'y entre que par billets. (Le Roi étoit, à l'Opéra, dans la loge de Madame[3], avec la princesse. La loge étoit tapissée de damas, à cause qu'on est encore en automne.)

De là, le Roi va souper chez lui, et non pas au Palais-Royal, comme l'on disoit. Le maréchal de Villeroi n'a pas voulu. De là, le Roi revient au bal au Palais-Royal, qu'il commencera avec madame la princesse des Asturies. Il y restera jusqu'à minuit, et à minuit le public y entrera masqué, mais à condition qu'une personne de chaque bande se fera connoître. La magnificence pour cette fête est extrême, car tous les seigneurs sont presque tous en habit de drap d'or ou d'argent. C'est la mode à présent.

Hier 15, il y eut grand tapage dans Paris. Un laquais de M. d'Erlach, capitaine des gardes suisses, avoit dit des sottises de sa maîtresse. Il a été mené au Châtelet, et le procès a fini par une condamnation au carcan et aux galères. Hier, l'exécution s'en devoit faire; on le conduisit à la queue d'une charrette avec deux cents archers du guet même, à cheval, dans la rue Sainte-Anne,

---

1. Voyez Saint-Simon, t. xxxv, p. 183.

2. Opéra en cinq actes dont les paroles sont de Quinault et la musique de Lulli. La première représentation eut lieu à Versailles, le 6 janvier 1683.

3. Charlotte-Elisabeth de Bavière, duchesse d'Orléans, mère du Régent. Le titre de *Monsieur* et de *Madame* appartenait de droit au frère et à la sœur du Roi.

butte Saint-Roch[1], vis-à-vis la maison du sieur d'Erlach. Personne presque n'avoit suivi la charrette. Mais à la maison, ou, pour mieux dire, dans le quartier, il y avoit cinq ou six mille âmes. Aussitôt que le poteau a été enfoncé, la populace s'est émue, on a brisé le poteau, le laquais a été ramené au Châtelet par les archers qui ont tiré quelques coups. M. d'Erlach, qui craignoit le peuple, avoit eu la prudence de faire entrer le matin presque toute la compagnie chez lui pour l'empêcher d'être pillé. Toutes ses vitres ont été cassées, la compagnie a tiré par les fenêtres, il y a eu quatre ou cinq personnes tuées, plusieurs blessées et plusieurs prises. Un pauvre porteur de lettres d'enterrement, qui ne s'attendoit pas à porter le sien, passoit et fut tué. Tout ce quartier fut en émotion jusqu'à cinq heures du soir. On n'ose plus mettre à présent au carcan; voilà la troisième fois que pareille sédition arrive, qui quelquefois pourroit avoir des suites très-fâcheuses.

Hier, mercredi 19, le laquais a été ramené au carcan, tout le guet à cheval y étoit, qui gardoit les avenues. Il n'est rien arrivé. On fait bien de laisser force à justice, car les laquais ne sont déjà que trop insolents.

Mardi 18, la princesse des Asturies est partie de Paris[2], à onze heures du matin, pour l'Espagne, avec madame de Ventadour et madame la princesse de Soubise, qui a en survivance l'éducation de la Reine. Elle a été prendre congé du Roi le matin. La règle est que le Roi la conduise jusqu'à son carrosse, et il dit au cocher : « A Madrid. » Il y avoit soixante gardes du corps du Roi, qui la mènent jusqu'à l'endroit où l'on prendra l'Infante.

1. La rue Sainte-Anne, percée en 1633, fut ainsi nommée en l'honneur d'Anne d'Autriche. Elle s'arrêtait à la rue Neuve-des-Petits-Champs. L'autre partie qui s'étendait de la rue Neuve-des-Petits-Champs à la rue Neuve-Saint-Augustin, portait le nom de Lionne, à cause de l'hôtel du ministre de Lionne. On appelait butte Saint-Roch la petite colline que l'on remarque encore entre la rue des Frondeurs, la rue d'Argenteuil et la rue Sainte-Anne.
2. Voyez Saint-Simon, t. xxxv, p. 184.

On fera échange de filles. M. le Régent, son père, la conduit dans le même carrosse jusqu'au Bourg-la-Reine. Il y a des préparatifs étonnants pour ce voyage-là. On dit qu'il marche près de quatre mille personnes. Cela nous coûtera des sommes étonnantes, et le plus présent de tout cela est le mariage de mademoiselle de Montpensier.

Il y a eu un duel considérable de nos jeunes gens entre M. de Fimarcon[1], colonel du régiment de M. le comte de Charolois, et M. le comte de La Roche-Aymon, mousquetaire. Il y a un an passé que Fimarcon étoit aux Tuileries avec la petite Émilie[2], fille d'Opéra, très-jolie, connue de tous ces jeunes gens-là. Quelqu'un dit à La Roche-Aymon qu'il n'oseroit l'aller embrasser. Il y alla, l'autre le repoussa vivement; cela se termina d'une part par un coup de canne et de l'autre par un soufflet; chose, dit-on, irréparable, que par la mort.

Ils ont été l'un et l'autre un an et un jour en prison, mais il a fallu prendre des mesures pour se battre. Fimarcon a été avec M. le Duc à Chantilly, de là il a passé à trois lieues de Lille en Flandre, sur les terres de l'empereur, où ils s'étoient donné rendez-vous. Ils se sont battus vigoureusement. La Roche-Aymon a cassé l'épée de l'autre, mais il lui a donné le temps d'aller en chercher une autre à la première ville. Ils se sont rebattus; La Roche-Aymon est tombé dans un fossé, et l'autre lui a donné un coup d'épée qui entre par le haut du ventre et qui sort par la cuisse, ce qui marque qu'il lui a donné étant tombé, et pas en brave homme. C'est ce que tout le monde dit. Fimarcon est reparti sur-le-

1. N... de Fimarcon était fils de Jacques de Cassagnet Tilladet-Narbonne, marquis de Fimarcon, lieutenant général, gouverneur de Montlouis, mort en 1730, et de Madeleine de Baschi d'Aubais. Il est fait souvent mention de Fimarcon, de ses prodigalités et de ses amours dans les Mémoires du dix-huitième siècle. La terre de Fimarcon ou Fiefmarçon, *Feudimarco*, aujourd'hui dans le Gers canton de Condom, érigée en marquisat, en 1503, avait été acquise, en 1623, par la maison de Cassagnet.

2. Danseuse de l'Opéra. Elle était de Rennes.

champ, et est revenu droit à Chantilly : La Roche-Aymon a trouvé du secours par un Carme qui passoit; il a écrit ici toute son histoire à un de ses amis; cela a fait du bruit. M. le Duc a toujours assuré que Fimarcon n'avoit point quitté Chantilly; cependant l'on fait des poursuites très-sérieuses de la part du procureur général, et Fimarcon a pris le parti de s'en aller en Lorraine. Voilà où cela en est.

Ce qui a été dit ici de la blessure de M. de La Roche-Aymon n'a été su que par ses lettres avant qu'on ait eu le temps de faire faire à Tournai les informations. C'étoit M. de La Roche-Aymon, lieutenant général des armées du Roi et de l'artillerie, son oncle, qui avoit répandu cela dans Paris; mais depuis, par les informations, il a appris le contraire, et que son neveu avoit été blessé dans les règles.

Sur le bruit que répandoit M. de La Roche-Aymon, oncle et homme de cinquante ans, M. de Fimarcon est parti de Lorraine exprès, ces vacances, est venu à Paris, et il a envoyé M. le comte de Beaumont prier M. de La Roche-Aymon de lui faire réparation de ces bruits et de se battre avec lui; qu'il n'avoit que quatre heures à être ici, et que cela piquoit assez pour risquer à être pris et à être pendu. On lui faisoit pendant ce temps-là son procès. Le coup étoit hardi.

M. de La Roche-Aymon, qui est un très-brave homme et connu pour tel, n'a point voulu se battre et lui a fait dire qu'il vouloit lui donner plus de satisfaction, qui étoit de se rétracter dans tout Paris de ce qu'il avoit dit, qu'il savoit la vérité, et que s'il n'étoit pas content après cela, qu'il lui passeroit le collet très-volontiers.

Fimarcon s'en est retourné le lendemain matin content, et la nouvelle s'est répandue en faveur de Fimarcon. Ces jeunes gens sont braves tous les deux.

Fimarcon reviendra; il a la protection ouverte de M. le Duc. Il est colonel d'un de ses régiments.

Ce jeune homme, pendant le Mississipi, a mangé deux cent mille écus au For-l'Évêque, ayant table ouverte à dîner et à souper. Il sortoit tous les jours habillé en femme, et il alloit à l'Opéra dans une loge avec la petite Émilie, qui étoit sa maîtresse. Cela fait voir comme les lois sont observées dans ce pays-ci.

Dimanche 23, il y a un conseil de régence jusqu'à huit heures du soir pour la liquidation des papiers qui sont au visa. On y coupe bras et jambes à un chacun, et je ne conçois pas comment l'on pourra subsister par la suite. Il y a trente commissaires nommés pour appliquer la règle de la liquidation sur un chacun.

Jeudi 27, le fameux Cartouche a été mis à la *question*[1], qu'il a eue avec les brodequins, parce qu'il avoit une descente. Il n'a rien avoué. L'après-midi on devoit le rouer avec quatre autres, et deux pendus tout à la fois. La Grève n'a jamais été si pleine de monde que ce jour-là. La plupart des chambres étoient louées. Il s'est avisé à deux heures de déclarer quelqu'un qu'on a envoyé quérir. Cela a fait passer le temps. Comme la nuit vient de bonne heure, on a ôté quatre roues, et il n'est resté que la sienne. Il est arrivé à la Grève à près de cinq heures; cela l'a piqué de ne voir qu'une roue; il a demandé à parler à M. Arnault de Bouex, son rapporteur, qui étoit assisté de M. Rougeau, conseiller, et qui étoient dans l'Hôtel de Ville. On l'y a mené. Comme il falloit de l'ex-

---

1. C'était le nom que l'on donnait à la torture à laquelle l'on soumettait l'accusé, pour lui arracher l'aveu de son crime, ou le nom de ses complices. Dans le premier cas, c'était la *question préparatoire*; dans le second, la *question préalable*. Il fallait pour que le juge l'ordonnât que le crime fût constant et entraînât la peine de mort. La question préparatoire, donnée dans le cours de l'instruction du procès, a été abolie par une déclaration d'août 1780, mais la question préalable, appliquée avant l'exécution, subsista jusqu'au 9 octobre 1789. La torture variait suivant les juridictions. Dans le ressort du Parlement de Paris, on se servait ordinairement des brodequins. Ce supplice consistait à mettre chacune des jambes de la victime entre deux planches que l'on liait entre le genou et les chevilles, puis on enfonçait dans le milieu un certain nombre de coins. Voy. un article de M. Berriat-Saint-Prix, *Revue Rétrospective*, 2e série, t. IV, p. 161.

traordinaire dans sa fin, il a déclaré l'un après l'autre un nombre infini de personnes, et il y est resté jusqu'à vendredi, deux heures après midi, qu'il a été roué vif. Toute la nuit on ne faisoit qu'amener du monde dans des fiacres, et la Grève étoit toujours pleine de gens qui attendoient.

Le courage de cet homme-là est extraordinaire d'avoir tout souffert sans rien avouer. On dit que comme il étoit chef d'un grand nombre de voleurs, il s'étoient promis de se sauver en cas que quelqu'un d'eux fût pris. Cartouche se vit escorté de deux cents archers, arriva à l'échafaud sans voir aucun mouvement. Il fut même piqué de ne voir qu'une roue, et il prit son parti de faire ses déclarations. D'autres disent que c'est le confesseur qui l'y a déterminé. Pour moi, je ne le crois point; il pouvoit bien mourir sans cela.

Pendant le temps qu'il a été à l'Hôtel de Ville, son sang-froid a surpris, jusqu'à envoyer chercher une fort jolie fille, qui étoit sa maîtresse; et, quand elle fut venue, dire à son rapporteur qu'il n'avoit rien à dire contre elle, que c'étoit pour la voir, l'embrasser et lui dire adieu. Il soupa le jeudi au soir, et il déjeuna le vendredi matin. Son rapporteur lui demanda s'il vouloit du café au lait que l'on prenoit. Il dit que ce n'étoit pas sa boisson et qu'il aimeroit mieux un verre de vin avec un petit pain. On lui apporta, et il but à la santé de ses deux juges. Ainsi a fini Cartouche, son esprit et sa fermeté l'ont fait plaindre.

Samedi 29, on pendit un d'eux à onze heures et demie du soir; on fut au palais jusqu'à cette heure-là pour des confrontations.

Décembre.

Exécution des complices de Cartouche. — Balagny. — Le lieutenant criminel Le Comte et le procureur du Roi Moreau. — Le comédien Le Grand. — La liquidation. — Les quatre enfants de madame Durand. — Fête du prince Dolgorouki, ambassadeur moscovite. — Le prince de Conti et sa femme, jalousie. — Le comte de Clermont et le comté de Saxe. — La princesse de Condé. — Bon mot du Régent. — Chanson sur le prince de Conti.

1ᵉʳ décembre. — Le lundi, on en rompit deux.

Le mardi, on en conduisit un, nommé Balagny[1], jeune homme de vingt ans, à dix heures du soir. Il monta de même à l'Hôtel de Ville, et il y est resté jusqu'à midi du mercredi qu'il a été rompu. Il a déclaré onze ou douze personnes qu'on a prises et trouvées. Lui est le fils d'un bon doreur du pont Notre-Dame; actuellement on fait ses partages avec ses frères et sœurs pour le bien de sa mère. Il lui revenoit vingt-deux mille livres, dont le père et les enfants ont obtenu la confiscation.

Actuellement, il y a encore soixante-dix personnes dans les prisons à juger, sans ce qui est déclaré tous les jours. Voilà la plus belle affaire criminelle qu'il y ait eu et la plus fatigante pour le rapporteur et le substitut.

Après de grands conseils de régence, on a vu enfin paroître deux arrêts du Conseil du mois dernier pour la liquidation de tous les effets portés au visa. Ces arrêts contiennent un travail infini, et l'on voit bien que cela part de la main des Paris, qui sont les plus habiles du royaume en finance et pour l'ordre.

Hier, 10 décembre, grande affaire au Parlement; la Tournelle Criminelle envoya chercher M. Le Comte, lieutenant criminel, et M. Moreau, procureur du Roi du Châtelet, au sujet de l'affaire de Cartouche. Comme l'un et l'autre n'ont pas, à beaucoup près, la réputation du désintéressement, on dit que Cartouche et Balagny ont déclaré quelque chose sur leur compte, pour avoir sauvé un homme, moyennant douze mille livres au lieutenant; et six mille livres au procureur du Roi. D'autres disent que Balagny a dit, qu'il y a trois ou quatre ans, qu'il eût

1. Dit le Capucin.

été pendu sans le secours de dix mille livres que ses parents avoient données au lieutenant criminel.

D'autres enfin disent aujourd'hui que ce n'est rien, que c'est une petitesse du Parlement, et qu'il ne les a envoyé chercher que pour leur faire une réprimande d'avoir laissé voir Cartouche dans la prison par plusieurs personnes.

On saura la vérité de ce fait.

20 décembre. — Cette affaire vient certainement de la déclaration de Cartouche et de Balagny, qui ont déclaré à l'Hôtel de Ville, que M. le lieutenant criminel et M. le procureur du Roi, qui dînoient tous les jours au Châtelet, pendant l'instruction, vinrent, la serviette sur le bras, dans la chambre où étoit Balagny, accompagné de Le Grand, comédien, qui a fait la comédie de *Cartouche*, et de Quinault, comédien, qui faisoit Cartouche; que l'on fit monter Cartouche; que là, on fit faire mille tours et plaisanteries à ces voleurs, et qu'on leur demanda leur argot. Voilà tout de quoi il est question, car il ne s'agit point d'argent. Il faut avouer que cela est fort indécent.

Le Parlement a décrété d'assigné pour être ouï; il y a un arrêt qui a permis d'informer contre deux quidams; on a entendu tous les geôliers du Châtelet, et tous les comédiens, et tous ont répondu n'avoir aucune connoissance des faits contenus au procès-verbal. Cela en est resté là[1].

Le Parlement a voulu se venger du Châtelet, et surtout du procureur du Roi, qui a requis l'enregistrement de la déclaration qui prescrit le denier cinquante[2].

---

1. L'affaire du lieutenant criminel et du procureur du Roi en est restée là; on n'en parle plus. (*Note postérieure de Barbier*).

2. Un arrêt du conseil du 6 février 1720 avait ordonné que tous les rentiers, dont le remboursement avait été prescrit, seraient tenus de recevoir ce remboursement, sinon leurs revenus seraient réduits (ou convertis) à deux pour cent. « Cette réduction, dit Forbonnais, détermina le plus grand nombre des rentiers à recevoir et à suivre le commerce des actions. » Le Parlement refusa l'enregistrement, et la cour fut obligée de demander cet enregistrement au Châtelet.

Cependant tout le monde blâme le Parlement de cette petitesse, d'autant que cela donne lieu à cent bruits différents dans Paris, sur le compte de ces deux magistrats, qui ne sont pas trop bien famés. Cela ôte le respect et la confiance que le peuple doit avoir.

La petite comédie de *Cartouche* est imprimée, pour comble d'impertinence; je l'ai achetée avec l'arrêt des *Rompus*, pour servir de pièces justificatives des sottises de ce pays-ci.

On travaille fortement à la liquidation, suivant les arrêts du Conseil du mois dernier. Il y a vingt maîtres des requêtes commissaires; tous les matins, les Paris, qui sont les auteurs de toute cette opération, leur apportent l'ouvrage de la journée, fait et réglé, qu'ils n'ont qu'à signer, enregistrer, et y donner la forme. On peut dire que voilà de vilains emplois pour des magistrats.

Malgré les exécutions de la Grève, il y a plus de voleurs que jamais. Ce sont tous les jours tours nouveaux. Hier, on prit un homme dans l'amphithéâtre de l'Opéra, causant avec les petits maîtres, qui vouloit bouliner la montre d'or d'une femme.

La semaine dernière, madame Durand, femme d'un avocat au Conseil, demeurant dans le Cloître-Notre-Dame[1], est accouchée de quatre enfants; trois filles et un garçon, au grand étonnement de son mari qui étoit dans son cabinet et à qui on apprenoit cette nouvelle, de distance en distance. Ils sont morts tous les quatre, dimanche dernier, 21 de ce mois; cela est fort extraordinaire.

Le prince *Dolgorouki*[2], envoyé du czar de Moscovie[3], a donné ici à Paris une fête magnifique, en réjouissance

---

1. Dans la Cité, dans l'enceinte de la cathédrale. La rue du Cloître-Notre-Dame en occupe la plus grande partie.

2. Le nom est resté en blanc dans le manuscrit. T. 1, p. 380. Le prince Dolgorouki, ambassadeur extraordinaire de Russie, était à Paris depuis 1720.

3. Pierre 1er le Grand, czar de Russie, 1682-1725.

de la paix faite entre le czar et le roi de Suède[1] et toutes les puissances du Nord[2].

Dimanche, 21, il donna dans la rue de l'Université, où il demeure, un feu d'artifice, sur les neuf heures du soir, un grand souper aux jeunes seigneurs et dames de la Cour qui étoient magnifiquement vêtues; ensuite un grand bal où l'on n'entroit que par billets. On avoit construit une galerie de bois dans le jardin. — (J'y passai trois heures de temps; quelque affaire m'y avoit plutôt conduit que la curiosité.) — Compagnie de suisses pour la garde, grande illumination, grands rafraîchissements et belle symphonie.

Le lundi, 22, il y a eu un souper magnifique qui devoit coûter douze mille livres pour tous les ambassadeurs et ministres qui sont à Paris.

Le mardi, il y avoit la fête du peuple, à la mode de son pays. Il a fait rôtir un bœuf tout entier. Crépy, rôtisseur fameux, a entrepris cette cuisson, moyennant mille livres. Il y avoit toutes sortes de volailles qui tenoient au bœuf. Il est ainsi sorti de la cour sur un échafaud posé sur des roulettes, et est venu au milieu de la rue, vis-à-vis la porte, avec des fanfares. On devoit le distribuer au peuple; il y avoit aussi des tonneaux de vin; mais on avoit mis dans le corps du bœuf un artifice, qui tout à coup a parti dans toutes les fenêtres du voisinage, qui étoient remplies de monde. Cela a gâté et fait sentir le bœuf, en sorte qu'il n'y a pas eu presse à en manger.

On voit, par ce récit, que cette fête étoit superbe, et a coûté beaucoup à cet envoyé.

1. Frédéric, duc de Hesse-Cassel, couronné roi de Suède, le 17 mars 1720, avec Ulrique-Éléonore, sœur et héritière de Charles XII.

2. Par cette paix, qui fut signée à Nystadt, le 10 septembre 1721, la Suède perdait la Livonie, l'Esthonie, l'Ingrie et une partie de la Finlande et de la Carélie. Le czar donnait en échange deux millions d'écus, et Auguste II, électeur de Saxe, était reconnu par la Suède comme roi de Pologne.

HISTOIRE DANS LA MAISON DE CONTI.

M. le prince de Conti aime beaucoup sa femme[1], sœur de M. le Duc; il en est jaloux à la fureur. Cependant il a des maîtresses de son côté.

M. le prince de Conti avoit pour premier gentilhomme M. le comte de Clermont[2], de grande maison. Il loge dans l'hôtel avec douze mille livres d'appointements. Quelque femme, jalouse de Clermont, a écrit au prince que sa femme étoit en intrigue avec Clermont, qu'il y prît garde. Le prince a défendu à sa femme de voir trop régulièrement Clermont; cela est resté là. On dit qu'il y avoit effectivement un peu d'intrigue. On a écrit une seconde fois au prince que le commerce continuoit. Alors le prince, voulant s'éclaircir par lui-même, dit qu'il alloit souper en campagne, revint de bonne heure sans être attendu, et trouva Clermont sortant de l'appartement de la princesse. Il fit beaucoup de bruit, chassa Clermont, se plaignit au Régent, qui lui conseilla d'être sage et de ne pas prendre garde à de pareilles bagatelles. La jalousie du prince se jeta sur un autre sujet, qui est le comte de Saxe[3]. Ce prince est bâtard du roi de Pologne; c'est un homme à la mode, attendu qu'il f....................[4], ce qui n'a pas déplu à nos femmes de cour.

1. Louise-Élisabeth de Bourbon-Condé, née en 1693. Elle s'était mariée en 1713.
2. Georges-Gaspard de Clermont, de la branche de Gessans, comte de Clermont, marquis de Saint-Aignan, colonel du régiment d'Auvergne.
3. Maurice, comte de Saxe, maréchal de France, fils naturel du roi de Pologne, Auguste II, et d'Aurore, comtesse de Kœnigsmark, né à Dresde en 1696, prit du service en France, puis passa en Russie, et y devint l'amant d'Anne Ivanowna; il revint dans notre pays, où il se rendit célèbre par ses talents militaires, son esprit et ses aventures. Il gagna les batailles de Fontenoy, Raucoux et Laufeldt, et assura la paix d'Aix-la-Chapelle, en 1748. Le roi lui donna en récompense le titre de maréchal général et le domaine de Chambord. Le comte de Saxe mourut en 1750.
4. Les mots omis sont devenus illisibles par suite de ratures. Voy. mss., t. I, p. 383.

Le 24 de ce mois, madame la princesse de Conti devoit aller à la messe de minuit et faire réveillon; le prince y consentit, mais il défendit qu'il y eût des hommes. On dit qu'il n'y en eut point. Cependant, le jour de Noël et le lendemain, il maltraita fort sa femme; il y en a qui disent qu'il entra l'épée à la main dans sa chambre, car on conte la chose différemment. Ce même jour, lendemain de Noël, le prince avoit prié beaucoup de monde à souper. L'après-midi, la princesse de Conti sortit de l'hôtel et alla se jeter chez madame la Princesse[1], grand'mère d'elle et du prince de Conti. Quand le prince rentra chez lui, il se mit dans une fureur parfaite. La compagnie arriva; on donna ordre de servir le souper, mais le prince n'y assista pas. On ne savoit pas encore dans Paris de quoi il s'agissoit. Le prince de Conti alla chez madame la Princesse redemander sa femme; il étoit dans une telle violence, que madame la Princesse fut obligée de lui dire que, s'il ne sortoit de chez elle, elle le feroit bien sortir. Il alla de là chez le Régent, qui étoit à souper; il entra comme un furieux, en disant qu'on lui rendît sa femme et qu'il la vouloit. Le Régent répondit que c'étoit une affaire entre le mari et la femme dont il ne se mêloit pas, qu'il pouvoit d'ailleurs prendre les mesures convenables. On dit dans de bons endroits que le prince de Conti dit en colère que, si on ne lui faisoit pas rendre sa femme, il feroit soulever Paris en vingt-quatre heures, à quoi M. le Régent avoit répondu : « Monsieur, vous ne songez pas à ce que vous dites; ni vous ni les vôtres vous n'êtes pas capables d'amasser ensemble quatre sacs de farine. » Cette réponse seroit bien humiliante, et la menace une grande sottise au prince de Conti.

1. Anne de Bavière, fille d'Édouard, prince palatin, frère puîné du duc de Bavière, née en 1648, avait épousé, en 1663, Henri-Jules de Bourbon, prince de Condé. La princesse de Conti était fille du duc de Bourbon son fils, et le prince de Conti, d'un autre côté, était également son petit-fils par sa mère Marie-Thérèse de Bourbon, fille de la princesse de Condé.

Il avoit couru un autre bruit dans Paris que M. le prince de Conti avoit trouvé, le 26, M. le comte de Saxe dans l'appartement de sa femme, et qu'il l'avoit tué. M. de La Vrillière alla, le 27 au matin, rendre compte de cette nouvelle à M. le Régent. Dans le temps qu'il vouloit lui persuader la chose, M. le Régent lui montra M. le comte de Saxe qui entroit.

Madame la princesse de Conti est grosse de sept mois, et elle veut rester chez sa grand'mère. Voilà un grand travers que cette histoire pour le prince de Conti; cela va augmenter l'animosité qui étoit entre lui, M. le Duc et M. le comte de Charolois, frères de sa femme.

M. le prince de Conti a été chez madame la Princesse se jeter aux pieds de sa femme et lui demander pardon; mais il a été résolu qu'elle accoucheroit chez madame la Princesse, sa grand'mère, et ensuite elle reviendra avec son mari.

Le prince de Conti a dit pour excuses à M. le Régent qu'il étoit ivre ce jour-là. Le Régent lui a répondu qu'il s'étoit saoûlé bien plus souvent que lui, mais qu'il ne faisoit point de sottises et qu'il s'alloit coucher.

Le fruit de tout cela est une petite chansonnette qui a été faite, ci-jointe :

CHANSON SUR M. LE PRINCE DE CONTI.
Sur l'air de Noël : *Laissez paître vos bêtes.*

L'éclat de la noblesse
N'empêche pas d'être cocu,
Et de plus d'une altesse
Cocuage est connu.
C'est donc à tort que le bossu[1]
Se fâche tant d'être cocu.
Quand pour tel il seroit connu,
Henri Quatre lui-même
Cornes portoit dessus son front,
Et sous son diadème

---
1. Le prince de Conti était bossu.

Supportoit cet affront.
Son fils
Louis
Cornard étoit,
Madame Anne un peu le faisoit,
Ou toute seule elle engendroit.
Si Louis Quatorzième
N'a pas passé pour un cornard,
C'est un bonheur extrême
Et l'effet du hasard.

ANNÉE 1722.

Janvier.

La princesse des Asturies à Burgos. — Le duc de Chartres malade. — Échange des princesses à l'*île des Faisans*. — Sommation du prince de Conti à la princesse. — Mendiante de la paroisse Saint-Eustache. — Le commissaire Renard et le cardinal Dubois. — Bon mot du Régent. — Caricature contre les Paris. — Voleurs pendus aux flambeaux. — Les gens du comte de Charolois et le cocher de M. le duc de Châtillon.

La princesse, mademoiselle de Montpensier, est arrivée en bonne santé à Burgos, où le roi, la reine d'Espagne et le prince des Asturies devoient la venir trouver. On dit même que le mariage y est déjà fait. Il s'agit présentement de ramener l'autre. On a fait des magnificences étonnantes à Bordeaux, pour mademoiselle de Montpensier. Les rues ont été tapissées; on a tiré du canon à l'infini, et grand bal.

Le 8 de ce mois, M. le duc de Chartres a été saigné du pied, il s'est trouvé fort mal; le tout provenant d'une partie de souper en débauche. Il n'a que dix-neuf ans. Il a déjà eu plusieurs galanteries, même fruits de galanteries. Il a à présent une maîtresse en forme, la petite Quinault[1], comédienne, fille jeune, jolie, et bien faite. Ce prince n'est point aimé, il a l'esprit petit et mauvais,

---

1. Marie-Anne Quinault, deuxième fille de l'acteur de ce nom, fut attachée au théâtre de 1714 à 1722 et mourut centenaire en 1790. Elle se maria secrètement, dit-on, au duc de Nivernois. Si l'on en croit Marais (*Journal* année 1722, janvier), elle était alors enceinte d'une petite fille qui ne fut pas reconnue. Samuel Bernard avait été son premier amant, moyennant cinquante mille francs, et avait été remplacé par le marquis de Nesle, puis par le duc de Chartres. On trouve dans les *Mélanges* de Bois-Jourdain, t. XI, p. 320, une prétendue lettre de mademoiselle Quinault à M. l'archevêque de Rouen, en 1720, qui vient confirmer la dernière réflexion de Barbier sur le duc de Chartres.

et il a très-mauvaise mine. Il se porte mieux. Il a une chose étonnante, qui est trois ou quatre sons de voix différents, en sorte qu'il ne fait pas un seul compliment sur un même ton; il y a de la petite et de la grosse voix. On dit aussi qu'il n'a pas grande disposition à la masculinité.

L'échange des deux princesses[1] s'est fait dans l'île des Faisans[2], où cela se fait ordinairement entre la France et l'Espagne. M. le prince de Rohan fit son entrée dans l'île, à cheval; c'est le plus bel homme de cheval qu'il y ait jamais eu. Il avoit seize pages, cinquante hommes de livrée, et soixante gentilshommes à cheval. Il y a dans cette île un appartement de bois que l'on meuble.

Jeudi, 22 janvier, M. le prince de Conti fit faire une sommation à madame sa femme, à l'hôtel de Condé[3], par deux notaires, de revenir dans la maison de son mari[4] pour y accoucher. Ceci est secret et n'est su de personne; mais mon père a été appelé pour conseil, par M. le prince de Conti, avec M. Duhamel, avocat. C'est mon père qui a fait l'acte, dans lequel il n'y a aucun reproche.

Elle a répondu, par deux notaires, qu'elle ne revien-

---

1. Voyez Saint-Simon, *loc. cit.*
2. Cette île, située dans la Bidassoa, à quatre kilomètres de son embouchure, appartient par égale portion à la France et à l'Espagne. On l'appelait encore l'île de la Conférence. Là, eurent lieu, en 1463, l'entrevue de Louis XI et de Henri IV, roi de Castille; en 1659, le traité entre Mazarin et don Luis de Haro; en 1660, l'entrevue entre Louis XIV et Philippe V, roi d'Espagne; et enfin, en 1722, l'échange des deux princesses. Il y avait un pavillon construit sur la limite avec deux ailes égales sur chacun des deux territoires.
3. L'hôtel de Condé existait alors sur l'emplacement du théâtre de l'Odéon. En 1612, Henri de Bourbon, prince de Condé, l'avait acheté de la famille de Retz. Cet hôtel fut vendu, en 1773, par le prince de Condé, et démoli pour faire place au théâtre de l'Odéon.
4. Malgré son amour pour sa femme, le prince se consolait en prenant pour maîtresse une demoiselle de Porte, que lui céda le duc d'Elbeuf. Il l'établit dans une maison, rue de Saintonge. Voy. *Journal de Marais*, ann. 1722, *Revue rétrospect.*, 2ᵉ série, t. VIII, p. 61.

droit pas, et que son mari savoit les raisons et la nécessité indispensable où elle étoit de rester où elle étoit, dont elle ne vouloit point dire les causes. C'est M. Nouet et M. de La Vigne, avocats, qui sont ses conseils. On lui a fait une réponse qu'il n'y avoit aucune clause qui dût l'empêcher de se ranger à son devoir.

Voilà où cela en est. Le vrai de cette affaire est que la princesse de Conti aime le comte de Clermont; elle est enragée de ce qu'elle ne le voit plus. Elle hait encore plus son mari, et une femme en cet état est capable de tout.

Il est arrivé un plaisant effet de l'étourderie et de la brutalité :

Il est mort dans ce mois une femme sur la paroisse de Saint-Eustache qui demandoit l'aumône; on a mis le scellé chez elle, et on lui a trouvé quarante mille livres en vieilles espèces. Cela est sujet à confiscation. Le Régent a su cela; et, comme ils sont toujours avides de prendre, il a dit au cardinal Dubois de s'informer de cela, lequel a envoyé dire au commissaire Renard, jeune homme, et assez étourdi. Le commissaire Renard se rend chez le cardinal Dubois, entre dans plusieurs pièces sans être annoncé, et trouve, tenant son procès-verbal à la main un abbé, le dos tourné à la cheminée, tout seul, d'assez petite mine. Cet abbé dit : « Eh bien! monsieur « le commissaire, qu'avez-vous fait? — Moi! dit le com- « missaire brusquement, que cela vous fait-il? Je n'ai point « de compte à vous rendre. — Vous êtes un fat, mon « ami, dit l'abbé. — Vous êtes un sot vous-même, » dit le commissaire. L'abbé lui donne un coup sur la main, et fait tomber son procès-verbal, et s'en va gagner une autre chambre. Ledit abbé avoit une calotte rouge que l'on ne voyoit pas par devant; le commissaire reconnut par la calotte que c'étoit le cardinal Dubois; il alla se jeter à ses genoux pour lui demander excuse. Cela en est resté là.

Le meilleur est que le cardinal Dubois a conté sa chance à M. le Régent, lequel en a ri, et lui a répondu : « Ah ! b..... de sacristain, ne va pas au b..... dans son « quartier, car il te feroit sauter, toi et tes g..... ! » Cela est bien d'un homme d'esprit qui, en qualité de prince, se f... de la qualité d'un cardinal.

Il court une estampe. Les Paris, qui sont quatre frères, gouvernent les finances ; ils sont montés tous quatre sur un cheval, en guise des quatre fils Aimon. Ce cheval ressemble, par la tête, à M. de La Houssaye, contrôleur général des finances ; le Régent les mène par la bride, et le cardinal Dubois le fesse.

C'est la mode à présent de pendre les voleurs aux flambeaux ; en voilà deux qui passent devant ma porte à dix heures du soir ; il y avoit à chacun deux douzaines de flambeaux.

J'ai parlé ci-dessus d'une réponse de M. le prince de Conti. Le suisse de l'hôtel de Condé a refusé la porte aux deux notaires, il n'a voulu recevoir aucun papier. On s'est retiré et on a dressé procès-verbal ; cela a donné du chagrin au prince, il en est tombé malade.

Dans le mois de janvier, sous l'arcade du Palais-Royal, entre les deux cours, M. le duc de Châtillon[1], dans son carrosse avec M. le prince de Tingri[2], son frère, étoit entré sous l'arcade et étoit suivi de plusieurs autres carrosses. Le carrosse de M. le comte de Charolois alloit y entrer aussi pour sortir de la grande cour. Le cocher du comte a crié à celui du duc de reculer ; celui-ci a dit qu'il étoit trop avancé et qu'il ne pouvoit pas à cause des carrosses qui étoient derrière lui. Les gens du comte sont descendus et tombé[2] à coups de canne sur le cocher et les chevaux du duc de Luxembourg. Lui et

1. Paul-Sigismond de Montmorenci-Bouteville, fils du maréchal de Luxembourg, premier duc de Châtillon-sur-Loire.
2. Christian-Louis de Montmorenci-Bouteville, fils du duc de Luxembourg, prince de Tingri, depuis 1711, maréchal de France. Il mourut en 1746.
3. *Donné.* (Mss. 1, p. 395).

M. le prince de Tingri sont descendus et se sont plaints à M. le comte de Charolois, qui leur a répondu fièrement : « Est-ce que vous ne connoissez pas ma livrée ? » Le prince de Tingri a tiré son frère par la manche et lui a dit : « Retirons-nous, mon frère, soyons sages. Je ne « m'attendois pas à une telle réponse. » M. le Duc, frère aîné du comte de Charolois, a envoyé un gentilhomme à M. le duc de Luxembourg lui faire une espèce d'excuse, et le prier d'oublier cela, et que cela ne brouillât pas leurs maisons.

Tout le monde a blâmé le comte de Charolois d'être resté dans son carrosse pendant que les autres étoient à sa portière; mais il est très-haut et n'a pas grand génie.

Février.

Le cardinal de Rohan entre au Conseil. — Préséance. — Réclamations des ducs et pairs. — Faiblesse de d'Aguesseau. — Il marie sa fille au marquis de Chastellux. — Law et le prince de Vendôme. — Le chevalier d'Orléans. — Accouchement de la princesse de Conti. — La foire Saint-Germain. — Les jeux et les cafés. — Le cardinal de Rohan *menuisier*. — Le maréchal de Villars et le duc de Noailles.

Autre querelle, plus de conséquence que celle-là. M. le cardinal de Rohan, qui étoit allé à Rome pour les affaires de France et pour la Constitution, est revenu ; M. le Régent lui a donné séance au conseil de régence, dimanche dernier, 8 février[1]. M. le cardinal de Rohan arriva au conseil de régence; M. le Régent y étoit, le chancelier n'étoit pas encore venu. Le Régent dit au cardinal : « Monsieur, voilà votre place, qui est la pre- « mière après les princes du sang. » M. le chancelier arriva, qui vit sa place prise; il voulut représenter à M. le Régent l'éminente dignité de la place de chancelier de France; mais M. le Régent, qui se f... de tout, lui dit : « Monsieur, cela est réglé comme cela, placez- « vous ! » Cela piqua fort M. le chancelier et tous les

---

1. Voyez Lemontey, *Hist. de la Régence*, t. II, p. 61 et suiv.

ducs et pairs, de manière que si M. le chancelier étoit sorti sans prendre place, tous les ducs et pairs l'auroient suivi, parce qu'il est certain qu'un cardinal n'a point de rang en France. Son rang est à Rome. Mais M. le chancelier d'Aguesseau, qui est livré au Régent et qui ne veut pas faire un second voyage à Fresne[1], s'est assis. Cependant cela n'en reste pas là, car on voit la finesse de M. le Régent et du cardinal Dubois, qui doit entrer incessamment au Conseil (L'on dit même, « dimanche prochain. »); pour régler sa place, il a envoyé devant un homme qui est prince par lui-même et en état de soutenir *sa* noblesse. Il est, au surplus, impertinent que ce cardinal Dubois[2], qui étoit un cuistre il y a deux jours, soit placé au-dessus du chancelier et des ducs et pairs qui sont les premières dignités de l'État, en sorte que les ducs et pairs se sont assemblés chez M. le chancelier, et l'on dit qu'ils doivent aujourd'hui, 13 février, présenter une requête au Roi à ce sujet. Nous verrons qui en aura le démenti, car le cardinal Dubois est bien fin et le Régent bien absolu.

M. le chancelier d'Aguesseau marie[3], cette semaine, mademoiselle sa fille à M. le marquis de Chastellux[4], dont le nom est Luxe. C'est une des meilleures maisons d'épée. Il y a trois cents ans que son ancêtre étoit maréchal de France[5]; il n'y en avoit alors que deux. Il a

1. D'Aguesseau suivit malgré lui l'opinion des opposants et paya cette faiblesse d'un nouvel exil à Fresnes. Voy. Lemontey, *Hist. de la Régence*, t. II, p. 64.

2. « Le cardinal de Rohan est entré au conseil de régence. Il y a apparence que je le suivrai de près et que j'aurai ouvert aux cardinaux la porte dans le conseil du Roi, que le feu Roi leur avoit fermée pendant tout son règne, depuis la mort de Mazarin. » Lettre de Dubois à Tencin, 10 février. Voyez Lemontey, t. II, p. 63, note.

3. Le mariage fut célébré le 16 février à Saint-Roch. Voy. *Journal de Marais*, 1722, t. VIII, p. 79.

4. Guillaume-Antoine de Beauvoir, marquis de Chastellux. Cette famille portait le nom de Beauvoir et non celui de *Luxe*, comme le prétend Barbier.

5. Claude de Beauvoir, seigneur de Chastellux, chambellan du duc Jean Sans-Peur, maréchal, surprit Paris en 1418. Il mourut en 1453.

quarante mille livres de rente en fonds de terre, et il est capitaine de gendarmerie.

Le marquisat de Chastellux est contre Auxerre. Il a un beau droit dans l'église d'Auxerre; il a une prébende, et il a droit de prendre sa séance et de venir à l'office en surplis et en épée, avec un chapeau de plumes sur sa tête, botté et éperonné; deux chiens qu'il tient en laisse d'une main, et un oiseau de proie sur l'autre; cela est fort extraordinaire. Et à la stalle où est sa place, il y a un anneau pour attacher la laisse de chiens, et quelque chose pour poser l'oiseau[1]. On dit que M. le marquis de Chastellux, tous les ans, prend séance pour conserver ce droit-là.

Autre nouvelle. On dit que M. Law revient à Paris; ce qui est sûr, c'est qu'il est arrivé de Bruxelles quatre ballots à l'adresse de M. le prince de Vendôme[2], qui est son grand ami, et qui est chargé ici de sa procuration pour ses affaires. On dit plus, que M. le prince de Vendôme, qui étoit grand prieur de France et qui a cédé son prieuré à M. le chevalier d'Orléans[3], bâtard du Régent (le Régent l'a attrapé, il lui a donné pour cela des actions et du papier, et on dit qu'il n'a pas à présent de quoi vivre); eh bien! on dit qu'il épouse mademoiselle Law, à qui son père donne dix-sept millions en argent; et comme le grand prieur a fait ses derniers vœux, M. Law se charge de l'en faire relever; et pour cela, il donne trois millions à un neveu du pape, lequel n'est pas scrupuleux, en sorte que voilà le spirituel et le temporel en bonnes mains! C'est là où l'on peut dire : « qui vivra verra! » Pendant ce temps-là, la petite princesse d'Es-

---

1. Voyez *Journal de Marais*, année 1722, *Revue rétrospect.*, t. VIII, p. 73, qui cite Bayle, *Dict. hist.*, au mot *Chastellux*.

2. Philippe de Bourbon-Vendôme, né en 1655, descendant de Henri IV et de Gabrielle d'Estrées, grand prieur de France en 1693. Il mourut en 1727.

3. Il était fils de mademoiselle de Séry, depuis comtesse d'Argenton. Il fut légitimé, entra dans l'ordre de Malte et devint grand prieur de France, par la démission de Philippe de Vendôme.

pagne, future reine de France, arrive; elle est dans les boues en deçà de Poitiers. C'est à toutes ces histoires-là que notre argent est employé, car on ne paye ni à la Ville, ni autre part, personne n'a un sol; et hier, jeudi-gras, il n'y a eu ni bœuf, ni masque, ni tambour; c'étoit comme le jeudi-saint.

15 février. — Madame la princesse de Conti est accouchée la semaine dernière, à l'hôtel de Condé, d'un garçon, qui a été envoyé sur-le-champ avec la nouvelle à l'hôtel de Conti. M. le prince de Conti l'a nommé le comte d'Alais, qui est une petite ville en Languedoc.

Cette année, la foire[1] est mal en pied; on a été les quatre premiers jours sans permission de toucher un cornet et des dés. Il n'y avoit des lumières que dans les cafés. Les marchands ont obtenu la permission de donner à jouer pour leurs marchandises seulement, mais sans parieurs; mais cela ne leur donne pas grand profit, d'autant que personne n'a d'argent pour acheter. Ces boutiques sont louées cher à cause du profit qu'ils faisoient sur le jeu, en argent. Il y avoit quatre ou cinq boutiques qui gagnèrent tous les jours cinq cents livres et au-dessus. Cela est défendu, pour empêcher les particuliers et bourgeois de se ruiner, et à cause du nombre de fripons qui est à Paris.

A propos de l'entrée du cardinal de Rohan au Conseil, le quolibet à la Cour est, qu'il s'est fait *menuisier*, à cause qu'il a fait la planche pour le cardinal Dubois.

Samedi, le chancelier et les ducs et pairs[2] allèrent chez M. le Régent pour cette affaire; ils demandoient

---

1. La foire Saint-Germain.
2. Les opposants étaient au nombre de quinze, et les ducs de Noailles, de Saint-Aignan, d'Antin et de Villars étaient à la tête de cette cabale. Ils allèrent chercher dans la collection de Dupuy un projet d'ordonnance rédigé pour Lesdiguières lors de l'entrée au conseil du cardinal de La Rochefoucauld, sous Louis XIII. Le Régent se laissa d'abord gagner par les ducs, puis repoussa leurs prétentions très-sévèrement. Voy. Lemontey, *Hist. de la Régence.* t. II, p. 62-65, et *Journal de Marais*, 1722, Revue rétrospect.; t. VIII, p. 75.

deux choses : ou de leur envoyer une lettre de cachet pour aller au Conseil, auquel cas par obéissance ils iroient sans que cela préjudiciât à leur rang, ou que l'on donnât aux deux cardinaux un brevet de premier ministre, auquel cas ils auroient le pas. M. le Régent leur dit qu'il avoit voulu le faire, mais qu'ils n'en avoient pas voulu, crainte de déplaire au pape. M. le maréchal de Villars lui répondit que, quand les cardinaux sont promus, ils renouvellent leur serment entre les mains du Roi, comme sujets, ainsi qu'ils ne devroient pas préférer les volontés de Rome aux lois du royaume. On dit aussi que M. de Noailles est à la tête de ce parti et qu'il parle très-haut[1].

Enfin, hier dimanche 22 février, il y eut conseil de régence; le cardinal Dubois y alla; il n'y avoit que le Régent, les princes du sang, les deux cardinaux et les secrétaires d'État. Le chancelier n'y alla pas, ni pas un duc et pair, ni maréchal de France. Le maréchal de Villeroi lui-même y conduisit le Roi et s'en alla.

On disoit déjà, cet après-midi, que le chancelier d'Aguesseau s'en iroit de cette affaire-là à Fresnes encore une fois, et qu'on devoit porter les sceaux au cardinal Dubois; quelques-uns disoient à M. Le Pelletier de La Houssaye, qui est contrôleur général. Le bon de tout cela est le Régent, qui se f... d'eux tous, et qui n'en va pas moins son train. Ce cardinal Dubois est d'une politique étonnante et très-ambitieux, comme l'on voit par toutes les démarches qu'il fait faire pour lui. On entendra la suite de tout ceci.

Comme il faut toujours amuser un peu le peuple de Paris, pour le consoler de n'avoir point d'argent, l'infante d'Espagne est partie d'Orléans, et arrive ici dimanche ou lundi. On prépare des magnificences étonnantes; on travaille à sept ou huit arcs de triomphe dans Paris. On compte même que les rues seront tapissées, ce qui n'est

---

1. Voyez Lemontey, t. II, p. 64.

pas ordinaire ici. Nous décrirons cela au plus juste. Cet enfant a trois ans et dix mois : n'est-il pas impertinent de faire de tels préparatifs, comme aussi de faire faire un mariage au Roi avant qu'il soit en âge d'y consentir, au risque qu'il n'en veuille pas dans dix ans, ce qui feroit des guerres étonnantes avec l'Espagne? Mais les politiques disent qu'il ne faut pas craindre ces inconvénients.

Mars.

Entrée de l'infante d'Espagne à Paris. — Détails. — Le chancelier exilé à Fresnes. — M. d'Armenonville garde des sceaux. — Réflexions. — Retraite du maréchal de Bezons. — Bal aux Tuileries. — Les habits du marquis et de la marquise de Nesle. — Feu d'artifice aux Tuileries. — Fête à l'Hôtel de Ville, les pages et les perruques. — *Te Deum* à Notre-Dame. — Bal au Palais-Royal, illuminations. — Le Visa. — Feu d'artifice du duc d'Ossone. — Maladie du Régent. — Prophéties de Nostradamus. — Intendants des finances. — Maîtres des requêtes, Vanolles et autres. — La Bible traduite en turc. — Nouvelles d'Espagne. — Le *Régiment de la calotte*. — Le prince et la princesse de Conti.

L'infante d'Espagne arrive demain, lundi 2 mars. La route qu'elle tiendra est affichée et marquée par une ordonnance du Roi ci-jointe[1]. Elle entre par la porte Saint-Jacques[2]; les rues seront tapissées ; il y a des arcs de triomphe dans son chemin, un à l'endroit de l'ancienne porte Saint-Jacques, au-dessus des Jacobins[3], avec une inscription :

FELICI ADVENTUI LUTETIÆ.

1. Porte Saint-Jacques, rue Saint-Jacques, le Petit-Châtelet, la rue de la Lanterne, pont Notre-Dame, rues Planche-Mibray, des Arcis, des Lombards, Saint-Denis, la Ferronnerie, la Chausseterie, Saint-Honoré, la rue du Chantre jusqu'au vieux Louvre. Voyez le *Journal de Marais*, 1722, t. viii, p. 170.
2. La porte Saint-Jacques, alors démolie depuis 1683, avait été élevée dans la rue Saint-Jacques, entre la rue Soufflot et la rue des Fossés-Saint-Jacques.
3. Le couvent des Dominicains ou Jacobins existait depuis l'année 1218, sur l'emplacement des rues appelées aujourd'hui Soufflot, des Grès, de Cluny et Neuve-des-Poirées. Le nom de Jacobins donné aux frères Prêcheurs venait d'une petite chapelle élevée en ce lieu et dédiée à saint Jacques.

Un autre attaché au Petit-Châtelet, avec ces mots :

VENIT EXPECTATA DIES.

Un au bout du pont Notre-Dame, avec ces mots[1] :

. . . . .

Et un dans la rue de la Ferronnerie, avec plusieurs inscriptions comme :

PAX FUNDATA ;
FELICITAS UTRIUSQUE IMPERII :
GESTAT NONDUM MATURA CORONAM ;
JUNGIT AMOR, FIRMABIT HYMEN.

Ce sont des toiles peintes avec un peu d'or ; cela est assez bien.

On fait des échafauds dans toutes les boutiques de la route. Ce qui marque la misère, c'est qu'il y a un nombre de fenêtres à louer avec un écriteau ; cependant cela reste. Il y aura de grandes réjouissances dans la semaine prochaine, après son arrivée.

On n'étoit occupé que de cette arrivée. Voici une autre nouvelle, qui est la suite de l'entrée des cardinaux au conseil de régence.

Hier samedi dernier de février, M. de La Vrillière alla faire le triste compliment à M. le chancelier d'Aguesseau, qu'il eût la bonté de lui rendre les sceaux. Comme il marquoit la peine que lui faisoit cette commission, l'autre lui répondit que cela ne devoit pas lui faire tant de peine ; que cela lui étoit familier. Effectivement voilà la seconde fois en peu de temps que cela lui arrive.

M. de La Vrillière a porté les sceaux à une heure à M. Fleuriau d'Arménonville, conseiller et secrétaire d'État, à qui on ne pensoit pas, mais qui est très-fort ami du cardinal Dubois ; car apparemment que le cardinal, qui vise à la place de premier ministre, n'a pas

---

1. L'inscription est restée en blanc dans le mss., t. 1, p. 403.

voulu des sceaux, d'autant qu'il n'entend pas cela, et il les a fait avoir à M. d'Arménonville. Voilà un homme qui a occupé bien des postes en moins de quatre ans[1].

Le chancelier est parti[2] pour Fresnes. Pour celui-là, c'est un homme savant, mais de peu de génie pour la politique; car on ne peut pas être plus la dupe qu'il ne l'est du Régent. Il est revenu de Fresnes uniquement pour faire tout le mal qui a été fait; il s'est déshonoré entièrement, et puis on lui tend un piége où il se trouve obligé de donner pour se faire une querelle et être déplacé.

Les ducs et pairs et les maréchaux de France ne sont plus du conseil de régence; cela embarrassoit le Régent, et effectivement ce ne sont point gens assez de tête pour y être bien utiles.

Aujourd'hui, le conseil de régence se tiendra : il y aura le Roi, le Régent, les princes, les deux cardinaux, le garde des sceaux et les secrétaires d'État. Nous ne sommes point au bout de la régence, et il y aura à écrire.

De cette affaire, M. le maréchal de Bezons a demandé permission à M. le Régent de se retirer dans ses terres. Comme il est très-fort attaché au Régent, on croit que c'est d'intelligence avec lui, pour donner l'exemple aux autres d'en faire autant. M. le Régent lui a répondu : « Vous ferez fort bien; » et d'autres disent : « Vous ne ferez que ce que je vous aurois ordonné de faire. »

Il arrivera que les ducs et les maréchaux de France, quoique ayant la force en main, seront aussi maltraités que le Parlement.

Quelques-uns disent que les ducs et pairs ont tort aussi bien que le chancelier, parce qu'il y a eu l'exemple

---

1. D'Arménonville avait été tour à tour intendant, directeur des finances, capitaine des chasses du bois de Boulogne, secrétaire d'Etat des affaires étrangères, et président de la chambre des vacations, pendant l'exil du Parlement.

2. Il partit dès sept heures du matin. Le Régent lui écrivit une lettre fort obligeante. Voyez le *Journal de Marais*, ann. 1722, t. VIII, p. 171.

du cardinal de La Rochefoucauld, qui a eu le pas sur le connétable. Mais : 1° peut-être avoit-il le titre de premier ministre ; 2° un mauvais exemple ne doit pas faire une loi ; 3° ce ne peut être qu'un roi régnant qui fasse une loi de sa volonté, et non son régent. Pour moi, je ne vois pas en quelle qualité un cardinal, qui même dans l'Église de France n'a pas de rang et ne précède pas un évêque, quand il s'agit du temporel, a le pas au-dessus du premier officier de la couronne.

Dimanche 1ᵉʳ mars[1], la Reine est arrivée à Berny[2], maison appartenant à l'abbé de Saint-Germain-des-Prés, à trois lieues de Paris. M. le Régent l'a été voir dès ce jour. On dit qu'elle est plus jolie que laide ; qu'elle est petite pour son âge, et qu'elle a infiniment d'esprit et de vivacité. Voilà madame de Ventadour encore livrée aux enfants. C'est assez triste pour elle. Madame la princesse de Soubise, sa petite-fille, a la survivance de gouvernante. Elle a amené avec elle une Espagnole[3], qui étoit sa remueuse, ne voulant pas marcher sans elle.

Lundi 2, le Roi a été au devant d'elle au Grand-Montrouge, et là s'est faite la première entrevue dans une maison. La Reine se met à genoux pour saluer le Roi, et le Roi la relève en s'y mettant. On dit que le Roi est devenu rouge, et qu'il ne lui a dit autre chose sinon : « Madame, je suis charmé que vous soyez arrivée en « bonne santé. »

Le Roi est revenu et a mené la marche ; il avoit un détachement de toute sa maison ; dans son carrosse étoient : M. le Régent, M. de Chartres, M. le Duc, M. le comte de Charolois et M. le prince de Conti. Ce qui fermoit la marche étoit le maréchal de Villars à cheval

---

1. Voyez *Journal de Marais*, ann. 1722, *Revue rétrospect.*, t. VIII, p. 172.

2. Dans le département de la Seine, et près de Sceaux. Ce château, construit par François Mansard, était remarquable par la beauté de ses canaux et de ses jardins.

3. Maria de Nieves, señora de honor. Duclos, t. II, p. 143.

avec plusieurs seigneurs; l'ambassadeur du czar étoit aussi à cheval, mais séparé des seigneurs, à cause du rang d'ambassadeur.

La marche de la Reine, qui suivoit d'un peu de loin, commençoit par les inspecteurs de police, le guet à cheval et toute la maison du Roi : grenadiers à cheval, mousquetaires, chevau-légers, gendarmes et les quatre compagnies de gardes du corps. M. le duc d'Ossone, qui a présentement le cordon bleu [1], avoit un bel équipage, huit pages à cheval, vingt-quatre valets de pied et quatre carrosses magnifiques, garnis de domestiques. Marchoit ensuite l'équipage de M. le duc de Tresmes, gouverneur de Paris, qui étoit ce qu'il y avoit de plus beau dans la marche. Il avoit douze palefreniers à cheval, tenant douze chevaux de main avec des couvertures de velours cramoisi, bordées d'un grand galon d'or, et ses armes brodées en or. Il avoit six pages, avec six gentilshommes à cheval; ses soixante gardes, comme gouverneur de Paris, tous habillés de neuf en rouge avec un galon d'argent, et bien montés, et trois carrosses, un à huit chevaux et deux à six. Ensuite alloient la Ville à cheval, les premiers carrosses de l'Infante, douze laquais de M. de Chateauneuf, prévôt des marchands; ensuite vingt-quatre laquais de M. le gouverneur de Paris, habillés magnifiquement; le carrosse du Roi, où étoit l'Infante sur les genoux de madame de Ventadour, et dans le carrosse, Madame et les princesses du sang, sans oublier la poupée de l'Infante. M. le gouverneur de Paris à cheval bordoit la portière à droite, et M. le prévôt des marchands à gauche, parce que c'est la Ville qui a droit de l'accompagner et de la conduire au Louvre.

Le chemin dans les champs étoit bordé par le régiment du Roi, dans le faubourg Saint-Jacques jusqu'au Petit-Châtelet par le guet à pied et par des archers de ville, et depuis jusqu'au Louvre par le régiment des

---

1. L'ordre du Saint-Esprit.

gardes françoises d'un côté et des Suisses de l'autre.

La marche est arrivée au faubourg Saint-Jacques à trois heures après midi, et elle est entrée encore de jour au Louvre. J'étois fort bien dans la rue Saint-Honoré, au coin de la rue de l'Arbre-Sec. La marche a duré une heure et demie à passer. M. le Régent doit être bien content, car tous les auvents étoient couverts de tapisseries, des tapis à toutes les fenêtres et des échafauds dans toutes les boutiques. J'ai remarqué la différence qu'on a faite du Roi et de l'Infante. Quand le Roi a passé, on a battu aux champs, et tous les soldats avoient la baïonnette au bout du fusil; quand l'Infante a passé, on a seulement appelé, point de baïonnette au bout du fusil, et les officiers n'ont point salué du drapeau. On a remarqué que, pendant la route, le Roi avoit toujours tourné le dos à M. le Régent. Il n'est peut-être pas trop content de cela, car tout le monde trouve ce mariage-là original. Le Roi a fait présent, le lendemain, à l'Infante d'une poupée que l'on dit coûter vingt mille livres.

Le soir, les rues ont été bien plus illuminées que je ne l'aurois cru. Le peuple de Paris est bien sot. A la Ville, il y avoit un feu de bois, et toute la façade de la Ville étoit très-galamment illuminée. On prépare de grandes réjouissances.

Les cours ont été complimenter l'Infante, jeudi et vendredi. On dit que le Régent est fâché contre le Parlement de ce qu'il est entré à l'ordinaire, lundi, jour de l'entrée.

On parle de grands événements sur la forme nouvelle du Conseil.

Voici le compliment du Parlement :

« Madame,

« La lettre du Roi nous a annoncé le sujet de votre
« arrivée ; son exemple et son ordre nous déterminent
« à avancer les respects qui vous sont destinés. Vous

« êtes le sceau de la paix entre deux grands royaumes.
« Puissiez-vous toujours conserver cet auguste carac-
« tère ! Puisse l'innocence de vos jours attirer sur cet
« État la bénédiction du ciel ! »

Tout le monde a trouvé ce compliment-là particulier, et M. le Régent a trop d'esprit pour en être content. Mais le Parlement prétend deux choses : 1° que le Roi étant mineur, le Parlement devoit être appelé au traité du mariage ; 2° qu'en qualité d'Infante, il ne doit point l'aller complimenter, car elle n'est pas Reine ; elle n'est que destinée à l'être.

Les autres cours ont fait des compliments respectueux sans équivoque. Celui de M. Nicolaï [1], premier président de la Chambre des Comptes, étoit le plus beau et le plus noble : cela est assez attaché à cette maison.

Dimanche 8 mars, le Roi a donné un bal aux Tuileries, dans la salle des machines. On n'y entroit que par billets ; j'y étois. Cette salle est magnifique par elle-même. On avoit allongé le théâtre jusqu'à la grille du Roi. Elle étoit illuminée au-dessus de ce que l'on peut dire. Le bal a commencé à huit heures, et a fini à près de minuit. Il y avoit quinze hommes nommés, dont le Roi étoit, et quinze femmes de la cour pour danser, dont étoient les trois princesses : mademoiselle de Charolois, mademoiselle de Clermont, sa sœur [2], et mademoiselle de La Roche-sur-Yon [3]. Pas un prince du sang n'étoit de la danse ; ils étoient assis derrière le Roi. Son fauteuil au commencement du théâtre ; à sa droite, les princesses du sang, et à sa gauche toutes les femmes nommées faisoient un cercle ovale dans toute la longueur du théâtre. Derrière étoient, sur des gradins, tous les seigneurs et toutes les dames qui ne dansoient point.

1. Jean-Aimar-Nicolaï, premier président de la Chambre des Comptes, né en 1686. Il fut le tuteur de Voltaire.
2. Marie-Anne de Bourbon-Condé, princesse de Clermont.
3. Louise-Adélaïde de Bourbon-Conti, princesse de La Roche-sur-Yon.

Le coup d'œil de ce spectacle étoit d'autant plus beau que tous les seigneurs étoient en habits de drap d'or et drap d'argent, garnis de points d'Espagne avec des nœuds d'épaule, et tout l'ajustement à proportion. Les moindres étoient de velours avec des points d'Espagne d'or ou d'argent. A mon avis, ils étoient les plus parants. M. le Régent a trouvé le secret de faire rendetter les gens de cour, car toutes les femmes étoient superbes en robes de cour et pleines de diamants. Les habits du marquis et de la marquise de Nesle[1], pour les différentes fêtes, vont à quarante mille livres. Les marchands n'ont pas voulu leur faire crédit, mais ils ont fait des contrats de constitution.

On a dansé d'abord un branle des trente danseurs, où chacun amène le branle à son tour; le Roi a commencé. Le Roi a ensuite dansé un menuet avec mademoiselle de Charolois, ensuite les autres princesses avec les seigneurs.

Le Roi a commencé les menuets à quatre avec mademoiselle de La Roche-sur-Yon, M. le duc d'Ossone, ambassadeur d'Espagne, et madame la duchesse de Brissac. Ainsi l'ambassadeur a dansé avec le Roi.

Les menuets à quatre ont continué; et ensuite les contredanses ont été ouvertes par le Roi, qui a dansé un cotillon à quatre. Il étoit alors dix heures. J'ai fait la révérence au bal et m'en suis allé. Il y avoit deux orchestres dans les côtés de la salle, composés de cent cinquante instruments, qui se relayoient; et quand le Roi dansoit, tout jouoit. L'Infante a été apportée au bal et y est restée une heure de temps. Dans le reste de la salle, sur les gradins, toutes les femmes de la Ville y étoient le plus magnifiquement qu'elles avoient pu; en sorte qu'on peut dire que dans l'Europe on ne peut pas voir une plus belle assemblée et un plus beau spectacle.

Hier, lundi 9, il y eut dans le jardin des Tuileries un grand feu d'artifice et une grande illumination. Sur le

---

1. Louis de Mailly, marquis de Nesle et Armande Mazarini.

bassin du milieu du parterre, il y avoit une espèce de Mont-Parnasse avec le cheval Pégase au haut, le tout décoré de toiles peintes. Cela servoit à l'illumination. Les préparatifs du feu étoient épouvantables. Il y avoit quatre allées du parterre remplies de grandes caisses plantées en terre; derrière le bassin, il y avoit huit cents fusées qui partiroient à la fois. Cependant tout ce feu n'a eu de beau qu'un demi-quart d'heure. Le reste a été mal servi. La grosse caisse a manqué à moitié, et personne n'en a été content sur l'idée qu'on s'en étoit faite.

L'artificier a eu peur; il s'en est confessé, et ce benêt a fait manquer tout. Pour l'illumination, elle étoit superbe; tout le parterre dans son dessin étoit rempli de pots à feu, et aux coins il y avoit une forme d'ifs illuminée.

Hier, 10 mars, il y a eu feu et bal à l'Hôtel de Ville; le Roi, l'Infante et toute la Cour y *ont* été; le Roi y a soupé en particulier; il a commencé le bal, et ensuite il s'en est allé avant dix heures. Les échevins n'ont pas songé de faire prendre le poste des gardes du corps par leurs archers. D'ailleurs, tout étoit un peu gris, comme cela est toujours à la Ville[1]. Le tumulte est arrivé après la sortie du Roi: les pages du Roi et des princes et d'autres jeunes gens ont ballotté des femmes, les ont décoiffées, jetoient des perruques sur les lustres, et ont fait le tapage. Le prévôt des marchands en a porté ses plaintes au Roi.

Jeudi 12, il y a eu un grand *Te Deum* chanté à Notre-Dame. Le Roi y a assisté avec tous les princes. M. le cardinal, en chape et mitre, a été le recevoir au portail du parvis, et il l'a reconduit de même. Je l'ai vu. Le Conseil avec le garde des sceaux et toutes les cours y ont assisté. J'ai vu le Roi entrer dans la chapelle du Roi pour faire sa prière. En sortant, je l'ai trouvé avec un

---

1. La réputation de la Ville à ce sujet était méritée. Le duc de Gesvres, gouverneur de Paris, approuvant un festin offert par les échevins, mettait en marge : *Surtout boire.* Voyez Lemontey, *Histoire de la Régence,* t. II.

très-mauvais visage et bien pâle. Cela vient peut-être de chagrin; car on dit qu'il n'aime pas sa petite Infante, et toutes ces fêtes-là le chagrinent. Il faut bien qu'il le souffre par complaisance jusqu'à l'année prochaine.

Le soir, il y a eu grand bal au Palais-Royal. Le Roi et l'Infante y étoient et toute la Cour. Le Roi y entra à huit heures et demie après avoir soupé; et s'en alla à dix heures. Tous les soldats aux gardes étoient en haie. Après la sortie du Roi, tout le public y est entré, et le bal avec une grande confusion a duré jusqu'au matin. Le Palais-Royal étoit illuminé en dehors et en dedans avec des flambeaux blancs et des pots à feu. Mais, samedi 14, il y aura une illumination magnifique dans la place du Palais-Royal, laquelle est toute décorée d'une charpente en portique peinte. Et, dans la rue Saint-Honoré, il y a deux grandes portes, de la hauteur du troisième étage, magnifiques. Cela sera rempli de lampions avec ordre, et cela doit faire un bel effet.

Le 12, il y eut le soir une illumination magnifique sur toute la façade du bâtiment de l'Hôtel de Ville jusqu'au cadran. De longtemps on n'a vu une illumination plus galante et de meilleur goût.

Samedi 14, l'illumination de la place du Palais-Royal étoit très-galante; il y eut aussi un beau feu d'artifice. Le Roi et l'Infante y vinrent. Le Roi étoit sur le balcon de pierre au-dessus de la porte, avec un dais très-bien ajusté.

Il y a eu encore ce jour une très-belle illumination à la Ville.

M. le duc d'Ossone, ambassadeur d'Espagne, fait préparer un feu sur l'eau magnifique. On dit que cette fête lui coûtera deux cent mille livres.

On continue toujours de travailler au visa. Leur but, après avoir liquidé les papiers, est de retirer pour taxe ou autre motif les liquidations sans qu'il en coûte rien au Roi. Ceux qui ont perdu sont ruinés. On veut aussi ruiner ceux qui ont gagné.

Ce sont les Paris qui travaillent à tout ceci. Leur travail est beau et délié, et les arrêts sont bien faits.

Le feu de M. le duc d'Ossone a été tiré, mardi 24, veille de la Vierge[1]; tout le monde est convenu que c'étoit la plus belle fête qu'on ait jamais vue ici à Paris.

Le feu d'artifice étoit au milieu de l'eau, vis-à-vis le balcon de la Reine et vis-à-vis la maison de l'ambassadeur, qui s'est logé exprès sur le quai Malaquais[2], au coin de la rue des Petits-Augustins. Le feu étoit de cent pieds de hauteur et de trente en carré, couvert de toiles, qui étoient peintes, d'un côté, de l'Hymen, d'un autre côté de la Paix, avec des colonnes aux quatre coins en façon de marbre, ce qui étoit bien imaginé. On avoit illuminé le devant du feu, en sorte que toutes ces toiles et peintures étoient transparentes. On avoit ramassé du côté du Pont-Royal et du Pont-Neuf tous les bateaux chargés, et on avoit fait une enceinte très-considérable, bien plus longue que large, de bateaux vides, qui se tenoient bout à bout. On appeloit cela un parc de bateaux. Tous les bords de ces bateaux-là étoient garnis de gros lampions ou pots à feu; et à chaque bateau, au même bord, tenoit une machine de bois de la hauteur de six pieds et de largeur de quatre, plus étroite en haut qu'en bas, garnie de morceaux de bois de traverse. Cela étoit rempli de lampions, en sorte que c'étoit la plus belle illumination qu'on puisse voir. Il paroissoit qu'il y eût le double de lumières à cause du reflet de la rivière, et on ne voyoit dans la rivière que cette grande place illuminée. On ne voyoit point les bateaux de derrière, qui étoient dans le sombre. Au milieu de ce parc de bateaux se promenoient autour du feu vingt petits bateaux, qui étoient peints en rouge, avec au mât un étendard rouge aux armes d'Espagne. Il y en avoit de couverts d'un taffetas cramoisi, avec des fleurs de lis dorées.

---

[1]. L'Annonciation, le 25 mars.
[2]. A l'hôtel Mazarin, aujourd'hui démoli?...

Il y avoit à chaque quatre matelots en camisole blanche, avec des bonnets rouges et des écharpes jaunes, qui est la livrée de l'ambassadeur. Dans quatre de ces bateaux étoit la musique : violons, trompettes, hautbois et timbales, qui redoubloient leurs fanfares quand ils passoient devant le bateau du Roi. Dans les autres étoit de l'artifice.

A sept heures, on donna, du balcon du Roi, un signal avec une grosse gerbe de feu, pour commencer le feu. Aussitôt il partit des quatre coins du parc des bateaux, des fusées volantes en grand nombre et très-magnifiques; ensuite les petits bateaux vinrent comme assiéger le feu, et jetoient toutes sortes d'artifices qui alloient sur l'eau et dans l'eau, en sorte qu'on voyoit des gerbes de feu se promener sur l'eau; ensuite on fit jouer l'artifice du feu, qui fut très-bien servi, qui dura du temps, en toute sorte de figures de feu, et avec un pétillement si grand qu'il sembloit un enfer. On peut dire qu'on ne peut pas admirer une fête plus belle et plus galante; on n'a jamais vu une si grande abondance de peuple. L'endroit est aussi bien favorable; car sur le Pont-Neuf, sur le Pont-Royal, tout le tour des deux quais, tous les bateaux sur l'eau étoient remplis de monde[1]. L'ambassadeur doit avoir été bien content, et le Roi, mal satisfait du feu des Tuileries qui a manqué. La différence est que les officiers du Roi, qui se mêlent des fêtes, veulent toujours friponner.

L'ambassadeur a, dit-on, un million de livres de rente; il peut dépenser d'autant plus aisément que vingt mille livres, qui lui viennent d'Espagne, lui en valent à Paris quarante par la hauteur de l'espèce.

Il est parti la nuit même de son feu en poste pour aller en Espagne chercher sa femme, qui, dit-on, n'a que quatorze ans, pour la ramener ici à Paris.

---

1. Le récit de cette fête a été imprimé sous ce titre : *Description de la fête donnée dans Paris, sur la rivière, le 24 mars* 1722. Paris, in-fol.

M. le Régent n'a point vu ce feu; il est malade depuis du temps. Il a été saigné deux fois. Les uns disent que c'est quelque chose, les autres rien.

Comme il y a toujours des particuliers qui n'ont que faire et qui furètent dans les anciens bouquins, on a fait la découverte des sixains LVII et LVIII des prophéties de Nostradamus ci-jointes, qui ont quelque rapport à madame l'Infante et au Régent :

LVII.

Peu après l'alliance faite,
Avant solenniser la fête,
L'Empereur le tout troublera,
Et la nouvelle mariée
Au franc pays part liée,
Dans peu de temps après mourra.

LVIII.

Sangsue en peu de temps mourra,
Sa mort bon signe nous donra
Pour l'accroissement de la France.
Alliances se trouveront,
Deux grands royaumes se joindront,
François aura sur eux puissance.

Du samedi au soir, 21 du mois, on a fait cinq intendants des finances, car dans ce pays-ci, l'administration n'est pas stable, et on fait et défait, savoir : M. le président Dodun[1], qui, en conséquence, vend sa charge de président des enquêtes à M. Rougeau, fils du maître des requêtes et petit-fils du grand Menon, fermier général. Ce président Dodun a été présenté à M. le Régent, par M. Des Maisons, président à mortier, lors du commencement de la régence; et depuis ce temps-là a toujours été employé pour les finances. M. de Gaumont, maître des requêtes et chef du conseil du prince de Conti, M. de Ligny, fils de M. de La Houssaye, contrôleur général, jeune homme, et grand étourdi de son

---

1. Charles-Gaspard Dodun; il fut contrôleur général de 1722 à 1726.

métier; mais ici on n'y regarde pas de si près. M. d'Ormesson, beau-frère du d'Aguesseau, et M. Baudry, intendant de Madame et lieutenant de police, à la place duquel M. le Régent remet M. d'Argenson, le cadet, qui l'a déjà été; ce qui fait voir qu'il se souvient qu'il a eu de grandes obligations au père.

On donne par grâce les quatre charges de maîtres des requêtes de ceux que l'on fait intendants des finances pour cent quatre-vingt mille livres en effets liquidés, lesquels ne sont sur la place qu'au quart, en sorte que, pour cinquante mille livres d'argent un homme se fait maître des requêtes. Ceux-là sont :

Vanolles[1], conseiller au Grand Conseil, est fils d'un trésorier de la marine qui a fait une banqueroute de six millions, il y a plusieurs années; ne pouvant pas subsister, on fit courir le bruit qu'il étoit mort, et on a fait l'enterrement. Tout le monde étoit persuadé qu'on avoit mis une bûche dans le cercueil et qu'il est passé en Hollande.

Dodard, fils d'un médecin de la cour.

Richer d'Aube, conseiller au Parlement de Rouen, un peu parent, dit-on, du cardinal Dubois.

Et Méliand, conseiller des requêtes du Palais.

Une nouvelle bien extraordinaire qui étoit dans la *Gazette* : Le Grand-Seigneur fait traduire notre *Bible*, en turc; il établit dans le faubourg de Péra des colléges pour toutes les sciences; il a permis aux Mathurins de bâtir une église, et il permet la liberté de religion aux François. Voilà qui est nouveau! L'on croit que c'est le fruit du voyage de ce dernier ambassadeur, qui est un homme d'esprit et qui a bien goûté nos manières et notre politesse.

---

1. M. de Vanolles, était fils de Van Holl, banquier hollandais, qui, devenu trésorier général de la marine, menait grand train à sa maison d'Issy et fit en effet banqueroute. Le fils s'anoblit, dit Saint-Simon, t. XXI, p. 144, et de Van Holl, il s'est fait M. de Vanolles, le *de* est plus noble et le nom plus français. C'était un protégé des Rohan.

Autre nouvelle. On dit que le gouvernement d'Espagne est changé[1], que le cardinal Albéroni revient, que le prince de Cellamare, ambassadeur, qui fut arrêté ici par le Régent, est le président du conseil, et que la reine est disgraciée, et que le nouveau conseil fait tout ce qu'il faut pour empêcher la consommation du mariage du prince des Asturies. Des politiques disent que cela a chagriné M. le Régent, et que cela a causé sa maladie; mais il faut qu'elle vienne de plus loin, car on parle d'une hydropisie de poitrine incurable; il est cependant levé et voit du monde.

Ce seroit peut-être un malheur s'il mouroit à présent, avant d'avoir nettoyé son papier. Puisqu'il a fait le mal, il faut plutôt qu'il l'achève que de laisser un chaos.

Parmi les polissons de ce pays, on a fait un *Régiment de la calotte*[2], dont on a mis tous ceux qui auroient besoin d'une calotte et qui ont la tête légère; sous ce prétexte, on donne des brevets à ceux qu'on initie dans le Régiment, et cela en vers fort piquants où l'on dépeint le ridicule de l'homme. Les pensions de ce Régiment sont assignées sur les brouillards.

Je voudrois bien avoir toutes les pièces de vers qui ont été faites à ce sujet. J'ai pris toujours celle ci-jointe[3] sur les cardinaux de Rohan et Dubois, au sujet du rang qu'ils ont pris au conseil au-dessus du chancelier.

L'affaire de madame la princesse de Conti avec son mari dure toujours; elle est chez madame la Princesse; elle fait menacer son mari d'une demande en séparation de corps. Mais cela ne paroît pas. On s'étonne que madame la Princesse, qui est pieuse et dévote, la garde si longtemps; une femme ne devant avoir d'autre habitation que celle de son mari.

1. Cela ne se confirme pas. (*Note de Barbier*).
2. La plupart de ces pièces satiriques ont été réunies et imprimées sous le nom des *Mémoires pour servir à l'Histoire de la Calotte*. La première édition est de Bâle, 1725. 2 vol. in-12.
3. Voy. mss., I, 423, et l'*Appendice*.

Avril.

Le prince de Conti à l'hôtel de Condé. — Mort de l'abbé Fleury, confesseur du Roi. — Le P. de Linières et le cardinal de Noailles. — Réparations au château de Versailles. — Le Régent et le premier président de Mesmes. — Les quatre sols pour livre. — La biche de Louis XV. — Cruauté. — Sandrier, commis de La Jonchère. — M. Dodun, contrôleur général. — L'abbé de Saint-Albin légitimé. — Fille séduite vengée par sa sœur. — Le cardinal premier ministre. — Exil de M. de Nocé. — Arrestation d'un procureur. — Chambre à l'Arsenal.

3 avril. — Le vendredi-saint, le prince de Conti tenta une chose. Il avoit à l'Ile-Adam grande compagnie qui l'attendoit le soir. Au lieu d'y aller, il se mit dans un carrosse, comme étant de la suite de madame la princesse de Conti[1], sa mère, et ils allèrent ainsi rendre visite à madame la Princesse. Il n'y seroit pas entré autrement. Le prince de Conti lui dit qu'il venoit loger dans la maison, que son confesseur lui avoit ordonné de demeurer avec sa femme. Madame la Princesse, qui est un petit génie, prit la chose sur le ton haut, et dit qu'on venoit la forcer dans sa maison. Il ne put pas voir madame la princesse de Conti, sa femme, ils se séparèrent assez mal. Madame la Princesse envoya aussitôt un courrier à Chantilly à M. le Duc et au comte de Charolois. Mon père étoit dans le Luxembourg avec madame la comtesse de La Roche[2]. Ils firent collation chez la comtesse de Laval et madame de Brassac qui y logent; ils attendoient l'issue de cette visite, et ils montèrent en carrosse avec madame la princesse de Conti mère et le prince de Conti. Voilà où cela en est aujourd'hui 8 avril.

1. Marie-Thérèse de Bourbon-Condé, née en 1666, mariée en 1688, à François-Louis, prince de Conti, et veuve depuis 1709. On l'appelait seconde douairière, à cause de sa belle-sœur, Marie-Anne de Blois, fille légitimée de France, première douairière de Conti, veuve de Louis-Armand, prince de Conti, mort en 1685, et frère aîné de François-Louis.

2. Dame d'honneur de la princesse de Conti, seconde douairière. Cette dame fut, dit-on, accusée par le prince de Conti mourant d'être l'auteur des dénonciations qui amenèrent ce scandaleux procès. Voyez plus bas, mai 1727.

M. le Régent se porte bien.

Nouvelle d'église. L'abbé Fleury[1], confesseur du Roi, s'est retiré depuis un mois pour ses infirmités. Il est même tombé depuis en apoplexie. Il s'est agi de nommer un confesseur, et cela tomboit sur les Jésuites. Les bons pères ne font pas grand bruit, mais ils n'avoient garde de manquer ce morceau. Le Père Fleuriau, frère de M. d'Arménonville, garde des sceaux, a fait tout ce qu'il a pu. On a nommé le Père de Linières, confesseur de Madame Douairière, et qui avoit un pouvoir pour elle seule. Il a fallu confesser le Roi, la semaine sainte. Le Père de Linières n'avoit pas de pouvoir pour cela. Le Régent a envoyé[2] à M. le cardinal de Noailles pour en demander un; il a répondu tout simplement qu'il n'en donneroit pas, qu'il étoit bien fâché que cela ne tomboit pas sur le Père de Linières en particulier, parce qu'il étoit Jésuite, mais qu'il étoit résolu de n'en point donner à aucun religieux. Cela a embarrassé la Cour. L'on dit qu'ils ont pris le parti d'envoyer à Rome, pour avoir un bref immédiat du Pape; mais si les évêques sont bien conseillés, ils ne souffriront pas cela. C'est donner atteinte à leur seul droit, qui est de donner pouvoir dans leur diocèse à qui ils veulent. La Cour de Rome sera charmée de faire un exemple pour empiéter[3].

Autre nouvelle: Les ordres sont donnés pour que le Roi aille, le 17 de ce mois, à Versailles, pour y demeurer, dit-on, jusqu'à la Toussaint. Tous les ministres et tous les bureaux suivent comme du temps de Louis XIV.

1. L'abbé Claude Fleury, sous-précepteur des enfants de France, et confesseur de Louis XV, était né à Paris en 1640. Il mourut en 1723. Il est l'auteur d'une *Histoire ecclésiastique* fort estimée, et des *Mœurs des Chrétiens et des Israélites*, etc.

2. C'est M. d'Argenson, lieutenant de police, qui a eu cette commission. (*Note de Barbier*).

3. « Le Roi, dit Lemontey, t. ıı, p. 56, écrivait sa confession de sa main, et lorsqu'elle avait été revue par l'évêque de Fréjus, il la récitait au confesseur; celui-ci prononçait quelques mots d'exhortation, et le renvoyait aussitôt sans oser lui adresser une question. »

On présage mal de ce voyage. Tout le monde croit que le Régent aime mieux être éloigné pour frapper les derniers coups de son administration[1].

Le voyage est différé au mois de mai, parce que Versailles est en mauvais état et qu'il faut le réparer, ce qui coûtera même beaucoup[2]. Cela tombera dans la fin du visa où l'on travaille à force. Car, outre les maîtres des requêtes, on a pris des conseillers du Grand Conseil pour la liquidation. On compte qu'à la fin, il y aura quelque édit ou déclaration de conséquence. Le Régent craint les allées et venues du Parlement, et pour cela il veut l'éloigner.

Tout le monde dit que le Régent a eu de gros mots avec M. le premier président, sur quelque chose qu'il demandoit au Parlement, et que le premier président lui a répondu ne se pouvoir pas faire. Les uns disent que c'est pour le rétablissement du dixième dont on a parlé. Les autres parlent d'une idée que le Régent avoit de faire continuer encore la régence pendant quatre ans. Je ne crois pas qu'il ait proposé cela au Parlement. Il n'en est pas lui-même le maître. Il faudroit une assemblée d'États pour retarder la majorité au delà de treize ans et un jour, qui est présentement une loi dans le royaume; encore grande question de savoir, si une assemblée d'États pourroit préjudicier à un droit que le Roi a. On a bien pu avancer sa majorité, parce que cela étoit en sa faveur, mais de la retarder seroit une autre affaire. Quoi qu'il en soit, altercation entre le prince et M. de Mesme; pour finir la conversation, le prince lui a dit à son ordinaire : « Allez-vous faire f....., vous et « votre compagnie. » On dit que le premier président lui a répondu : « Monseigneur, j'ai eu l'honneur de par- « ler souvent au feu roi Louis XIV, il ne s'est jamais « servi de ces termes-là avec un de ses palefreniers. »

1. Voy. Lemontey, t. ii, p. 65.
2. Lemontey, t. ii, p. 66.

Et qu'il lui a tourné le c... sur-le-champ. Tout le monde dit la même chose. Si cela est, la réponse du premier président est belle et haute.

Pour marquer comme l'on doit peu ajouter foi aux nouvelles de Paris; sur ce que M. le prince de Conti a fait le vendredi-saint, on a dit qu'il avoit voulu enlever sa femme de l'hôtel de Condé, et que, dans la rue de Vaugirard, il y avoit des troupes de son régiment. Tout le monde a dit cela, et rien n'est plus faux.

Madame la Princesse a promis à madame la princesse de Conti et au prince de les recevoir, aujourd'hui lundi de Quasimodo, apparemment pour conférer. Ils iront. On verra ce qui arrivera. Cela n'a point été fait. Et l'on attend tous les jours la demande en séparation.

On a rétabli sur toutes choses les anciens droits et les quatre sols pour livre aussi pour tout ce qui regarde la justice, à commencer du premier avril. On dit que les Parlements de Bretagne et de Rouen ont défendu, par un arrêt, sous peine de la vie, d'élever ces droits. On dit qu'à Orléans, on a jeté dans l'eau trois commis. Enfin, à Paris, aux portes, on prend les droits. Mais ils ne sont pas encore établis au Palais, que cela ruineroit absolument. Le Parlement ne veut pas les laisser percevoir; et de là on craint du mouvement entre le Régent et lui. On craint encore quelque exil, d'autant que le Régent fait venir des troupes auprès de Paris. Si cela arrive, les avocats et les procureurs pour la plupart seront ruinés.

La liquidation du visa se continue à force, et les commissaires envoient des lettres à tous les particuliers, pour justifier ce qu'il y a d'obscur et d'embrouillé dans leur déclaration.

On peut dire que depuis la régence, non-seulement on a perdu son bien, mais qu'on a été bien tourmenté.

Autre histoire. Le mal où l'on est, fait souhaiter la majorité avec impatience, et l'on commence à craindre d'un autre côté que le caractère du Roi ne soit mauvais et féroce; il a, par devers lui, l'air très-sérieux et morose, mais il lui est arrivé une vilaine aventure il y a trois semaines.

Il avoit une biche blanche qu'il avoit nourrie et élevée, laquelle ne mangeoit que de sa main, et qui aimoit fort le Roi; il l'a fait mener à la Muette[1], et il a dit qu'il vouloit tuer sa biche. Il l'a fait éloigner, il l'a tirée et l'a blessée. La biche est accourue sur le Roi et l'a caressé, il l'a fait remettre au loin et l'a tirée une seconde fois et tuée. On a trouvé cela bien dur. On lui conte quelque histoire pareille sur des oiseaux qu'il a[2].

Il y a trois semaines qu'un nommé Sandrier, premier commis de La Jonchère, trésorier général de l'Extraordinaire des Guerres, s'est trouvé perdu sans qu'on ait de ses nouvelles. On disoit qu'on avoit porté à sa femme un billet anonyme à ce qu'elle eût à faire mettre le scellé. Samedi, 18 de ce mois, on l'a trouvé dans la rivière avec deux coups de poignard, et on l'a apporté à la Morgue, au Châtelet, où il a été reconnu par M. de La Jonchère qui y est venu. On dit que c'est pour avoir mal parlé du gouvernement, et l'on dit qu'on a pris sept ou huit de ces nouvellistes, qui s'avisent de gloser sur ceux qui administrent.

24 avril. — Changement dans les finances. M. de La Houssaye a demandé à se retirer, il a bien vu que cela feroit plaisir. M. Fagon a refusé le contrôle général; M. Dodun l'a; cela vaut mieux que d'être président de la quatrième chambre des enquêtes.

Mercredi dernier, 22, on a enregistré au Parlement

---

1. « Dès l'âge de six ans, on semblait avoir pris à tâche de dessécher en lui (le roi) la source des bons sentiments....... Dans une vaste salle remplie d'un millier de moineaux, des oiseaux de la fauconnerie, lâchés en sa présence, en faisaient un facile carnage, et lui donnaient en divertissement l'effroi, les cris, la destruction des victimes, et la pluie de leur sang et de leurs débris. » Lemontey, t. II, p. 58, et *Mémoires* de Dangeau, 18 avril 1716.

2. A Passy, dans le bois de Boulogne.

les lettres de légitimation de M. l'abbé de Saint-Albin, évêque de Laon, fils de M. le Régent, et de la petite Florence. Il a reconnu pareillement madame la comtesse de Ségur, sa fille, et de la Desmares[1], comédienne, qu'il a mariée au comte de Ségur. Tout cela a déjà pris les armes de France.

M. l'abbé de Saint-Albin sera sacré demain dimanche; il s'appelle l'abbé d'Orléans.

Le Parlement s'assembla hier, tant pour les quatre sols pour livre que pour autres histoires. M. Dodun, contrôleur général, ménage un accommodement. Il est venu voir le premier président, et l'assemblée est continuée à lundi prochain.

Mercredi dernier, 22, on a scellé les lettres de grâce d'une demoiselle[2], d'une ville dans le Languedoc. Elle avoit une sœur cadette qui avoit été abusée par un officier, lequel n'a pas tenu de parole envers elle. Cet officier a eu l'impudence de venir dans la ville de Montpellier braver, pour ainsi dire, cette famille. La fille avoit aussi deux frères au service. Ces frères, piqués d'honneur, ont voulu lui demander raison; il en a tué un et blessé l'autre, pas en brave homme. La sœur aînée, en brave fille, l'a été trouver dans la ville de Montpellier. Son laquais lui portoit un pistolet, elle l'a pris dans la maison, a demandé à lui parler, et lui a sanglé trois balles dans le corps dont il est mort. La demoiselle et le laquais ont eu la grâce d'un coup qu'on a regardé comme une juste vengeance et une action de courage dans une fille.

M. le cardinal Dubois s'appelle tout court le Cardinal, comme nos deux anciens grands ministres. Il n'a pas

---

1. Christine-Antoinette-Charlotte Desmares, actrice du Théâtre-Français, née à Copenhague en 1682, et morte à Saint-Germain en 1753.

2. Marais (*Journal, Revue rétrospect.*, 2ᵉ série, t. VIII, p. 178-179 et t x, p. 261), donne à cette famille, en 1722, le nom de Du Chéron, puis de Saint-Chéron, en 1725. La mère était, dit-on, la maîtresse d'un sieur La Combe, dont il sera question en 1725.

encore le titre de premier ministre; mais il en fait les fonctions. On dit qu'il est présentement le maître du Régent, et qu'il le craint. Cela est assez dans le caractère du Régent, qui est bon et facile, malgré son esprit. Le Cardinal a eu du bruit avec le comte de Nocé[1], grand favori du Régent depuis longtemps. C'est l'homme qu'il aimoit le mieux. Le Cardinal a obligé M. le Régent d'exiler l'autre, sinon qu'il se retireroit, sans oublier pour cela toutes les grandes obligations qu'il lui avoit.

On ne veut pas qu'on parle dans les cafés. Effectivement, comme il n'y a que du mal à dire que tout le monde ressent, on se lâchoit un peu fortement dans les cafés de nouvellistes sur le gouvernement. Dimanche dernier, 26 de ce mois, à huit heures du matin, on a pris dans mon quartier, M. Denoux[2], procureur de la Cour, que l'on a mené à la Bastille. Il alloit ordinairement au café, qui est sur le quai Neuf[3], contre la Grève, et y parloit un peu. Heureusement pour lui qu'il est procureur de M. d'Argenson, lieutenant de police, qui est commissaire de la Bastille. Il a été interrogé hier, et il n'y restera pas longtemps. La lettre de cachet étoit signée de M. le cardinal Dubois.

On prépare une chambre à l'Arsenal pour l'examen des fortes déclarations du visa, lesquelles ne méritent pas d'être traitées suivant le tableau; car on dit qu'il y a quatre cents déclarations qui montent à quatorze cents millions. Cette chambre n'est pas encore arrangée pour les officiers, mais on l'a annoncée sous le titre de la

---

1. Voyez plus haut, p. 143, note 1. Dubois redoutant l'influence de Nocé, le fit exiler à Blois. Il ne tarda pas à être rappelé à la mort du cardinal. Le Régent lui écrivit, dit-on : « Morte la bête, mort le venin, je t'attends ce soir à souper au Palais-Royal. » Le comte de Nocé reçut en dédommagement cinquante mille livres en argent et deux mille écus de pension. Mais bientôt, dégoûté de la vie trop légère qu'il avait menée, il se retira du monde, et entra, en 1732, comme novice chez les Jésuites.

2. Il n'en est pas fait mention dans la *Bastille dévoilée*.

3. Ce quai, construit en 1675, par Claude Le Pelletier, prévôt des marchands, s'appelait alors Quai-Neuf, aujourd'hui quai Le Pelletier.

Chambre du Pape, sous prétexte d'examiner les livres faits contre la Constitution, et de punir les libraires et graveurs-imprimeurs qui auroient fait quelque chose à ce sujet; mais ce sera pour l'opération du visa.

Mai.

Les procureurs jansénistes. — Requête de la princesse de Conti. — Provision. — Mort du duc de Mercœur. — Déclaration. — Enregistrement.

On a découvert pourquoi ce M. Denoux, procureur, a été mis à la Bastille. Il n'est pas encore sorti. C'est au sujet de la Constitution; il est de la ville de Châlons[1], qui est une ville toute janséniste; et il parloit haut à ce sujet. Il peut même avoir occupé contre quelques chanoines ou curés, contre des évêques, au sujet de la Constitution. Il y a plusieurs procès de la sorte. On dit que M. le garde des sceaux a envoyé chercher M. Roux, un des premiers procureurs, pour lui dire qu'il mériteroit d'être envoyé à la Bastille pour pareille chose, et qu'il avertit ses confrères de ne plus signer de pareilles requêtes. Le Père Fleuriau, Jésuite, est son frère, en sorte qu'ils ont plus de crédit que jamais.

J'avois oublié de dire qu'à la fin du mois dernier, madame la princesse de Conti a formé sa requête à la première chambre des requêtes, à fin de séparation; et M. le prince de Conti a formé une demande afin qu'elle se mette dans un couvent qui sera nommé par la chambre. Elle a demandé de son côté que madame la Princesse lui en nommeroit un, et que M. le prince de Conti lui payeroit soixante mille livres de provision. On plaide demain mardi, 12 de ce mois, l'après-midi, sur la provision. Me Pothouin, avocat, plaide pour le prince, et Me Julien de Prunay plaide pour la princesse. C'est à huis-clos. Il n'y aura personne, et du côté des parties, deux avocats du conseil de chaque côté, savoir : du côté

---

1. Sur Marne.

de M. le prince de Conti, M° Vésin et mon père; et du côté de la princesse, M° Capon seul, qui est celui qui conduit cette affaire et qui a fait la requête en séparation.

Il faut encore dire pour nouvelle que, par rapport aux droits nouveaux, le Parlement s'étoit assemblé. Il y eut, la semaine dernière, une lettre de cachet qui lui fit défense de s'assembler et de faire des remontrances, en sorte que cela est resté là. Cependant on n'a point encore établi dans le palais le droit des quatre sols pour livre. Le greffe des amendes est fermé, et cela ne laisse pas que d'interrompre les affaires.

Le visa continue toujours et les liquidations se font à force. Les billets liquidés perdent soixante-quinze pour cent sur la place. On a, comme l'on voit, beaucoup de reste de son bien; cependant le luxe est comme à l'ordinaire.

On a jugé hier, 19 mai, la provision sur la demande en séparation de madame la princesse de Conti, qui est pour son arrangement dans le couvent pour la nourriture et ses domestiques. Le prince lui offroit deux mille écus, de lui fournir carrosse, domestiques, et table convenable, et officiers. Elle demandoit soixante mille livres pour avoir soin elle-même de tout. On lui a adjugé quinze mille livres en tout, si mieux elle n'aime accepter les offres.

Le Roi, hier 19, vint rendre visite à madame la princesse de Conti, seconde douairière, sur la mort de son petit-fils, le duc de Mercœur[1]. Elle étoit dans son lit à cause du cérémonial, et pour faire la cérémonie entière. Elle s'y est mise deux jours auparavant. Les médecins l'ont vue sans qu'elle fût malade. Le Roi a rendu aussi visite à M. le prince de Conti, lequel a reçu le Roi à la portière de son carrosse et l'y a reconduit. Le Roi porte le deuil huit jours, le prince de Conti est aussi en noir,

1. Né en 1720 et deuxième fils du prince de Conti.

quoiqu'on ne porte pas le deuil de son enfant, à cause que le Roi est en noir.

Sur les mêmes droits de quatre sols pour livre, on a envoyé une déclaration au Parlement, samedi 16 mai, à enregistrer. Le Parlement s'est assemblé et a résolu de faire des remontrances, lesquelles furent faites, hier 19. On dit qu'elles sont belles. Le Roi a répondu par M. d'Arménonville, garde des sceaux, qu'il avoit prévu tous les inconvénients de cette imposition, mais qu'il en avoit besoin absolument, et qu'il vouloit que cela fût exécuté. En conséquence de la réponse, le Parlement est assemblé aujourd'hui.

Mercredi 20. — Le Parlement assemblé a enregistré la déclaration, en mettant dans l'enregistrement que c'est de l'exprès commandement du Roi donné en sa présence. M. le Régent se soucie peu de leurs modifications. Il s'agit que nous payerons les droits. J'ai bien vu que cela étoit de concert lorsqu'on leur a renvoyé une déclaration.

Mardi 19. — On a jugé la provision pour l'affaire de madame la princesse de Conti. Elle demandoit soixante mille livres de provision pour être dans un couvent pendant le procès; M. le prince de Conti lui offroit six mille livres d'argent, et de lui fournir sa table et domestiques; on lui a donné quinze mille livres de provision, si mieux elle n'aime accepter les offres. Tout le monde trouve cela peu de chose pour une princesse, et le public compte qu'elle perdra sa cause.

Juin.

Le Roi à la procession. — Le duc d'Orléans. — Le Visa. — Person et Laurière. — Encore les frères Paris. — Leur origine. — Paris La Montagne et Paris Du Verney. — Complices de Cartouche. — Le Craqueur. — Exempts enlevés. — Le Roi à Versailles. — Le duc de Noailles exilé. — Exil de Canillac. — La princesse de Conti perd son procès. — Le P. de Linières confesse le Roi. — Note de l'auteur.

Le jour de la grande Fête-Dieu, le Roi a été à la procession de Saint-Germain de l'Auxerrois, pour la première fois, et il a fait un fort grand tour à pied, car depuis la chapelle des Tuileries, il a reconduit le Saint-Sacrement à la paroisse par les rues Saint-Nicaise, Saint-Honoré et de l'Arbre-Sec. Il étoit entre M. le prince Charles[1], son grand écuyer et son capitaine des gardes; d'un côté M. le cardinal de Rohan, grand aumônier, et de l'autre M. le cardinal de Polignac; derrière M. le maréchal de Villeroi, qui étoit sur un petit cheval, parce qu'il ne peut pas marcher, mais si petit qu'on l'auroit cru à pied. Cela a paru un peu extraordinaire. Il y avoit un grand cortége de monde et beaucoup de gardes du corps qui bordoient ensuite trois carrosses du Roi.

Dans le même temps, a passé dans la rue Saint-Honoré la procession de Saint-Eustache, où assistoient M. le Régent et M. le duc de Chartres. Elle étoit fort belle avec toute sa livrée et ses gardes et trois carrosses. Cela a fait un embarras dans la rue, il a fallu que Saint-Eustache se soit arrêté, et ait laissé filer Saint-Germain, en sorte que M. le Régent a bien été trois quarts d'heure sur ses pieds sans marcher.

On presse fort l'opération au visa; on veut que cela soit fini au 15 de ce mois, et à la fin il est certain que le Roi part pour Versailles. On coupe bras et jambes aux étrangers. On met presque toutes leurs déclarations au néant; on n'épargne pas beaucoup les François. Tout va là de la grande rigueur. Leur opération est si fine et si mauvaise que, comme on a voulu donner une valeur forte à ses actions pour se rendre plus digne de compassion, plus on les a mis haut, et moins il en reste.

Il y a quelques commis pris pour des friponneries. Lorsque les conseillers au Grand Conseil arrivèrent à la Banque en qualité de commissaires, un nommé Persan,

---

1. Charles de Lorraine, comte d'Armagnac, grand écuyer de France.

maître des requêtes, homme fort riche et qui n'est pas mauvais par la naissance, voulut badiner avec un nommé Laurière, fils d'un avocat, conseiller au Grand Conseil, en disant comment *Messieurs* du Grand Conseil avoient voulu venir avec ceux qui avoient cassé un de leurs arrêts, il n'y avoit pas longtemps ; il répéta cela si mal à propos que Laurière lui répondit qu'il n'y avoit pas tant à se vanter : « Les gentilshommes font les verres et les « laquais les cassent. »

Toute cette opération est de l'invention des Paris, qui sont gens très-habiles, et qui pressent ceci parce que l'on dit qu'il y a bien d'autres choses en l'air. Ces Paris sont gens de fortune, comme j'ai déjà dit dans quelque endroit de ces mémoires[1]. Ils sont d'un petit bourg, nommé Moras[2], entre Lyon et Grenoble, fils d'un cabaretier. Il y a l'un d'eux qui s'appelle Paris la *Montagne*, qui a été soldat. Il a pris ce nom en sortant de chez son père, qui étoit l'enseigne de leur cabaret, « *A la Montagne*[3]. » Un autre s'appelle Duvernet[4]. On dit qu'il a eu ce sobriquet parce qu'il rinçoit un verre à merveille. Ces quatre frères sont fort riches, ils n'ont pas beaucoup de terres, mais on leur croit en pays étrangers plus de trente millions. Par politique, un qui étoit garçon[5] a épousé sa nièce, fille de son frère, pour qu'aucun étranger ne mette le nez dans leurs affaires. Ce sont eux qui en partie ont cherché à culbuter la banque de Law, en tirant des sommes considérables en argent. Tous les commissaires de la Banque, tant maîtres des requêtes que conseillers au Grand Conseil, avoient bien envie de prendre cet emploi, parce que M. le Régent avoit fait entendre qu'il se réserveroit à liquider les com-

---

1. Voyez plus haut, année 1720, juillet, p. 44.
2. Moras de Veyssilieu, canton de Crémieu, dans l'Isère.
3. Sur l'origine de cette famille, voyez Saint-Simon, t. XXXIV, p. 15.
4. Mieux Du Verney ; Lemontey, t. II, p. 100, en fait l'éloge. Joseph Paris Du Verney, financier célèbre, né à Moras en Dauphiné, mourut en 1770.
5. Paris de Montmartel, marquis de Brunoi, garde du Trésor.

missaires lui-même. Aujourd'hui que tout est fait, les commissaires se liquident, les uns les autres, et cela sans grâce sur le tableau ; d'autant que cela repasse à une révision, en sorte qu'ils auront la honte de leur emploi et nul profit.

On continue toujours l'instruction du procès des complices de Cartouche, et il y a plus de cent cinquante prisonniers à la Conciergerie. La veille de la Fête-Dieu, on en exécuta un, nommé Rozy, dit le *Chevalier le Cragueur*[1]. Son arrêt étoit rendu dès le mardi. Lorsqu'il fut prêt à partir, il commença à jaboter dans la Conciergerie, il déclara tant de monde qu'on amena, pendant la nuit et le lendemain, plus de quatre-vingts personnes. M. Arnault de Bouex, rapporteur, fut plus de trente-deux heures de suite à faire les interrogatoires. Entre autres, il déclara le mardi, le Roux et Bourlon, deux exempts de police, gens à leur aise, lesquels on prit et amena. M. d'Argenson, lieutenant de police, et M. de La Vrillière, secrétaire d'État, dont Bourlon avoit été laquais, se joignirent pour les tirer de là. Sur le soir, M. de Maurepas, secrétaire d'État de Paris, vint avec une lettre de cachet pour les enlever ; le geôlier de la Conciergerie les refusa. M. de Maurepas s'en retourna et revint avec une seconde lettre de cachet portant d'emmener le geôlier lui-même ; cependant il voulut qu'on en parlât à M. le premier président, qui donna ordre avec le premier président de la Tournelle, M. Amelot, qu'on les laissât sortir. On traitoit cela d'affaire d'État, et on les conduisit à la Bastille.

Le lendemain, le Parlement fut fort piqué de cet enlèvement, il s'assembla, il envoya le procureur général au Palais-Royal, qui ne put avoir audience. A midi, le

1. Ce complice de Cartouche avait assassiné le poëte Vergier, le 23 août 1720, rue du Bout-du-Monde. Vergier, auteur de poésies érotiques, était commissaire de la marine. Ses œuvres ont été publiées en 1780, Londres, 3 vol. in-18.

premier président, M. Amelot, et deux conseillers y allèrent, qui dirent à M. le Régent que le Roi n'avoit qu'à nommer des commissaires pour juger tous ces criminels et qu'ils alloient les mettre hors des prisons. Toute réflexion faite, on les a réintégrés dans les prisons de la Conciergerie. Quand M. d'Argenson, le père, enleva Pomereu[1] de la Conciergerie, il ne s'amusa pas à le mettre à la Bastille, il le fit évader. C'est le plus sûr; mais le fils n'a pas osé apparemment faire la même chose.

Ces deux exempts ont été furieusement chargés et accusés d'avoir été complices d'un assassinat, fait dans la rue du Bout-du-Monde[2], d'un certain poëte qui avoit fait les *Philippiques*[3]; cependant il y a apparence qu'ils n'ont pas fait ce coup sans ordre, et il seroit triste pour eux d'être les victimes.

Tous les jours, on exécute quelqu'un de ces malheureux, il y a plusieurs orfévres ayant boutique à Paris pris. Cela est d'une grande conséquence.

Hier, 15 de ce mois de juin, le Roi est enfin parti pour Versailles avec un détachement de toute sa maison. On dit que c'est lui qui a voulu absolument aller sans attendre même la fin du quartier. Savoir si cela est vrai, car on fait répandre tel bruit que l'on veut.

Hier, en même temps, M. le Régent a exilé M. le duc de Noailles[4], son ancien favori, et à qui il a eu de grandes obligations, au commencement de la régence,

---

1. Voyez plus haut, année 1718, p. 15.
2. Cette rue s'appelle aujourd'hui la rue du Cadran et unit les rues Montmartre et Montorgueil. Suivant Sainte-Foix, *Essais*, t. I, p. 95, ce nom de *Bout-du-Monde* venait d'une enseigne où l'on avait représenté un bouc, un duc et un monde.
3. On prétendit, lors de l'assassinat de Jacques Vergier, dont nous venons de parler, que l'on avait voulu faire périr La Grange-Chancel, l'auteur de cette violente satire.
4. Saint-Simon, t. XXXVII, p. 274, prétend s'être opposé à l'exil du duc de Noailles, contre lequel le Régent n'avait aucun motif de plainte.

et M. de Canillac[1], du conseil de régence, autre favori ; on n'en sait pas la raison.

Il est certain que le Roi est très-content d'être à Versailles. En arrivant, il alla à la chapelle faire sa prière, où le Saint-Sacrement étoit exposé. De là, quoiqu'il fît très-chaud, il alla dans tous les bosquets ; il revint ensuite dans la galerie et se reposa à terre sur le parquet, tout le monde en fit de même. M. le Régent fut obligé d'emprunter une chemise pour changer, parce que son appartement n'étoit pas encore garni. De fait, ce logement est bien plus superbe pour un roi que Paris.

M. le Régent et M. le cardinal Dubois, à ce que l'on dit, ne quittent pas le Roi à Versailles, et se promènent avec lui, car le Roi est las du maréchal, son gouverneur ; et de fait il commence à radoter.

Tous les seigneurs qui venoient voir à Paris n'y vont pas de même à Versailles, M. le Régent les choisit.

Le conseil royal est composé du Roi, de M. le Régent, M. le duc de Chartres, M. le Duc, M. le cardinal Dubois, et M. d'Arménonville ; voilà tout.

M. le prince de Conti a gagné sa cause par sentence du 17 juin 1722, rendue en la première des requêtes du palais. Madame la princesse de Conti a été déclarée non recevable en sa demande en séparation et à faire preuve de faits graves[2], de menaces et d'injures contenus dans ses requêtes. Au retour du palais, le prince embrassa mon père, qui avoit été son conseil dans toute cette affaire,

---

1. Canillac était colonel de Rouergue. Il avait été d'abord l'un des amis de Dubois, avec qui il s'était brouillé par jalousie. « Dubois, qui à la fin lui rompit le cou et le fit chasser. C'est peut-être le seul bien qu'il ait fait en sa vie. » Saint-Simon, t. XXVII, p. 142.

2. Comme d'avoir eu du mépris pour elle, depuis son mariage, de l'avoir menacée de lui donner des coups de bâton, de la traiter comme son laquais, d'avoir des maîtresses, et d'oser les amener à sa toilette avec des chirurgiens. Le prince lui faisait répondre qu'il avait augmenté sa pension et qu'il lui avait acheté pour cent mille livres de diamants. Voy. Barbier, ms., t. I, p. 446.

et le lendemain, il lui envoya quinze cents livres. C'étoit M. Pothouin, avocat, qui a plaidé pour lui.

Les Jésuites n'ont pas obtenu un bref du pape pour donner le pouvoir au père de Linières de confesser dans le diocèse de Paris sans pouvoir de l'archevêque ; mais, comme il est à Versailles, et que Saint-Cyr est du diocèse de Chartres, le Roi s'est confessé le dernier jour à lui, à Saint-Cyr, près de Versailles, avec pouvoir de l'évêque de Chartres.

Comme il est juste de mêler ici les faits qui peuvent me regarder, il faut que j'avoue que le vendredi, 26 juin, à neuf heures du matin, une fille de ma connoissance est accouchée d'une belle fille, à laquelle, suivant les apparences, j'ai grande part, quoiqu'elle soit venue sur les crochets d'un autre. La fille n'étoit sortie que la nuit, et elle étoit rentrée dans la maison de son père et de sa mère (laquelle savoit la chose), à neuf heures du matin ; ce qui marque que les femmes ne font les délicates que quand elles ont le temps.

Juillet.

Mademoiselle Néron, maîtresse de Cartouche. — Pelissier et l'intendant de Lyon. — Bref du Pape. — Racinoux, maître des requêtes. — Le cardinal d'Acuna. — La grande Jeanneton. — Impiétés et sacriléges. — Les Cent-Suisses et la grande Jeanneton. — Famille de Cartouche. — M. Arnauld de Bouex. — Son père.

Pour revenir aux affaires publiques, on ne parle plus à Paris que de rompus et de pendus ; tous les jours, il y en a de la suite de Cartouche. Avant-hier, on expédia mademoiselle Néron, sa maîtresse, une brune assez jolie. Il est dit dans l'arrêt : « L'une des concubines de Louis-Dominique Cartouche. » Il me semble que c'est lui faire beaucoup d'honneur. Elle fut pendue à une heure du matin.

Aujourd'hui vendredi, 17 juillet, on a pendu le nommé Pelissier, que l'on avoit amené de Lyon, où il faisoit une très-grosse figure depuis un an au moins. Il étoit tous les jours chez M. Poulletier, intendant; il jouoit avec madame l'intendante et toutes les dames de Lyon. Il étoit chez l'intendant quand l'ordre vint pour l'arrêter. Il a, dit-on, du bien sur la banque de Venise. Il devoit bien passer en autre pays; il se disoit marquis. Cela est très-triste pour l'intendante surtout, sur laquelle on fait des contes. Il est mort sans confession, et il s'est jeté lui-même de l'échelle comme un furieux. Il n'a déclaré personne.

On a fait venir sa maîtresse de Lyon, qui est jeune et très-jolie, fille d'une batelière. On croit qu'elle n'est pas coupable. On dit qu'elle a répondu qu'il est vrai qu'elle étoit en commerce avec lui; qu'elle croyoit l'épouser, mais que madame l'intendante lui avoit coupé l'herbe sous le pied.

Autre chose. Notre Saint-Père le Pape a écrit une lettre au Roi qu'on appelle bref, pour le féliciter sur la bonne morale qu'il paroît embrasser, et pour l'exciter à rendre l'union à l'Église, et à détruire ce qu'on appelle le Jansénisme.

Il y a un mois qu'un M. de Racinoux s'est fait maître des requêtes; il étoit conseiller au Parlement de Bretagne. C'est lui qui a trahi le Parlement, qui a découvert ceux qui pouvoient être coupables dans cette grande conspiration de Bretagne, où le marquis de Pontcallet et trois autres gentilshommes ont eu la tête tranchée à Nantes. Le Parlement de Bretagne a chassé honteusement M. de Racinoux. Comme maître des requêtes, il s'est fait recevoir au Parlement de Paris; on l'a refusé, il a eu des lettres de jussion. Mais à sa réception, M. le premier président l'a très-maltraité, jusqu'à lui dire que la cour ne l'estimoit guère; qu'on ne le recevoit que par ordre exprès du Roi; qu'il prît place, mais qu'il n'y remît pas le pied.

Il est arrivé à Paris ces jours-ci le cardinal d'Acuna, premier ministre et grand inquisiteur de Portugal. Il a un grand nombre de domestiques. On dit qu'à Rome, où il s'est trouvé avec le cardinal de Rohan, il avoit trente carrosses. C'est apparemment pour quelques négociations avec le cardinal Dubois.

On pendit, hier 24 de ce mois, la *Grande Jeanneton*[1], bouquetière, après avoir été vingt-quatre heures à l'Hôtel de Ville à jaser. M. de Bouex, rapporteur, y a passé la nuit. Elle a déclaré cinquante-deux personnes, dont la plupart sont domiciliées, comme gros cabaretiers, limonadiers et autres. Avant-hier, sous une dénonciation incertaine, on alla chercher à dix heures du soir des dames ayant équipage[2] ; l'exempt ne leur donna pas le temps de faire mettre leurs chevaux, les mena à pied. Il se trouva que la *Grande Jeanneton* ne les connoissoit pas. C'étoit une méprise de nom. M. de Bouex les reconduisit jusqu'à la porte de l'Hôtel de Ville, et leur donna vingt archers pour les reconduire chez elles, afin que le peuple qui étoit dans la Grève ne les entourât pas.

Il arrive à présent des choses extraordinaires. La semaine dernière, on trouva un des autels des côtés de la nef de Notre-Dame tout rempli.......; on avoit fait des ordures sur le dernier Évangile. On a béni la chapelle. Il faut que des gens aient bien le diable au corps pour faire pareille chose : ils ne sont pas pris.

On dit qu'on a pris avant-hier, dans un cabaret, des gens qui faisoient rôtir un crucifix avec des maquereaux.

De la déclaration de la *Grande Jeanneton* on a pris deux frères, nommés Liard, qui sont des Cent-Suisses

1. Marie-Jeanne Roger, dite la *Grande Jeanneton*. Elle était enfermée à l'hôpital quand on instruisit son procès. Voyez le *Journal* de Marais, *Rev. rétrosp.*, 2ᵉ série, t. viii, p. 215.
2. Cette fille avait dénoncé les demoiselles de Saint-Vigor, filles d'un sieur de Saint-Vigor, professeur de philosophie au collège de La Marche. Les exempts, dépêchés à la recherche de ces personnes accusées par Jeanneton, se trompèrent, ainsi que le dit Barbier. Voy. Marais, *loc. cit.*

du Roi et de gros cabaretiers[1], ayant chacun cinquante mille écus de bien. Comme ils sont Suisses, on les a transférés au For-l'Évêque. Le Parlement fera l'instruction, et les Suisses les jugeront. Quand on aura besoin d'eux au palais pour l'instruction, ce sont des Cent-Suisses qui les mèneront et ramèneront. Et à cet effet, comme le Roi est à Versailles, il y a un certain nombre de Cent-Suisses qui sont actuellement dans la maison de M. de Louvois[2], à Paris, leur capitaine. Voilà comme cela a été réglé[3].

Hier, 30 du mois de juillet, c'étoit le tour de la famille de Cartouche. On pendit un de ses cousins, fils d'un chandelier. Le Parlement, dans l'arrêt, a tancé le lieutenant criminel; car il est dit que Touton (c'est son nom) avoit été mis au Châtelet tous les ans depuis 1695, ce qui marque qu'il en étoit sorti chaque fois.

On fit aussi hier une exécution extraordinaire. On pendoit le frère de Cartouche, âgé de quinze ou seize ans, sous les aisselles. L'arrêt portoit pendant deux heures, et ensuite condamné aux galères à perpétuité. Au commencement, il cria beaucoup et demandoit qu'on le fît mourir, parce que la pesanteur du corps fait descendre tout le sang à la plante des pieds, ce qui est la souffrance des pendus. Ensuite la langue lui sortit; il ne pouvoit plus parler. Sans attendre les deux heures, on le conduisit à l'Hôtel de Ville; mais il étoit trop tard, il y mourut sans pouvoir se confesser, en sorte qu'en voulant lui sauver la vie, on le fit souffrir beaucoup plus qu'un autre. Il étoit fort méchant pour son âge, et il avoit été complice de son frère de très-bonne heure.

On trouve dans Paris M. Arnaud de Bouex, son rap-

1. Les Cent-Suisses avaient le privilége de pouvoir vendre du vin.
2. Le chevalier de Louvois, qui exerçait cette charge pour son neveu Louis-Charles-César Le Tellier de Louvois, fils de Michel-François (v. p. 59, note 1), marquis de Courtenvaux, duc d'Estrées, maréchal de France; 1695-1771.
3. Les capitulations passées avec les cantons garantissaient aux Suisses, au service de France, le droit d'être jugés par leurs concitoyens.

porteur, dur; mais il ne faut pas s'en étonner : il est fils du lieutenant particulier d'Angoulême. Il vint à Paris pour un procès; il le gagna. En s'en retournant, ses parties l'assassinèrent; en sorte que, quand M. Arnaud entend parler aujourd'hui d'assassinat, cela lui renouvelle celui de son père et ne le rend pas compatissant pour les assassins.

Août.

Scandales à Versailles. — Rambures, d'Alincour, Retz, etc., exilés. — La marquise d'Alincour. — Le comte de Saillans et son pari. — Arrestation et exil du maréchal de Villeroi. — M. de Charost, gouverneur du Roi. — Première communion du Roi. — Départ de l'évêque de Fréjus. — Il est rappelé. — Réflexions. — Présents du prince de Conti à ses avocats. — Le cardinal Dubois, premier ministre. — Le comte de Belle-Isle. — M. Pillavoine.

Dimanche dernier, 2 août, on a exilé, par lettres de cachet, six jeunes seigneurs de la Cour du Roi, pour débauche[1], savoir : le marquis de Meuse[2], le marquis d'Alincour[3], petit-fils du maréchal de Villeroi; le comte de Ligny, second fils du duc de Luxembourg[4]; le duc de Boufflers[5], le marquis de Rambures[6], et, dit-on, le duc de Retz[7], fils aîné du duc de Villeroi. Au clair de la

---

1. *Journal de Marais*, Rev. rétrosp., t. viii, 2e série, p. 221-222, année 1722, juillet, août.

2. Maximilien-Jean de Choiseul, marquis de Meuse, mort en 1738.

3. François-Camille de Neufville de Villeroi, fils du duc de Villeroi, marquis, puis duc d'Alincour. Voyez plus haut, p. 133, note 5. Il était marié depuis 1720. Il fut exilé, et la marquise sa femme alla le rejoindre.

4. Le comte de Ligny, connu aussi sous le nom de comte de Beaumont, lieutenant général, mourut en 1762.

5. Joseph-Marie duc de Boufflers, né en 1706. Voyez plus haut, p. 158, note 3.

6. N..... de Rambures, fils du marquis de La Roche-Fontenille et de Charlotte de Rambures. La mère était grande janséniste. Le lendemain de cet horrible scandale, le marquis de Rambures osa se présenter à la cour avec un habit de gala.

7. Louis-François-Anne de Neufville de Villeroi, dit le duc de Retz. Voy. plus haut, p. 105, note 1. Il fut gouverneur du Lyonnais, capitaine des gardes du corps, et brigadier. Il avait épousé, en 1716, Marie-Renée de Montmorency-Luxembourg, née en 1697, morte épuisée par une vie scandaleuse.

lune, dans un bosquet de Versailles, il plaisoit à ces jeunes seigneurs, qui sont presque tous nouvellement mariés, de faire des débauches assez publiquement. Le marquis de Rambures .... toute la bande ; et l'on dit qu'il en vouloit à M. l'abbé de Clermont, qui est de l'âge du Roi. Il est à la Bastille, et les autres sont exilés, l'un d'un côté, l'autre d'un autre. Tout cela, hors le duc de Retz, n'a guère plus de vingt ans !

Autre histoire du même temps. Madame la duchesse de Retz[1], fille du duc de Luxembourg, fort jolie femme et de dix-huit ans, s'est avisée de .. .. le duc de Richelieu. Elle lui a dit ensuite que c'en étoit assez pour lui, et elle a fait venir M. le comte de Riom, qui étoit autrefois à madame la duchesse de Berri, homme depuis ce temps d'une grande réputation : son talent est de ....
.... Madame la duchesse de Retz .... en cachette par lui. Non contente de cela, elle avoit voulu .... : sa belle-sœur, la marquise d'Alincour[2], par le duc de Richelieu ....[3]. On s'est plaint de ces débauches[4] au maréchal de Villeroi, qui a renvoyé la jeune femme chez le duc de Luxembourg, son père, lequel l'a conduite, dit-on, à une terre à cent lieues de Paris.

1. Voy. p. 227, note 7.
2. Voyez p. 227, note 3. Marie-Josèphe de Boufflers, fille puînée du maréchal de Boufflers et de Catherine-Charlotte de Gramont. Elle remplaça, en 1726, madame de Prie comme dame du palais, et mourut en 1738.
3. Les mots en blanc sont effacés dans le ms., t. 1, p. 455. Ces deux odieuses histoires se trouvent racontées tout au long dans la collection de Maurepas, t. xxv, p. 1 et suiv. La marquise d'Alincour n'échappa, dans un bosquet de Versailles, aux violences de Richelieu, aidé par la duchesse de Retz, que grâce à l'arrivée imprévue du cardinal de Bissy, qui se promenait par hasard de ce côté-là. Il faut donc rejeter le récit apocryphe des *Mémoires* dits de Richelieu.
4. Suivant Marais, *loc. cit.*, la marquise d'Alincour traita, devant le maréchal, la duchesse de Retz de *criminelle* et l'accusa d'avoir voulu séduire le Roi. Les gens de la cour, pour punir la marquise de ses indiscrétions, lui donnèrent le surnom de la *Grande Jeanneton*.

On a exécuté, jeudi 6 août, un fameux pari. M. d'Estaing[1], marquis de Saillans, lieutenant-colonel du régiment des gardes, et gouverneur de Metz, avoit parié d'aller depuis la porte Saint-Denis dans le château de Chantilly deux fois, et de revenir deux fois à cheval, depuis six heures du matin jusqu'à midi. Le jour étoit pris pour le 6 août. M. de Saillans parioit vingt mille livres, et M. le Duc parioit pour lui contre différents seigneurs de la Cour. Le total alloit, dit-on, à quatre-vingt mille livres. Il y a neuf lieues à Chantilly; cela faisoit donc trente-six lieues en six heures de temps: permis à lui de changer de chevaux tant qu'il voudroit. On lui avoit donné à choisir dans toutes les écuries du Roi et des seigneurs; il avoit essayé plus de deux cents chevaux; il en a choisi seize, qui étoient, comme l'on entend, ce qu'il y a de plus parfait dans le royaume pour la vitesse.

Jeudi, sous la porte Saint-Denis, il y avoit un échafaud dressé, où étoient toutes les dames de la Cour et M. le Duc, le comte de Charolois et le prince de Conti, et autres seigneurs. Il y avoit une pendule. Il partit à six heures. Il y avoit quatre mille âmes, tant dans le faubourg Saint-Denis que sur la route, à cheval et en carrosse. Je n'ai point vu cela; cependant il étoit assez curieux de voir la vitesse de cette course, car on dit que c'étoient des chevaux choisis pour un galop allongé et qui alloient ventre à terre. Il arriva à la porte Saint-Denis avant neuf heures, ayant déjà gagné sur la moitié de la course de plus de quinze minutes. Il but un verre de vin à la santé des dames, et jeta le verre en l'air; il en avoit fait autant dans la cour de Chantilly : cela étoit du marché. Il repartit sur-le-champ, et enfin il arriva pour la seconde fois à la porte Saint-Denis, à onze heures trente-cinq minutes; en sorte qu'il a gagné de vingt-cinq

---

1. Charles-François d'Estaing, marquis de Saillans, vicomte de Ravel, etc., lieutenant général en 1724, mort en 1746. Il se maria deux fois.

minutes. On lui avoit préparé un lit chez un limonadier à la porte Saint-Denis, où il est demeuré une heure et demie. Il vouloit aller tout de suite au dîner du Roi ; mais on l'en empêcha. L'après-midi, il étoit à l'Opéra.

On peut regarder cela comme une forte course, car ce n'est pas là une course de chevaux ; c'est une course d'homme. Il faut être non-seulement bon écuyer, mais fort pour courir six heures de suite d'une vitesse pareille. Quelques seigneurs l'avoient voulu suivre pendant quelque temps, mais ils avoient perdu haleine. Le temps ne lui a pas été favorable, car il a plu depuis huit heures du matin jusqu'à midi ; mais M. le Duc avoit eu la précaution, soit pour la sécheresse du pavé, soit pour la pluie, de faire sabler tous les passages de ville ou village, comme depuis la porte Saint-Denis jusqu'à la Chapelle, dans Saint-Denis, dans Écouen, etc. Il ne descendoit pas de cheval aux relais ; il côtoyoit le cheval et passoit d'un étrier à l'autre.

Cela donne lieu au bruit d'un autre pari. Un homme prétend partir de la porte de la Conférence[1] sur son cheval et être vingt-quatre heures à aller jusqu'à Versailles sans s'arrêter, à toujours marcher et sans quitter le chemin de Versailles. Cela paroît plus difficile que le premier. Il faut aller bien lentement pour être vingt-quatre heures à faire quatre lieues.

Hier, le Roi a été à confesse à Saint-Cyr, au père de Linières, et aujourd'hui, 9 de ce mois, il doit être confirmé par M. le cardinal de Rohan.

Étrange nouvelle ! Lundi 10, jour de Saint-Laurent, à deux heures après midi, comme M. le maréchal de Villeroi, gouverneur du Roi, passoit sur un escalier pour aller à l'appartement de M. le Régent, M. d'Artagnan[2], commandant des mousquetaires gris, lui dit : « Mon-

---

1. L'entrée du quai dit de la Conférence, qui commence à la place de la Concorde.

2. Le comte d'Artagnan était neveu du maréchal de Montesquiou.

« sieur, vous voulez bien que, de la part de M. le Régent,
« je vous donne la main pour vous mettre en carrosse
« et vous conduire à Villeroi. » Il avoit à quelques pas
de là six mousquetaires. M. le maréchal demeura tout
interdit; l'autre lui dit : « Monsieur, il faut faire les
« choses de bonne grâce, et il ne conviendroit pas dans
« un endroit comme celui-ci de vous faire faire violence. »
Le bonhomme, qui a plus de quatre-vingts ans, et qui
est faible, se laissa emmener ; il monta dans un carrosse
à six chevaux, aux livrées de M. le Régent[1]. Il y avoit
vingt mousquetaires à cheval, et on l'a enlevé ainsi dans
le Louvre[2]. La compagnie[3] de Villeroi étoit sous le guet
et son fils, capitaine des gardes, étant de service. Voilà
la récompense des soins du maréchal pour l'éducation
et pour la conservation de la santé du Roi[4] ! Il ne l'abandonnoit jamais. Cet exil est, dit-on, la suite de cette
raison. On dit qu'il n'a pas voulu laisser parler M. le
cardinal Dubois, ni M. le Régent, sous prétexte d'affaires,
seul au Roi, et qu'il avoit dit que sa fonction l'obligeoit
de ne le jamais quitter. Le silence du Roi à cet égard
n'est pas une marque d'un bon caractère. On dit cependant qu'il pleura le soir; mais il est assez grand pour
n'en pas rester là. D'ailleurs la jeunesse, ordinairement,
n'aime pas la vieillesse. M. le cardinal Dubois et M. le
Régent, qui sont à présent toujours avec le Roi, l'endoctrinent d'une autre manière, et l'ont apparemment

1. Voy. Saint-Simon, t. xxxviii, p. 23, et Duclos, t. ii, p. 166-167.
Suivant ces deux récits, ce fut le marquis de La Faré, capitaine des gardes du
Régent, qui demanda au maréchal son épée.

2. Le Louvre était le nom donné à la résidence du Roi.

3. Première compagnie des gardes du corps, commandée par Louis-Nicolas
duc de Villeroi, gouverneur du Lyonnais, père des duc de Retz et marquis
d'Alincour.

4. « Il portoit sur lui la clef d'une armoire où il faisoit mettre le pain et
le beurre de la Muette dont le Roi mangeoit, avec le même soin et bien plus
d'apparat que le garde des sceaux celle de la cassette qui les renferme, et fit
un jour une sortie d'éclat parce que le Roi en avoit mangé d'autres..... Il fit
une autre fois le même vacarme pour les mouchoirs du Roi, qu'il gardait aussi. »
Saint-Simon, t. xxxiv, p. 125.

dégoûté peu à peu de son gouverneur avant de faire ce coup : coup hardi contre les lois ! On ne doit point ôter le gouverneur du Roi ; on dit même que l'on a déjà nommé M. le maréchal de Berwick[1]. Il est inouï qu'on mette le Roi à la garde et aux mains d'un étranger. Mais enfin voilà un des premiers fruits du voyage de Versailles. Cela auroit été plus risquable à Paris, où tout le peuple aime et respecte le maréchal. Cette nouvelle a saisi tous les honnêtes gens de Paris ; mais c'est un saisissement muet, car les lettres de cachet s'expédient légèrement.

Tout ce que dessus s'est passé lundi même. Le Régent voulut entrer le matin avec le Roi dans le second cabinet, lui disant qu'il étoit assez grand pour se mettre au fait de ses affaires, et qu'il vouloit l'entretenir tous les jours une demi-heure. M. le maréchal, qui avoit déjà eu quelques gros mots[2] avec le cardinal Dubois, à pareil sujet, dit qu'il falloit qu'il fût témoin de ces conversations, parce qu'il ne pouvoit pas quitter le Roi. « Eh ! « bien, dit M. le Régent, il faut vous céder la place ; ce « n'est pas ici un endroit à discussion ; mais vous m'o- « bligerez à prendre des mesures. » Sur les deux heures, le maréchal alla dans l'appartement de M. le Régent pour lui dire quelque chose ; c'est là où on l'a arrêté. C'est M. le marquis de La Fare, capitaine des gardes du Régent, qui lui a fait le compliment. Il étoit accompagné de sept ou huit gardes de M. le Régent, qui sont à présent dans le Louvre, parce que M. le Régent y a son appartement. Le maréchal a rendu son épée à M. de Biron, premier écuyer de M. le Régent. Ils ont mis le maréchal dans une chaise à porteurs, qui étoit là toute prête ; c'étoit la chaise de M. Le Blanc, ministre de la guerre.

1. Bâtard du roi d'Angleterre, mort ici. (*Note de Barbier.*)

2. Suivant Saint-Simon, t. xxxviii, p. 5 et suivantes, le maréchal avait été amené par le cardinal de Bissy à se réconcilier avec Dubois. L'entrevue eut lieu, mais après les premiers compliments, Villeroi s'emporta et s'oublia au point d'insulter grossièrement le cardinal.

Ils l'ont conduit par les jardins dans la cour de l'Orangerie, où étoit un carrosse à six chevaux de M. le Régent; et là, M. de La Fare l'a remis entre les mains de M. d'Artagnan, qui l'a conduit à Villeroi avec vingt mousquetaires. Voilà comme cela s'est passé, et l'on dit que cela étoit si secret que M. le Duc n'en savoit rien. Ils se sont écartés dans ces chemins, et ils ne sont arrivés que la nuit à Villeroi, où tout étoit fermé, et tout le monde couché. Le lendemain matin mardi, M. le Régent entra chez le Roi avec le cardinal Dubois, et lui dit qu'il étoit à présent assez grand, assez sage et assez prudent pour se conduire lui-même; que cependant s'il vouloit choisir un gouverneur, il pouvoit prendre quelqu'un de sa cour en qui il eût confiance, et ils passèrent dans son cabinet pour l'audience des ambassadeurs.

On nomme trois personnes pour cette place : M. le prince de Rohan[1], M. le maréchal de Tallart[2] et M. le duc de Charost. C'est ce dernier qui l'est, et qui a été installé mercredi, après midi. Tout le monde est fort content de ce choix, parce que c'est un homme pieux. Mais il est toujours bon d'observer avec tout cela que le Roi a été sans gouverneur depuis samedi jusqu'à mercredi.

M. le Régent ne s'endort pas sur l'établissement de ses enfants; il marie mademoiselle de Beaujolois[3], sa fille, à don Carlos[4], fils aîné du second lit du roi d'Espagne. Ils n'ont pas l'un et l'autre plus de sept à huit ans. Ce prince sera un jour duc de Parme du côté de sa mère.

1. Hercule Mériadec, duc de Rohan, prince de Soubise, dit le prince de Rohan, né en 1669, avait épousé Anne-Geneviève de Ventadour.
2. Camille d'Hostun, maréchal duc de Tallart, né en 1652, et mort en 1728.
3. Philippe-Élisabeth de France, née en 1714. Elle fut fiancée à Don Carlos, Infant d'Espagne, et mourut à Paris, en 1734, de la petite vérole.
4. Don Carlos, troisième fils de Philippe V et d'Élisabeth de Parme, fut successivement duc de Parme, roi des Deux-Siciles en 1735, et roi d'Espagne en 1759, après la mort de Ferdinand IV. Il mourut en 1788.

J'ai su que le jour du départ du maréchal, le Roi avoit monté deux fois tout au haut du Louvre, pour regarder marcher son gouverneur avec une lunette; et le soir, au souper, il dit d'un air triste qu'il l'avoit vu de loin.

Le maréchal étoit haut; il ne croyoit pas qu'on fût assez hardi de l'arrêter dans le Louvre. Effectivement il voulut faire résistance autant qu'un homme de cet âge peut le faire. M. de Biron lui dit : « Monsieur, vous « avez toujours eu beaucoup de prudence; n'en manquez « pas dans cette occasion. » Et effectivement on l'auroit mis de force dans la chaise. Mais tout le monde le blâme de s'être ainsi hasardé à aller dans l'appartement du Régent. M. le Régent lui avoit envoyé dire de lui venir parler : il auroit mieux fait de n'y point aller. Cependant, comme à Versailles tout est un peu de mode, on dit à présent qu'on a bien fait, et qu'il radotoit.

Le Roi a fait sa première communion le 15, jour de la Vierge, par les mains de M. le cardinal de Rohan, et ensuite il a fait des stations dans les églises de Versailles.

Aujourd'hui, lundi 17, il est arrivé bien autre chose. Un petit détachement de mousquetaires étoit commandé, et à quatre heures du matin, on a enlevé M. l'évêque de Fréjus, précepteur du Roi, homme très-âgé. Presque personne ne sait encore cette nouvelle, parce qu'on n'ose écrire de Versailles. On voit bien le dessein d'écarter tous les gens qui pouvoient avoir quelque ascendant sur l'esprit du Roi, et qui pourroient lui parler et lui faire entendre raison. C'est bien leur faute d'avoir attendu si tard ; et Louis XIV a bien manqué de politique de mettre pour gouverneur un homme qui devoit avoir quatre-vingt-quatre ans à la fin de la minorité.

La nouvelle n'est pas véritable de cette manière. M. l'évêque de Fréjus s'est en allé lui-même à quatre heures du matin dans une chaise de poste qu'il avoit empruntée. Il a emmené un seul valet de chambre, et on dit qu'il s'en alloit à la Trappe[1]. Mais M. le Régent a envoyé après lui avec une lettre de cachet pour l'exiler ailleurs, d'autant que l'évêque de Fréjus est coupable d'avoir quitté le Roi : un officier ne peut le faire sans sa permission. Au surplus, cela sonne toujours mal. Cet évêque, qui est homme d'esprit, a peut-être appréhendé quelque chose ou entrevu ce dont il ne vouloit point être témoin.

On attend tous les jours du nouveau.

M. le maréchal de Villeroi est parti pour Lyon, dont il est gouverneur, avec ses chevaux, sans escorte, à petites journées. Il se porte bien. Il a eu une grande cour à Villeroi. M. d'Artagnan y est resté avec lui; mais il est méprisé de tout le monde de s'être chargé d'un ordre pareil.

La nouvelle du précepteur du Roi est encore différente. Il s'étoit retiré à Courson[2], terre de M. de Lamoignon, où il avoit demandé à être seul. M. le Régent lui a envoyé quatre personnes pour l'engager à revenir; et à la fin il lui a écrit. L'évêque est revenu auprès du Roi et a fait ses fonctions de précepteur. Cela aura chagriné M. le Régent, car la retraite de cet homme d'esprit et sage a fait plus de bruit à Versailles que l'exil de M. le maréchal de Villeroi, que bien des gens croient avoir été fait de concert avec lui. On ne connoît rien à l'intérieur des hommes. Mais la trahison seroit bien indigne dans un homme de ce caractère; pour moi, je ne le crois pas.

J'ai appris depuis que M. le Régent avoit fait écrire le Roi à M. l'évêque de Fréjus, et ce n'est que sur la lettre du Roi, qui lui ordonnoit de revenir, *qu'il est de retour.* Il

---

1. Notre-Dame de la Trappe, abbaye de l'ordre de Cîteaux, célèbre par la réforme de l'abbé de Rancé, était située dans le diocèse de Séez, aujourd'hui dans le département de l'Orne et l'arrondissement de Mortagne. Sur les motifs de la retraite de l'évêque de Fréjus, voyez les *Mémoires* de Saint-Simon, t. xxxviii, p. 26, et Duclos, t. ii, p. 168.

2. A Basville, où était le président de Lamoignon. Voyez Saint-Simon, t. xxxviii, p. 28.

y a là un secret que personne ne démêle. On dit que M. le Régent avoit voulu charger M. l'évêque de Fréjus de faire certaines propositions au Roi dont il n'avoit pas voulu se charger. D'autres croient que l'évêque de Fréjus avoit vent qu'il y avoit pour lui une lettre de cachet toute prête, et il a pris les devants. On présume toujours qu'il en avoit parlé au Roi, car le Roi n'a point été étonné quand il a appris la nouvelle, et tout le monde convient que, si le Roi aime quelqu'un de ceux qui sont avec une espèce de supériorité auprès de lui, c'est l'évêque de Fréjus. C'est un homme de beaucoup d'esprit, et ce coup est d'une grande politique. Il a mis M. le Régent hors d'état de l'exiler à présent. Aussi M. le Régent en a été très-chagrin.

D'autres raffinent et disent qu'il est d'intelligence avec M. le Régent; qu'il n'a fait cela que pour tenir parole à M. le maréchal de Villeroi[1], à qui il avoit promis de ne pas rester en cour, s'il lui arrivoit quelque chose. Je ne crois pas cela. L'évêque de Fréjus avoit laissé une lettre pour M. le Régent et une pour M. le Duc. Cela auroit été inutile dans le cas d'intelligence. D'ailleurs, cette échappée a porté un coup trop fort pour faire penser le public, et M. le Régent en a été très-fâché.

Je crois avoir dit que M. le prince de Conti a gagné sa cause contre sa femme, par sentence des requêtes du palais, du 26 juin dernier. Six semaines après, il a envoyé par présent à M. Pothouin, son avocat plaidant, une belle berline et deux chevaux. C'est un présent de quatre mille cinq cents livres; c'est assez bien payer.

Vendredi, 14 de ce mois, M. le cardinal de Noailles alla au couvent de Port-Royal demander madame la princesse de Conti; elle vint au parloir; ensuite entrèrent madame la princesse de Conti, la mère, M. le prince de Conti avec ses deux enfants; on fit là ce que l'on put

---

[1] Voyez Duclos, t. II, p. 170, et Saint-Simon, t. XXXVIII, p. 31.

pour l'engager au retour. Elle dit qu'elle ne vouloit pas retourner avec son mari, et, le lendemain, elle a fait signifier un acte par lequel elle a protesté que la visite ne pouvoit être tirée à conséquence contre elle. Elle est bien entêtée là-dessus.

Grande nouvelle! Samedi 22, M. le cardinal Dubois a été déclaré premier ministre du royaume avec douze gardes. Le lendemain, il en a prêté le serment entre les mains du Roi. Nous aurons donc de notre temps un premier ministre cardinal. Pour le coup voilà une belle fortune! On dit aussi que cet homme-là est d'une politique infinie pour son ambition. Il ne fait aussi que cela, car il a soixante-huit ans; il ne boit pas, il ne voit aucune femme ni ne joue. Cela ne fait que rêver creux et travailler.

Il y a un jeune homme qui est aussi dans l'intime secret du Régent et du cardinal à qui on ne songeoit guère : c'est le comte de Belle-Isle[1], petit-fils du grand Fouquet; il n'a que trente-cinq ans, apparemment de l'esprit, et travaille comme un diable. Il est mestre de camp général des dragons.

On parle d'un lit de justice avant la fin du Parlement. C'est pour toutes ces choses qu'on a éloigné le maréchal qui auroit été capable de détourner le Roi. Ce lit de justice est, dit-on, pour déclarer M. le Régent lieutenant général du royaume; M. de Chartres connétable, M. le Duc colonel-général de l'infanterie, et le cardinal Dubois premier ministre. Voilà qui est beau! Comme nous sommes trop bien payés de nos biens, il faut encore prendre les revenus de l'État pour les appointements de toutes ces grandes charges. Le Roi ne sera roi que de

1. Louis-Charles-Auguste Fouquet, comte de Belle-Isle, né le 22 septembre 1684, à Villefranche, maréchal de France, ministre de la guerre, membre de l'Académie française, mort en 1761. « Petit-fils du fameux Fouquet, il semblait résolu de faire violence à la fortune qui avait trahi son aïeul, et il traçait dans la boue les sentiers de sa grandeur. » Lemontey, t. II, p. 71.

nom, car toute l'autorité est dans ces charges, qui n'ont été supprimées qu'à cause de cela.

Toutes ces grandes nouvelles de lit de justice ne se confirment pas absolument; cela a été mis cependant dans la *Gazette de Hollande*, mais ils se donnent la liberté d'annoncer ce qu'ils ont entendu dire.

M. le cardinal Dubois, premier ministre, ne veut point de gardes. Il dit que le cardinal de Richelieu s'étoit fait faire premier ministre contre le peuple et qu'il avoit besoin de gardes; que le cardinal Mazarin l'étoit dans un temps de troubles et de minorité; mais que lui n'avoit rien à craindre, attendu qu'il n'avoit dessein que de faire plaisir au peuple.

On a appelé M. le duc de Charost, nouveau gouverneur du Roi, M. *Pillavoine*. Le fin de ce mot est que Pillavoine est le prête-nom des fermiers-généraux pour un reste de bail; et comme M. de Charost n'est gouverneur que pour peu de temps, on a comparé cela à un reste de bail.

Septembre.

Beauté du Roi. — La *Paulette*. — Le procureur des Chartreux. — Camp de Porche-Fontaine. — M. Bignon de Blanzy. — Le chevalier de Louvois et M. d'Azy.

Je vis hier, 3 du mois, à Versailles, notre Roi, qui se porte bien, a un bon et beau visage, a bon air, et n'a point la physionomie de tout ce qu'on dit de lui : morne, indifférent, et bête. Je le vis se promener à pied dans les jardins, son chapeau sous son bras, quoiqu'il fît vent et froid; il a une très-belle tête. Cela fera un beau prince et de bon air. Je fus fort content de le voir dans cet état. Je crois quand il sera majeur qu'il se fera bien obéir.

Voilà enfin le 7 septembre arrivé, et le Parlement s'est assemblé sans qu'il y ait eu de lit de justice, comme l'on disoit. On a enregistré seulement deux édits : l'un pour le rétablissement du droit annuel, autrement dit la *paulette*, l'autre pour le rétablissement de toutes les charges des villes et villages qui avoient été supprimées.

Il est arrivé, il y a quinze jours, un bon tour aux Pères Chartreux, de Paris. Le père Machou, leur procureur, a pris la peine de décamper et d'emporter une somme d'argent considérable; l'un dit cent mille livres, l'autre quarante mille livres. Son frère, qui est un commis, avoit demandé un passe-port, un ordre pour les postes, et un certificat de santé dont le Chartreux s'est servi. On l'a arrêté; on a arrêté pareillement un perruquier et sa femme, chez qui le bon père alloit faire ses petites parties de plaisir. On dit qu'on a trouvé chez eux une ceinture remplie d'or. Pour lui, il y a apparence qu'il est passé en Angleterre.

On change au palais toute la Grand'Chambre; elle sera magnifique pour le lit de justice à la majorité. C'est une dépense de deux cent mille livres que Son Éminence le cardinal Dubois fait faire pour le Parlement.

Pour divertir le Roi, on a fait un camp à Montreuil, près de Versailles, qu'on appelle le camp de Porche-Fontaine. Le régiment du Roi y est campé. C'est M. le marquis de Pezé[2], colonel de ce régiment et favori du Roi, qui y commande; il a table ouverte, soir et matin, de cent couverts. Les princes et le cardinal y ont mangé; on a fait aussi un fort dont on a fait le siége dans toutes les règles. C'est une partie du même régiment du Roi qui est dedans, et le lieutenant-colonel qui commande dans la place. On a fait venir pour cette expédition des canons de 48.

Samedi, 19 de ce mois de septembre, on a investi la place; dimanche on a ouvert la tranchée. Le Roi vient sur une hauteur toutes les après-midi; il y a quelque

1. Droit que les charges de judicature devaient payer chaque année, et qui montait au soixantième du revenu de ces charges.
2. Hubert de Courtarvel, marquis de Pezé, mort en 1734.

chose de nouveau, comme des sorties et autres actions. Les mousquetaires y vont de Paris tous les matins par détachements. On dit que, dimanche, 20 du mois, le Roi fit le tour de la place, avec une escorte; il se fit une sortie considérable du fort, qui donna sur les troupes du Roi; en un mot, on le prit prisonnier, et on le mena dans le fort, il fut question alors de parler de rançon. Le Roi a donné une somme : les uns disent trois mille livres, les autres dix mille livres, qui est une gratification pour le régiment, et cette petite manœuvre s'est faite à ce dessein. Le samedi, quatre mousquetaires et un officier se jetèrent dans une petite maison, comme ayant déserté; une brigade de mousquetaires les y forcèrent et les prirent prisonniers. On les mena au Roi, et on lui demanda ce que l'on en feroit; il répondit qu'il falloit les renvoyer sur leur parole.

Comme il arrive toujours quelque histoire, deux officiers du régiment du Roi se battirent dimanche dans un petit bois voisin. L'un tomba blessé à mort, et l'autre revint dans le camp sans faire semblant de rien. Des soldats trouvèrent le blessé, ils l'apportèrent au camp, on l'interrogea pour savoir qui l'avoit blessé. Il n'a jamais voulu dire qui c'étoit, et il est mort sans qu'on le sache. Ce silence est bien grand et bien généreux.

Tout Paris va en foule au camp, c'est un monde étonnant; je n'y ai point encore été.

Vendredi, 25 septembre, j'ai été au camp, j'ai entré dans le fort qui est fort bien travaillé. L'après-midi, le Roi y vint à cheval, on fit plusieurs attaques et plusieurs sorties. On fit sauter une mine. Cela est très-curieux pour les gens qui ne sont pas destinés à voir ces choses en réalité. Tous les jours, il y avoit quelque chose de nouveau, puisqu'on suivoit le siége en forme. On en voyoit tomber comme morts et on emportoit les officiers sur une civière et les soldats sur les épaules. D'autres regagnoient leurs troupes en boitant. Les assiégeants avoient l'habit blanc du régiment du Roi, et les assiégés étoient en surtout bleu, que l'on appeloit *les Hollandois*. Sur le soir, le Roi parcourut à pied la tranchée, et les lignes, et les batteries. Il sautoit tout cela d'un air très-délibéré. S'il vit, ce sera un prince beau, bien fait, et alerte. On tira à côté de lui des canons et des bombes sans qu'il eût la moindre frayeur.

Mardi 29 a été la grande attaque. Le Roi est entré dans le fort après la capitulation; la garnison est sortie avec armes et bagages, chariots, et les marques d'honneur. Le Roi a donné à M.[1] .... ; lieutenant-colonel de son régiment, le cordon rouge en sortant du fort.

Il est arrivé au camp une aventure extraordinaire. M. Bignon de Blanzy, jeune homme, conseiller au Parlement, y passoit à cheval; deux hommes qui ne se connoissoient point le regardoient; l'un dit qu'il se tenoit mal à cheval, l'autre nia la chose; de mots à autres ils se querellèrent, se battirent, et l'un d'eux fut tué. Voilà un beau sujet!

Au dîner du Roi, il y avoit grand monde à cause de ce camp. Le chevalier de Louvois, homme de trente ans, étoit à côté d'un officier, nommé M. d'Azy, fils, dit-on, d'un fermier général. Le chevalier de Louvois exerce pour son neveu la charge de capitaine des Cent-Suisses; mais il n'avoit pas pour lors son bâton, parce qu'il n'a point de commandement au dîner du Roi. Voulant voir le Roi, il poussa le sieur d'Azy; celui-ci en fit de même; le chevalier lui dit qu'il étoit à sa place; l'autre répondit que personne n'avoit de place où étoit le Roi, que les officiers nécessaires. Le chevalier le prit au bouton; d'Azy, prudent, se retira et lui céda la place. Mais il s'informa de l'auberge de M. le chevalier, il l'y alla trouver après le dîner du Roi. Là, ils n'étoient plus si pressés, il lui fit mettre l'épée à la main; d'Azy a donné quatre bons coups

---

1. Le nom est resté en blanc dans le manuscrit. Ce lieutenant-colonel se nommait M. Desclavelles.

d'épée à M. le chevalier de Louvois qui n'est pourtant pas encore mort. Quoique ce soit là un duel dans les formes, il n'en est pas question; cela est assoupi.

Octobre.

Couronne royale. — Le *Millionnaire*, diamant. — La nef d'or. — Le sucre. — Maladie de Barbier.

J'ai vu ces jours-ci, par amis, chez M. Rondet, joaillier du Roi, la couronne que l'on a faite pour le sacre de Louis XV. C'est la chose la plus brillante et l'ouvrage le plus parfait que l'on ait jamais vu. Elle est à huit branches, dont le bas forme une fleur de lis de diamants; et en haut est une grande fleur de lis, en l'air, et isolée. Le diamant appelé *Sanci*[1], qui étoit le plus beau du temps de Louis XIV, fait le haut de la fleur de lis, et il y a quatre autres gros diamants qui font les feuilles. Cela est monté en perfection. Au milieu du front, il y a le gros diamant que M. le Régent a acheté pour le Roi. Il est surprenant pour la grosseur, on l'appelle le *Millionnaire*[2], il vaut trois millions. On dit qu'il n'y en a pas un plus gros chez l'empereur du Mogol. On dit aussi, je ne sais s'il est vrai, que celui qui l'a apporté, pour n'être point surpris, s'étoit fait ouvrir la cuisse, et qu'on l'y avoit enfermé dans du plomb, et que, quand il a été ici, il s'est fait ouvrir la cuisse. Il est certainement plus gros qu'un gros œuf de pigeon. J'ai vu, en même

1. Ce diamant célèbre tirait son nom de Nicolas de Harlay, sire de Sanci, surintendant des finances, qui, pour venir en aide à Henri IV, engagea cette pierre précieuse entre les mains des juifs de Metz. Avec le produit, il fit rester les Suisses au service du Roi. Le *Sanci*, après avoir passé en plusieurs mains, fut réuni aux joyaux de la couronne de France. Enlevé en 1792, par les voleurs qui dévalisèrent le Garde-Meuble, il est devenu la propriété de l'empereur de Russie. Il fut offert au gouvernement, sous la Restauration, qui refusa de le racheter.

2. Maintenant le *Régent*. Son estimation, dans l'inventaire de 1791, monta à douze millions. On a pu en admirer la pureté à l'Exposition universelle.

temps, le carrosse que le Roi fait faire pour entrer dans Reims, qui sera aussi d'une grande magnificence. Le dedans est tout garni sur un velours à ramage de points d'Espagne d'or.

J'ai vu aussi la nef[1] d'or qui sert au sacre pour le dîner du Roi; c'est dans quoi on met tout son couvert. C'est un bel ouvrage. C'est Louis XIV qui l'a fait faire, il y a plus de cinquante ans, pour le sacre des rois. Il pèse, dit-on, cent sept marcs. Tout sera d'une magnificence surprenante à Reims. Les troupes sont toutes habillées de neuf. Il y aura peut-être dix mille hommes. Il n'y va des seigneurs que ceux qui sont nommés, lesquels seront plus magnifiquement habillés les uns que les autres.

Le Roi est parti pour Reims, le 24 octobre. Il a passé par Paris avec toute sa maison habillée de neuf et très-magnifiquement. Il y avoit un camp assez considérable auprès de Reims. Dans les premiers jours, faute d'ordre, on voulut vendre le pain aux soldats six ou sept sols, cela fit de l'émotion dans le régiment des gardes françoises, qui étoit à la tête du camp; un officier s'étant avancé pour contenir les mutins, on lui a tiré trente coups de fusil sur lui à bout portant dont il est mort.

Madame Douairière[2] a été à Reims pour y voir madame la duchesse de Lorraine[3], sa fille, et les princes et princesses ses petits-enfants. Il y a eu grand nombre d'étrangers et plusieurs princes. On s'étoit figuré qu'il y auroit un monde considérable dans Reims, et cette idée avoit empêché bien des gens d'y aller, ce qui fait qu'il y avoit bonne place. Bien des personnes y tenoient table,

---

1. C'était une magnifique pièce d'orfévrerie, en forme de vaisseau, que l'on mettait sur un bout de la table du Roi, et où l'on enfermait sa serviette et un couvert.

2. La mère du Régent.

3. Élisabeth-Charlotte de France, sœur du Régent, qui épousa, le 12 octobre 1698, Léopold, duc de Lorraine, mort en 1719. Cette princesse mourut en 1744, laissant quatre enfants de ce mariage.

et elles étoient vides. M. le duc de Villeroi commandoit le camp, il y a fait une dépense excessive; il avoit soir et matin cent couverts.

On a dit Madame morte à Soissons, mais cela n'est pas vrai.

De Reims, le Roi est revenu à Villers-Cotterets, où M. le Régent lui a donné des fêtes; et de là, il est venu passer trois jours à Chantilly, chez M. le Duc. Le Gazetier de France a donné le détail de la cérémonie du sacre et des fêtes de Villers-Cotterets et de Chantilly.

Le pauvre maréchal de Villeroi auroit été bien charmé de faire le connétable; c'est M. le maréchal de Villars. Le chancelier d'Aguesseau auroit bien voulu être à cette cérémonie; M. d'Arménonville l'a représenté.

Pendant ce voyage j'ai eu la fièvre, qui ne m'a été causée que par un chagrin que j'ai eu à cause d'une maîtresse. Je suis constitué de manière que je n'ai jamais été malade que par quelque accident.

Novembre.

Le Roi à Paris. — Maladie de Madame. — Contrôle des actes des notaires.

Le Roi est rentré dans Paris, le 8 novembre, un dimanche. La Ville et M. le gouverneur de Paris ont été le complimenter, au bout du faubourg Saint-Denis. On l'attendoit dans l'après-midi; et toutes les fenêtres étoient garnies de monde, et les rues bordées de soldats.

J'avois été bercé que les rois n'alloient jamais à Saint-Denis, pour leur éviter la vue de leur sépulture et l'idée de la mort; mais M. le Régent est au-dessus de ces imaginations. Le Roi est entré dans l'église de Saint-Denis. On lui a fait voir tous les tombeaux, la maison; on a même chanté quelque chose. Il a vu le trésor, en sorte qu'il n'est arrivé à Paris qu'à la nuit. On n'a rien vu.

Le lendemain, les cours lui ont été faire compliment sur son retour, et le jeudi suivant, il y a eu un *Te Deum* à Notre-Dame.

Madame Douairière est tombée malade, elle a une hydropisie de poitrine.

Il y a eu dans ce mois une imposition terrible, pour le contrôle des actes des notaires. Toutes les affaires sont arrêtées par là. Il en coûte quelquefois jusqu'à trois mille livres pour un contrat de mariage. Ils demandent la taxe du contrôle à chaque clause de l'acte. Si, par exemple, je vends une maison cinquante mille livres, qu'on m'en paye dix mille, et qu'on prenne du temps pour payer le surplus, on prend : pour le contrat de vente, sur le pied de cinquante mille livres ; ensuite pour la quittance de dix mille livres, et pour les obligations des autres payements ; s'il y a des transports ou des délégations, c'est encore autant de droits. On veut obliger au contrôle toutes les requêtes pour assigner, et les sentences et autres actes de procédure sujets au petit sceau. Cette déclaration a été enregistrée en la chambre des vacations, pour quoi on a fort blâmé M. le président de Lamoignon. Tout est arrêté aux requêtes du palais, dans l'espérance qu'on changera quelque chose ; mais ce bel ouvrage est soutenu par M. Dodun, contrôleur général, et par M. de Gaumont, intendant des finances. Et d'ailleurs, M. le premier président, qui est homme d'infiniment d'esprit, quelque mine au dehors qu'il fasse pour sa compagnie, est constamment vendu à la Cour ; il n'a fallu pour cela que de l'argent, dont il ne peut se passer pour sa dépense ; et depuis que le Parlement est rentré, il ne l'a point assemblé pour mettre ordre à cette vexation.

Décembre.

Mort de Madame. — Le duc de Gesvres, gouverneur de Paris. — Secret pour éteindre le feu. — Le doyen des prisonniers de la Bastille. — Madame, enterrée à Saint-Denis. — Mademoiselle de Charolois et la duchesse d'Humières. — Le prince de Conti à la recherche de sa femme.

Mardi matin, jour de la Vierge, 8 de ce mois, à trois heures et demie, Madame est morte à Saint-Cloud. Le deuil est de quatre mois et demi, et il se prendra dimanche, 13. Six semaines grand deuil, après deuil ordinaire, et six semaines petit deuil. Les marchands ont été attrapés; le matin du jour de la mort, les commissaires ont eu ordre d'aller chez tous les marchands drapiers et marchands d'étoffes de soie; ils ont demandé la quantité de draps et d'étoffes qu'ils avoient chez eux et les différents prix, et en ont dressé un procès-verbal. Sur quoi le conseil de commerce a fixé le drap noir de paignon, qui est le plus beau, à vingt-neuf livres l'aune (on le vendoit autant auparavant la mort, et depuis il alloit monter à quarante livres), et le plus beau ras de Saint-Maur[1], à quatorze livres cinq sols. On dit qu'il revient à plus aux marchands, mais il faut convenir que ce sont tous des fripons pour enchérir toutes les marchandises.

Le même jour de la mort de Madame, il y a eu une éclipse du soleil, de cinq doigts, depuis deux heures jusqu'à quatre. Elle a été conduite à Saint-Denis sans pompe, deux jours après sa mort. On dit que cela étoit ainsi ordonné par son testament.

M. le duc de Gesvres[2], qui a eu ce procès d'impuissance, fils du duc de Tresmes, et reçu depuis peu duc et pair, a été reçu au Parlement, gouverneur de Paris, dont il a la survivance aujourd'hui, 10 de ce mois.

Il est venu ici un Allemand, qui dit avoir un secret pour éteindre le feu qui est dans une maison. On en a fait aujourd'hui, 10, l'expérience aux Invalides : d'abord, sur un petit édifice de bois que l'on avoit construit, ensuite sur une cabane de jardinier. Le secret a parfaite-

1. C'était l'étoffe dont on se servait dans la congrégation de Saint-Maur.
2. François-Joachim-Bernard Potier, duc de Gesvres, alors marquis de Gesvres, et fils aîné du duc de Tresmes, avait épousé Marie-Madeleine-Émilie Mascranny, fille d'un maître des requêtes, et nièce de M. de Caumartin. Ce mariage ne fut pas heureux et donna lieu à ce ridicule procès qui se termina, après grand scandale, par le désistement de la marquise de Gesvres. Elle mourut quelque temps après, en 1717. Voyez Saint-Simon, t. xix, p. 74, et t. xx, p. 136.

ment réussi. C'est une poudre qu'il jette dessus le feu. M. le Cardinal, premier ministre, y est venu. On a tiré le canon pour lui et on a battu aux champs comme pour le Roi.

J'ai appris une chose singulière : il est mort ces jours-ci le doyen des prisonniers de la Bastille; il y avoit trente-cinq ans qu'il y étoit. Il avoit été pris en Jacobin, soupçonné d'avoir voulu empoisonner M. de Louvois [1]. On a interrogé cet homme; il a répondu dans un jargon qu'aucun interprète du Roi de toutes les langues étrangères n'a jamais pu entendre, en sorte qu'on n'a jamais pu savoir ni son nom, ni son pays, ni ce qu'il faisoit en Jacobin, et il a passé ainsi trente-cinq ans sans livres ni papier! Il n'y avoit aucune preuve contre lui.

Par rapport au contrôle des actes des notaires, M. le premier président, sans assemblée du Parlement, a fait en sorte qu'on procède aux requêtes du palais comme auparavant; on n'y a pas mis seulement de commis, et l'acte subsiste toujours pour le reste.

Pour conduire Madame à Saint-Denis, le Roi avoit nommé, selon la coutume, mademoiselle de Charolois, madame la duchesse d'Humières [2] et deux dames de cour, dont l'une étoit la marquise de Flamarens [3]. Quand on a descendu le corps dans le caveau, mademoiselle de Charolois a suivi; madame la duchesse d'Humières a voulu l'accompagner; mademoiselle de Charolois lui a dit que, quoique ennemie des cérémonies, elle étoit obligée de soutenir son rang, et de lui remontrer qu'elle devoit marcher derrière elle, et les deux autres dames après. La duchesse d'Humières n'est pas convenue du

---

1. François-Michel Le Tellier, marquis de Louvois, né à Paris en 1641, mort en 1691, ministre de la guerre sous Louis XIV.

2. Anne-Louise-Julie de Crevant, duchesse d'Humières de son chef, épousa en 1690 Louis-François d'Aumont, duc d'Humières par sa femme.

3. Anne-Agnès de Beauvau, morte en 1742, femme d'Aguilan, Gaston de Grossolles, marquis de Flamarens, mort en 1762.

fait. On a cherché M. le marquis de Dreux[1], grand maître des cérémonies, qui a décidé que la duchesse devoit marcher quatre pas derrière; nonobstant cela, elle n'a pas voulu en démordre. Mademoiselle de Charolois a été obligée de faire marcher de l'autre côté d'elle madame de Flamarens. Sur ce, grande dispute en cour. Les ducs ont voulu prendre le parti de madame d'Humières; mais, le dernier jour, madame d'Humières a été trouver, accompagnée de M. le marquis de Biron, mademoiselle de Charolois; elle lui a dit qu'elle étoit fâchée de lui avoir déplu, qu'elle avoit été conseillée par M. le Régent de lui en venir faire ses excuses. Mademoiselle de Charolois lui a répondu : « Dites plutôt, madame, que « le Roi vous a ordonné de me venir demander pardon. » Et lui a tourné le derrière.

Cette duchesse d'Humières est l'héritière de la maison d'Humières, qui a épousé un cadet du duc d'Aumont, à la charge de porter le nom et les armes de la maison d'Humières.

M. le duc de Gesvres, gouverneur de Paris, a été régalé à la Ville, le jour de la réception; il a régalé la Ville chez lui. M. le cardinal Dubois, premier ministre, y étoit, qui *gratieusa* fort la Ville, et qui but à la santé de chaque échevin en particulier. Tout le monde est fort content de sa politesse. On dit aussi qu'il s'empare furieusement de l'esprit du Roi; les grands politiques prévoient quasi que M. le Régent pourroit être la dupe du gros crédit et de la place qu'il a donnés à cet homme-là. Cependant il faut convenir que M. le Régent a beaucoup d'esprit. Enfin l'on verra dans peu si cette majorité tant attendue apportera du changement.

Au 22 décembre, les six mois accordés à madame la princesse de Conti pour rester dans son couvent sont

---

1. Michel de Dreux, marquis de Brézé en Anjou, baron de Berrie, né en 1699, colonel du régiment de Guienne, grand maître des cérémonies en 1720, brigadier en 1721, lieutenant général en 1744. Il mourut en 1754.

expirés. Il falloit qu'elle appelât ou qu'elle revînt avec son mari. Le crédit de M. le Duc, son frère, y a pourvu. Le Roi a envoyé, la veille de Noël, une lettre de cachet au prince de Conti et à la princesse, pour surseoir à toute procédure. La lettre de cachet est très-modérée pour empêcher l'éclat qu'une pareille affaire feroit dans le Parlement.

M. le prince de Conti a tenu un conseil secret avec mon père pour savoir s'il demeureroit dans le silence jusqu'à la majorité, ou s'il se plaindroit dès aujourd'hui. Mon père m'avoit même communiqué cette alternative. Ils ont résolu de s'en plaindre, quoique sûrs de ne rien obtenir, que cela ne pouvoit lui faire tort pour le temps de la majorité, et qu'il paroîtroit trop indolent de ne rien dire, qu'il avoit pour lui le droit commun, le titre de son contrat de mariage et l'autorité de son premier jugement pour avoir avec lui sa femme.

ANNÉE 1723.

Janvier.

Le prince de Conti à l'Isle-Adam. — Épitaphe de Madame. — l'argès de Polisy. — Asphyxie. — M. de Bullion et ses fils. — M. d'Esclimont, prévôt de Paris. — Son installation.

Le Roi est à Versailles. L'on s'est aperçu de l'approche de la majorité. Jamais il n'y a eu tant de monde à Versailles que le premier jour de l'an.

M. le prince de Conti a fait une partie à l'Isle-Adam[1], qui est sa maison de campagne pour la chasse, à huit lieues de Paris, par Saint-Denis. Il y avoit quarante maîtres, et tout ce qu'il y a de plus haut à la Cour, hors la maison de Condé, avec laquelle il ne chasse point, comme on dit proverbialement. La tête de cette compagnie étoit M. le duc de Chartres, M. le comte de Toulouse, MM. le prince de Dombes et le comte d'Eu, fils de M. le duc du Maine; le prince Charles de Lorraine, le comte d'Évreux, ainsi du reste; et, dans cette assemblée, deux évêques, savoir : l'évêque de Beauvais[2], fils du duc de Saint-Aignan, qui est buvant, ayant de bon vin dans sa cave, et sa maîtresse à sa table, dans la ville de Beauvais, et l'évêque de Laon, bâtard de M. le Régent[3]. On a fait des parties de chasse magnifiques, et cela a dû coûter beaucoup à M. le prince de Conti. Il est en gé-

---

1. L'Isle-Adam, aujourd'hui chef-lieu de canton du département de Seine-et-Oise ; c'était une baronnie qui appartenait à la maison de Conti. Le château était splendide.
2. François-Honoré de Beauvillier de Saint-Aignan, l'évêque de Beauvais, du 1er octobre 1713 à mai 1728
3. L'abbé de Saint-Albin.

néral beaucoup plus aimé par les seigneurs de la Cour que les princes de la maison de Condé.

On a fait une polissonnerie un peu forte sur M. le Régent; c'est une épitaphe pour Madame Douairière, sa mère : *Ci-gît l'Oisiveté*, allusion à M. le Régent, sur ce que l'on dit que l'oisiveté est mère de tous les vices.

On a refusé, ou du moins remercié dans les visites, deux personnes qui avoient été acheter des charges de conseillers au Parlement, et qui sollicitoient leur réception. L'un, Fargès de Polisy, avocat du Roi au Châtelet, qui même avoit assez bien fait; son père est secrétaire du Roi et a été munitionnaire général des armées. Il a, dit-on, plus de vingt millions de bien; il a beaucoup gagné à Mississipi; il a été autrefois soldat dans sa jeunesse, *et* est homme de rien. Toutes ces raisons ont fait refuser son fils, mais il fera en sorte de passer à la charge de maître des requêtes; c'est le refuge des gens notés et de peu de naissance. Car on en a reçu qui, après avoir *eu* des métiers bien différents de celui de magistrat, se sont faits un an conseillers au Parlement de Metz, qui est le pont aux ânes, et de là maîtres des requêtes. L'autre s'appelle L'Héritier, qui étoit conseiller au Châtelet; son père est secrétaire du Roi et trésorier des Invalides, venant de petite bourgeoisie de Montlhéry. Celui-ci a un frère procureur au Châtelet, et il a été taxé pour les actions. *Inde ira*.

Il est arrivé dans ce mois-ci un étrange effet du charbon. M. l'abbé de Drosmenil[1], évêque de Verdun, loge dans le faubourg Saint-Germain. Couchoient dans une chambre cinq ou six domestiques, lesquels ont mis du charbon allumé dans un brasier et se sont endormis; deux sont morts, deux autres se sont levés à moitié; le lendemain matin, quand on est entré dans la chambre, sans pouvoir dire une seule parole. Ils ont été malades

1. Charles-François d'Hallencourt de Drosmenil, évêque de Verdun, du 7 janvier 1723 au 16 mars 1754.

longtemps, et le Suisse en est encore tout imbécile ; c'étoit aussi celui chez qui la raison tenoit le moins.

M. de Bullion[1], prévôt de Paris, est mort, il y a déjà du temps. Son fils aîné, lieutenant général des armées du Roi, n'a pas voulu de cette place, non plus que son second fils, le marquis de Fervaques, officier général et gouverneur du pays du Maine. Le troisième, le comte d'Esclimont[2], qui étoit chevalier de Malte, et qui a quitté la croix et *est* colonel du régiment de Provence[3], a pris la charge de Paris. Mais ce qui est de plus plaisant, il ne se contente pas d'être bailli d'épée, il veut aussi se mêler de la justice. Il étudie depuis deux ans avec des avocats ; il s'est fait recevoir avocat.

Samedi, 30 janvier, il a été reçu prévôt de Paris au Parlement, et M. le président de Lamoignon, avec quatre conseillers de Grand'Chambre, sont venus l'installer au Châtelet.

Après les cérémonies et les discours faits en son honneur et gloire, on a plaidé une cause. M. le président a été aux opinions ; il a demandé l'avis de M. le prévôt de Paris, qui a opiné. Sur quoi, M. le lieutenant civil a fait des protestations, qu'il avoit toutes prêtes, et qu'il a données à M. Gilbert, greffier en chef, qui étoit venu avec la Cour pour insérer dans le procès-verbal d'installation. M. le prévôt de Paris a donné, de son côté, des protestations contraires. M. le lieutenant civil prétend qu'il ne doit point avoir voix délibérative. Voilà le premier pas du procès.

A l'égard de la cérémonie, le président à mortier, les quatre conseillers et le prévôt de Paris sont venus du palais à pied au Châtelet[4]. M. le chevalier du guet[5] mar-

---

1. Charles-Denis de Bullion. Il était prévôt de Paris depuis 1685.
2. Gabriel-Jérôme de Bullion. Il exerça cette charge de 1723 à 1755.
3. Ce régiment est devenu, en 1791, le 4ᵉ de ligne.
4. Le chemin n'était pas long. Le Châtelet occupait l'emplacement actuel de la place de ce nom.
5. C'était le chef de cette compagnie, connue sous le nom de *Guet Royal*,

choit à la tête de sa troupe, le lieutenant de robe courte[1] à la tête de sa compagnie, son Suisse, douze laquais de livrée et douze hoquetons; et la marche étoit fermée par M. Le Brun, prévôt de l'Ile[2], à cheval, à la tête de la maréchaussée, comme tous ces gens-là, dépendant du prévôt de Paris. Un lieutenant particulier et les quatre doyens des quatre colonnes[3] des conseillers sont venus les recevoir au bas de l'escalier. Au siége, le président est dans le fauteuil; à sa droite, deux conseillers de Grand'Chambre; après, le prévôt de Paris, le lieutenant civil, un lieutenant particulier et quelques conseillers du Châtelet. C'est ainsi que cela étoit.

Il y avoit nombre de personnes de distinction à sa réception. Il y avoit, ce jour-là, chez lui à dîner cent couverts. Le premier président et presque toute la Grand' Chambre, tous les premiers magistrats et gens du Roi du Châtelet et les quatre conseillers doyens.

Février.

Carnaval. — Bal de l'Opéra. — Le Roi malade. — Le duc d'Orléans au bal de l'Opéra. — Fin de la peste en Provence. — Mademoiselle de Nicolaï. — Mariages. — Ducs et pairs. — Taciturnité du Roi. — Lit de justice, majorité. — Mort de la princesse de Condé.

Lundi, 1er février, il a assisté à l'audience de la Grand'

et chargée, depuis le treizième siècle, de veiller à la sûreté de Paris, fonction dont elle s'acquittait fort mal. Cette compagnie se composait de 150 hommes environ, nommés en titre d'office. La charge de chevalier du guet, supprimée en 1737, fut rétablie en 1763 et subsista jusqu'en 1789.

1. Le lieutenant criminel de robe courte était chargé de veiller à la sûreté de Paris, d'arrêter les meurtriers, vagabonds, et gens sans aveu, de réprimer les délits; il avait dans sa compétence les attentats contre les maîtres par les domestiques, les viols et enlèvements, etc.

2. Le prévôt de l'Ile était, à Paris, le chef de la juridiction connue sous le nom de maréchaussée, à laquelle étaient soumis les gens d'armes et tout ce qui avait rapport à la guerre. Chaque maréchaussée comprenait un certain nombre de cavaliers et d'exempts, qui obéissaient à un prévôt et étaient chargés de veiller à la sûreté publique.

3. Les conseillers au Châtelet étaient inscrits sur un tableau partagé en quatre colonnes.

Chambre. Ses hoquetons, qui l'accompagnoient, restent dans la grande salle, à la porte du parquet. Sa place, dans la Grand'Chambre, est en bas, après le premier huissier.

Mercredi, 3 février, il a été siéger au Châtelet pour recevoir l'invitation par M. le grand maître des cérémonies, au service de Madame Douairière à Saint-Denis. Après quoi, il est sorti pour aller faire l'ouverture de la foire Saint-Germain. Il marchoit dans la foire, et M. d'Argenson, lieutenant de police, disoit aux marchands ce qu'il falloit faire. Ce même jour, le soir, le feu prit dans une maison au Port aux Veaux[1], il y eut deux maisons brûlées; M. le prévôt de Paris y alla; en sorte qu'il veut faire par lui-même ce que ses lieutenants font seuls ordinairement.

Mais sa grande prétention est de venir tenir l'audience quand il voudra, d'y opiner et de faire appeler les placets; pour la prononciation elle se fait par le lieutenant. Il voudroit aussi entreprendre sur ce qui se fait en l'Hôtel; il n'a point encore fait de démarche à ce sujet. Cela inquiète fort M. le lieutenant civil, cela diminueroit considérablement sa charge, qui lui a coûté cinq cent mille livres; et d'ailleurs il est fort haut, qui est un défaut qui lui a fait des ennemis; parce qu'il s'appelle d'Argouges[2], il croit que sa place est au-dessous de lui, et il croit là relever par sa fierté. Il a, malgré ce faible, beaucoup d'esprit et de mérite.

Malgré la misère du temps, on a fait bonne chère ici ce carnaval (dont j'ai eu ma part), et le bal de l'Opéra a été bien couru.

Le dimanche-gras, le Roi s'est trouvé mal après la messe; on disoit que c'étoit de s'être retenu. On dit à présent que c'est une indigestion. Lundi, il a été saigné;

---

1. Sur le quai aux Ormes, près de l'Hôtel de Ville.
2. Jérôme d'Argouges (maison de Normandie), conseiller d'État, lieutenant civil, mourut en 176.. Son fils Alexandre-François-Jérôme lui succéda.

il avoit la fièvre, et on lui croyoit voir des rougeurs au visage. On craignoit la petite vérole : l'alarme étoit déjà dans Paris, et chacun faisoit déjà son commentaire. Le mardi-gras, au soir, il a pris un remède, qui lui a fait grand bien.

Le mercredi matin, hier, M. le cardinal, premier ministre, a écrit une lettre à M. d'Argenson, où il détaille la maladie du Roi et son rétablissement, et il lui marque, comme cette nouvelle est très-importante, d'en faire part au public. Là-dessus, M. d'Argenson a envoyé la copie de la lettre à tous les commissaires, avec ordre de la distribuer dans les lieux d'assemblées, c'est-à-dire les cafés; ce qui a été fait aussitôt. Dieu merci! la politique va toujours son train dans le pays de la Cour. On dit que cela ne l'empêchera pas de venir, le 15 de ce mois, à Paris.

Vendredi, 5 février, s'est fait à Saint-Denis le service de Madame. Les cours ont eu une lettre de cachet pour s'y rendre, attendu que c'est la belle-bisaïeule du Roi. Madame la duchesse de *Savoie*[1], aïeule du Roi, étoit fille de Monsieur, frère du Roi, de son premier mariage.

M. le duc d'Orléans n'a point été au service de sa mère; le jour, les affaires d'État l'occupent, et la nuit, il va au bal de l'Opéra. Il y avoit trois princes : M. le duc de Chartres, M. le Duc et M. le comte de Clermont; les trois princesses : mademoiselle de Charolois, mademoiselle de Clermont et mademoiselle de La Roche-sur-Yon.

Jeudi, 11, on a chanté à Notre-Dame un *Te Deum* pour la cessation de la peste en Provence; on est fort content des troupes que l'on a envoyées pour empêcher la communication.

1. *Du Roi?* (Mss.). — Anne-Marie d'Orléans, fille de Monsieur et d'Henriette d'Angleterre, épousa Victor-Amédée, duc de Savoie, et fut la mère de Marie-Adélaïde de Savoie, duchesse de Bourgogne, mère de Louis XV.

La fille aînée de M. de Nicolaï, premier président de la Chambre des Comptes, de son second mariage avec mademoiselle de Lamoignon, épouse M. le marquis de Nançai, colonel du régiment de Béarn[1], fils unique de dé M. le marquis de La Châtre, lieutenant général des armées du Roi, et de mademoiselle de Beaumanoir de Laverdin. Voilà une bonne demoiselle, qui épouse un bon gentilhomme; elle est belle comme l'Amour, et très-bien faite, et seize ou dix-sept ans! On publie, aujourd'hui 14, le premier ban[2].

Le Roi vient, mardi 16, à Paris. Il sera alors pleinement majeur; sa minorité finit lundi à minuit. Il ira, mercredi 17, tenir son lit de justice au Parlement. Il y a longtemps qu'on parle de ce jour. Le voilà enfin arrivé! On s'attend à plusieurs édits. Je crois que la politique joue bien son jeu à Versailles. On disoit que le cardinal vouloit à toute force avoir la démission de M. d'Aguesseau, pour être chancelier; mais le temps s'avance, et cela n'est pas.

Le Roi n'est point venu mardi à Paris; je ne sais si c'est à cause du rétablissement de sa santé, ou pour quelque autre raison. Il arrive, aujourd'hui, samedi 20, et lundi, il ira au Parlement.

Le Roi a fait trois ducs et pairs, qui seront reçus lundi avant la cérémonie du lit de justice, savoir : M. le marquis de Lévis de Charlus[3], cousin de M. le duc de Ventadour, qui n'a pas laissé d'enfants mâles;

M. le marquis de La Vallière[4], parent de madame la princesse de Conti, première Douairière, fille de mademoiselle de La Vallière[5], maîtresse du roi Louis XIV;

1. Ce régiment, en 1791, fut désigné pour être le 15e de ligne.
2. Elle est morte au mois d'octobre ou novembre 1771. (*Note de Barbier d'Invreville*).
3. Charles-Eugène, duc de Levis, comte de Charlus, gendre du duc de Chevreuse. Voy. Saint-Simon, t. xxxviii, p. 125.
4. Il fut reçu, au grand scandale de Saint-Simon, *loc. cit.*
5. Louise-Françoise de La Baume Le Blanc, duchesse de La Vallière, née en Touraine en 1644, morte carmélite en 1710.

M. le marquis de Biron, premier écuyer de M. le duc d'Orléans, lequel est de maison à être duc. M. le duc d'Orléans a donné la survivance de la charge de premier écuyer à son second fils, le chevalier de Biron.

Je dinai, hier 20, chez M. le premier président Nicolaï, avec M. le comte de Nançai, futur époux. C'est un homme de vingt-huit ans, bien fait et assez bel homme, de bonne humeur et un peu étourdi, en homme d'épée. Il dérange par ses contes la gravité du beau-père. Ce gendre est d'une maison très-illustrée; il y a eu très-anciennement deux maréchaux de France de la Chastre[1]. C'est allié en grand à toute la Cour, et, en badinant, il nous a dit à table qu'il avoit oublié à voir un de ses parents, qui est M. Croizat, homme dans le service, fils de M. Croizat, le plus riche particulier du royaume. Son père lui a donné en mariage cent mille livres de rente, en deux terres. Il a épousé avec cela mademoiselle de Gouffier, qui est une des premières maisons de France, ce qui fait la parenté avec M. de La Chastre. Pour la mariée, elle est toujours belle comme l'Amour. Le mariage se fera la nuit du lundi au mardi, 23 de ce mois.

On se plaint fort de la taciturnité du Roi. On ne sait de quel caractère cela provient. On dit qu'il ne répondit rien à M. le duc d'Orléans, mardi 16, quand il alla lui faire compliment sur sa majorité, et lui remettre tous les pouvoirs qu'il avoit.

Ce que je sais d'original est que, vendredi, M. le premier président Nicolaï, avec M. le président de Lamoignon, le maréchal de Tessé, le duc de Chaulnes et M. de Béringhen[2], premier écuyer, allèrent lui faire signer le

---

[1]. Claude de La Chastre, baron de la Maisonfort, maréchal de France, 1594-1614.

Louis de La Chastre, baron de la Maisonfort, maréchal de France, 1616-1630.

[2]. Jacques-Louis, marquis de Béringhen, premier écuyer de la petite écurie de Louis XV, né en 1651, avait rassemblé une magnifique collection d'estampes, qui est aujourd'hui à la Bibliothèque impériale. Il mourut en 1723.

contrat de mariage; il ne leur dit pas un mot. L'Infante, au contraire, qui n'a pas cinq ans, mais qui est très-jolie, dit au président : « Monsieur, je vous souhaite « toutes sortes de bonheur ! » Du moins cela contente.

Demain, à sept heures, le Parlement est convoqué. Le Roi n'y viendra qu'à neuf ou dix. A parler vrai, on ne sait pas de quoi il s'agira. Le chancelier d'Aguesseau n'y venant pas, M. le premier président vouloit présider et porter la parole, d'autant que cela n'appartient pas au garde des sceaux. Mais M. d'Arménonville s'est accommodé avec M. le premier président, à qui, je crois, on a donné de l'espèce, car personne n'en dépense comme lui; et on enregistrera d'abord les lettres patentes du vice-chancelier, après quoi il en fera les fonctions. Il faut avouer que cet homme-là est bien heureux.

Lundi 22 février, le Roi vint du Louvre au Parlement, à dix heures du matin, pour entendre d'abord la messe à la Sainte-Chapelle. Comme il n'y avoit pas moyen d'entrer en la Grand'Chambre pour voir le lit de justice, je me contentai de voir passer le Roi dans la rue Saint-Honoré. Il étoit accompagné des deux compagnies de mousquetaires, des gendarmes et des chevau-légers, et de ses Cent-Suisses. Les Cent-Suisses sont en noir. M. le marquis de Courtenvaux, leur capitaine, étoit habillé particulièrement : il étoit à cheval en habit noir, rabat plissé et un manteau court noir; je ne sais de quel droit il porte le manteau et le rabat comme sont les ducs et pairs. Le Roi étoit dans un carrosse violet avec les princes du sang.

Un magnifique équipage étoit celui du jeune duc de Gesvres, qui a eu cette grande affaire d'impuissance, et qui, depuis peu, a été reçu en survivance de la charge de gouverneur de Paris, qu'il exerce; et, en cette qualité, il a été au Parlement. Marchoient d'abord douze Suisses, en noir, avec leurs hallebardes; son capitaine des gardes à cheval, ses soixante gardes ou plus, bien habillés, vingt-quatre domestiques de livrée en noir ; lui seul dans un carrosse, avec six pages, savoir : deux devant et quatre derrière (j'aurois cru que le Roi seul avoit des pages derrière son carrosse) ; et deux autres carrosses de suite. Ils le portent haut dans cette maison.

Un autre seigneur haut est le maréchal de Villars. Comme il a fait les fonctions de connétable, et qu'il est à présent le doyen des maréchaux de France, en allant au palais de son côté, il avoit devant lui la connétablie et trois carrosses de suite.

Le soir, lundi, il y avoit à la Grève un feu à neuf piliers.

Le Roi ne fut qu'une heure dans la Grand'Chambre ; tout le public a été attrapé : il ne fut question de rien. M. le Régent parla bien, en assurant le Roi qu'il avoit eu en vue le bien de l'État dans tout ce qu'il avoit fait. M. d'Arménonville, vice-chancelier, fit aussi son compliment, lequel, dit-on, étoit un peu insolent pour le Parlement. On n'a point entendu les trois mots que le Roi a dits. On a ensuite enregistré un édit rigoureux pour les duels (il n'est pas encore imprimé), et voilà tout ce qui s'est passé dans cette belle assemblée. On étoit fou d'attendre dans ce jour autre chose d'un enfant de treize ans. M. le Régent n'a eu aucun titre, ni de lieutenant général, ni d'ordonnateur du royaume, comme on le disoit. Mais, sans titre, c'est toujours lui qui gouverne avec le cardinal Dubois.

Le Roi a reçu, mardi, les compliments de la Chambre des Comptes, de la Cour des Aides, du Grand Conseil, de la Cour des Monnoies et de la Ville.

Le Roi est resté à Paris jusqu'à mercredi. On joua, le lundi, la comédie au Palais-Royal, comptant que le Roi iroit ; on afficha même au double. Il ne voulut aller ni le lundi à la Comédie, ni le mardi à l'Opéra, quelque instance que lui en ait faite M. le duc d'Orléans. Il est très-particulier ; il n'a répondu mot à tous les compliments qu'on lui a faits.

Le public est fâché contre Sa Majesté. On attendoit de sa tendresse naturelle le retour de M. le maréchal de Villeroi. On lui a fait entendre qu'il étoit nécessaire pour le bien de l'État qu'il restât dans son exil. Le Roi a eu la cruauté de renouveler trois lettres de cachet : une pour le bon maréchal pour deux ans, c'est-à-dire pour le reste de sa vie, car ce coup doit le faire crever ; une pour le duc de Noailles, et l'autre pour le chancelier d'Aguesseau. Voilà un drôle bien avancé des belles équipées qu'il a faites !

On a fait cinq maréchaux de France.

Mardi 23 février, madame la princesse de Condé, palatine en son nom et cousine de Madame, est morte dans son hôtel, au Petit-Luxembourg, âgée de soixante-seize ans. Madame la princesse de Conti, sa fille aînée, à qui on avoit refusé la porte la veille, a fait apposer scellé le même jour par deux commissaires du Parlement. Mon père y fut jusqu'à deux heures après minuit.

Toutes les cours, les couvents, les paroisses ont été jeter de l'eau bénite à madame la princesse. Elle a eu cet honneur à cause qu'elle est veuve du premier prince du sang. L'hôtel est tendu magnifiquement ; les quatre héraults d'armes sont autour de son corps, et il y a toujours une douzaine de religieux qui disent des prières.

Mercredi 3 mars, elle sera enterrée aux Carmélites de la rue Saint-Jacques.

Mars.

Mutilation. — Le Blanc accusé par les frères Paris. — Madame de Pléneuf et madame de Prie. — Dureté d'un père de famille. — Fille pendue. — Encore les Cartouchiens. — De l'Aulne. — Le duc d'Orléans et le duc de Chartres. — Intrigues des princes.

Ce jourd'hui matin, premier mars, on a trouvé sur une borne, dans la rue de la Huchette, à l'ouverture des boutiques, dans un papier, ... d'un homme coupés tout ras. On ne les a pas portés à la Morgue pour que le propriétaire les reconnût. Un commissaire s'est transporté, en a dressé un procès-verbal, et on a fait de grandes perquisitions dans le voisinage pour découvrir une action aussi cruelle, mais inutilement.

Il y a ici une grande affaire contre M. Le Blanc, secrétaire d'État de la guerre. Ce sont les Paris qui ont présenté un mémoire, par lequel ils justifient que les trésoriers généraux de l'Extraordinaire des guerres, qui sont les sieurs de Sauroy et La Jonchère, ont dissipé, de concert avec M. Le Blanc, douze millions; car on ne parle plus à présent que par millions. Il y a un souterrain dans cette accusation. Les Paris se défendent dans le public de la faire de leur chef. Madame la marquise de Prie[1], maîtresse de M. le Duc, est brouillée avec M. Le Blanc et avec madame de Pleneuf[2], sa mère, laquelle est la bonne amie de M. Le Blanc; et comme ces p......-là n'ont ordinairement aucune règle dans l'esprit, madame de Prie a engagé M. le Duc à perdre M. Le Blanc, et M. le Duc a fait agir les Paris. On dit de plus que le cardinal a envie de mettre à la place de M. Le Blanc M. le comte de Belle-Isle, son ami. On ne sait ce que tout cela deviendra. A le bien prendre, ce sont des fripons qui en accusent d'autres.

Il y a des pères durs. Un homme riche de trois cent mille livres avoit un fils unique, qu'il vouloit forcer d'être de robe, malgré son inclination. Ce garçon avoit même des parents dans l'épée, ce qui l'avoit peut-être déterminé à choisir ce parti. Après bien des duretés du père, il l'a menacé de le faire enfermer à Saint-Lazare. Ce

---

1. Agnès Berthelot de Pleneuf, femme de N..., marquis de Prie, lieutenant général de la province de Languedoc. Elle mourut en 1727, laissant deux filles, dont l'une épousa le fils du duc de Tallard. Voy: Bois-Jourdain, t. II, p. 16 et suiv.

2. Agnès-Rioult Douilly, femme d'Etienne Berthelot de Pleneuf, directeur général de l'artillerie. Voyez sur les causes de la haine qui divisait la mère et la fille, Saint-Simon, t. XXXVIII, p. 77 et suiv.

jeune homme de vingt-trois ans est venu se réfugier chez une tante qui demeure dans un corps de logis de la maison où je suis, femme âgée de soixante-seize ans. Ce matin, deux prêtres sont venus trouver ce jeune homme pour retourner chez son père. L'esprit étoit un peu troublé, il a cru qu'on le mèneroit de là à Saint-Lazare, il a fait passer les prêtres devant, et il s'est jeté dans la cour par la fenêtre de l'escalier, d'un second étage : il s'est fracassé le crâne, et il est mort à deux heures après-midi.

Il y a eu, ces jours-ci, d'autres malheurs. Une fille s'est pendue, parce que son amant étoit en prison. Une autre fille s'est noyée, toujours pour motif de débauche. Enfin ceux qui croient à la fin du monde doivent l'appréhender à présent.

L'affaire de Cartouche étoit un peu assoupie, par le nombre des contumaces. Mercredi, 10 de ce mois, on a condamné un de ses complices à être rompu. Il a fait le second tome de Cartouche ; il n'a rien dit à la question, mais il a monté à l'Hôtel de Ville ; il a fait venir plus de cent personnes, et il n'a été rompu que le lendemain, à six heures du soir. Ils ont le secret de vivre vingt-quatre heures de plus, et de boire et manger, malgré l'arrêt du Parlement, car celui-ci a mangé un bon plat de morue à son dîner. Il s'appeloit de L'Aulne.

M. le cardinal a plus de crédit depuis la majorité qu'auparavant. Il prend connoissance de tout. M. le comte d'Évreux n'a plus le détail de la cavalerie, ni M. de Coigny des dragons.

M. le duc d'Orléans a voulu obliger M. le duc de Chartres[1], son fils, à aller travailler chez le cardinal, en qualité de colonel-général de l'infanterie, dont le régiment des gardes fait aussi partie à présent. M. le duc de Chartres n'a pas voulu obéir, et a tenu bon contre son père, en lui disant que le sang et le devoir l'empêchoient de

---

1. Voyez Saint-Simon, t. xxxviii, p. 137.

faire pareille démarche. Il paroît dur à ce prince d'aller travailler chez un homme qu'il a vu en bon françois comme domestique dans sa maison. M. le duc d'Orléans ne manquera pas de croire que ce conseil lui vient du prince de Conti dont il est fort ami. M. le duc de Chartres a vingt ans, et de tous les princes il n'y a qu'eux deux qui aient de l'esprit et des sentiments.

Les choses ont été si loin entre M. le duc d'Orléans et M. le duc de Chartres, que le père lui a dit que, s'il continuoit à le prendre si haut, on pourroit bien l'éloigner; le fils a répondu qu'il en étoit le maître, qu'il avoit pris son parti là-dessus, et qu'il avoit fait mettre des chevaux à sa chaise de poste à tout hasard, mais qu'il avoit, avant de partir, quelque chose à faire. Cette menace a surpris M. le duc d'Orléans, qui a été sur-le-champ dans l'appartement de madame d'Orléans, lui dire : « Madame, je ne sais à qui en a votre fils, il a « aussi peu d'esprit que M. le Duc, il est aussi brutal « que M. le comte de Charolois, et aussi fou que « M. le prince de Conti! » Cette réflexion du duc d'Orléans a paru assez jolie. M. le comte de Toulouse est aussi mécontent. On lui a ôté le détail de la marine dont le conseil se tenoit chez lui. M. le cardinal a le titre de surintendant des mers, et M. le comte de Morville[1], ambassadeur en Hollande et plénipotentiaire à Cambrai, fils de M. d'Arménonville, garde des sceaux, est secrétaire d'État de la marine, comme étoit du temps de Louis XIV le comte de Pontchartrain.

On dit donc que M. le prince de Conti et le duc de Chartres ont été secrètement à Rambouillet chez le comte de Toulouse. On dit aussi que voilà la bande unie : M. de Chartres, M. de Charolois, M. le prince de Conti, M. le comte de Toulouse, M. le comte d'Évreux, M. le

---

1. Le comte de Morville, Jean-Baptiste Fleuriau, était né à Paris en 1686; Il fut successivement ambassadeur en Hollande en 1718, et ministre de la marine et des affaires étrangères jusqu'en 1727. Il mourut en 1732.

maréchal de Villars, M. le marquis d'Alègre[1], lieutenant général et M. le duc de Luxembourg[2], aussi lieutenant général. Ces gens-là en attireroient bien d'autres, car à cause des exilés M. le duc d'Orléans a bien des ennemis.

Avril.

Hérétiques de Montpellier, les *Multipliants* ou *Condormans*. — Assassinat de Jorry. — Détails. — Ricœur. — Officier centenaire. — Le duc du Maine, prince du sang. — Friponneries à la Banque. — Arrestation des commis. — Maîtres des requêtes compromis.

On a découvert une plaisante secte à Montpellier, appelée les *Condormants*, c'est-à-dire dormants ensemble; ou les *Multipliants*. Il y avoit deux cents personnes qui s'assembloient chez une dame de Montpellier[3]. Il y avoit dix ou douze hommes qui étoient les ministres, habillés comme on dépeint les lévites de l'Ancien Testament, avec des étoles sur lesquelles il y avoit des caractères hébreux, et d'autres qu'on ne connoît point. Ils s'assembloient le soir, disoient une espèce d'office; dans la salle, il y avoit trois ou quatre lits de repos. Pendant l'office, il y avoit des intervalles où l'on souffloit les lumières, les hommes prenoient les femmes et alloient chevaucher sur les lits, chacun à son tour, ensuite de quoi chacun s'en retournoit chez soi. On en a arrêté dix ou douze, et on a envoyé une commission extraordinaire pour les juger.

Aujourd'hui, dimanche de Pâques, on s'est aperçu d'un assassinat épouvantable, qui regarde gens de mon ancienne connoissance. En voici l'histoire[4] :

Jorry, procureur de la cour, a épousé anciennement

---

1. Yves, marquis d'Alègre, né en 1653, lieutenant général, devint maréchal de France en 1724. Il mourut en 1733.

2. Christian-Louis de Montmorency-Luxembourg. Voyez plus haut, p. 187, note 2.

3. La demoiselle Verchand. Voyez dans les *Mélanges* de Bois-Jourdain, t. II, p. 309, quelques détails sur cette secte.

4. Voyez *Journal de Marais*, *Revue rétrospect.*, 2e série, t. IX, p. 147, 27 mars 1723.

une fille de Pralard, libraire, rue Saint-Jacques, très-belle femme. Le mari, grand benêt, ne faisant rien comme procureur, ne se mêlant ni de la conduite de sa femme, ni de sa maison, gobelottant ; du reste, bon homme. Ils ont toujours demeuré dans la rue Saint-Jacques, avec leurs frères et sœurs. Cette femme est depuis quinze ans en commerce avec Maclot, grand-maître des eaux et forêts de Champagne, et, quoique encore belle femme, elle a sa cinquantaine d'années. Voilà les faits. A la Saint-Jean dernière, 1722, Jorry et sa femme ont délogé et sont allés demeurer à un second, dans la même maison où loge Maclot, afin que les batteurs soient plus près de la grange. C'est dans la rue Sainte-Croix[1], au coin de la rue de l'Homme-Armé[2]. Il y a encore dans cette même maison, M. Blanche-Barbe, ancien avocat, et sa femme, laquelle est propriétaire de la maison. Il y a un portier, et cette maison est très-soigneusement fermée.

Mercredi-saint, Maclot est parti avec madame Jorry, pour aller à Maisons, près Saint-Germain. Il a un des pavillons du château. Jorry est resté avec une seule servante, jeune et assez jolie. Le vendredi-saint, la servante rentra à cinq heures du soir, et Jorry à huit heures. Le samedi-saint, le portier ne les avoit vus ni l'un ni l'autre. Cela mit M. et madame de Blanche-Barbe en peine. Le matin, Cailly, ci-devant commissaire, ancien ami de la maison, y entra ; on lui dit l'inquiétude où on étoit. Madame de Blanche-Barbe, comme propriétaire de la maison, avoit une double clef de la cuisine de M. Jorry. On y envoya un laquais à tout hasard ; on y trouva la servante renversée sur le nez, les jupes levées, une corde au cou, la gorge coupée et deux coups de hache sur la tête. Le laquais descendit bien vite. On envoya chercher le com-

---

1. Rue Sainte-Croix-de-la-Bretonnerie. Cette rue tirait son nom du couvent de l'ordre de saint Augustin, qui avait été fondé par saint Louis, sur l'emplacement de l'hôtel de la Monnaie.

2. Le nom de cette rue, qui existe encore, aussi étroite qu'alors, vient, dit-on, d'une enseigne très-ancienne qui représentait un *homme armé*.

missaire Camuset. M. le lieutenant-criminel étoit en campagne aussi bien que le procureur du Roi, mais Le Noir, lieutenant particulier y vint, et M. de Saint-Contès, avocat du Roi, et M. de La Grange, substitut du procureur du Roi. Il fallut un serrurier pour ouvrir l'appartement de Jorry, qui étoit fermé à double tour. On le trouva en robe de chambre et pantoufles, avec le reste de sa collation sur une table, renversé sur le nez, trois coups d'épée dans l'estomac, deux coups de hache qui lui fendoient la tête et un coup de pistolet chargé de petit plomb dans la gorge. On a fait le procès-verbal de tout. On a envoyé à Maisons. Madame Jorry est revenue, on l'a préparée à ce malheur, par lui dire que son mari étoit mort d'apoplexie. Tout le monde raisonne sur le compte de la femme à cause de ce commerce avec cet homme, et que cela arrive pendant qu'elle étoit en campagne avec lui. Cependant à quelle fin? Car elle est la maîtresse de passer trois mois dehors comme huit jours. Sera-ce quelque drôle amoureux de la servante et jaloux du maître qui les aura sacrifiés tous les deux? Le coup est bien hardi pour si peu de chose. On dit aujourd'hui que c'est un valet de chambre de Maclot qui a demandé son congé le mercredi-saint, qui étoit un joueur, et qui savoit qu'il y avoit dans une cassette (laquelle étoit dans le cabinet de Jorry et qui appartenoit à Maclot), la somme de six mille livres. J'ai débité cette nouvelle pour faire plaisir à la famille de la femme. Je ne vois pas cependant qu'on donne dedans, quoique je n'aie point dit deux circonstances qui y servent bien de réponse. La cassette dans laquelle on dit qu'il y avoit six mille livres s'est trouvée fermée sans avoir été forcée, et des papiers qui sont dedans, point dérangés. Grande preuve qu'on n'a point touché à la cassette et qu'il n'y avoit point dedans six mille livres. En second lieu, la cassette étoit dans le cabinet de M. Jorry, qui est d'un côté de l'escalier; et c'est de l'autre côté de l'escalier, dans une chambre, précédée d'une antichambre, qu'il a été assassiné. On pouvoit donc, la nuit, prendre la cassette sans qu'il fût besoin de l'assassiner. On ne peut donc pas dire juste ce que c'est. On verra par la suite.

Hier, autre malheur! Le feu prit dans un four de boulanger, dans le faubourg Saint-Antoine, pendant que tout le monde étoit au service. Il y a eu trois maisons brûlées, plusieurs personnes tuées. On a détaché plus de cinq cents hommes du régiment des gardes pour y travailler, parce que la Ville donne une somme à l'état-major des gardes par an pour avoir ainsi du secours dans les incendies; M. d'Argenson y a presque passé la nuit.

Le soupçon est entièrement effacé sur le compte de la femme et de Maclot (et effectivement toutes les circonstances étoient contre). On accuse absolument le valet de chambre qui a disparu[1]. On a trouvé une poignée de cheveux dans la main de la servante qui s'étoit défendue. On a trouvé dans les lieux des bas que l'on a reconnu être de lui. C'étoit lui-même qui avoit porté la cassette à M. Jorry; ce qui se faisoit toutes les fois que Maclot alloit en campagne, parce que Jorry étoit très-soigneux. Jamais affaire n'a été plus cruelle ni n'a fait plus de bruit à Paris. Maclot s'est déclaré ouvertement partie, et leur honneur y est intéressé. On a fait des recherches dans Paris, deux nuits, de douze commissaires avec quatre cents hommes du guet dans toutes les auberges. On a envoyé par toutes les provinces des ordres avec son signalement imprimé et le détail des espèces volées dont il y en avoit de vieilles. On ignoroit le lieu de son origine et son pays, et tout cela faisoit raisonner.

Enfin ce coquin a donné lui seul les éclaircissements par permission divine. Il a écrit une lettre de Beaugé[2],

1. Ce valet s'appelait Ricœur. Voyez son signalement imprimé, mss., t. I, p. 503. C'était, dit Marais, *loc. cit.*, p. 264, un cartouchien.

2. Beaugé, aujourd'hui chef-lieu d'arrondissement de Maine-et-Loire, est célèbre par la victoire remportée, en 1421, par le sire de La Fayette sur le duc de Clarence et l'armée anglaise.

en Anjou, à un laquais de ses amis. Ce laquais n'a pas voulu décacheter la lettre. Il l'a portée à M. Maclot, et de là au lieutenant-criminel. Il mandoit de prier M. Maclot, de donner une somme qu'il devoit à Jeanneton (qui est celle qu'il avoit assassinée), croyant par là qu'on ne le soupçonneroit. On a été à Beaugé, on l'a manqué de six heures. Sa mère y demeuroit chez un abbé. On a arrêté la servante et le maître. On a trouvé partie des louis qu'il avoit laissés en dépôt, son couteau de chasse dont il s'étoit servi pour l'assassinat. L'exempt est revenu quelque temps après. Il est arrivé à Beaugé un paysan avec une lettre pour la mère. On l'a arrêté. Ce coquin mandoit à sa mère de faire une ceinture des louis et de la mettre autour de cet homme ; qu'il prenoit le parti de passer en Angleterre ; qu'on lui avoit promis un passe-port, et qu'il entendoit qu'on le soupçonnoit d'un crime dont il étoit incapable. On a fait dire à l'homme où il devoit retourner. Il est parti quatre exempts de Paris, et enfin, on l'a pris à Cossé[1], dans le Maine, à près de cent lieues d'ici. On dit qu'il a déjà tout avoué, et qu'il avoit eu ce dessein-là dès les jours gras. Celui-là n'a pas grande obligation à son maître à écrire ; car sans ses lettres, on ne l'auroit découvert qu'avec peine, et peut-être point. Il arrivera ici la semaine prochaine, c'est-à-dire au commencement du mois de mai. Il y aura du monde à son exécution.

A d'autres nouvelles. Le Roi a donné, il y a quinze jours, la croix de Saint-Louis à un officier de fortune qui avoit sa commission d'officier du temps de Louis XIII, trisaïeul du Roi. Cet homme est âgé de cent onze ans. Tout le monde l'a vu avec plaisir à Versailles. Ce fait a eu place, comme l'on croit bien, dans la *Gazette*[2].

1. Aujourd'hui dans le département de Maine-et-Loire ; cette seigneurie a appartenu à la famille de Brissac.
2. Voyez *Gazette de France*, ann. 1723. Ce vieil officier s'appelait Caruel. Il avait été nommé officier le 28 janvier 1636. Il mourut en 1726, au mois de février.

Le Roi a donné des commissaires ces jours passés pour décider du rang de M. le duc du Maine, lequel avoit été attaqué pendant la minorité.

Il a été jugé[1] avant-hier. On lui a donné le titre de prince du sang légitimé, le rang au Parlement au-dessus des ducs et pairs; mais il n'aura pas le droit de traverser le parquet, ce qui n'appartient qu'aux princes du sang. Il ira à sa place par les lanternes, comme les autres ducs. Au Louvre, il aura les mêmes honneurs que les princes du sang. Cela rabaisse M. le comte de Toulouse, qui jusqu'ici avoit traversé le parquet. On conserve les mêmes honneurs aux enfants de M. le duc du Maine, mais pour ses petits-enfants, ils n'auront rang au Parlement que suivant leur pairie, avec une différence néanmoins, que M. le duc du Maine et M. le comte de Toulouse ôtent le service au Louvre, c'est-à-dire qu'ils ôtent la chemise des mains du grand-chambellan pour la mettre au Roi; et la serviette des mains de M. le premier maître-d'hôtel pour la donner au Roi, ce qui n'appartient qu'aux princes du sang. Les enfants de M. le duc du Maine n'ont pas ce droit.

La nuit du jeudi au vendredi, dernier jour d'avril, M. d'Argenson, lieutenant de police, assisté de six commissaires, alla mettre les scellés à la Banque sur quatre bureaux ou caisses, et de là se transporta chez les quatre caissiers, à trois heures après minuit, les prit et les fit conduire à la Bastille. Ces quatre principaux commis[2] sont: Daudé, Sanson et Février que je connois, et Gally. On dit qu'ils ont fait faire à leur profit plus de dix-huit cents actions. Ceux qui avoient été liquidés ne se plaignant pas de la diminution qui leur avoit été faite. Ces commis, qui avoient les déclarations et le secret de tous,

1. Voyez *Journal de Marais*, 2ᵉ série; *Revue rétrospect.*, t. ıx, p. 268-269.
2. Voyez Marais, *loc. cit.*, p. 272, mai 1723. — Ce fut, dit-on, un officier qui découvrit cette friponnerie en allant se plaindre au Régent d'être réduit. On vérifia sur les registres et on le trouva augmenté.

présentoient des placets au nom de ces particuliers, par lesquels ils demandoient qu'on leur fît justice et qu'on leur rétablît tant d'actions. Le contrôleur-général, qui comptoit que c'étoit au profit des particuliers, mettoit *bon*, et en conséquence, on délivroit un certificat pour tant d'actions, ce qui est au porteur, lequel les commis envoyoient vendre sur la place. On dit que, par ce manége, ils doivent avoir fait plus de deux millions d'argent. On ne sait ce que cela deviendra; on dit de plus, qu'il y a les quatre commissaires de ces bureaux, qui sont quatre maîtres des requêtes, qui en sont. Ce fait n'est pas encore assez sûr pour mettre ici leurs noms; mais, si cela est, il n'y aura point d'exemple pour la satisfaction du public, car dans ce pays-ci, on ne punit point la friponnerie, et avec l'argent que ces gens-là pillent, ils trouvent le crédit de se tirer d'affaire.

Les maîtres des requêtes, commissaires au visa, que l'on soupçonne d'une voix générale, sont : Dodard[1], fils du premier médecin, Regnault, Pinon d'Avaur, Talhouet, et l'on nomme aussi Fontanieu. C'étoient eux qui présentoient et faisoient le rapport des placets sur lesquels le contrôleur-général Dodun mettoit *bon*, et ces MM. les commissaires s'approprioient les suppléments que l'on leur accordoit pour les particuliers, soit d'actions, soit de rentes, soit de liquidations.

On dit que le cardinal a lavé la tête au contrôleur-général de ne l'avoir pas averti de cette friponnerie, laquelle il savoit.

D'autres disent que cela n'est pas naturel, attendu qu'il étoit averti, il y avoit quinze jours.

On dit aussi qu'on a trouvé chez Fébvrier quatre mille louis de Noailles, et trois cents actions. Il n'est pas étonnant si sa femme avoit des boucles d'oreilles de quinze mille livres pièce.

---

[1]. Ses deux secrétaires sont en fuite. (*Note de Barbier*).

Mai.

Procès de Ricœur. — Rompu vif. — Fiacre blessé dans l'église des Innocents. — Talhouet arrêté. — La princesse d'Auvergne. — Boutade de Dubois. — Bon mot du Régent. — Origine de Talhouet. — Il épouse la fille de M. Bosc. — L'abbé Clément. — Évasion de la Conciergerie. — Meurtre commis par le duc de Charolois à Anet. — Sa grâce. — Réponse du Régent. — La Delisle. — *Tendresse paternelle* du comte de Charolois. — Sécheresse. — Le duc de Mazarin, la petite Émilie et le Régent. — Encore Talhouet. — La Jonchère arrêté. — Sa femme, maîtresse de M. Le Blanc.

Le 3 mai, Ricœur, le valet de chambre, est arrivé à Paris, bien garrotté; il avoue tout. Il n'étoit point en commerce avec la servante, comme on le croyoit; il ne l'a tuée que parce qu'il lui avoit proposé d'être du complot, et qu'elle n'avoit pas voulu. Il l'a tuée la première, à huit heures du soir. Sur les neuf heures, M. Jorry sonna sa servante pour venir faire les lits. Ricœur descendit; M. Jorry, surpris de le voir, il lui dit qu'il venoit de Maisons, où tout le monde se portoit bien, que la servante n'étoit pas en état de descendre, qu'il feroit son lit; et, étant approché de lui, il commença par lui lâcher le coup de pistolet à bout portant dans la gorge, et l'acheva. Après avoir volé, il prit les bas, la perruque et le manteau rouge de Jorry, et le lendemain du matin, il sortit. On crut que c'étoit Jorry. Celui-là est assez adroit, on peut dire qu'il avoit exécuté un coup aussi hardi et aussi cruel avec tout l'esprit possible, et il a manqué dans le plus aisé. Car pourquoi ne pas s'en aller tout de suite avec son argent, sans aller chez sa mère et sans écrire? Il est d'un grand sang-froid dans la prison. Il est gardé à vue par deux archers, et avant-hier, après avoir été interrogé, le matin et après-midi, il joua le reste de la journée au piquet.

Vendredi, 7 mai, Ricœur a été rompu vif en place de Grève, moi présent; il a eu les onze coups vifs, et il a expiré sur la roue, où il n'a été qu'un quart d'heure. Comme il a tout avoué, il n'a pas eu la question.

Jeudi, jour de l'Ascension, six particuliers voulurent prendre un fiacre contre les Innocents[1]. Le fiacre ne voulut point marcher; cela forma querelle. Le fiacre, ayant reçu quelques coups, voulut jouer de son fouet; quatre mirent sur lui l'épée à la main et le poursuivirent jusque dans l'église des Innocents, où il s'enfuit: on disoit vêpres; ils y entrèrent l'épée à la main, blessèrent le fiacre et le suisse de la paroisse, causèrent bien du tumulte, ce qui fit cesser le service. Ils sont pris; une impertinence pareille mérite un exemple.

Dimanche, 9 mai, M. d'Argenson, lieutenant de police, alla, à cinq heures du matin, arrêter M. Talhouet, maître des requêtes, un des commissaires, en vertu de lettres de cachet du Roi, et le conduisit à la Bastille.

M. le Régent, le dernier jour, dit à son ordinaire un bon mot. Madame la princesse d'Auvergne alla demander quelque grâce au cardinal. Cette femme est Angloise et s'appeloit mademoiselle de Trent[2], fille de condition, mais sans bien. M. Law, d'heureuse mémoire, lui a fait gagner deux millions ou trois en actions. En conséquence, elle a épousé M. le chevalier de Bouillon, appelé à présent le prince d'Auvergne. Cela fait une personne de haut rang. M. le cardinal lui refusa ce qu'elle demandoit; elle s'échauffa de manière que le cardinal lui dit: « Mais, madame, d'où vient votre bien? — Mais, mon« sieur, lui dit-elle, d'où vient le vôtre? — Oh! par « Dieu, dit-il, madame, c'en est trop; allez vous faire « f.....! » Cette manière de parler lui est assez ordinaire. Madame la princesse d'Auvergne alla clabauder à M. le Régent sur l'insolence du cardinal. « Il est vrai, lui dit

---

1. Cette église paroissiale et son cimetière occupaient l'emplacement du marché aux légumes, appelé encore aujourd'hui Marché des Innocents. Cette église remontait à une haute antiquité. Elle avait été en grande partie reconstruite, en 1445, et elle fut démolie, en 1786.

2. Voyez *Journal de Marais*, Revue rétrospect., 2ᵉ série, t. ix, p. 270.

« M. le Régent, que le cardinal est un peu vif, mais
« aussi il est de fort bon conseil[1]. »

On dit que M. Talhouet, qui est de dimanche à la
Bastille, ne veut pas répondre à M. d'Argenson; il dit
qu'il ne reconnoît que le Parlement pour lui faire son
procès. Ce Talhouet s'appelle de La Pierre en son nom,
fils d'un marchand de Bretagne[2], né avec de gros biens;
mais il faisoit ici une dépense considérable; il étoit gros
joueur, et étoit tous les jours chez les princes et seigneurs. Il a épousé, depuis un an, la fille de M. Bosc,
procureur général de la Cour des Aides et chancelier de
l'ordre de Saint-Lazare, homme très-estimé et fort protégé de M. le duc de Chartres, grand maître de l'ordre.
Il a été se jeter aux pieds de M. le duc d'Orléans, pour
savoir s'il n'y avoit pas de grâce à espérer; mais M. le
duc d'Orléans lui a dit : « Monsieur, vous avez fait là
« une triste alliance. Au surplus, vous savez que j'ai
« fait périr sur un échafaud M. le comte de Horn, mon
« parent, parce qu'il étoit coupable; si votre gendre est
« criminel, il sera puni. »

Le Roi a nommé des commissaires pour cette affaire.
M. de Châteauneuf, conseiller d'État, prévôt des marchands, est président de la commission : c'est lui qui
l'étoit de celle pour la grande affaire de Bretagne;
MM. d'Herbigny, de Fortia et .....[3], conseillers d'État, et
douze maîtres des requêtes, et M. de Vatan, procureur
général. Cela va en forme et ne retournera pas bien
pour lui. On dit qu'on a déjà offert de grandes sommes
pour lui.

Comme on avoit soupçonné aussi l'abbé Clément,
conseiller au Grand Conseil, un des commissaires du
visa, il a fait courir dans le public une décharge, signée

---

1. Suivant Duclos, t. II, p. 189, cette boutade de Dubois s'adressa à la princesse de Montauban-Bautru.

2. Son père, dit Marais, était sénéchal de Pontivy en Bretagne.

3. Ce nom est resté en blanc dans le mss., t. I, p. 522.

Thalouet; et comme ce n'étoit qu'en l'absence et à la prière de Talhouet qu'il avoit signé des liquidations sur les ordres que Talhouet disoit avoir de la Cour.

M. d'Argenson, lieutenant de police, est rapporteur de cette affaire.

Talhouet ne veut pas répondre; il dit qu'on lui fera son procès comme à un muet : cela donne aussi des soupçons, d'autant qu'il s'est vanté d'avoir eu des ordres pour ce qu'il a fait, et qu'il semble que cela compromette le cardinal ou M. le duc d'Orléans; et cela ne le fera traiter que plus rigoureusement.

On dit aussi que les conseillers d'État avoient voulu remettre cette affaire au Parlement, mais que le Parlement n'en veut pas connoître, attendu qu'il s'agit là de noms et de choses qu'il n'a jamais approuvés. Nous verrons la suite de cette affaire; tant pour lui que pour les commis. Chacun pense différemment : les uns disent qu'il ne leur arrivera rien, parce que l'on se méfie de la justice de ce pays-ci, dans ces sortes de commissions extraordinaires; les autres croient qu'il y aura tête à bas.

Le 29 de ce mois, à neuf heures sonnées du soir, quatre prisonniers se sont sauvés de la Conciergerie par un trou qu'ils ont fait avec des limes. Il faut qu'on leur en ait jeté d'en bas, ou que les guichetiers aient été gagnés. De ces quatre, il y en avoit un fameux, nommé Belle-Humeur, soldat aux gardes, homme fait au tour, qui avoit deux ou trois appartements dans Paris, remplis de meubles et de bijoux volés, lesquels sont au greffe; homme qui donnoit des repas de deux cents livres, ayant par devers lui plusieurs vols et assassinats. Il devoit être rompu incessamment. Il y avoit aussi un prêtre ou faux prêtre méritant le feu, je ne sais pas pourquoi, et deux *cartouchiens*. Cette fuite a fort chagriné M. Arnaud de Bouex, qui prend à cœur le criminel et qui l'aime. C'est un peu sa faute, car ces gens n'avoient pas les fers aux pieds. On a mis tout en campagne, mais on n'a aucune nouvelle.

Le comte de Charolois est d'un étrange caractère. Il s'est mis en possession de la maison d'Anet[1] pour faire ses parties. Dans ce mois-ci, y étant et revenant de la chasse, il y avoit dans le village un bourgeois sur sa porte en bonnet de nuit. De sang-froid ce prince dit : « Voyons, si je tirerois bien ce corps-là ! » le coucha en joue et le jeta par terre. Le lendemain, il alla demander sa grâce à M. le duc d'Orléans, qui étoit déjà instruit de l'affaire. M. le duc d'Orléans lui dit : « Monsieur, la grâce « que vous demandez est due à votre rang et à votre « qualité de prince du sang ; le Roi vous l'accorde, mais « il l'accordera encore plus volontiers à celui qui vous « en fera autant. » Cette réponse a été trouvée très-belle et pleine d'esprit.

Ce prince avoit un fils de la Delisle, fille de l'Opéra, qui étoit chéri de toute la maison de Condé, où pas un d'eux n'est marié. A Versailles, cet enfant, de six ou huit mois, étoit malade ; il lui fit prendre de l'eau-de-vie de Dantzick. Cet enfant creva sur-le-champ. Le prince dit : « Oh ! il n'étoit donc pas de moi, puisque cela l'a fait « mourir ? » Attendu qu'il boit comme un diable. Peut-on rien de plus dur ?

Il a donné à la Delisle un habit en argent fin, pour danser une danse seule dans l'opéra d'à présent[2], qui coûte douze mille écus. Cette créature est jolie et très-bien faite, et, avant d'être à l'Opéra, étoit une p..... à cinquante sols. Elle est bien heureuse à présent, le prince tient table chez elle ; elle est magnifique. A la

---

1. Anet est du bourg du département d'Eure-et-Loir, près de Dreux. Henri II y avait fait construire, par Philibert Delorme, et en l'honneur de Diane de Poitiers, un château magnifique, qui fut détruit en partie à la révolution. Sa façade a été transportée dans la cour de l'École des Beaux-Arts.

2. *Pirithoüs*, tragédie lyrique en cinq actes, dont les paroles sont de La Serre et la musique de Mourret. La première représentation avait eu lieu le 26 janvier 1723.

vérité, il y a à souffrir avec un homme brutal, qui est le plus souvent ivre [1].

Depuis longtemps, il n'a fait une sécheresse pareille à celle de cette année : il n'a pas plu depuis plus de deux mois; il n'y aura point de foin et très-peu d'avoine; et si cela continue, cela pourra endommager les vignes et les blés. Il y a trois semaines que l'on est venu de tous les côtés en procession à Sainte-Geneviève; mais le temps est si fort déterminé à la sécheresse, qu'on n'a pas osé la descendre, crainte de commettre son crédit.

M. le duc d'Orléans, qui n'a plus de maîtresse en titre [2], soupe encore quelquefois avec madame d'Averne. On blâme fort le marquis d'Alincour, qui étoit d'abord son amant, et qui a repris la place en chef, de le souffrir. C'est un jeune homme qui prend cela pour honneur. Le duc de Mazarin [3] n'est pas si complaisant. Il entretient la petite Émilie [4], qui étoit à l'Opéra, que M. le duc d'Orléans a vue, et qui est de fait très-jolie. Il y a

1. Marais, *Journal* du 4 septembre 1723 (*loc. cit.*, p. 309-311), cite un trait de brutalité du comte, qui, pris un jour d'un accès de jalousie, cherche sa maîtresse dans un café, rue Richelieu, qui avait issue sur le Palais-Royal, bâtonne les gens du café, sort furieux, rencontre dans la rue Traversière la femme qu'il poursuit, l'accable de coups, la fait monter chez elle, la met toute nue, rompt les bras à deux laquais, et soupe au milieu de ce désordre. Non content de cela, il couche chez la femme, et se raccommode le lendemain avec elle en donnant de sa conduite une raison des plus cyniques. Il envoyait tous les jours, dit Marais, sa perruque à arranger chez un barbier du voisinage.

2. Il eut cependant, en 1723, si l'on en croit Marais, *loc. cit.*, t. ix, p. 278, une liaison avec une nièce de madame de Sabran, nommée mademoiselle Houel; et le Régent eut toutes les peines du monde à se débarrasser et de la tante et de la nièce.

3. Paul-Jules de La Porte-Mazarini, duc de Rethel-Mazarini, fils du duc de La Meilleraie et d'Hortense Mancini, si célèbre par ses aventures. Il mourut en 1731, laissant un fils connu jusqu'alors sous le nom de duc de La Meilleraie et dont il sera parlé plus bas. Voy. p. 290-291.

4. La petite Émilie, dont il a été question plus haut, avait été tour à tour la maîtresse du Régent, de Fimarcon, puis du duc de Mazarin, qui la quitta un moment. Alors Fimarcon revint la consoler. Le duc jaloux, la reprit et l'emmena à Chilly faire ses pâques avec lui. Voy. Marais, *Journal* du 16 mars 1723; *Revue rétrospect.*, 2ᵉ série, t. ix, p. 144-145.

quelque temps déjà, ce prince, ne sachant où aller le soir, alla voir la petite Émilie, pour l'emmener souper avec lui et les seigneurs de sa bande. Il lui fit le compliment, ne voyant pas le duc de Mazarin, qui étoit dans un coin, qui se leva et lui dit: « Non, parbleu! monseigneur, « elle n'ira pas! Je suis le maître ici. — Comment, dit « le prince, vous ne voulez pas que je soupe avec elle? « — Pardonnez-moi, dit le duc, c'est moi qui donne ce « soir à souper ici à tels et tels ; si Votre Altesse Royale « veut, elle me fera beaucoup d'honneur et à toute ma « compagnie. Mais il n'y aura que vous, monseigneur, « et pas un de ceux de votre bande. » Le prince accepta le parti et y soupa, et trouva que le duc avoit raison, parce que les seigneurs de la cour du prince .... la petite Émilie quand elle a soupé, et qu'on l'a fait boire, ce qui ne convenoit pas au duc de Mazarin.

L'affaire de Talhouet va lentement. Les commissaires voudroient s'en débarrasser et la renvoyer au Parlement, sous prétexte que cela déroge à leurs priviléges, quoiqu'il soit dit dans la commission que c'est sans y déroger. Talhouet demande ce renvoi ; mais c'est pour allonger et faire naître des difficultés.

Plusieurs personnes disent qu'il étoit en grande liaison avec le contrôleur général Dodun, et que cette affaire pourroit avoir des suites pour lui.

Comme Talhouet est le nom d'une terre qu'il a acquise, une femme, de la bonne maison des Talhouet en Bretagne, a écrit à M. le duc d'Orléans pour le prier de faire le procès à M. Talhouet sous son propre et véritable nom, qui est de La Pierre. L'attention de cette femme est risible.

Jeudi dernier, 27 mai, le sieur La Jonchère[1], trésorier de l'Extraordinaire des guerres et trésorier de l'ordre de Saint-Louis, dont il porte le grand cordon rouge, fut arrêté à trois heures du matin et conduit à la Bastille.

---

1. Voyez *Journal de Marais*, *Revue rétrospect.*, 2ᵉ série, t. IX, p. 274.

Ce La Jonchère avoit commencé par une très-petite commission à Metz, et s'étoit poussé. Il a une très-jolie femme; elle a été maîtresse de M. Le Blanc, secrétaire d'État de la guerre, si elle ne l'est encore. Cela a fait sa grande fortune. Aussi se donnoit-on de furieux airs dans cette maison et grande dépense.

Juin.

Nouvelles dénonciations des Paris contre M. Le Blanc. — Le père de Talhouet, — M. La Pierre. — Cause singulière de sa fortune. — Mort de Chéret. — Le lieutenant criminel. — Jugement. — Mort du duc de Bar. — Arrêt du Conseil. — Le Roi à Meudon. — Chasses. — Le bois de Boulogne. — Chéret exhumé et enterré. — La Jonchère décrété. — Suicides d'une servante, d'une femme de procureur. — Le *Mirliton*.

Il y a longtemps que les quatre frères Paris avoient entrepris de faire connoître les malversations qui s'étoient commises dans l'Extraordinaire des guerres. Comme tout se mène ici par compère et par commère, cela a été admis et rejeté; et on a regardé les Paris comme des dénonciateurs. Ce sont eux-mêmes, pour le moins, d'aussi grands fripons que les autres. Comme cela regardoit aussi M. Le Blanc, secrétaire d'État de la guerre, on disoit qu'il y avoit des puissances qui le vouloient perdre. Enfin, les Paris ont encore remis cette affaire sur le bureau. Ils ont donné une requête avec soumission de perdre tous leurs biens, et de telle peine personnelle que l'on voudroit; ils ont répandu des mémoires dans le public. On leur a donné des commissaires.

L'objet de cette accusation est qu'on avoit donné de l'argent considérablement, en 1720, aux trésoriers pour payer les officiers et leur donner peu de billets; que les trésoriers ont donné des billets, gardé l'argent, et rendu leur compte sur le pied d'argent, ce qui forme enfin une malversation de douze à treize millions; et c'est cette découverte qui a donné lieu à faire arrêter La Jonchère. Comme c'est la créature de M. Le Blanc, on craint fort que cela ne retombe sur lui.

Il seroit fort étonnant qu'on voulût se mettre sur le pied, dans ce pays-ci, de punir les fripons de conséquence; car il y a longtemps que l'on dit qu'il n'y a que les petits fripons qui soient pendus. Deux ou trois exemples rendroient sage; mais cela n'arrivera pas.

Comme les histoires donnent lieu à éplucher les gens, la cause de la fortune du père de Talhouet, qui étoit donc M. de La Pierre tout court, est assez originale. Cet homme étoit un très-petit marchand dans Rennes, ou peut-être un simple artisan. Il avoit une très-jolie femme. Un soir, il revenoit et la tenoit par-dessus le bras, sans suite, comme l'on juge bien. Quatre jeunes seigneurs bretons étoient heureusement dans les rues, après avoir poussé le dîner un peu loin. Étant ivres, un d'eux paria qu'il .... la première femme qu'ils rencontreroient. Ils s'animèrent sur ce beau projet. Enfin parut M. de La Pierre avec sa femme; ils la prirent, prièrent M. de La Pierre de le trouver bon, ils la renversèrent par terre, et un ou deux lui passèrent sur le corps de cette manière. Le mari rendit plainte sur-le-champ; on sut qui étoient les seigneurs. Cela fit une affaire considérable, pour laquelle La Pierre eut quarante mille livres de dommages et intérêts. Il mit cet argent dans le commerce; il l'employa sur mer, et il lui porta tant bonheur que cet homme est mort très-riche. Ainsi on peut bien dire que la fortune se sert de toutes voies pour pousser ses élus.

Il arrive toujours ici quelque chose d'extraordinaire: il y avoit dans les prisons un agioteur[1], que l'on dit

---

1. Nommé Chéret. Voyez *Journal de Marais, Revue rétrospect.*, 2e série, t. ix, p. 276, et juin 1723. Cet agioteur avait été mis en prison parce qu'il avait eu connaissance d'une filouterie commise au préjudice de M. de Saint-Aubin, maître des requêtes. Le frère du président à mortier, Charles de Novion, un garnement, était mêlé à cette affaire. On le vit le

avoir fait de faux billets. Il étoit dans une chambre, le 10 de ce mois; on voulut l'ôter de sa chambre pour le mettre, dit-on, au cachot. Le drôle ne consentit point à cette translation de reliques. Il avoit un couteau de table à la main et une fourchette de fer à l'autre; il se défendit comme un diable, blessa nombre d'archers qu'il ne laissoit pas entrer dans la chambre. M. le lieutenant criminel y vint; le prisonnier lui dit de ne point avancer et qu'il lui en feroit autant. M. le lieutenant, assez imprudent, à mon avis, ordonna de lui tirer dans les jambes; le prisonnier se baissa et reçut le coup de fusil dans le bas-ventre, dont il est mort. Par sentence et arrêt, on l'a condamné à être traîné sur la claie et être pendu par les pieds. Ce jugement[1] a paru extraordinaire, attendu qu'il ne se fait que contre ceux qui se défont eux-mêmes; mais il a été condamné comme rebelle à justice; cependant ce procédé du lieutenant criminel n'est pas du goût du public.

Il faut rendre justice à tout le monde: l'ordre de tirer n'a pas été donné par M. le lieutenant criminel; ce fut quand M. le lieutenant criminel se fut retiré que l'archer tira le coup de pistolet. M. le lieutenant criminel revint à la prison quand il sut cette affaire, et il gronda fort l'archer, lequel s'excusa sur ce qu'il croyoit qu'il n'y avoit que de la poudre dans son pistolet. Ce procédé est un peu violent.

Mais cette affaire n'en reste pas là; cet homme, que l'on dit être de bonne famille, n'étoit pas là d'ordonnance du juge ordinaire; mais par lettre de cachet. Il étoit

matin du crime, boire avec les archers. Le colonel de Miromesnil, qui se trouva compromis dans cette affaire, se sauva et fut cassé.

1. Ce jugement porte la date du 11 juin 1723. « Son cadavre tiré de la « basse-geôle des prisons du Grand-Châtelet, et mis sur une claie, sa face « tournée contre terre, pour être traîné en la place de Grève et y être pendu « par les pieds à une potence, qui pour cet effet sera plantée en ladite place « de Grève, son cadavre y demeurer vingt-quatre heures, et ensuite jeté à la « voirie; tous et chacuns ses biens acquis et confisqués au Roi, etc. » Extrait du greffe criminel du Châtelet, imprimé. Mss., t. I, p. 533.

porteur d'effets appartenant à des maîtres des requêtes et surtout à M. Le Gendre de Saint-Aubin; desquels effets il a fait un mauvais usage tendant à friponnerie. Les maîtres des requêtes de quartier aux requêtes de l'Hôtel, se sont assemblés pour connoître de cette affaire, ils ont décreté contre plusieurs archers, et on ne parle pas moins que de faire casser l'arrêt.

Le 13 juin, on a pris ici le deuil pour M. le duc de Bar, fils de M. le duc de Lorraine, qui est mort ces jours passés.

Il y a eu arrêt du Conseil d'en haut qui renvoie par-devant les maîtres des requêtes, pour connaître de l'assassinat du sieur Chéret. C'est ainsi qu'on s'explique. Cette affaire roule fort dans le public sur le lieutenant criminel et le procureur du Roi.

Depuis que le Roi est à Meudon, il a fait deux chasses, l'une avec les équipages de M. le Duc, l'autre avec les siens. Ils n'ont rien pris. Ces chasses sont pour le cerf. M. le prince de Conti, qui a un équipage magnifique, composé de quatre-vingts chevaux et cent cinquante chiens, proposa au Roi de lui donner une chasse au bois de Boulogne. Cela fut exécuté, hier mardi, 15 de ce mois de juin, par une très-grosse chaleur. Pour n'être point embarrassé par le peuple de Paris et par les carrosses, les portes du bois ont été saisies à quatre heures du matin par les gardes du corps, avec défense de laisser entrer qui que ce soit ni à pied, ni en carrosse. On avoit même posté des gardes aux maisons qui ont communication dans les villages de Passy, Auteuil et Boulogne. Au moyen de ma petite maison dans la cour du château de Madrid, moi et les autres qui y ont des logements, nous n'avons pas été compris dans les défenses. Nous y avons été coucher la veille et l'on nous a même donné permission pour les dames d'aller en carrosse au rendez-vous de chasse, à la Croix de Mortemart, qui étoit à deux heures après midi. Tout l'équipage du prince de Conti étoit presque habillé de neuf, lui et tous ses principaux officiers en drap jaune, galonné d'argent sur toutes les coutures, avec le parement de velours bleu; les piqueurs et autres à demi galonné. Plusieurs seigneurs avoient pris l'habit uniforme du prince. Le Roi étoit dans sa calèche avec M. le duc de Charost, son ci-devant gouverneur. Quatre calèches du prince de Conti remplies de femmes, mademoiselle de La Roche-sur-Yon à cheval avec quelques autres. Mademoiselle de Charolois y étoit aussi. M. le duc de Chartres, M. le Duc et tous les jeunes seigneurs de la cour à cheval. Au moyen de la fermeture des portes, il n'y avoit dans le bois que quatre carrosses de la cour de Madrid, lesquels ne couroient pas, et pas vingt personnes en honnêtes gens d'inutiles. On a lancé le cerf du côté de Madrid. La chasse a été très-mal pendant près de quatre heures; les chiens ont pris plusieurs défauts; ce cerf les a menés dans tous les coins du bois. Au milieu de la chasse, le Roi a fait une collation dans sa calèche pendant une bonne heure. Le prince de Conti avoit fait dresser des rafraichissements considérables pour tout le monde, en viandes, à la Croix de Mortemart. On a relancé plusieurs fois et l'on désespéroit de la réussite; enfin, moi troisième, nous promenant tout doucement du côté de la Mare-aux-Biches, dans l'espérance d'y voir l'animal, le cerf est venu à nous tout droit, assez fatigué et s'est jeté devant nous dans la mare. Il n'étoit suivi ni de chiens, ni de piqueurs, ni de qui que ce soit de la chasse. Il s'est baigné pendant un demi quart d'heure et ensuite il en est sorti, nous avons examiné sa route. A la fin, il est venu un piqueur qui, sur notre rapport, a été chercher la chasse. Les chiens sont arrivés, nous avons indiqué aux chasseurs les voies. Le bruit s'est répandu dans tout le bois que le cerf étoit à la Mare-aux-Biches. Pendant un quart d'heure, le Roi et toute la chasse sont arrivés à nous. On s'est informé des faits, on a remis de nouveaux chiens encore plus juste sur la voie; en une demi-heure il a été forcé contre les murs, entre la porte de Longchamp et la terrasse de Madrid. M. de La Chevaleraye, capitaine des chasses à l'Isle-Adam de M. le prince de Conti, et colonel-réformé, est venu en apporter la nouvelle au Roi; de sorte que, sans chevaux, nous avons vu tout le beau de la chasse. Nous nous intéressions d'autant plus à donner ces renseignements que M. le prince de Conti devoit être très-chagrin de la réussite de sa chasse, et il s'étoit donné des mouvements épouvantables et n'avoit pas quitté les chiens, et que M. le Duc en étoit bien aise. Parmi les seigneurs de la cour du prince de Conti, il y a le marquis du Bellai, qui est un diable; c'est pis qu'un piqueur. Tous étoient magnifiquement montés, avoient changé plusieurs fois de chevaux, et tous ces seigneurs alloient comme des diables, à travers bois et partout. Je ne sais comme ils peuvent résister à une pareille fatigue. Le Roi et les autres se sont rendus à l'endroit de la mort, et là, on a fait la curée.

Ce que j'ai remarqué pendant la chasse, a été l'assiduité et l'attention du duc de Chartres pour mademoiselle de La Roche-sur-Yon, pour ne la pas quitter, apparemment qu'il l'aime toujours. Le Roi s'en est retourné à Meudon, le prince de Conti donnoit un gros souper à Clichy à M. le duc de Chartres et quantité de seigneurs. M. d'Arménonville, garde des sceaux et capitaine des chasses du bois de Boulogne, avoit deux tables de vingt couverts dans le château de Madrid. Et nous, nous avions, ce jour-là, indépendamment de la chasse, un grand souper de quinze personnes, servi par un traiteur, dans notre petite maison. Ainsi tout le monde fit la joie de son côté.

Vendredi prochain, 18, il y aura pareille chasse à Boulogne, par l'équipage de M. le Duc.

Par arrêt de MM. des requêtes de l'Hôtel, on a exhumé le corps de Chéret, qui avoit été mis à Montfaucon[1], et on l'a enterré à sa paroisse. Les chirurgiens des requêtes de l'Hôtel ont fait leur rapport. Après la visite du corps, ils ont trouvé qu'il avoit été tué d'un ou plusieurs coups de feu et qu'il avoit des balles dans le corps, au lieu que, dans le procès-verbal fait par les chirurgiens du Châtelet, il est dit qu'il est mort d'un coup de pertuisane, arme de fer. Cette fausseté du procès-verbal fait beaucoup crier. On ne parle plus dans Paris que de cette affaire. On y parle très-mal du lieutenant criminel et du procureur du roi. On dit que le cardinal, qui prend cette affaire à cœur, les a traités de fripons. Le geôlier, qui est la principale cause de cela, pourroit mal passer son temps; car pour faire sortir Chéret de sa chambre, il a prétexté qu'il cherchoit les moyens de se sauver, qu'il travailloit la nuit, et qu'il falloit visiter la chambre. Il y a un souterrain là-dessous que l'on connaîtra par la suite, car il sembleroit jusqu'ici que l'on soupçonnât le lieutenant criminel et le procureur du Roi d'être complices de la mort de cet homme. Ce Chéret au reste étoit cousin d'un traiteur de ce nom.

On travaille fortement aux affaires de la Bastille. M. d'Argenson y passe des journées entières. On a décrété le sieur de La Jonchère.

Ces jeunes gens, qui avoient fait tapage le jour de l'Ascension, dans l'église des Innocents, ont été condamnés à faire amende honorable, à la porte de l'église, et bannis. J'ai trouvé cela doux, aussi n'en ont-ils point appelé.

C'est la mode aux femmes de se jeter par les fenêtres. Avant-hier, une servante accusée de vol, demeurant sur le quai des Augustins, à qui cependant le maître avoit promis de ne la pas livrer à la justice, se jeta du troisième étage sur le quai, pendant que la Vallée tenoit, à dix heures du matin.

---

1. Jusqu'en 1789, on enterrait à Montfaucon, sous le gibet, les cadavres des criminels exécutés dans Paris.

Aujourd'hui, sur les trois heures après-midi, la femme d'un procureur au Parlement, nommé Bertrand, s'est jetée par un quatrième étage dans une cour, après s'être déshabillée d'une grande tranquillité. L'esprit étoit dérangé, et ce dérangement causé peu à peu par douze années de ménage avec une très-grande incompatibilité d'humeur entre le mari et la femme.

Le Roi reste toujours à Meudon et fait très-souvent des parties de chasse dans le bois de Boulogne, tantôt avec équipage de M. le Duc, tantôt avec celui du prince de Conti; c'est son grand plaisir.

Il a couru un air de pont-neuf assez joli, sur lequel on a fait des chansons tant sur les hommes de la cour que sur les femmes. Le refrain de l'ancien air étoit : *J'ai un mirliton, mirlitaine*. On a appliqué ce mirliton tant ... ..., et cela a donné lieu à dire bien des gaillardises. Je mettrai ici ce petit recueil de chansons[1].

Juillet.

M. Le Blanc exilé à Doüe. — M. de Breteuil, secrétaire d'État de la guerre. — Charpentier *des Bœufs*. — Le comte de Belle-Isle décrété. — Le maréchal de Berwick. — Pension de M. Le Blanc. — Cause de la fortune de M. de Breteuil. — Mariage du cardinal Dubois. — Encore Chéret. — Maladie du cardinal Dubois. — Le P. Lafitau. — Affaire Talhouet. — L'abbé Clément arrêté. — Son mariage. — Ses enfants. — Clément, l'accoucheur. — Maître des requêtes arrêté. — La pelle de M. Dodun. — Livre de Bossuet sur les *Libertés de l'Église gallicane*. — L'abbé Fleury. — M. de La Vigne et M. d'Argenson. — Le duc de La Meilleraye et le prêtre de Saint-Sulpice. — Brutalité. — Punition. — Interrogatoire de Belle-Isle.

Nouvelle de conséquence. Aujourd'hui, 1ᵉʳ de ce mois, M. Le Blanc, secrétaire d'État de la guerre, a été déplacé et exilé à Doüe ou Traisnel, qui est la terre du marquis de Traisnel, son gendre. L'on dit que le sieur de La Jonchère, dans les comptes qu'on lui demande de l'argent qui lui a été remis pour les troupes (et à la

---

1. Barbier a reculé sans doute devant l'exécution de sa promesse et a laissé le passage en blanc. M. de Meuse, était, dit-on, l'auteur de ces *gaillardises*.

place duquel il a donné des billets de banque), il a marqué quinze cent mille livres que M. Le Blanc avoit pris.

La place de ministre secrétaire d'État a été donnée à M. de Breteuil[1], maître des requêtes et intendant de Limoges, homme de condition et d'infiniment d'esprit, qui faisoit à outrance le petit maître, étant conseiller au Parlement; mais ce grand feu est passé. Il est beau d'être ministre à trente-huit ans! Cela est encore plus beau pour sa femme. Elle est fille de Charpentier, dit *des Bœufs*, parce qu'il étoit boucher des Invalides, homme très-riche. Elle va se voir dame et maîtresse à présent dans l'Hôtel des Invalides, dont son père étoit boucher. Cela est fort plaisant.

Le comte de Belle-Isle[2] (Fouquet) est aussi exilé. C'étoit pourtant le grand ami du cardinal; mais La Jonchère lui a mis sur son compte deux millions pris en argent dans sa caisse en place de billets de banque qu'il y a mis. Il est bien aisé à ce métier-là d'être riche. On devroit pendre tous ces fripons-là; tandis que de pauvres officiers languissoient dans des auberges avec des billets de banque.

Il n'est pas vrai que le comte de Belle-Isle soit exilé, mais le 6 de ce mois, il a été décrété d'ajournement personnel par arrêt de la commission[3].

Le maréchal de Berwick est aussi dans le même cas. On dit qu'il s'est déclaré lui-même pour seize cent mille livres qu'il offre de rendre et pour ce de vendre sa vaisselle d'argent et diamants.

On a conservé à M. Le Blanc une pension de quarante mille livres de rente. Il n'est pas bien à plaindre, l'ar-

---

1. Sur l'origine de la fortune de M. de Breteuil, voyez Saint-Simon, *Mémoires*, t. XXXVIII, p. 140 et plus bas, p. 287.
2. Il était l'ami du cardinal Dubois et plus encore celui de Le Blanc, et de madame de Pleneuf, par conséquent l'ennemi de madame de Prie. Voy. Saint-Simon, t. XXXVIII, p. 80 et suiv. Le comte n'était pas, si l'on en croit Saint-Simon, à l'abri de tous soupçons dans l'affaire de La Jonchère.
3. Voyez Saint-Simon, t. XXXVIII, p. 154.

gent qu'il a pris lui a servi à payer une terre qu'il a achetée en Flandre, dans le pays ennemi, très-considérable.

M. le duc d'Orléans a appris la nouvelle au Roi, du changement de ministre. « Sire, M. Le Blanc n'est plus « en place. » Le Roi demanda pourquoi donc. « Sire, « c'est par des raisons qui regardent votre état ; mais je « peux dire à Votre Majesté qu'il est regretté de tous « les officiers. »

Ce fait est vrai, et M. Le Blanc avoit véritablement aussi la confiance de M. le duc d'Orléans, qui, quoiqu'il ne soit plus Régent, est bien le maître comme l'on voit.

La cause de la fortune de M. de Breteuil est de ce qu'étant intendant de Limoges, Brives-la-Gaillarde, lieu de la naissance du cardinal Dubois, étoit dans son département. Dès le commencement de la fortune du cardinal, on disoit qu'il étoit marié. On dit que M. l'intendant a été à Brives, a pris les registres, et qu'il a enlevé et supprimé l'acte de célébration de mariage du cardinal. Le service n'est pas petit, comme l'on voit.

On croit que M. de Breteuil aura peine à se soutenir dans cette place, il ne sait rien et il entre après un homme qui la faisoit parfaitement bien.

Autre chose. Le conseil a rendu les lettres de rémission, par lesquelles il a renvoyé l'affaire de ce Chérel, tué dans les prisons, au Parlement. Le lieutenant criminel et le procureur du Roi n'en seront pas mieux, s'il est vrai que le Parlement ait été surpris par un faux procès-verbal, comme on le dit.

Le cardinal ne se porte pas bien ; on le disoit presque mort ces jours passés, parce que, plus on est élevé, plus les maux sont grands par la renommée. En tout cas, il a une maladie particulière : il s'est fait un trou .... par lequel les matières s'écoulent. On craint la gangrène. Il crie quelquefois comme un diable, et par conséquent il jure beaucoup, puisqu'il jure bien sans crier. On ne parloit pas moins que de lui couper ... ... , mais cela ne se fait pas. On dit pourtant qu'il marche un peu. En tout cas, ce seroit une perte ; car c'est *un* homme de beaucoup d'esprit et qui paroît se présenter de bonne grâce pour faire punir les coquins de tous états. En bonne politique, à mon avis, il est nécessaire ici d'un premier ministre, homme supérieur à tous les autres, pour contenir tous les ministres, secrétaires d'État, intendants des finances et de province dans leur devoir, sans quoi ils se soutiennent les uns les autres dans leurs friponneries sans que personne soit en état de les attaquer.

On parle fort au défaut du cardinal, pour premier ministre, du père Lafitau, évêque de Sisteron et Jésuite, lequel est François, et a fait les affaires de France à Rome, pendant la régence. C'est un homme de quarante ans, de beaucoup d'esprit et de vivacité, que M. le duc d'Orléans et le pape, dernier mort, ont fort goûté. Dieu sait pour lors si la Constitution aura beau jeu !

On travaille si sérieusement à la chambre de la commission à l'affaire de Talhouet, qu'avant-hier, 7 de ce mois, il fut décrété, ce qui est le commencement de l'instruction criminelle. On a décrété en même temps l'abbé Clément, conseiller au Grand Conseil, qui a été commissaire au visa, et dont on a parlé dès le commencement. Il fut arrêté par Du Val, commandant du guet à cheval, en vertu de lettres de cachet et décret de la chambre, et conduit à la Bastille[1].

Le Grand Conseil s'est assemblé, et aujourd'hui, 10, *ils* font des remontrances pour le revendiquer et lui faire son procès, suivant leur privilége, comme les maîtres de requêtes ont fait ; mais on ne leur rendra pas, d'au-

---

1. Voyez le *Journal de Marais*, 2e série ; *Revue rétrospect.*, t. IX, p. 285, 286, 295, 302, 305 et 307, etc. Cet abbé cultivait la chimie et la physique. Au moment de son arrestation, il montra à M. d'Argenson un poulet qu'il s'amusait à faire éclore.

tant que la commission porte : *sans préjudice des priviléges.*

Ce malheur lui en a attiré un autre. L'abbé Clément jouissoit de douze à quatorze mille livres de rente de bénéfices. On a trouvé parmi ses papiers, dans le scellé, un contrat de mariage. Il étoit marié avec, dit-on, la veuve de son cocher, et il a trois enfants[1]. Voilà comme l'on voit un homme perdu de quelque manière que ce soit. C'est le fils de ce fameux accoucheur qui a accouché madame de Bourgogne, mère du Roi, et toutes les princesses. Son frère aîné est conseiller du Parlement[2].

On parloit hier aux Tuileries, entre gens de la bonne robe, d'un maître des requêtes encore arrêté. Les maîtres des requêtes ont l'oreille plate; cela confirme bien les remontrances du Parlement, où ils disoient que c'étoient des juges ramassés au hasard, puisqu'en voilà de fripons.

On parle fort, depuis quelques jours, de la pelle au c.. pour Dodun, contrôleur général, lequel est haï universellement de tout le monde; et tout le monde met M. d'Argenson, lieutenant de police, à sa place.

M. Dodun s'est apparemment raccommodé, car on ne parle plus de lui.

Les Jésuites ont eu, ces jours-ci, un soufflet pour leur Constitution. Le fameux Bossuet, évêque de Meaux, qui avoit tant écrit contre les hérétiques, étoit un peu janséniste de son métier. Il avoit fait un manuscrit sur les libertés de l'Église Gallicane, qui est vraisemblablement un bel ouvrage. Avant de mourir, il avoit remis cet ouvrage à son ami, l'abbé Fleury, qui a fait la grande *Histoire Ecclésiastique*, et qui a été précepteur[3] de

1. Quatre enfants, suivant Marais, *loc. cit.*
2. Cet accoucheur a laissé un fils qui a été reçu au Parlement par lettres de cachet. Celui-ci a laissé trois fils : MM. de Feuillet, Barville et Boissi. (*Note de Barbier d'Increville*).
3. Barbier fait ici confusion. L'abbé Fleury, auteur de l'*Histoire Ecclésiastique*, avait été seulement confesseur de Louis XV.

Louis XV. Tant que cet homme recommandable a vécu, on ne lui a rien dit. Il mourut le 14 de ce mois, et il a fait son exécuteur testamentaire M. de La Vigne, ancien et fameux avocat, son ami et son conseil, homme dévot et peut-être un peu janséniste. On s'est douté qu'il auroit le manuscrit. Jeudi 15, M. d'Argenson, avec qui j'avois été toute la matinée pour autre affaire de conséquence, se transporta, l'après-midi, chez M. de La Vigne, qu'il trouva en arbitrage chez lui. D'abord grande politesse de part et d'autre. « Qui peut vous amener ici? dit M. de « La Vigne. — Chose pas autrement gracieuse, dit « M. d'Argenson. Je suis porteur d'une lettre de cachet « du Roi pour vous demander un tel manuscrit. — Je « ne l'ai pas, dit M. de La Vigne; je l'ai eu, mais je ne « l'ai plus. — Entre les mains de qui l'avez-vous remis? « dit M. d'Argenson. » M. de La Vigne lui dit : « Mon-« sieur, permettez-moi de prendre lecture de la lettre « de cachet. » Après l'avoir prise : « Votre ordre se « borné, dit-il à M. d'Argenson, à me demander le ma-« nuscrit; vous n'avez point de pouvoir du Roi pour « me demander à qui je l'ai remis. Vous me permettrez « de ne vous rien dire là-dessus. A l'égard de chez « moi, voici les clefs de tout : vous pouvez faire tout « ouvrir. »

M. d'Argenson dressa un petit procès-verbal de la réponse, qu'il fit signer à M. de La Vigne, et il s'en alla. En sorte qu'en cas que le manuscrit n'eût pas été copié, on a eu le temps de le faire. La réponse de M. de La Vigne est bien d'un homme consommé et d'un homme de sang-froid.

Le duc de La Meilleraie[1], fils du duc de Mazarin, est un fou et un étourdi que personne ne voit; cela s'appelle

---

1. Gui-Paul-Jules de La Porte-Mazarini, duc de La Meilleraie, né en 1701, était fils du duc de Mazarin, dont il a été parlé plus haut, p. 276, note 3. Il avait été marié, en 1717, à Louise-Françoise de Rohan. Il mourut subitement, en février 1738, ainsi que nous le verrons, sans laisser de postérité. En lui s'éteignit la famille de La Meilleraie de Mazarin.

mauvaise compagnie. Il ne va, le plus souvent, que dans un phaéton qu'il mène. Il passoit sur le Pont-Royal, il y a quelques jours; il pensa renverser un cheval dans le panier duquel il y avoit des petits enfants. Un prêtre[1], qui passoit, voulut faire son devoir par remontrances; le petit duc descendit et lui donna vingt coups de fouet. Le curé de Saint-Sulpice en a fait ses plaintes. Par lettres de cachet, le duc est pour un an à Vincennes[2]. Il a fait excuse au prêtre, et on dit qu'il lui fait deux cents livres de pension, par ordre de M. le Régent.

M. le comte de Belle-Isle et M. son frère[3] ont subi tous les deux interrogatoire jusqu'à trois fois différentes (l'on dit même avec beaucoup de hauteur), pour l'affaire de M. de La Jonchère.

Août.

Abondance de l'or. — Argent rare. — Buvette du palais. — Les conseillers s'y battent. — Nouet et Barillon. — L'avocat Aubry contre l'abbé d'Armaillé. — Suicide de M. Bans, conseiller au Parlement. — Les louis d'or. — Maladie du cardinal Dubois. — Le *Corbillard.* — Il se fait transporter à Versailles. — Le P. Récollet. — Le cardinal de Bissy. — La Peyronie. — Opération. — Orage. — Mort du cardinal Dubois. — Ses revenus. — Son refus de recevoir les sacrements. — Ses funérailles. — M. le duc d'Orléans, premier ministre. — Le comte de Morville. — M. de Maurepas. — Les places de secrétaires d'État en charges. — Remarques. — Talhouet et l'abbé Clément devant les commissaires. — Mort de M. de Mesmes, premier président du Parlement. — Candidats. — Service à Notre-Dame. — Condamnation à mort de Talhouet et de l'abbé Clément — Leur peine commuée. — Regrets de Barbier. — Amende honorable d'un changeur condamné par la cour des Monnoies.

On ne voit que de l'or dans le commerce, parce que les étrangers en ont beaucoup marqué et remarqué, et ils y ont fait un gain considérable; cela est au point qu'il

---

1. En surplis et en bonnet, suivant Marais (*Journal, Revue rétrospect.*, 2e série, t. IX, p. 293, 21 juillet 1723). Le prince de Rohan, beau-père du jeune duc, voulut arrêter cette affaire, mais le curé demandait une réparation en présence de tous les prêtres de la communauté. Le duc en faisant cette équipée, sortait de souper avec le comte de Charolois.

2. Il pleurait lors de sa translation à Vincennes.

3. Armand Fouquet, chevalier de Belle-Isle, lieutenanant général, 1693-1746.

en coûte jusqu'à vingt sols dans la place de l'agiot pour changer un louis. Les changeurs n'ont point d'argent blanc. On disoit que l'or n'étoit point d'un titre pareil à l'argent. En tous cas, le louis de quarante-cinq livres est diminué de vingt sols ; mais cela ne fait aucun changement. Nous verrons quelle sera la politique à cet égard, car il faut convenir qu'avec un grand secret, ils font toujours le contraire de ce que l'on pense.

Il y a trois semaines qu'il arriva querelle à la buvette de la troisième chambre des enquêtes, entre deux jeunes conseillers, savoir : M. Nouët, fils de M. Nouët, célèbre avocat, et M. de Barillon. Nouët, en badinant, jeta son pain par terre ; Barillon le ramassa, et, en se levant, donna un soufflet à Nouët, et ensuite sur-le-champ un second. Nouët ne procéda par aucune voie de fait ; il s'en plaignit au président. On lui a fait apparemment satisfaction. Les uns le blâment d'avoir été si posé, et de n'avoir point donné bons coups de pieds dans le ventre à M. de Barillon ; d'autres l'approuvent. C'est toujours une sotte affaire sue de tout le monde, même dans la *Gazette de Hollande*.

Autre affaire. Le premier de nos avocats plaidants, qui est M. Aubry, homme de quarante ans (car à présent, au barreau, tout le brillant est dans quatre ou cinq jeunes avocats) ; Aubry donc plaidoit contre M. l'abbé de La Forêt d'Armaillé, bonne maison de robe, mais personnellement très méprisé. Il étoit moine, il a passé dans l'ordre de Cluni. C'est un pilier du palais, connu par ses chicanes depuis trente ans, qui n'aime que le procès, de manière même qu'il est abonné avec un procureur pour signer sa procédure, car c'est lui qui conduit et fait tout ; et, de fait, il a chez lui une étude en forme. Il y avoit là beau jeu à mordre, et nos avocats sont assez de ce goût-là. Bref, Aubry l'appela *moine défroqué*. Cela le fâcha. Au sortir de l'audience, il dit, en présence d'autres avocats, à Aubry qu'il lui donneroit des coups de bâton, Aubry a rendu plainte au parquet de MM. les gens du Roi, a fait informer, la preuve étoit facile; il y a eu un décret d'ajournement personnel.

Jeudi dernier, 5 de ce présent mois d'août, M. Bans, conseiller de la troisième chambre des enquêtes, s'est tué chez lui d'un coup de pistolet. Il étoit garçon et avoit soixante mille livres de rente. Il faut croire que la tête lui a tourné; car je ne sais guère de situation plus heureuse que celle-là. C'est madame de La Fond, femme du maître des requêtes, sa sœur, qui hérite. Je ne sais si c'est malédiction : il étoit fils d'un homme d'affaires, très-grand usurier de son métier, ayant toujours plaidé avec ses enfants pour le bien de leur mère, et faisant l'usure jusque sur les provisions qu'il étoit condamné de leur payer.

On pèse à présent les louis dans le commerce; c'est un grand embarras, il faut avoir toujours son trébuchet dans la poche. Il faut qu'ils pèsent sept deniers seize grains, pour être bons et pour valoir quarante-quatre livres. A quinze, ils passent en donnant cinq sols, au-dessous hors de cours à la Monnoie.

Nouvelle plus sérieuse! Dimanche, 8 de ce mois, M. le cardinal Dubois, premier ministre, se trouva très-mal à Meudon. Les matières passent ....; cela lui donne des excoriations très-douloureuses. Il fut résolu qu'il falloit lui faire l'opération sans perdre de temps. Il voulut retourner à Versailles, disant que l'air de Meudon ne lui valoit rien. La question fut pour le transport : on accommoda dans un grand carrosse, nommé *corbillard*[1], des matelas qui étoient suspendus par des cordes qui passoient par l'impériale, car il ne pouvoit pas soutenir le mouvement d'aucune voiture. Quand la machine fut accommodée et bien, comme l'on juge, on ne put jamais le transporter de son lit; il fallut rester là. Il avoit toujours la fièvre. La nuit du dimanche fut un peu meil-

---

1. On donnait ce nom au coche et à de grandes voitures destinées au transport des gens de la suite des princes.

leure. Hier, lundi, on l'apporta à Versailles, sur le midi, dans une litière du Roi, allant très-doucement, et quatre gens de livrée se relayoient pour tenir la litière par les côtés et pour en empêcher le mouvement. Je crois qu'un homme de l'esprit et de la vivacité dont est celui-là, et dans la place où il est, enrage bien d'une pareille situation. Suivoient trois carrosses à six chevaux; dans l'un les aumôniers, dans l'autre les médecins, et ensuite les chirurgiens. Belle escorte! Cela arriva ainsi à Versailles. Quand il fut dans son lit, on alla chercher un Père Récollet[1], qui vint le confesser. Le cardinal de Bissy alla à la chapelle prendre le saint ciboire et lui apporta le Bon Dieu. On apporta les saintes huiles de la paroisse, et le bonhomme fut obligé d'essuyer toutes ces bordées. Après quoi, M. de La Peyronie, premier chirurgien du Roi, fit l'opération à quatre heures, laquelle ne dura que trois minutes[2]. L'opération fut de faire un trou ...., apparemment pour donner un écoulement aux matières. C'est être, à mon sens, dans une cruelle extrémité; car le travail continuel que cet homme-là fait, qui veut faire tout, lui met une inflammation dans le corps et doit être très-contraire à son mal.

Je ne sais comment il est aujourd'hui, car, hier au soir, une heure après son opération, il y eut tonnerre et éclairs; ce qui ne convient pas aux maladies. On dit qu'à Meudon, dimanche, c'étoit un mouvement étonnant dans toute la cour. Les uns étoient pâles, les autres étoient plus tranquilles. Il est certain que cette mort feroit du changement dans ce pays-là. Hier lundi, M. le duc d'Orléans et M. le prince de Conti vinrent tous à Versailles le voir et savoir de ses nouvelles.

Aujourd'hui, 10, jour de Saint-Laurent, est mort à

1. Religieux réformés, de l'ordre de saint François, nommés aussi *Frères Mineurs* de l'étroite observance. Cette réforme prit naissance en Espagne. Ils furent introduits, en 1592, en France, à Nevers, par le duc Louis de Gonzague.

2. Voyez le *Journal de Marais*, loc. cit., p. 267.

quatre heures[1] après-midi, à Versailles, M. le cardinal Dubois. Il est mort archevêque de Cambrai, et il n'y a jamais été[2]; cela est assez surprenant. Cela fait une vacance de cinq cent mille livres[3] de rente en postes et en bénéfices à donner. Ce premier ministre sera bientôt oublié; car il n'a laissé ni fondation, ni famille élevée. Il n'a jamais fait grand mal. Il doit être regretté de M. le duc d'Orléans; c'étoit un homme d'esprit et qui avoit entièrement sa confiance. Il étoit peu aimé, haut, vilain et emporté. Cela fera du bien aux exilés et aux prisonniers de la Bastille. Au surplus, aurons-nous un autre

1. Le 10 août, à cinq heures du soir, suivant Saint-Simon, t. xxxviii, p. 171.

2. Il nous reste cependant un acte de juridiction rendu par Dubois comme archevêque de Cambrai, à l'occasion de la requête que présentaient les plénipotentiaires au congrès de Cambrai pour être dispensés de l'abstinence du carême. Les vicaires généraux rejetèrent cette demande. Dubois cassa leur ordonnance et accorda les dispenses demandées. — Lemontey, *Hist.*, t. ii, p. 17.

3. Suivant Saint-Simon, voici le détail exact des richesses du cardinal Dubois :

Cambrai (archevêché).	120,000 livres.
Nogent-sous-Coucy (abbaye).	10,000
Saint-Just (*id.*).	10,000
Airvaux (*id.*).	12,000
Bourgueil (*id.*).	12,000
Berg-Saint-Vinox (*id.*).	60,000
Saint-Bertin (*id.*).	80,000
Cercamp (*id.*).	20,000
	324,000 livres.
Premier ministre.	150,000
Postes.	100,000
La pension d'Angleterre, à 24 liv. la liv. sterl. (40,000 *liv. sterl.*).	960,000
Total.	1,534,000 livres.

RÉCAPITULATION.

Bénéfices.	324,000
Ministère et postes.	250,000
Pension.	960,000
	1,534,000 livres.

premier ministre? C'est ce que le temps nous apprendra. On lui a pronostiqué malheur, en disant que ce seroit ... ... qui l'emporteroit et qui le feroit mourir. Cette maladie étoit, en apparence, la suite et l'effet d'une v..... invétérée.

Le bruit le plus commun est que le cardinal Dubois n'a point reçu le viatique; qu'il a dit qu'il ne pouvoit le recevoir que de la main d'un cardinal[1]; il n'y en avoit pas là. Ce fait s'éclaircira mieux[2].

Il a été apporté mercredi, à dix heures du soir, à Saint-Honoré[3], où il avoit un neveu chanoine[4], homme sage et dévot, qui n'estimoit point son oncle. Ce neveu a une incommodité épouvantable : il bégaie extraordinairement, cela a nui à son élévation. Il est resté dans l'église de Saint-Honoré pour y être exposé huit jours. Le matin, tandis qu'on disoit les messes, le petit peuple disoit des sottises infinies de ce pauvre cardinal. On dit que c'est la Fillon, fameuse maq........, qui doit faire son oraison funèbre, comme ayant été dans son temps fameux maq....... On savoit son impiété, c'est ce qui lui attire ces malédictions, car, au surplus, il n'a fait d'autre mal que de souffrir le contrôle des actes des notaires de la manière qu'il se fait; et peut-être a-t-il fait bien du bien par ses négociations en pays étrangers pour éviter les guerres?

Nous avons un premier ministre de conséquence. M. le duc de Condé vouloit l'être pour devenir maître du tout; mais, M. le duc d'Orléans, fin politique, n'a pas balancé sur le parti qu'il avoit à prendre. Le même jour de la mort, en apprenant la nouvelle au Roi, il lui dit qu'il falloit un autre homme pour remplir cette place,

---

1. Voyez Saint-Simon, *loc. cit.*, et *Journal de Marais, loc. cit.*
2. Le fait est vrai, il n'a pas voulu en entendre parler. *(Note de Barbier).*
3. Cette église collégiale, fondée en 1204, était située dans la rue Saint-Honoré, vis-à-vis l'ancienne rue de la Bibliothèque. Le cloître Saint-Honoré, qui existe encore, était dans sa dépendance.
4. Voyez Saint-Simon, t. xxxviii; p. 171.

et que, si Sa Majesté l'agréoit, il en prendroit le soin. Le Roi dit oui, comme on juge, et sur-le-champ il se mit à genoux et prêta serment entre les mains du Roi. Il en a reçu des compliments publics, en sorte que le premier ministre est l'héritier présomptif de la couronne. Il vaut bien mieux que ce soit lui que M. le Duc, qui est mené comme un enfant par madame la marquise de Prié, au lieu que le duc d'Orléans dit des sottises avec ses maîtresses et ses p......; mais il n'est jamais question d'affaires d'État, et cela est d'un grand prince.

M. le comte de Morville qui a été ambassadeur et plénipotentiaire à Cambrai, est secrétaire d'État des affaires étrangères; M. le duc d'Orléans s'est réservé la surintendance des postes. La marine, qu'avoit M. de Morville, a été donnée à M. de Maurepas, petit-fils du chancelier Pontchartrain, qui est secrétaire d'État de Paris, comme étoit son père. Il est étonnant comme tout cet État est présentement gouverné par la jeunesse! M. de Breteuil, secrétaire d'État de la guerre, a trente-huit ans; M. de Morville a trente-trois ou quatre ans (j'ai étudié avec lui); M. de Maurepas a vingt-deux ou vingt-trois ans, et M. d'Argenson, qui est l'homme du Régent, et un autre ministre, a vingt-sept ans. Je ne désespère pas de voir remplacer de même les places de garde des sceaux et de premier président.

On a créé les quatre places de secrétaires d'État en charges, pour lesquelles on fait payer à chacun cinq cent mille livres; M. le duc d'Orléans trouve par là le secret de tirer deux millions.

On a remarqué une chose que je viens de vérifier et qui est assez surprenante : le cardinal Dubois est mort le jour de Saint-Laurent, l'après-midi, à la même heure qu'il a fait enlever, il y a un an, le maréchal de Villeroi, du Louvre[1]. Le maréchal, qui étoit bien vieux, vit encore, et l'autre est mort. Il semble que ce soit là une punition bien

---

[1]. Marais (*Journal, loc. cit.*, p. 297), fait la même observation.

marquée, car même tout le monde a été étonné que depuis la majorité, le Roi ne l'ait pas fait revenir.

L'affaire de M. Talhouet est sur le bureau. C'est aujourd'hui samedi, 21 de ce mois d'août, la quatrième séance du rapport fait par M. d'Argenson. Cela fait une grande nouvelle dans Paris. Les uns disent que c'est pour aujourd'hui le jugement, d'autres que c'est pour lundi; d'autres pour jeudi. On dit que les conclusions sont à la mort contre Talhouet, l'abbé Clément et contre les commis. On dit aussi que M. Bosc a eu ordre de se retirer de Paris avec sa fille pour quinze jours. Des commissaires ont relevé quelques nullités qui étoient dans l'instruction, et ont conclu à ce que le procès fût recommencé. Il a fallu faire décider d'abord, s'il y avoit des nullités; ce qui a interrompu le jugement du procès.

Aujourd'hui lundi, 23 août, est mort à huit heures du matin, dans son hôtel[1], au Palais, M. de Mesmes, premier président du Parlement de Paris, âgé de soixante ans, d'une attaque d'apoplexie qui lui a pris la nuit. C'étoit la troisième attaque. Cet homme étoit très-incommodé et mangé de goutte. C'étoit la suite des débauches qu'il avoit faites du temps de Monseigneur le Dauphin, dont il étoit un des favoris, et ensuite dans la cour de madame la duchesse du Maine, à qui il avoit l'obligation de sa place de premier président. Cet homme a fini glorieusement sa carrière, il a parfaitement rempli sa charge; l'affaire de Pontoise l'a immortalisé, par la grandeur avec laquelle il y a vécu. S'il s'entendoit avec la Cour, comme il y a grande apparence, il l'a fait assez adroitement pour être toujours aimé et respecté de sa compagnie. Il laisse de quoi payer ses dettes, qui est tout ce qu'on peut demander à la magnificence dont il a toujours vécu, ayant eu chez lui toute sa famille. Il laisse pour tous enfants deux filles : l'une, mariée à M. le

---

1. Maintenant la préfecture de police, rue de Jérusalem.

marquis d'Ambre, comte de Lautrec, homme de grande qualité; et l'autre, à M. le duc de Lorges.

Voilà une belle place à donner par M. le duc d'Orléans. Il y a bien des prétendants. On nomme M. d'Arménonville, garde des sceaux, qui la demande pour lui, pour avoir une place assurée; M. de Novion, doyen des présidents à mortier; M. de Lamoignon; et M. Portail; M. Joly de Fleury, procureur général, qui a bien servi la Cour et trahi le Parlement dans le temps de Pontoise; M. d'Argouges, lieutenant-civil, à cause de sa qualité et de sa capacité; M. de Pontcarré, premier président de Rouen, qui, dit-on, ne veut pas quitter sa province où il est fort aimé; M. le Bret, premier président de Provence et intendant. Enfin, chacun nomme son premier président. Il paroît que cela roule entre M. Portail et M. Joly de Fleury. Cependant, il n'y a encore rien de décidé depuis lundi.

Aujourd'hui vendredi, 27, se fait à Notre-Dame un service solennel pour M. le cardinal Dubois, en qualité de premier ministre, où toutes les Cours souveraines ont été invitées d'aller par lettres de cachet, et elles iront par députés. Même jour, à dix heures du soir, M. le premier président a été enterré aux Augustins. On l'a d'abord porté à la Sainte-Chapelle-Basse[1], qui est la paroisse, avec deux cents flambeaux, et tout le Parlement en corps. On avoit porté des billets à toute la compagnie pour assister : « au convoi et enterre-« ment de très-haut et très-puissant seigneur, monsei-« gneur, etc. » Ensuite on l'a mis dans un carrosse à huit chevaux caparaçonnés, et deux autres à six chevaux

---

1. La Sainte-Chapelle, fondée par saint Louis, est divisée en deux églises construites l'une sur l'autre. La chapelle haute fut dédiée, en 1248, sous les noms de *Sainte-Couronne* et de *Sainte-Croix*, et la chapelle basse sous l'invocation de la *Sainte-Vierge*. Cette dernière chapelle servait de paroisse aux chanoines, chapelains et à toutes les personnes qui demeuraient dans la cour du palais.

non caparaçonnés ; un pour ses officiers, et l'autre pour le curé et les prêtres.

Même jour, à deux heures après-midi, par jugement rendu par MM. les commissaires du Roi en la chambre de la Bastille, M. Talhouet, maître des requêtes, et M. l'abbé Clément, conseiller au Grand Conseil, ont été condamnés à avoir la tête tranchée, et deux des commis pendus. Savoir à présent si cela sera exécuté. Par rapport à Fébvrier, comme on alloit juger, il est venu une lettre de cachet portant surséance ; le tout parce qu'il est beau-frère de Héron, receveur-général des finances, qui étoit premier commis du cardinal et qui l'est apparemment encore de M. le duc d'Orléans, premier ministre. On dit aussi que le roi d'Espagne a écrit et demandé la grâce de l'abbé Clément, à cause de son père, qui a accouché la reine d'Espagne. Il a aussi accouché madame la duchesse de Bourgogne, mère du roi Louis XV.

Nous n'aurons jamais ici le plaisir de voir pendre les fripons de conséquence. Il y a une commutation de peine, savoir : de prison perpétuelle pour les deux commissaires, chacun dans une île séparée, et de bannissement perpétuel pour les commis. Cette grâce fut accordée par le Roi, vendredi, à huit heures du soir. On dit que le bonhomme Clément, père, a été en Espagne, pour faire écrire le roi d'Espagne ; et une lettre pareille a été pour ainsi dire un ordre.

Pour Fébvrier, il y a eu un sursis au jugement. On croit qu'on lui avoit promis sa grâce pour l'engager à découvrir tout, comme il a fait effectivement.

M. Talhouet va dans l'île Sainte-Marguerite, où a été, en 1719, le président de Blamont, et où l'on dit qu'on n'est pas trop bien ; et l'abbé Clément va à Pierre-Encise.

Mardi, dernier août, par arrêt de la Cour des Monnoies, fit amende honorable, tout nu en chemise, au Palais, à la Monnoie, et en plusieurs endroits, un nommé de La Motte, changeur, dans la rue Saint-Denis, vis-à-vis de la rue de La Ferronnerie, qui transportoit des louis vieux pour les faire remarquer (Il y avoit huit livres de différence par louis). Et après son amende honorable, conduit à la Tournelle pour être aux galères à perpétuité. Cet homme avoit déjà été repris deux fois pour pareil négoce. Il avoit apparemment la rage du gain, car tant de Mississipi que de ce métier-là, La Motte avoit, dit-on, plus de cent cinquante mille livres de bien. Sa femme, qui est Chapelet, sœur de gros marchands bonnetiers, a été bannie à perpétuité. Il a été trahi par un laquais.

Septembre.

Mort de M. de La Houssaie. — M. d'Argenson, chancelier du duc d'Orléans.

J'ai passé ce mois et la moitié de l'autre en province. Pendant tout ce temps de vacance, il n'y a point eu d'événements intéressants. M. de La Houssaye, ci-devant contrôleur-général, est mort. M. le duc d'Orléans a donné la place de son chancelier garde des sceaux et surintendant de ses finances à M. d'Argenson, le cadet, lieutenant de police. C'est un présent de quarante ou cinquante mille livres de rente. Et l'on voit bien que ce jeune magistrat est l'homme de confiance de M. le duc d'Orléans.

Octobre.

M. de Belsunce, évêque de Laon. — L'abbé de Saint-Albin, archevêque de Cambrai. — Le cardinal de Noailles. — Sécheresse. — Petite vérole. — Rentes viagères.

M. le duc d'Orléans a nommé dans ce mois d'octobre aux bénéfices, ou pour mieux dire le Roi. Il y avoit quantité d'archevêchés, évêchés et grosses abbayes à remplir.

Le Roi a donné l'évêché de Laon à M. l'évêque de Marseille. On ne pouvoit trop le récompenser pour ce qu'il a fait dans cette ville pendant la peste. Il y est resté presque seul de prêtre, et administroit les sacrements à tous les malades. On ne peut rien de plus zélé pour la religion. Le voilà par là duc et pair de France!

M. l'abbé de Saint-Albin, bâtard de M. le duc d'Orléans, avoit cet évêché, mais il n'y a pas eu moyen de le faire recevoir duc et pair au Parlement. Sa naissance est très-difficile à ajuster. M. le duc d'Orléans ne peut pas le reconnoître pour son bâtard, parce qu'il a été baptisé sous le nom de M. et de madame Coche, premier valet de chambre et le favori du prince; et il ne peut pas passer pour enfant de Coche et de sa femme, parce que madame Coche n'a jamais eu d'enfant, et que ce jeune abbé n'a jamais été nommé Coche dans tous les actes qui ont été passés à son sujet. Il n'a point eu d'autre nom que celui d'abbé de Saint-Albin, en sorte que la chose est très-embarrassante.

On lui a donné à la place de l'évêché de Laon l'archevêché de Cambrai, qui est bien plus gros revenu, mais on n'en demeure pas là. M. le duc d'Orléans veut le faire coadjuteur de Paris, ce qui n'est pas sans difficulté. Cela ne se peut faire que du consentement de l'archevêque. Le bonhomme est toujours anti-jésuite; il sait que l'abbé de Saint-Albin est entièrement de leurs amis et dans leur morale, qu'il a même fait le diable à quatre à Laon avec les chanoines et les religieuses. Il ne veut pas livrer tout le troupeau parisien à un pareil pasteur; mais M. le duc d'Orléans l'a bien attrapé, M. le duc de Noailles, neveu de l'archevêque, est exilé dans ses terres depuis assez longtemps; la liberté du neveu est le prix du consentement, et l'on dit, en effet, que la chose est faite, et que M. le duc de Noailles reviendra à Paris, en même temps que le courrier reviendra de Rome.

Ce qu'il y a d'extraordinaire dans ce pays-ci, c'est la sécheresse de cet été et les maladies que cela a causé. Il y a depuis trois mois, dans cette ville, une petite vérole mêlée de pourpre, qui a presque désolé toutes les familles. Il est mort une infinité de monde, et le Roi fait un gain considérable sur les rentes viagères, où le père de famille a été obligé de mettre, pour sauver son pauvre bien, sur sa tête et sur celle de ses enfants. Madame d'Argenson[1], jolie femme, et de dix-sept ans, est presque la seule qui en soit échappée. Le bonheur est dans cette maison! Pour moi, j'en ai eu ma part, par la perte que j'ai faite d'une cousine germaine que j'aimois tendrement et qui m'aimoit de même. Belle femme, âgée de trente ans, et de trente mille livres de rente, et aimée de tout le monde! Elle est morte en deux jours, par une perte de sang qui lui est survenue, le 28 octobre.

Novembre.

Morts diverses, duc et duchesses d'Aumont. — Retour du duc de Noailles. — Cerf du bois de Boulogne. — Razily et La Vacherie blessés. — Rentrée du Parlement. — Le père de Barbier, avocat consultant.

Quoique nous soyons déjà au mois de novembre, cette peste règne encore; elle en a beaucoup voulu à la maison d'Aumont, la jeune duchesse en est morte[2], la douairière mourut[3] il y a quinze jours, et le duc d'Aumont, homme de trente-cinq ans, l'a présentement.

M. le duc d'Aumont[4] est mort pareillement. Son fils aîné, qui a quatorze ans, a la charge de premier gentilhomme, et le duc d'Humières, frère du défunt, a le gouvernement du Boulonois.

M. le duc de Noailles est enfin revenu de son exil; madame son épouse est encore en chemin; il est descendu à l'archevêché, où il a commencé à se confesser à M. Vinant, grand pénitencier, et par faire ses dévotions par les mains de M. le cardinal de Noailles, son oncle. Cette démarche a paru assez bizarre; quelquefois

---

1. Anne Larcher, comtesse d'Argenson.
2. Catherine de Guiscard, fille du comte de La Bourlie, mariée en 1708, mourut le 9 juillet 1723.
3. Olympe de Brouilli, femme de Louis, duc d'Aumont.
4. Louis-Marie, duc d'Aumont, pair de France, né en 1691, mort à l'âge de trente-deux ans.

pour trop vouloir en imposer au public, on en devient la risée. Il a été parfaitement reçu de M. le duc d'Orléans avec lequel il a été deux heures enfermé. Ce prince a eu de grandes obligations à ce duc, lors de la mort de Louis XIV; mais le cardinal Dubois avoit un tel empire sur ce prince, qu'il l'obligeoit d'éloigner ses meilleurs amis lorsqu'ils lui déplaisoient ou qu'ils n'avoient pas pour lui les égards que son rang demandoit, et dont les autres se croyoient dispensés quelquefois par sa naissance.

Il est arrivé, le 3 de ce mois, une aventure particulière dans le bois de Boulogne, par le fait d'un cerf. Ils sont en rut dans ce temps-ci, et ils ne sont pas alors trop aisés. Cependant, on dit qu'il n'y a à craindre que de ceux qui sont privés. Il y en avoit un de cette espèce dans le bois de Boulogne, fort grand, âgé de six ans. Aussitôt qu'il voyoit une compagnie, il se jetoit dessus et il a ainsi blessé plusieurs personnes, on n'osoit pas le tuer. Ce jour, se promenoient dans le bois, deux femmes et deux hommes, qui étoient Razily, premier lieutenant du régiment des gardes, grand homme et fort, et un nommé La Vacherie, homme d'affaires. Ce cerf les suivoit à petits pas, qui alloit néanmoins plus vite qu'eux. Ils se retournèrent et virent le cerf qui se lèchoit les narines, marque qu'ils se mettent en colère, Razily fit placer les dames derrière deux arbres, et *ils* se mirent au-devant. Le cerf vint à eux, ils mirent l'épée à la main, l'animal s'élança sur Razily; il lui porta un coup d'épée, l'épée se cassa, Razily fut terrassé et reçut deux coups d'andouillers dans les cuisses, l'un qui perça une cuisse d'outre en outre et qui ne fit que glisser à côté de la veine cave, l'autre qui auroit percé directement la veine, mais qui n'entroit pas assez avant. Chose miraculeuse, pour ce pauvre garçon! La Vacherie étoit venu sur le cerf dans ce temps, épée cassée de même, lui renversé, et un coup dans l'aine; ils perdoient tous deux leur sang et le cerf les sabouloit avec ses pieds et sa tête. Heureusement ils se trouvèrent assez près, et eurent la présence d'esprit de s'attacher avec force, chacun d'un côté, aux bois de l'animal, qui s'étoit posté sur eux à son désavantage, et de lui tenir la tête dans le sable; les femmes crièrent, il vint par bonheur un chirurgien qui passoit avec sa femme dans le bois, il vint un garde et encore d'autres gens, mais pas un n'avoit un couteau ni baïonnette. Ils aidèrent à tenir le cerf dans la posture où il étoit; on eut le temps d'aller chercher un couteau à la porte de Longchamp, et l'on tua ainsi l'animal entre les bras de tout ce monde. Le chirurgien saigna les blessés, mit le premier appareil. Ils ont été depuis en très-grand danger, mais enfin ils en reviendront, et il ne falloit pas moins que toutes ces circonstances pour empêcher que ce ne fût là leur dernier jour.

La rentrée s'est faite au palais, à l'ordinaire, sans premier président en titre. M. de Novion en faisoit les fonctions. M. d'Aguesseau[1], fils du chancelier, a fait un fort beau discours sur la raison. Le père est grand ami du duc de Noailles. On ne sait si celui-là reviendra; mais, à mon sens, son caractère froid et sérieux, ses yeux baissés et son air en dedans ne conviennent guère au duc d'Orléans. Ce prince mitonne nécessairement quelque dessein, et garde la place de premier président pour un débauché.

Mon père a quitté cette année la plaidoirie pour se mettre au palais, au rang des consultants. Il a eu l'avantage de quitter le Châtelet avec le regret général de la juridiction et du public.

Décembre.

Mort du duc d'Orléans. — Détails. — Éloge du duc. — Nouveaux détails sur M. d'Argenson le père. — La Cassette, la conspiration d'Espagne et l'exempt Pomereu. — La duchesse de Phalaris — M. le Duc, premier ministre. — M. de Fréjus. — Le maréchal de Villars. — Encore ma-

1. D'Aguesseau de Plainmon.

dame la princesse de Conti. — Le duc de Chartres aura-t-il une maison? — M. de Novion, premier président du Parlement. — Arrangement avec M. de Lamoignon. — Mariage du comte de Toulouse. — Système du duc d'Orléans. — Réflexions sur sa mort. — Nouveaux détails. — Le lévrier et le cœur du duc d'Orléans. — Le prince de Conti à la recherche de la princesse, sa femme. — Épigrammes. — Démission offerte par M. d'Argenson. — M. de Novion et Blaru. — Le maréchal de Tessé envoyé en Espagne. — Maison du duc d'Orléans.

Ce vendredi, 3 décembre, sept heures du matin, travaillant à un projet dont on m'avoit chargé de la part de M. le duc d'Orléans, concernant ma profession, et qui regardoit le droit public, on est entré dans mon cabinet m'apprendre que M. le duc d'Orléans mourut, hier au soir, à sept heures, subitement à Versailles. Il fut attaqué d'une apoplexie. Il avoit été, l'après-midi, au conseil et il se portoit bien, il n'eut le temps que de dire : « Je me trouve mal, du secours! » Cette mort subite est d'autant plus triste, qu'il n'a eu le temps ni de parler au Roi, ni à son fils, le duc de Chartres, qui étoit à Paris[1], pour le mettre au fait de certains papiers qu'il pouvoit avoir. Cette mort, quoique très-éloignée de moi, me regarde. M. d'Argenson étoit l'homme de confiance de ce prince, et seroit parvenu aux plus grands emplois, et moi j'avois la confiance et le secret de celui-ci. Voilà tout le brouet renversé! De tous les princes, M. le Duc étoit le seul à Versailles, il alla en porter la nouvelle au Roi, où il lui demanda sur-le-champ la place de principal ministre. Le Roi, sans être ému de la nouvelle, la lui accorda, et il prêta serment dans le moment, en sorte que voilà tous gens nouveaux qui vont paraître : M. de Fortia, conseiller d'État et chef du conseil de M. le Duc, homme d'esprit et très-fin; M. Milain, avocat, son secrétaire des commandements, homme d'esprit et sa-

1. Suivant Saint-Simon, t. XXVIII, p. 245, le duc de Chartres apprit chez une fille de l'Opéra qu'il entretenoit alors, et la mort de son père et la nomination de M. le Duc au poste de premier ministre. Il alla à Versailles et y refusa les offres des ducs de Noailles et de Guiche qui l'engageaient à suivre leurs conseils.

vant. Mais quelle différence de gouvernement! M. le Duc est d'un esprit très-borné et ne sachant rien, n'aimant que son plaisir et la chasse, étant très-attaché à madame la marquise de Prie, fille de Berthelot de Pléneuf, directeur général des vivres dans les dernières guerres. C'est elle qui gouvernera et qui tirera de l'argent tant qu'elle pourra, aussi bien que M. le Duc et le comte de Charolois son frère. Il suffit *d'être du sang des Bourbons* pour ne pas haïr ce métal.

Le duc d'Orléans n'a contre lui que le malheureux système de 1720, qui a renversé tout le royaume, c'est-à-dire, ruiné bien des familles particulières, car en général le royaume n'a jamais été si riche ni si florissant. Quoique je sois un des blessés, il faut pourtant rendre justice à la vérité. Hors cela, jamais il n'y a eu un plus grand prince. Il avoit eu la plus belle éducation qu'on puisse avoir, sachant tout : peindre assez joliment, la musique parfaitement, la mécanique, la chimie, l'histoire, le cérémonial, le droit public, les intérêts des princes étrangers. Parlant comme un ange, il avoit tout pour être un premier ministre. Il avoit des défauts: trop bon pour ses favoris, disant oui à l'un et le moment d'après non à l'autre, sacrifiant ses anciens amis à sa politique, avare, aimant trop l'argent et voulant l'avoir lui seul. Il avoit exilé, pour plaire au cardinal Dubois, Nocé, le duc de Noailles, M. Le Blanc et autres.

Pour la politique, jamais personne ne l'a possédée comme lui; depuis la mort de Louis XIV, il a mené toutes les cours selon ses vues; je crois bien qu'il en a coûté de l'argent, mais cela ne se peut pas autrement. Il a fait une guerre à l'Espagne où il n'y avoit pas le sens commun, et deux ans après, il fait sa fille reine d'Espagne, en la mariant au prince des Asturies, et une autre fille à don Carlos. Hors cette campagne de politique, la France a été en paix depuis sa régence. Il a contenté la cour de Rome dont il étoit très-ami, et de laquelle en lui-même il se soucioit fort peu, à ce que je crois.

Il avoit une qualité qui est bien l'âme du conseil, qui est le secret. Le duc d'Orléans non-seulement avoit des maîtresses en titres, mais il aimoit fort toutes les p...... nouvelles qui paroissoient dans Paris; il faisoit des soupers avec elles et ses amis, mais avec toutes ces femmes, p...... ou autres, il n'étoit jamais question d'affaires d'État; travaillant beaucoup, mais se divertissant trop et ayant trop bu, ce qui lui a attiré son attaque d'apoplexie.

Enfin, on a perdu en moins de six mois, les deux premiers hommes de l'État, le cardinal Dubois et le prince. Ce qui fera sentir cette perte, c'est que le secret étoit d'abord entre eux deux. Depuis, le prince, qui se suffisoit à lui seul, par la force de son génie, n'avoit confié à personne ses idées de politique, et la conduite qu'il tenoit à l'égard des étrangers. Il n'a rien écrit, il disoit qu'un vrai ministre devoit avoir tous ses projets dans sa tête, en sorte que les ambassadeurs et les envoyés auprès des princes ne peuvent pas savoir eux-mêmes quels étoient les desseins du duc d'Orléans; et par là je crois que l'on sera très-embarrassé.

Le prince se formoit un confident dans M. d'Argenson, mais il étoit encore trop jeune pour lui confier inutilement des secrets sur lesquels il n'auroit pas été en état de donner des conseils nouveaux au prince.

Si le prince agissoit par inclination en élevant M. d'Argenson, il pouvoit le faire par reconnoissance, car il avoit des obligations infinies au père, dans le temps de la Chambre de Justice. M. d'Argenson père, conseiller d'État, étoit très-mal dans ses affaires; on avoit arrêté tous les gens qui avoient été à lui, et l'on devoit le lendemain le décréter. Pour surcroit de malheur, M. le duc d'Orléans étoit prévenu contre lui, et il ne vouloit ni le voir ni l'écouter. Malgré les défenses du prince, le soir, à dix heures, M. Ibagnet[1] (favori du duc d'Orléans), con-

---

[1]. Duclos en parle souvent dans ses *Mémoires*.

cierge du Palais-Royal, fit entrer M. d'Argenson, qui étoit tout troublé, et qui étoit venu dans le jour pour la quatrième fois au Palais-Royal. Il le présenta au prince, qui le reçut mal. Mais M. d'Argenson, qui avoit infiniment d'esprit, lui fit entendre que le moment étoit pressant, et qu'on devoit le lendemain l'arrêter, et que sa perte seroit suivie de celle du prince[1]. Il lui dit qu'il avoit chez lui, dans une cassette, en dépôt que Louis XIV lui avoit remis, tous les papiers concernant son affaire d'Espagne. Il avoit été accusé d'avoir voulu détrôner le roi d'Espagne, le faire empoisonner, épouser la reine d'Espagne, répudier madame la duchesse d'Orléans et se faire roi d'Espagne. Toutes les preuves en avoient été apportées en cour ; le Roi avoit fait travailler à ce procès ; il avoit fait tenir un conseil exprès, où même M. le chancelier de Pontchartrain[2], qui vit encore, avoit été d'avis de lui faire faire son procès, et de lui faire trancher la tête, quoique neveu du Roi. Je ne sais si ce ne fut pas Monseigneur qui l'emporta pour sa grâce. Ces papiers, comme l'on voit, étoient d'une grande importance. M. d'Argenson lui fit entendre qu'il falloit faire un échange ; que, lorsqu'on avoit arrêté Pomereu[3], un de ses exempts, on avoit pris chez lui une cassette qui contenoit les papiers touchant l'administration de M. d'Argenson, papiers dont on se seroit servi pour le perdre à la Chambre de Justice ; qu'il falloit lui rendre cette cassette et qu'il rendroit l'autre. Le prince sentit la conséquence de cette affaire : il envoya chercher M. de La Vrillière, secrétaire d'État, qui, à quatre heures du matin, alla à la Concier-

1. Suivant Saint-Simon, t. xix, p. 74, d'Argenson, lors de l'affaire dont Barbier parle ici, s'empressa de tenir le duc d'Orléans au courant des démarches de ses ennemis. Voyez aussi les *Loisirs* ou *Mémoires* du marquis d'Argenson.

2. Louis Phelypeaux, comte de Pontchartrain, né en 1643, remplit successivement les fonctions de premier président du parlement de Bretagne (1667), d'intendant des finances (1687), de secrétaire d'État (1690) et de chancelier (1699-1715), sous Louis XIV. Il mourut en 1727.

3. Voyez plus haut, année 1718, p. 15.

gerie du Palais enlever et faire sortir d'autorité Pomereu, entreprise qui, pour lors, déplut fort au Parlement; et il alla en même temps chez Fourqueux, procureur général de la Chambre des Comptes et de la Chambre de Justice, retirer la cassette de Pomereu. M. de La Vrillière la rapporta au Palais-Royal. M. d'Argenson alla chercher l'autre cassette, et revint au Palais-Royal. Là se fit l'échange de ces curiosités, et l'on dit que l'un et l'autre furent occupés deux heures à brûler des papiers.

M. le duc d'Orléans connut dans cette entrevue l'esprit et la politique de d'Argenson, d'avoir gardé de cette manière des papiers de cette conséquence pour s'en servir en pressante occasion. Il le prit dès lors pour son conseil[1], dont il s'est bien trouvé, car le duc d'Orléans, de son naturel, étoit très-bon et très-timide. C'est M. d'Argenson qui lui a appris à gouverner avec hauteur, à être intrépide et à mener le Parlement comme il l'a fait. Le lit de justice, au mois d'août 1719, a été le coup de foudre pour le Parlement; il faut ajouter aussi pour le public, car on impute un peu le mal qui s'est fait à M. d'Argenson. Pour revenir à l'affaire d'Espagne, qui, au dire de prud'hommes, n'étoit que trop vraie[2], cela avoit jeté de furieux soupçons sur l'ambition démesurée du duc d'Orléans, et, en même temps, sur sa facilité à se livrer aux crimes: de là vient que, lorsque Louis XIV a eu le malheur de perdre en peu de temps toute sa famille: Monseigneur[3], M. le duc de Bourgogne[4], madame de Bourgogne[5], M. de

---

1 Il l'a fait en même temps administrateur général des finances et garde des sceaux. (Note de Barbier). Suivant les *Mémoires* du marquis d'Argenson, ces fonctions élevées furent la juste récompense des services rendus par le lieutenant de police, qui prévint le Régent de toutes les intrigues ourdies par ses ennemis.

2. Suivant Saint-Simon, loc. cit., toute cette affaire était une infâme calomnie préparée par les ennemis du duc d'Orléans.

3. Louis, Dauphin de France, mort en 1711.

4. Louis, fils du Dauphin, duc de Bourgogne, mort en 1712.

5. Marie-Adélaïde de Savoie, morte en 1712.

Berry[1], on l'en accusoit secrètement dans le public, sur le fondement que ce prince s'étoit toujours attaché à la chimie et aux connoissances secrètes qu'il possédoit parfaitement. Tout cela avoit sans doute eu beaucoup de part à l'indifférence que Louis XIV avoit pour lui et à la manière dont il l'avoit traité dans son testament.

Nous pouvons parler même de choses plus récentes. Depuis la mort de Louis XIV, de la manière dont le duc d'Orléans a mené la régence, et dont il a agi avec tous les étrangers, il a fait croire, surtout depuis la triple alliance et les traités par lesquels l'Espagne a renoncé de nouveau à la couronne de France, que le duc d'Orléans avoit dessein sur la couronne, qui est effectivement un grand morceau[2]. Les politiques spéculatifs croyoient d'abord que le Roi n'atteindroit pas sa majorité. Quand il y est parvenu, il a fallu raisonner d'une autre façon. On a voulu raffiner sur la politique, en disant que le même dessein pourroit toujours subsister, surtout quand on a vu que la majorité n'apportoit aucun changement, et que l'autorité du duc d'Orléans étoit plutôt augmentée que diminuée. Enfin, qu'on admire le point fatal des destinées dans le temps qu'on veut deviner dans l'avenir et pénétrer les desseins des hommes, ils sont arrêtés tout à coup par une mort subite, à quarante-neuf ans quatre mois tout juste (car il est né le 2 août et mort le 2 décembre)! Et ce qui est de certain, c'est que le Roi est en parfaite santé, laquelle même n'a nullement été altérée par la nouvelle de cette mort.

Pour les particularités de cet événement, il n'y avoit dans la chambre du duc d'Orléans, quand il y est tombé en apoplexie[3], qu'une femme, qui est la duchesse de

1. Charles, troisième fils du Dauphin, duc de Berri, mort en 1714.
2. Le marquis d'Argenson donne un démenti complet à tous ces bruits répandus alors par les adversaires du duc d'Orléans.
3. Il tenait à la main l'épître dédicatoire de l'*Histoire générale de la Danse sacrée et profane*, que de son lit de mort, l'auteur, nommé Bonnet, envoyait au duc d'Orléans. Voyez Lémontey, *Hist. de la Régence*, t. II, p. 92.

Phalaris[1]. Si on met cela dans l'histoire, on ne saura qui est cette femme : c'est la femme d'un nommé M. de Gorge, frère d'un conseiller au Parlement, lequel a été en Italie, et a eu ce duché de Phalaris, qui est, je crois, dans le royaume de Naples. Cette femme est assez belle et a fait nombre dans les amies du duc d'Orléans. Elle sortit de l'appartement aussitôt qu'elle vit les yeux du prince qui se fermoient, pour crier au secours; et, ce qui est de plus surprenant, c'est que l'on fut plus d'un gros quart d'heure dans le château de Versailles pour trouver qui que ce soit pour le secourir. Ce fut un valet de chambre de madame la princesse de Soubise qui le saigna; mais il n'étoit plus temps, non plus que pour les gouttes d'Angleterre. Il mourut en trente et une minutes, tombé sur son parquet. C'est un très-grand hasard que M. le Duc fut alors à Versailles. Quand il apprit la nouvelle au Roi, et qu'il lui demanda les emplois du duc d'Orléans, M. l'évêque de Fréjus, précepteur du Roi, et en qui le Roi avoit grande confiance, y étoit. Le Roi se retourna devers lui, comme pour lui demander son avis; mais M. de Fréjus n'avoit pas plusieurs partis à prendre en présence de M. le Duc : il répondit que cela convenoit fort au rang de M. le Duc et aux intérêts de Sa Majesté. On croit fort que, si M. de Fréjus avoit su la mort plutôt que personne, il auroit obtenu la place de premier ministre.

Les politiques reprochent à M. de Fréjus de n'avoir pas fait différer le Roi au lendemain. On dit qu'il ne faut

1. Ou de Falari. Cette jeune femme, d'une grande beauté, était née à Saint-Marcellin, en Dauphiné, du marquis d'Arancourt. Par sa mère, elle appartenait à la famille Falcoy de La Blache. Elle se maria, en 1715, à un sieur Gorge d'Entraigues, frère de la duchesse de Béthune, qui, grâce au cardinal de Valençay son parent, avait été fait duc de Falari, par le pape Clément XII. Cet homme, qui détestait les femmes et battait la sienne, se livra entièrement à des faux monnayeurs et à des voleurs. Il se fit espion, puis apôtre, puis prétendant, et alla mourir, en 1741, à Moscou, prisonnier de la Russie, en cherchant à se faire passer pour le duc de Mecklembourg. Voyez Lemontey, t. II, p. 92-94, note; Duclos, t. II, p. 192 et note; et Bois-Jourdain, *Mélanges*, t. I, p. 226.

pas qu'un prince du sang soit premier ministre ; c'est trop de réunir l'autorité avec le rang.

Les Jésuites auront lavé la tête à l'évêque de Fréjus, qui est dans leur parti, d'avoir laissé échapper cette place.

Madame la Duchesse, mère de M. le Duc, qui a de l'esprit, a bien servi son fils dans cette occasion. Elle alla trouver aussitôt madame la duchesse d'Orléans ; elle étoit à ses genoux à la consoler et à l'arrêter, tandis que M. le Duc faisoit son coup auprès du Roi pour avoir la place de principal ministre.

La commission de principal ministre fut enregistrée, hier, au Parlement, 4 de ce mois, les chambres assemblées.

M. de Novion fut nommé, hier aussi, premier président. Cela ne pouvoit pas lui manquer : M. le Duc sollicitoit pour lui depuis la vacance.

M. le Duc ne veut rien prendre sur son compte en prenant la place d'un aussi grand génie que le duc d'Orléans. On dit (ce fait est vrai) qu'il a formé un conseil secret pour le Roi, composé de lui, M. l'évêque de Fréjus, en qui le Roi a grande confiance, et de M. le maréchal de Villars. M. le comte de Morville est secrétaire de ce conseil, comme étant secrétaire d'État des affaires des étrangers.

Ceci même est regardé comme un coup de politique, d'avoir placé le maréchal de Villars, parce qu'il y a une autre brigue dans l'État, qui étoit même formée du vivant du duc d'Orléans, et qui a plus d'intérêt que jamais de se liguer, savoir : M. le duc de Chartres, qui a vingt ans, et qui sera très-fâché de voir M. le Duc au-dessus de lui, par le crédit de sa place ; M. le prince de Conti, qui est mal avec le Duc et qui se trouve considérablement abaissé par cet événement ; M. le duc du Maine, contre lequel M. le Duc s'est déclaré ouvertement depuis la mort de Louis XIV ; M. le comte de Toulouse ; M. le maréchal de

Villars, intime ami du prince de Conti; le maréchal d'Estrées[1] et un lieutenant général de nom. Ces gens-ci ne manqueront pas de mettre le feu sous le ventre à M. le duc de Chartres dans toutes les occasions qui se présenteront; en sorte qu'il est assez politique d'avoir attaché le maréchal de Villars au conseil secret du Roi.

Qui gagne à cette mort? c'est madame la princesse de Conti la jeune. Depuis la lettre de cachet du Roi, elle sortoit très-souvent dans son carrosse sans nécessité ni sans permission; elle étoit soutenue de MM. ses frères. M. le prince de Conti s'en plaignoit au duc d'Orléans, lequel ne savoit que dire pour les amuser les uns et les autres. Il y a huit jours qu'il pensa la surprendre dans Paris et la ramener à l'hôtel. Il étoit à Versailles; elle avoit pris ce temps pour sortir. Le prince en fut averti; il revint sur-le-champ à toute bride, en berline à six chevaux; mais son carrosse se cassa sur le chemin; on fut obligé d'atteler les six chevaux au premier fiacre qui se rencontra là. Quand il arriva à Port-Royal, la princesse étoit rentrée. Or, à présent, le prince de Conti ne trouvera plus de justice à aucune porte; car même le duc d'Orléans lui avoit promis une lettre de cachet pour faire plaider la question de savoir si elle pouvoit sortir ou non de son couvent; il devoit la lui donner vendredi dernier, lendemain de sa mort. Je crois présentement que la princesse sortira tant qu'elle voudra et qu'elle ira peut-être demeurer à Versailles.

La Cour est plus troublée aujourd'hui, 7 décembre, que le lendemain de la mort du duc d'Orléans. Notre nouveau premier ministre n'est du goût de personne; tous les seigneurs et les officiers crient. On sait qu'il n'a pas le sens commun, ni aucune pratique des affaires publiques. Cela est triste dans une pareille place. On dit qu'on ne donne ce titre qu'à gens consommés, qui ont rendu des services à l'État par des négociations, comme avoit fait

1. Voyez plus haut, p. 102, note 1.

le cardinal Dubois, qui étoit un génie supérieur. Et enfin le duc de Chartres, qui est aujourd'hui le duc d'Orléans, n'est pas content; et il a les conseils de ses oncles, le duc du Maine et le comte de Toulouse; et d'ailleurs il a la qualité de présomptif héritier, qui d'un moment à l'autre peut avoir effet.

Je crois que cette affaire raccommodera et réunira la maison de Condé avec celle de Conti. Selon ce que je sais, M. le Duc a fait quelque avance, parce que, n'étant pas bien assuré dans sa place, il a grand besoin d'être appuyé du prince de Conti, qui est assez estimé à présent. Il est vrai que M. le duc d'Orléans avoit un peu de part à leur mésintelligence, parce qu'il a toujours été de son intérêt, depuis la régence, que ces deux maisons fussent brouillées. Elles auroient pu l'embarrasser dans tous ses projets, si elles avoient été unies. Je sais positivement, ce qui n'est su de personne, qu'il y a entre eux un accommodement par rapport à madame la princesse de Conti, et que le prince de Conti consent par écrit qu'elle demeure quatre ou six ans dans le couvent du Port-Royal, où elle est. Ainsi il n'y aura plus de procès à cet égard. Cependant la politique est très-difficile à bien ménager en ceci, car peut-être la maison de Condé ne feint-elle du retour que pour détacher le prince de Conti d'avec le duc de Chartres; et quand M. le Duc sera affermi dans sa place, il suivra sans mesure son caractère et son naturel à l'égard du prince de Conti, lequel en ce cas se trouveroit n'être plus soutenu du duc de Chartres, ni bien avec la maison de Condé. L'événement justifiera si l'on prend le bon parti dans cette affaire.

On doit décider aujourd'hui, dans le Conseil du Roi, si M. le duc d'Orléans aura une maison comme M. son père, ce qui ne peut lui être accordé que comme présomptif héritier de la couronne, car il n'est que premier prince du sang; et, en cette qualité, sa maison sur l'état ne doit être composée que de trente-six personnes, mais sans chancelier, intendant des finances, contrôleur général, maître d'hôtel, ni compagnie de gardes[1].

M. le président de Novion fut nommé, le 5 de ce mois, premier président; mais il ne veut accepter qu'à condition qu'il conservera sa charge de président à mortier pour son petit-fils, qui n'est âgé que de quatorze ans. Il n'y a rien encore de décidé là-dessus.

Le lendemain de la mort de M. le duc d'Orléans, M. le comte de Toulouse, que tout le monde croyoit garçon, a déclaré un mariage fait, il y a trois ans, avec la veuve[2] du marquis de Gondrin, fils de M. le duc d'Antin. Elle est fille de M. le duc de Noailles et petite-nièce du cardinal. On dit qu'il y a des enfants. Cela fera un peu mal au cœur à la maison du Maine, qui comptoit sur cette succession, laquelle sera très-opulente.

On n'est pas fort curieux à présent de deuil; on en porte trois à la fois pour six semaines. On a pris, le 25 novembre, celui de M. le grand-duc de Toscane avec celui de M. l'électeur de Cologne, et on y joint celui de M. le duc d'Orléans.

Le système, qui devoit paroître, étoit de la façon de Law, avec lequel M. le duc d'Orléans n'avoit pas cessé d'être en correspondance; il tendoit à achever de ruiner tous les particuliers, car on remboursoit les rentes sur la Ville en actions sur le pied de six mille livres. Cela étoit égal pour le revenu, parce qu'une action a de fixe présentement cent cinquante livres de rente, qui est le revenu au denier quarante de six mille livres, sur le pied que sont les rentes sur la Ville; et il pourroit y avoir de l'avantage, parce que les cent cinquante livres sont indépendamment des profits de la compagnie, à

---

1. Cela ne sera décidé, dit-on, définitivement qu'après le service de Saint-Denis, au bout de quarante jours. *(Note de Barbier.)*

2. Marie-Victoire-Sophie de Noailles, veuve de Louis Pardaillan, marquis de Gondrin.

laquelle on auroit réuni, comme on avoit ci-devant fait, les fermes générales.

Ceux qui auroient aimé les actions les auroient gardées; ceux qui n'en auroient pas voulu, il y auroit eu un bureau où l'on auroit repris l'action pour six mille livres en billets de crédit, et un autre bureau où l'on auroit payé le billet de crédit en argent, lequel, pour cette opération, auroit apparemment augmenté considérablement. Il y a actuellement plus de cinquante-cinq millions dans les coffres du Roi, ce qui auroit fait beaucoup plus par l'augmentation. On auroit fait pour autant de billets de crédit. Ils ont nombre d'actions, et ils étoient en état de faire face et d'ouvrir le système avec cela. Mais, comme le billet de crédit et l'action seroient devenus à rien par la suite, cela auroit ruiné tout le monde. Il est constant que ce prince n'avoit d'autre but que de tirer tout, et de ne devoir plus rien; ce qui fait juger qu'il avoit indubitablement le dessein d'être Roi, car autrement que cela lui auroit-il fait? Et il ne pouvoit exécuter ce dessein qu'après des opérations infinies. Ses négociations avec l'étranger n'étoient peut-être pas encore au point où il les vouloit. Il falloit que le mariage de sa fille en Espagne fût consommé, et il vient de l'être. Il falloit une paix parfaite pour exécuter tous ces systèmes qu'il avoit dans la tête. Il ne marioit point son fils parce que, lors de la mort du Roi, il auroit encore arrêté l'Espagne en disant : Il n'y a qu'à marier l'Infante avec le duc de Chartres, qui auroit été Dauphin; et rien ne pressoit dans ce dessein, puisque l'Infante n'a que sept ans. Mais il semble qu'il y ait eu en cela la main de Dieu qui ait dit : « Pour le coup, en voilà assez! « tu n'en feras pas davantage! » et qui l'ait arrêté sur c.. par une mort aussi affreuse que celle-là, en trente-deux minutes, tombé sur son parquet, sans aucun secours de médecins ni de chirurgiens, et n'ayant pour toute compagnie auprès de lui qu'une p.....! On dit aussi à ce sujet un bon mot de madame la marquise de Sabran[1], qui avoit été longtemps maîtresse de ce prince. Quand elle arriva sur la fin et qu'elle vit que ce valet de chambre de madame de Soubise l'alloit saigner, elle cria : « Eh ! « mon Dieu ! qu'allez-vous faire ? il sort d'avec une « gueuse ! » pour dire que la saignée ne valoit rien après l'action ; mais, ma foi ! il n'y avoit pas à rire. On dit aussi partout qu'il est mort comme un chien ; et, en général, on ne chante pas la louange dudit seigneur. On dit aussi qu'il étoit pourri de v....., ayant le dos ouvert. Il y avoit deux ans que cela étoit déclaré. Il n'avoit pas pu prendre sur lui de quitter son gouvernement et ses plaisirs. Tous les jours, il prenoit du jalap, qui est un palliatif, et il avoit pris enfin, dit-on, la résolution de passer par le remède, il y a trois semaines. C'est ce retardement qui lui a corrompu le sang et qui l'a fait crever. (Cela peut être d'autant plus vrai que je sais très-parfaitement que M. d'Argenson, son seul favori, alloit demeurer à Versailles avec titre de conseiller d'État et de premier commis du duc d'Orléans, sous prétexte que le prince vouloit se reposer. Tous les secrétaires d'État lui auroient rendu compte, et lui seul seroit entré dans l'appartement de M. le duc d'Orléans. Cette circonstance mettoit M. d'Argenson au degré suprême et le conduisoit à la place de premier ministre.)

Circonstance épouvantable et particulière arrivée après la mort de ce prince ! On l'a ouvert à l'ordinaire,

---

1. Elle était de la maison de Foix.

    Sabran leste et piquante
    Conduisoit Phalaris, etc.

Nous avons trouvé dans la collection de Maurepas la copie de la lettre suivante adressée par la marquise, au temps de sa faveur, au duc d'Orléans (1718, février) : « J'ai été chez toi ce matin, chienne de race ! On m'a refusé la porte ; si tu viens jamais chez moi, tu auras le même sort. Tu ne sais ni aimer ni écrire, mais tu sais lire. Lis donc ! Je t'envoie mon mâtin[*], fais-le ton chambellan ; et à l'égard du brevet de retenue, parles-en à ton nègre[**]. »

[*] Son mari, le marquis de Sabran.
[**] D'Argenson, garde des sceaux.

pour l'embaumer et pour mettre son cœur dans une boîte, pour le porter au Val-de-Grâce[1], comme on a fait.

Pendant cette ouverture, il y avoit dans la chambre un chien danois du prince; ce chien, sans que personne ait eu le temps de l'empêcher, s'est jeté sur son cœur et en a mangé les trois quarts, ce qui marqueroit une certaine malédiction; car un chien comme celui-là ne doit point être affamé, et pareille chose n'est jamais arrivée. Ce fait a été caché autant qu'on l'a pu; mais il est absolument vrai.

M. le Duc s'étoit très-fort opposé au système; ainsi l'on croit en être échappé à présent. Celui-ci a l'honneur de deux opérations qui étoient arrêtées par le duc d'Orléans : on supprime le contrôle des actes des notaires, qui étoit un droit criant, et l'on suspend le joyeux avénement, qui étoit encore une autre taxe. M. le Duc a l'honneur de commencer son ministère par là.

L'accommodement est fait avec M. de Novion. Il est premier président; M. de Lamoignon de Blancmenil, premier avocat général, a la charge de président à mortier, avec parole d'honneur, dont le Roi est dépositaire, de la rendre au petit-fils de M. de Novion, quand il sera en âge; et autre parole dans les familles de marier ce petit de Novion avec la fille unique, quant à présent, de M. de Blancmenil.

Dans le conseil de mardi, 7 de ce mois, on a refusé une maison à M. le duc d'Orléans. Je ne sais si M. le Duc a bien fait, car cela le regardoit pour en avoir une;

1. Cette abbaye, rue du faubourg Saint-Jacques, devenue aujourd'hui un hôpital militaire, avait été fondée par Anne d'Autriche, pour rendre grâces à Dieu de sa grossesse inattendue. Mansard en fut le premier architecte. Le dôme de l'église fut peint par Mignard, et Molière célébra en beaux vers l'œuvre magnifique de son ami. Dans une chapelle à gauche toute tendue de noir, le cœur d'Anne d'Autriche avait été déposé, et dès lors l'usage s'établit de placer dans un caveau au-dessous de cette chapelle, les cœurs des membres de la famille royale et de la maison d'Orléans. Cette abbaye avait encore le droit de conserver la première chaussure de chaque fils ou fille de France.

en cas que le duc d'Orléans fût venu à mourir, en qualité de présomptif héritier; d'ailleurs il se brouille par là avec M. le duc d'Orléans, qui sera un jour un prince puissant, car il doit trouver quelque part plus de cent millions d'espèces que le père a tirées. Il ne peut y avoir à cela qu'une raison de politique, qui est de dire : « En « lui donnant une maison, c'est le reconnoître présomp- « tif héritier : ce seroit peut-être donner lieu dès à pré- « sent à une guerre avec l'Espagne, au lieu qu'il sera « assez temps de soutenir ce droit quand il sera ouvert. » (S'il en a été question, ce n'est pas M. de Chartres qui l'a demandée, car il ne demande quoi que ce soit.)

Tous les princes et seigneurs de la Cour ont reconnu qu'ils n'avoient été brouillés ensemble que par la politique de M. le duc d'Orléans. M. le Duc, qui veut se soutenir, en a recherché l'explication avec M. le duc du Maine, et ils ont connu que M. le duc d'Orléans les avoit trompés tous les deux. Par là, il s'assuroit encore davantage ses sujets, parce que chacun craignoit de voir revenir son ennemi en place. Pour sa politique, on ne sauroit trop l'admirer, et l'on convient que c'est le plus grand homme qu'on ait jamais vu, dès le jour qu'il est venu prendre sa régence au Parlement. Les ducs et pairs ont été brouillés avec les présidents à mortier. Les ducs demandoient que les présidents leur ôtassent leur bonnet[1]; ensuite il y a eu la querelle de la noblesse avec les ducs, et après le procès des Princes Légitimés avec les Légitimes, en sorte qu'il ne leur a pas donné le temps de s'unir, et il observoit la même politique entre les seigneurs de la Cour. On n'a trouvé aucun mémoire de lui; après tout, le duc d'Orléans, son fils, a eu toute la nuit pour ôter tous les papiers avant qu'on ait mis les scellés à Paris et à Versailles.

---

1. Saint-Simon, qui tenait étrangement à ses priviléges de duc et pair, donne, t. XXII, p. 18 et suiv., de longs et curieux détails sur cette affaire dite du *Bonnet*.

On n'a point fait apposer de scellé; c'est un bruit de ville. Je le sais parfaitement; mon père a été consulté pour savoir ce qu'il faut faire pour la tutelle de M. de Chartres, qui n'a que vingt ans, et d'une autre princesse[1], qui n'en a que sept, et pour l'inventaire; et il lui a été dit qu'il n'y avoit point de scellé.

Ce qui est d'étonnant, c'est que tout le monde s'apercevoit du changement de santé dans le duc d'Orléans. M. Maréchal, premier chirurgien du Roi, lui avoit dit, deux jours avant sa mort, qu'il devoit se faire saigner du bras et du pied, et qu'il étoit de manière que lui ne seroit pas surpris si on lui venoit dire que le prince fût mort subitement dans un quart d'heure. Ce compliment étoit assez fort à dire en face. Le prince ne voulut point consentir à se laisser saigner; il craignoit l'hydropisie, et il a dit à tous ses officiers qu'il aimoit mieux mourir d'apoplexie que de devenir hydropique. Il l'a dit, le matin de sa mort, à Chirac[2], son médecin : il y a réussi.

Pour revenir aux nouvelles de cour, le prince de Conti alla, le lendemain de la mort, faire compliment au duc de Chartres, et il lui dit de plus, que son sang, son bien et sa personne étoient à son service; il lui devoit cette offre, étant amis de tout temps. Ce qui est de certain, c'est que le prince de Conti n'a point encore été voir M. le Duc depuis sa nouvelle dignité de premier ministre; il est le seul de la Cour qui y ait manqué. Cela fondé non-seulement sur ce qu'ils étoient mal ensemble, mais aussi sur ce que M. le Duc ne lui a rendu visite dans aucune occasion.

Cependant l'accommodement dont j'ai parlé ci-dessus n'en est pas moins véritable. La proposition s'en est faite par mademoiselle de Charolois à M. le prince de

---

1. Louise-Diane d'Orléans, demoiselle de Chartres, née en 1716.
2. Pierre Chirac, né à Conques, dans le Rouergue, en 1650. Il fut médecin de Louis XV, et membre de l'Académie des Sciences. Il mourut en 1732.

Conti; et, sur cette proposition, M. le prince de Conti a fait les siennes, que je sais particulièrement, qui sont : 1° que madame la princesse de Conti acquiescera purement et simplement à la sentence des requêtes du palais, qui la déclare non recevable dans sa demande en séparation ; 2° qu'elle restera quatre ou six ans (ainsi que les autres le voudront) sans sortir du couvent où elle est, qui est le Port-Royal [1], sous quelque prétexte que ce soit ; 3° qu'en cas d'événements imprévus, qui l'obligeroient à sortir du couvent, comme feu dans la maison, écroulement des bâtiments, petite vérole dans le couvent, elle sera obligée d'en avertir M. le prince de Conti, lequel l'enverra chercher dans un carrosse, pour la faire conduire dans un autre couvent ; 4° qu'en cas que les deux garçons, que M. le prince de Conti a, vinssent à mourir, elle sera obligée de venir demeurer avec son mari, attendu qu'il est de l'intérêt de l'État que les princes du sang ne manquent pas ; ce qui pourroit d'autant plutôt arriver pour les maisons qui sont en France, que pas un des princes n'est marié, hors le prince de Conti. Le Roi, M. de Chartres, M. le Duc, M. le comte de Charolois et M. le comte de Clermont, tout cela est garçon. (M. le Duc est veuf, mais sans enfants.)

Mais il y a une nouvelle qui fait raisonner Paris. Depuis jeudi, il y a autour de la maison du Port-Royal, au faubourg Saint-Jacques, où est madame la princesse de Conti, une garde de deux sergents et de cinquante soldats aux gardes, qui tous les jours, sur les cinq heures du soir, viennent s'emparer du circuit de la maison, et qui y passent la nuit jusqu'au lendemain matin, avec ordre de tirer, dit-on, sur tous ceux qui entreprendroient quelque chose sur les murailles du couvent.

Les uns disent que c'est pour empêcher que les princes ne se battent autour de la maison ; les autres, que c'est

---

1. Aujourd'hui l'hôpital dit de la *Bourbe*, rue de la Bourbe, dans le faubourg Saint-Jacques. L'église fut construite en 1646, par Le Pautre.

pour empêcher le prince de Conti d'enlever sa femme. Comme personne ne sait l'accommodement ci-dessus, qui est secret, on raisonne en l'air; car M. le prince de Conti n'a point envie, et ne l'a jamais eue, d'enlever sa femme du couvent. Elle y est à présent, en vertu de la lettre de cachet du Roi, et il sait trop la déférence que l'on doit aux ordres du Roi. Il a menacé seulement de l'enlever, quand il la trouveroit dans les rues, parce qu'elle ne devoit point y être. Or, du temps de M. le duc d'Orléans, qui ne cherchoit qu'à tenir les princes brouillés, il disoit à l'un qu'il n'y avoit pas grand mal qu'elle sortît, et il disoit au prince de Conti que cela n'étoit pas bien, et qu'il y mettroit ordre. Mais le temps s'écouloit toujours pendant qu'il les amusoit, et la princesse sortoit toujours à bon compte, ce qui piquoit le prince de Conti. Aujourd'hui que tout roule sur M. le Duc, cela est différent. Je suis persuadé qu'il ne voudra pas désobliger le prince de Conti, surtout dans les circonstances présentes, et qu'il défendra très-sérieusement à la princesse de Conti, sa sœur, de sortir de son couvent. C'est peut-être là le sujet de la garde en question. C'est ce que je saurai positivement.

Cette garde a été mise par ordre du Roi, sur le rapport qui lui avoit été fait que M. le prince de Conti avoit menacé d'enlever sa femme et de mettre le feu au couvent. M. le prince de Conti, averti de cela, a été se plaindre au Roi du mauvais service qu'on lui avoit rendu auprès de Sa Majesté, et lui dire qu'il étoit trop soumis aux ordres du Roi pour avoir dessein de faire pareilles choses.

Les choses en sont demeurées là; l'on ne sait point qui est l'auteur de ce rapport.

Mais, samedi, 11 de ce mois, M. le prince de Conti étant venu le premier dans la chambre où se tient le Conseil royal, M. le Duc y entra, et ils se trouvèrent tous deux seuls. M. le Duc l'aborda et lui dit qu'il ne savoit pas ce qui avoit pu former entre eux une inimitié ; qu'il falloit oublier le passé et vivre en bons parents et en bons amis. M. le prince de Conti lui répondit qu'il n'avoit rien à se reprocher là-dessus, et qu'il n'avoit jamais demandé autre chose que d'être unis ; mais qu'il lui avouoit franchement qu'il n'iroit pas le voir qu'il n'eût réglé l'accommodement avec madame la princesse de Conti, sa sœur. Voilà où les choses en sont. Ce soir, j'en saurai davantage, car il y eut, hier, Conseil royal, et le prince de Conti est aujourd'hui à Paris.

Pour les nouvelles de Paris, il n'en faut pas faire grand cas, car, hier 14 de ce mois, on disoit que M. le Duc s'étoit battu avec M. le duc d'Orléans, et qu'il l'avoit blessé. Ils ne songent en aucune façon à se battre.

L'accommodement pour la princesse de Conti est rompu. Ils n'ont pas beaucoup de bonne foi dans le conseil de M. le Duc, pour tenir des paroles, et j'ai deviné qu'il ne cherchoit qu'à temporiser pour s'affermir dans l'autorité de premier ministre. Ce pauvre prince de Conti se trouve dans le détroit ; car rien à espérer de l'appui du duc de Chartres, qui n'a pas de génie, et son père le connoissoit bien. Imaginez-vous que, le lendemain de la mort du duc d'Orléans, il vint dans l'appartement du duc de Chartres plus de deux cents officiers pour lui faire compliment. Au lieu de les gracieuser, de leur demander leur amitié, il passa tout le long des chambres sans rien dire ; les officiers n'y sont pas revenus. Outre ce, il a remis le détail de l'infanterie ; en sorte qu'il sera sans aucun crédit[1].

Et M. le Duc, au contraire, fait honnêteté et amitié à tout le monde, surtout dans ce commencement. Il n'a qu'à présent à faire quelque opération de finance et d'arrangement avantageuse au public, on ne parlera plus que de lui.

Hier, jeudi 16 décembre, à dix heures du soir, la

---

[1]. On dit à présent qu'il a une assez belle cour. (*Note de Barbier*).

pompe funèbre de M. le duc d'Orléans a passé dans la rue Saint-Honoré, venant de Saint-Cloud, et allant à Saint-Denis. M. le prince de Conti faisoit la conduite du corps ; il n'y avoit rien d'extraordinaire dans la marche. Le guet à cheval marchoit d'abord ; ensuite l'écurie du duc d'Orléans, ses valets de pied, cinquante pauvres, les pages de sa maison et tous ses officiers à cheval, deux carrosses drapés à six chevaux couverts de noir pour les principaux officiers, et le second dans lequel étoit M. d'Argenson, son chancelier ; deux autres carrosses drapés, et les chevaux caparaçonnés en noir et argent, dans le premier, M. le prince de Conti et ses officiers à lui ; dans le second, M. de Tressan[1], nommé par le prince, depuis peu, à l'archevêché de Rouen, et son premier aumônier avec d'autres aumôniers, ses Cent-Suisses, la pointe de la hallebarde en bas, ses gardes du corps, une vingtaine de pages de l'écurie du Roi ; ensuite le chariot ou catafalque, fort élevé, couvert d'un velours noir à croix d'argent et armoiries en or, deux aumôniers à cheval à côté du cocher ; d'un côté du chariot, M. le comte d'Étampes, et de l'autre, les capitaines des gardes à cheval ; derrière, quatre gardes de la manche[2] en deuil et pleureuse, et des gardes du corps qui fermoient la marche. Le tout étoit assez éclairé de flambeaux, mais rien de trop.

Il y avoit eu une contestation entre M. le marquis de Montmorency, premier écuyer de M. le prince de Conti, et M. le marquis de Bourzac, son premier gentilhomme, pour savoir qui devoit être dans le fond du carrosse, auprès du prince. Cela fut décidé en cour ; et mercredi, mon père étant au conseil du prince de Conti, M. Des

1. Louis III de La Vergne de Tressan, archevêque de Rouen, mai 1724, 18 avril 1733.

2. Les gardes de la manche formaient une compagnie de gentilshommes qui devaient accompagner le Roi dans les cérémonies et avoir toujours les yeux sur lui. Ils étaient choisis dans la compagnie écossaise et avaient pour arme une longue hallebarde, à lame damasquinée et frangée d'argent.

Granges, maître des cérémonies, apporta la décision en faveur du premier écuyer, qui doit sans doute avoir le pas quand il s'agit de marche et de carrosse.

ÉPITAPHE DE M. LE DUC D'ORLÉANS.

Passant, ci-gît un esprit fort
Dont le sort est digne d'envie.
Il sut bien jouir de la vie
Et jamais n'aperçut la mort.

L'on dit qu'il ne crut pas à la Divinité?
C'est lui faire une injure insigne,
Plutus, Vénus, et le dieu de la vigne,
Lui tinrent lieu de Trinité.

Sur l'air du Mirliton.

Dubois, gardé par Cerbère,
Voyant venir le Régent,
Lui dit : « Que venez-vous faire?
« Il n'est point ici d'argent
« Ni de mirliton, mirliton, mirliton,
« Ni de mirliton, dondon. »

On dit que M. le duc de Chartres a le plus fort conseil de politique du royaume : — Le père Lafitau, Jésuite, à présent évêque de Sisteron, qui est dans les négociations depuis quinze ans, homme de beaucoup d'esprit et de vivacité, et qui n'a guère que quarante ans, est à la tête; M. d'Argenson; M. Bosc, procureur général de la Cour des Aides, attaché à M. le duc de Chartres, parce qu'il est chancelier de l'ordre de Saint-Lazare, dont le prince est grand maître. C'est le beau-père de ce malheureux Talhouet. Il y a encore d'autres personnes.

On dit que M. le duc de Chartres a reporté lui-même le portefeuille de l'infanterie au Roi, ne pouvant pas aller travailler chez M. le Duc; qu'il a fort bien parlé au Roi, qu'il lui a témoigné tout le zèle et tout le respect qu'il lui devoit, mais en même temps qu'il lui a marqué qu'il étoit le premier prince de son sang, et qu'il étoit de sa gloire de lui faire rendre les devoirs qui étoient dus à son rang.

M. d'Argenson alla, le lendemain de la mort du prince, trouver M. le Duc, et il lui dit qu'il venoit le supplier de faire trouver bon au Roi qu'il lui remît la commission de lieutenant général de police; que son père et lui, tant sous Louis XIV que sous M. le duc d'Orléans, avoient été accoutumés à faire cette charge avec distinction (voulant dire qu'ils rendoient compte directement au prince et qu'ils étoient sur le pied de ministres), qu'il ne lui convenoit pas d'être réduit à la simple fonction de lieutenant de police; que d'ailleurs il étoit si fort attaché à la personne de M. le duc de Chartres, qu'il auroit peine à vaquer à sa charge. M. le Duc l'a reçu parfaitement, a prié M. d'Argenson instamment de garder sa charge, qu'il y étoit nécessaire au Roi, l'a prié de la continuer comme il avoit toujours fait, et l'a assuré de sa part de tout ce qui dépendroit de lui pour lui faire trouver dans sa place les mêmes agréments qu'il y avoit eus jusqu'à présent.

On compte que cette démarche est du conseil de M. de Chartres. M. le Duc auroit peut-être été tenté de mettre une créature dans cette place, et par là, cela lui lie pour ainsi dire les mains, et fait honneur à M. d'Argenson.

Le roi d'Espagne a rendu, il y a un mois, une jussion, c'est-à-dire une ordonnance par laquelle il défend dans ses États les pierreries, l'or, l'argent, et toute étoffe venant de pays étrangers. Il a ordonné à tous les marchands d'apporter à un bureau établi à cet effet toutes leurs marchandises. Le Roi les achète pour son compte pour les faire sortir du royaume, et il a fait écrire à M. Boucher, marchand à Paris, qui fournit l'Espagne de toutes choses, de vendre les habits qui étoient faits pour la reine, pour son compte, mais les habits, qui sont à ce qu'on m'a dit superbes, étoient partis avant la réception de la lettre.

Lundi, 25 de ce mois, M. de Novion a été reçu premier président, et M. de Lamoignon, président à mortier. M. le duc de Gesvres, gouverneur de Paris, vint à la réception de son parent avec ses gardes et tout son train, jetant même de l'argent dans les rues, ce que l'on dit être un droit de sa charge, et n'appartenir qu'à lui. Après les réceptions, on tint à l'ordinaire la grande audience, M. de Blaru[1], avocat, avoit la parole. C'est un des premiers avocats du palais, qui même a son fils conseiller au Parlement. Il fit un compliment à M. de Novion, au milieu de sa cause, M. de Novion ôta son bonnet, et lui dit, toujours le bonnet à la main : « Blaru, « je ne puis m'empêcher de vous interrompre, pour « vous remercier de l'honneur que vous me faites; je « vous prie d'être persuadé de l'estime que j'ai person« nellement pour vous, Monsieur, et que j'ai eu dans « tous les temps, en général, pour tout l'ordre des avo« cats. Je ne manquerai, dans aucune occasion, à lui « en donner des marques, et du meilleur de mon cœur. » Il appuya sur ces derniers termes et remit son bonnet. Blaru, après avoir remercié par une révérence très-profonde, continua sa cause. Rien n'est plus gracieux que ce compliment, il a été fait avec majesté.

On commence à faire une maison à la reine, car on appelle ainsi l'Infante. M. le maréchal de Tessé[2] est son premier écuyer. Ce qu'il y a d'original en ceci, c'est qu'il part pour l'Espagne (on ne sait pas pourquoi), mais sans titre d'ambassadeur, et M. le maréchal de Tessé est un homme de soixante-quatorze ans, qui étoit retiré

---

1. Guillet de Blaru.
2. René de Froulay, comte de Tessé, maréchal de France, 1650-1725. Ses *Mémoires* ont été publiés par Grimoard, 2 vol. in-8°.

aux Camaldules[1], à trois lieues de Paris. A propos de quoi, un homme de cet âge cherche-t-il des honneurs, et se détermine-t-il à faire un pareil voyage?

On a réglé la maison de M. le duc d'Orléans, quoique le service du père ne soit pas encore fait à Saint-Denis. On lui donne cent soixante officiers commensaux ; ce, dit-on, à l'instar de la maison de François Ier, quand il n'étoit que comte d'Angoulême, présomptif héritier de la couronne.

Il n'a point de gardes; il a bien un capitaine de ses gardes, mais c'est comme gouverneur de province, ainsi que tous les autres princes du sang en ont. Il n'a pas conservé grand nombre des officiers de son père; il a pris ses créatures et tout ce qu'il y a de mieux dans la noblesse. Il a trois Clermont, un Beauvau, le marquis de Conflans pour son premier écuyer, ainsi du reste. Si j'en puis avoir l'état, je le joindrai ici.

M. d'Argenson est surintendant de la maison, chef de son conseil et chancelier de l'apanage. Il est entièrement attaché au duc d'Orléans. On dit même dans Paris qu'il ne peut pas garder sa place de lieutenant de police, lequel doit être un homme de confiance du premier ministre. Cependant il n'y a actuellement nul changement; mais ce qui procure à M. le duc d'Orléans une cour considérable, vient non-seulement de son rang, mais de ce que M. le Duc est d'une santé si délicate et si usée que l'on ne compte pas qu'il vive encore longtemps.

---

[1]. Ordre religieux de la règle de saint Benoît, fondé par saint Romuald, à Camaldoli, en Toscane, vers l'an 1009. Les moines portaient l'habit blanc. Leur maison était à Grosbois.

ANNÉE 1724.

Janvier.

La rougeole. — L'Infante reine. — Le Roi à Trianon. — Le comte de Belle-Isle. — Belle-Isle au Roi. — Les comtés de Gisors et de Vernon. — M. de Nicolaï et la Chambre des Comptes. — Le conseil des dépêches. — Démission de M. d'Argenson. — M. Ravot d'Ombreval, lieutenant de police. — Son frère le chevalier. — Abdication de Philippe V, roi d'Espagne. — Le prince des Asturies, roi d'Espagne. — Congrès de Cambrai. — Don Carlos, duc de Parme et de Toscane. — Assassinat de Prévost, agent de change.

La reine est tombée malade; la rougeole a paru; le Roi est parti pour Trianon[1], pour aller demeurer une partie de l'hiver à Marly[2]. Avant que la rougeole parut, on a voulu saigner la reine, et il a fallu pour cela bien des cérémonies, parce qu'elle ne le vouloit pas. On a fait paroître un homme en bottes comme arrivant d'Espagne et apportant des ordres du roi et de la reine pour la saigner; cela ne l'a pas intimidée. On a fait entrer un officier des gardes du corps, avec quatre gardes du corps, le fusil sur l'épaule, lequel a dit à la reine qu'il venoit de la part du Roi, lequel étoit instruit de sa maladie et

---

1. Le Grand-Trianon, petit château construit dans le parc de Versailles, à droite de la grande pièce d'eau, sur les dessins de Mansard. Les jardins furent dessinés par Le Nôtre. Louis XV, à l'extrémité de ce parc, fit élever à son tour un petit palais, auquel il donna le nom de Petit-Trianon.

2. Marly-le-Roi, bourg de Seine-et-Oise, autrefois seigneurie de la maison de Montmorency, célèbre par la machine hydraulique, construite en 1676, par Rennequin-Sualem, pour amener jusqu'à Versailles les eaux de la Seine, célèbre par son parc et par le château construit par Mansard, séjour de prédilection de Louis XIV. La machine est en ruines, le château a été démoli à la révolution, et les chevaux fameux qui se trouvaient à l'Abreuvoir ont été transportés à Paris aux Champs-Élysées; seul, le parc existe encore, abandonné et silencieux, vestige oublié d'une grandeur éteinte et de joies qui ne renaîtront jamais.

qui lui ordonnoit de se laisser saigner; cela l'a déterminée, et on l'a saignée.

On se trouve souvent la dupe des entreprises que l'on fait sur le fondement d'un crédit qui peut cesser tout à coup. M. le comte de Belle-Isle, petit-fils du surintendant Fouquet, a éprouvé cette aventure. Il a voulu imiter son grand-père et s'enrichir aux dépens du Roi. Il étoit en grand et parfait crédit dans l'esprit de feu M. le duc d'Orléans et du cardinal Dubois. Il n'en falloit pas davantage pour faire ce qu'on vouloit. Il a eu l'adresse, sous prétexte de convenance pour le Roi, de lui céder Belle-Isle[1], qui est dans la mer. On disoit même que M. le duc d'Orléans avoit mis ses trésors dans cette place. Et, pour échange, le Roi lui avoit donné le comté de Gisors[2], le comté de Vernon[3], et les Andelys[4] avec la forêt de Lyons[5], près Rouen, ce qui faisoit un morceau

---

1. Belle-Isle, en latin *Calonesus*, *Pulchra Insula*, île de l'Océan, sur les côtes de Bretagne. Au douzième siècle, elle appartenait à l'abbaye de Quimperlé. Le maréchal de Retz en devint propriétaire sous Charles IX. Fouquet l'acheta en 1658, à la famille de Retz. Devenue propriété de l'État, elle fut donnée à bail à la Compagnie des Indes. Les Anglais s'en emparèrent en 1761 et la restituèrent, à la paix. La marine française éprouva deux échecs sur les côtes de cette île, en 1759 et en 1795; à la suite de ce dernier combat, lord Bridport somma le général Boucret, commandant l'île, de se rendre. Le général refusa et la flotte anglaise gagna le large.

2. Gisors, *Gisortium*, *Cæsortium*, aujourd'hui chef-lieu de canton du département de l'Eure, ancienne capitale du Vexin-Normand. Cette ville devint célèbre dans les guerres contre les Anglais. Le comté de Gisors, donné en 1718, au comte de Belle-Isle, fut érigé en duché par lettres enregistrées, en 1742, et devint duché-pairie en 1748.

3. Vernon, *Vernonum*, sur la Seine, chef-lieu de canton dans l'Eure, possède dans un de ses faubourgs le château de Bizy, qui, érigé en marquisat, fut l'apanage du duc de Penthièvre et de la maison d'Orléans.

4. Les Andelys, *Andelium*, *Andeliacum*, chef-lieu d'arrondissement dans l'Eure, sont la réunion de deux bourgs, dont l'un, le Grand-Andely, remonte à sainte Clotilde, qui établit dans ce lieu, en 511, dit-on, un monastère de filles. Richard Cœur de Lion fut le fondateur du Petit-Andely, et le fit construire en même temps que Château-Gaillard.

5. Canton de Lyons, département de l'Eure. Cette forêt existe encore et appartient à l'État. Elle portait, au moyen âge, le nom de *foresta de Lionibus*.

considérable. Aussitôt même, il a remboursé, partie en billets, partie en argent, tous les domaines du Roi qui avoient été aliénés et que plusieurs seigneurs avoient acceptés sur le pied de la première finance, en sorte que tous les seigneurs voisins s'étoient opposés formellement à cet échange.

Ce n'étoit pas assez. Il falloit faire enregistrer les lettres patentes à la Chambre des Comptes. M. de Nicolaï, premier président, est homme tout d'une pièce pour conserver les droits du Roi et de l'État. La Chambre a voulu faire procéder à l'évaluation des biens échangés. M. de Belle-Isle, de son côté, arrêtoit toutes les démarches de la Chambre qui pouvoient lui être contraires, et il avoit sur-le-champ des arrêts du Conseil qui cassoient ceux de la Chambre. La Chambre a pris le bon parti, qui a été de temporiser. Effectivement, le cardinal et le duc d'Orléans sont morts, on a dit alors : « *Voyons,* » et on a vu que Belle-Isle ne rapporte que vingt-sept mille livres de rente, et que le domaine de Normandie rapporte plus de cent vingt-sept mille livres de rentes; de plus, qu'on avoit donné à M. le comte de Belle-Isle cinq cent mille livres pour indemnité des fortifications. La Chambre a même découvert qu'on avoit accordé aux fermiers du domaine, par des détours, soixante-dix mille livres d'indemnité par chaque année de leur bail, en sorte que la lésion est énorme.

Or, mardi dernier, 4 du mois, tous les bureaux étant assemblés à la Chambre des Comptes (parce que c'étoit le premier jour qu'on y venoit), on a rendu un arrêt par lequel il est dit que le Roi est très-humblement supplié de retirer ses lettres d'échange, attendu la lésion, et de rendre Belle-Isle; ensemble de nommer des commissaires pour juger des détériorations et améliorations, car on dit qu'il a abattu le château de Gisors et un peu fourragé dans la forêt de Lyons. C'est une affaire à le ruiner, si elle est suivie; d'autant qu'il fait bâtir une maison superbe, mais en même temps assez singulière, au bout du Pont-Royal[1] qui lui coûtera des sommes immenses.

L'affaire a été rapportée au Conseil royal des dépêches, et par arrêt du Conseil, il a été dit que le Roi garderoit Belle-Isle, qui lui convient; mais on ne l'a estimé que trente-quatre mille livres de rente, en sorte que M. le comte de Belle-Isle ne jouira des choses échangées que jusqu'à concurrence de cette somme et le surplus sera touché par les fermiers du domaine; et il a été ordonné de même qu'à la Chambre des Comptes qu'on travailleroit à l'évaluation des détériorations et changements qu'il a faits.

M. d'Argenson[2] avoit bien prévu qu'il ne pourroit pas rester dans la place de lieutenant de police. M. le Duc a fait cependant tout ce qu'il a pu pour le retenir, en lui faisant entendre qu'il avoit été ami du garde des sceaux, son père, et de lui-même, avant qu'il connût M. le duc d'Orléans. M. d'Argenson lui a toujours dit la même chose, qu'il avoit tant d'obligations à M. le duc d'Orléans père, qu'il ne pouvoit abandonner en aucune occasion la personne et les intérêts de M. le duc d'Orléans, son fils. M. le Duc a été obligé de le laisser, et samedi, 22 janvier, M. le Duc fit agréer au Roi la démission de la charge de lieutenant de police, et il l'a fit donner à M. Ravot d'Ombréval[3], ci-devant avocat général de la Cour des Aides, et présentement maître des requêtes. Il y a longtemps qu'on lui donnoit cette place dans le public, parce que sa mère étoit Berthelot et qu'il est cousin germain de madame la marquise de Prie, maîtresse de M. le Duc; il est, par le même endroit,

1. Cet hôtel existe encore entre le quai d'Orsay et la rue de Lille, près du Pont-Royal. L'architecture en est très-irrégulière.

2. Suivant le *Journal* de Marais, *Revue rétrospect.*, 2ᵉ série, t. IX, p. 467, M. d'Argenson avait reçu l'ordre de donner sa démission.

3. Nicolas-Jean-Baptiste Ravot d'Ombreval, lieutenant de police de 1724 à 1725.

neveu du premier président de Novion. Ce M. d'Ombreval est un homme de beaucoup d'esprit et grand travailleur, qui a été et est encore assez débauché, vivant mal avec sa femme, et ayant quant à présent une malheureuse affaire avec le chevalier d'Ombreval, son frère, pour raison d'un billet de deux cent soixante mille livres, fait par une grosse marchande de Paris, en faveur du chevalier d'Ombreval, son gendre, et au préjudice de ses autres enfants. Cette affaire est embarrassée, de manière que le public n'en juge pas avantageusement de MM. d'Ombreval. L'affaire est appointée[1] à cause du crédit; mais on regarde cela comme un tour trop suspect pour un homme en place. Enfin, il est lieutenant de police.

J'étois à dîner, ce samedi, 22 janvier, chez M. d'Argenson. On attendoit cette nouvelle, et l'on étoit assez triste, parce que le déplacement étoit sec; M. le Duc ne s'étoit pas empressé de demander pour lui une place de conseiller d'État, mais M. d'Argenson a donné sa démission à M. le duc d'Orléans, pour la rendre au Roi, et ce premier prince du sang ne l'a rendue qu'à la charge d'une expectative de conseiller d'État. Le Roi, qui aime d'ailleurs M. d'Argenson, lui a accordé volontiers. La nouvelle en vint, le mercredi, 26 janvier. J'ai vu depuis M. d'Argenson, qui est très-charmé d'être conseiller d'État, à vingt-sept ans, après avoir perdu son protecteur. Il a été installé, lundi 28, et il a reçu des compliments de toute la Cour et de tout Paris. Il a de l'esprit, il est aimé, il a eu pendant deux ans la confiance du cardinal Dubois et de M. le duc d'Orléans, personnages dont on est obligé de respecter l'esprit et la pénétration. Il s'est attaché par ses actions de reconnoissance M. le duc d'Orléans, en sorte que tout le monde est persuadé que ce jeune homme-là, qui a par devers lui une grande qualité, ira loin.

1. C'est-à-dire doit être jugée sur rapport. C'était un moyen de favoriser les mauvaises causes.

Voici une nouvelle bien plus surprenante : Le roi d'Espagne, Philippe d'Anjou, qui a coûté tant d'argent et tant de sang pour avoir la couronne d'Espagne, l'a abdiquée, il y a un mois. Il est devenu imbécile, ou on le lui a fait accroire ; il s'est retiré à Valladolid[1] avec la reine, qui s'est déterminée, je crois, le plus difficilement à cela, en sorte que le prince des Asturies, qui a consommé son mariage, il n'y a pas longtemps, avec mademoiselle d'Orléans, est actuellement sur le trône.

Cette conjoncture donne encore un nouveau crédit à M. le duc d'Orléans, de se trouver beau-frère d'un roi d'Espagne. M. le Duc, quoique premier ministre, est, en tout, un particulier, en comparaison de ce premier prince du sang.

Au congrès de Cambrai, on a donné aussi l'investiture du duché de Parme, de Toscane, et autres, à don Carlos[2], qui a épousé aussi une princesse d'Orléans ; je crois que tout cela est une suite des négociations de M. le Duc d'Orléans défunt.

Il est arrivé ces jours passés, dans cette ville de Paris, un assassinat bien affreux, qui est le second tome de celui du comte de Horn. Un homme assez bien mis, demanda à la place, qui se tient dans la rue Saint-Martin, au coin de la rue aux Ours, à acheter soixante-dix actions. Un nommé Prévost, agent de change, s'offrit, les ayant sur lui ; ils convinrent de prix ; mais comme cela faisoit à peu près cent mille livres, somme que cet homme ne pouvoit pas avoir sur lui, celui-ci invita l'autre de monter avec lui en carrosse, qui étoit un fiacre. Ils allèrent. Depuis, on n'a point vu Prévost, sinon qu'on a trouvé sa tête dans l'eau et quelques jours après, on a pêché les fesses. On l'avoit coupé en pièces et jeté à l'eau. On a été quelque temps sans pouvoir rien découvrir ; mais on a pris ces jours-ci un

---

1. Philippe V se retira à Bálsain. — Voyez sur son abdication, Lemontey, *Hist. de la Régence*, t. II, p. 111 et suiv.
2. Voyez plus haut, p. 233, note 4.

homme, qui est le valet de chambre du marquis de Puységur, lequel se mêloit d'agio.

On dit que le fiacre qui avoit mené Prévost le connoissoit, et qu'ayant su qu'il avoit été tué, il a été déclarer qu'il avoit conduit Prévost avec un autre homme dans plusieurs endroits, et qu'il reconnoîtroit bien cet homme-là s'il le voyoit. On a placé le fiacre en habit bourgeois dans un café, vis-à-vis la rue aux Ours, qui est l'assemblée de tout l'agio, et on dit qu'à la fin il a vu entrer son homme, qu'il l'a reconnu, et qu'on l'a arrêté.

Autre preuve contre cet homme, un peu plus forte : ce valet de chambre a fait présent d'une paire de souliers à un laquais. Ce laquais, voulant mettre ces souliers, a trouvé du sang caillé dedans. A cause du bruit de cet assassinat, cela a effrayé ce garçon; on lui a conseillé de les porter chez un commissaire. Celui-ci, qui a trouvé la chose grave, a envoyé chercher le cordonnier de Prévost, lequel a reconnu la paire de souliers pour lui avoir livré peu de jours auparavant sa mort, en sorte que ce sieur valet de chambre aura peine à se tirer de ce pas-ci.

Février.

Chapitre du Saint-Esprit. — Maréchaux de France. — Service du duc d'Orléans. — La glace manque. — Cherté de la viande. — Les actions montent. — Monopoles. — Du Châtelet. — Officiers des Ordres. — Croizat. — Montargis. — Le comte d'Évreux. — Le président Hénault. — La Jonchère et les frères Paris. — M. de La Guillonnière assassiné. — Le marquis de Pompadour et M. le Duc.

Le jour de la Chandeleur, on a tenu un grand chapitre de l'Ordre du Saint-Esprit, où le Roi a fait cinquante-huit cordons bleus, il y en doit avoir cent par l'édit d'établissement de 1578, et il n'y en avoit plus que vingt anciens.

Le Roi a fait aussi sept maréchaux de France[1] ; je joindrai ici la liste de toutes ces dignités.

Aujourd'hui 4 de ce mois, on a fait le service de M. le duc d'Orléans à Saint-Denis. C'est M. Poncet[2], évêque d'Angers, qui en a fait l'oraison funèbre.

Il n'y a point eu d'hiver cette année, il n'a pas gelé deux jours. M. d'Ombreval a eu attention pour de la glace pour cet été, il a fait mettre le scellé sur les glacières de quelques limonadiers, et il taxera la glace.

Les bouchers ont porté la viande jusqu'à quatorze sols la livre. M. d'Ombreval a établi quatre boucheries dans Paris, où on la donne à sept sols ; mais, à la vérité, de la viande qui n'est bonne que pour le peuple.

Les affaires sont dans un état paisible. On ne dit ni bien ni mal du gouvernement. On a déjà commencé à faire des diminutions sur l'argent. Les actions augmentent et sont à deux mille livres. La compagnie des Indes se soutient toujours et entreprend peu à peu sur le commerce des marchands de Paris, car elle vend le café à l'exclusion des épiciers, il n'est pas même permis aux limonadiers d'en vendre une once en poudre ; il y a pour cela des bureaux dans Paris, et les amendes sont considérables, cela fait qu'on achète le café cinq livres, à quoi il est fixé, et qu'on ne l'aura jamais à bon marché[3].

On a bien peu de soin dans ce pays-ci. Le fameux Du Châtelet[4], compagnon de Cartouche, qui a été condamné, comme ce dernier, à être rompu vif, mais à qui on avoit promis la vie parce qu'il avoit fait prendre Cartouche, étoit enfermé à Bicêtre, enchaîné, et même gardé à vue ; mais on lui a laissé parler du monde, et à la fin, quatre de ses amis sont entrés avec outils et armes, ont tenu la

---

1. Le comte de Broglie, le duc de Roquelaure, le comte de Médavy, le comte Du Bourg, le marquis d'Alègre, le duc de La Feuillade, et le duc de Gramont.

2. Michel Poncet, évêque d'Angers, de 1707 à 1730.

3. Barbier d'Increville a ajouté cette note : Il a été vendu ce prix fin de 1810, et il est actuellement, en avril 1811, à cinq livres seize sols.

4. Voyez plus haut, p. 164 et p. 169, note 1.

sentinelle en respect, ont scié les chaînes, et se sont enfuis avec Du Châtelet par-dessus les murs. Ce drôle-là veut faire exécuter son arrêt; mais il assassinera peut-être bien du monde avant, car c'est pis que Cartouche. On devoit bien empoisonner un pareil homme dans la prison et ne tenir la parole que pour le public[1].

Dans l'Ordre du Saint-Esprit, il y a quatre officiers qui portent le cordon bleu, comme les chevaliers, dont deux ne sont point obligés de faire preuve de noblesse. Ordinairement, ces charges sont possédées par les ministres ou par des personnes élevées dans la robe, qui, ne pouvant pas être chevaliers, sont décorés par le cordon; et de plus, pour multiplier cet honneur, on fait vendre la charge à quelqu'un en faveur, et celui qui la vend conserve le cordon.

Dans le temps de Louis XIV, deux hommes de fortune ont acheté de ces charges qui ne demandent point de preuve : l'un est Croizat[2], qui avoit été originairement caissier de M. Penautier, trésorier-général des États de Languedoc, mon parent, qui ensuite est devenu receveur-général des finances, qui a gagné des biens immenses sur mer; c'est un homme riche de vingt millions.

L'autre est Montargis, qui a commencé par une commission de quatre cents livres, et qui, par les degrés de la finance, est devenu garde du Trésor royal et extrêmement riche[3].

L'un et l'autre bien alliés par le mariage de leurs enfants.

Croizat a marié sa fille à M. le comte d'Évreux, de la maison de Bouillon, qui, à la vérité, a pris quinze ou

---

1. Marais, *Revue rétrospective*, t. xv, p. 228, dit que Du Châtelet était renfermé à la Salpétrière. Il assassina, dans le mois de mars, un homme dans les environs de Paris, et mit ce billet sur son corps : C'EST DU CHATELET.

2. Voyez plus haut, p. 63. Antoine Croizat, marquis du Chastel, était grand trésorier de l'ordre depuis 1715.

3. Claude Le Bas de Montargis, marquis du Bouchet Valgrand, était secrétaire et greffier depuis 1716.

seize cent mille livres de dot et qui n'a jamais couché ni demeuré avec sa femme, quoique fort aimable. Il a un fils, maître des requêtes, un autre colonel, qui a épousé la fille du marquis de Gouffier.

Montargis a marié une fille au président Hénault[1], homme de rien; mais une autre au comte d'Arpajon, qui est de grande qualité. En vertu de ces alliances, on avoit donc permis à ces deux personnages d'acheter des charges et de porter le cordon bleu, ce qu'ils faisoient aussi.

Mais, par malheur pour eux, ce mois-ci, on leur a enjoint de se défaire de leurs charges, avec défenses à eux de porter le cordon. Cela doit bien rabattre leur fierté, et je crois qu'ils voudroient pour bien de l'argent ne l'avoir jamais porté.

Dans ce pays-ci, l'argent est d'une grande ressource, on ne se pique pas si fort d'honneur. On dit que ces messieurs conserveront le cordon bleu, moyennant trois cent mille livres chacun dont ils feront présent à l'État ou soi-disant tel.

L'affaire qui fait grand bruit est celle de La Jonchère, trésorier de l'Extraordinaire des Guerres, qui, du temps du cardinal Dubois, fut mis à la Bastille, et M. Le Blanc, secrétaire d'État fut exilé. Ce sont les quatre frères Paris, qui, comme je l'ai dit ci-dessus, ont découvert la friponnerie, ont été les dénonciateurs; et l'on croyoit que c'étoit à l'instigation de madame de Prie et de M. le Duc. Ils ont, comme l'on voit aujourd'hui, beau jeu. C'est M. d'Ombreval, lieutenant de police et cousin de madame de Prie, qui est procureur-général de la commission.

Par un premier arrêt, rendu en la Chambre de la Bastille, on a ordonné que La Jonchère rendroit compte.

---

1. Claude-Jean-François Hénault, président au Parlement de Paris, membre de l'Académie française, né à Paris, en 1685, est fort connu par son *Abrégé chronologique de l'histoire de France*. Il mourut vers 1770. On a publié récemment ses *Mémoires*. Il avait épousé, en 1714, Catherine Le Bas.

Par le compte, il s'est trouvé débiteur de deux millions et tant. Le procureur-général a requis alors que la procédure extraordinaire, commencée en 1723, seroit continuée. On avoit même alors décrété d'ajournement personnel MM. le comte et le chevalier de Belle-Isle, en sorte qu'on fait aujourd'hui le procès à La Jonchère, sur le divertissement des deniers du Roi et sur le péculat.

Il est arrivé quelques incidents ces jours-ci qui aggravent cette affaire.

Le dimanche-gras, 27 février, un cousin des Paris, M. de La Guillonnière, capitaine de carabiniers, grand et de la taille de Paris Du Verney, sortoit de chez eux à huit heures du soir, dans l'hôtel de La Force[1], rue Saint-Antoine. Il étoit seul dans la rue Pavée, derrière cet hôtel, il fut assassiné par quatre hommes. On lui donna trois coups de poignard, qui n'ont pas porté, parce qu'il s'est débattu, et il a crié; il n'en est pas mort. Comme il n'a pas été volé, on croit que c'étoit à Paris Du Verney qu'on en vouloit, et qu'on s'est mépris à la taille, qui n'est pas commune, et cela a pu donner quelque soupçon.

Autre histoire. M. le marquis de Pompadour[2] qui a été quelque temps à la Bastille pour l'affaire d'Espagne et de madame la duchesse du Maine, du temps de la régence, y avoit fait quelque ami. Il s'est adressé, il y a huit jours, à un M. de Fontenay, officier de la Bastille, pour le prier de lui rendre un service et de rendre une lettre à M. de La Jonchère. L'officier s'en est fort défendu; M. de Pompadour a été plusieurs fois à la charge; l'officier a été trouver M. le Duc, qui lui a ordonné de prendre la lettre et de la lui apporter, en sorte qu'à une autre reprise d'instance, M. de Fontenay a fait offre de service à M. de Pompadour, mais c'étoit pour le tromper. On dit que par cette lettre, on recommandoit pré-

---

1. Cet hôtel est devenu depuis la prison si célèbre sous ce nom.
2. Voyez plus haut, année 1718, p. 22.

cisément à La Jonchère de ne point parler de M. Le Blanc, et qu'on le sauveroit.

M. le Duc a fait venir M. de Pompadour, et a voulu savoir de qui venoit la lettre. Pressé, il a dit que c'étoit madame d'Herbigny, femme d'un conseiller d'État, qui est des juges, qui l'avoit prié de la faire rendre.

M. le Duc a fait venir madame d'Herbigny, qui a déclaré ne connoître en aucune façon M. de Pompadour et ne lui avoir jamais parlé.

M. de Pompadour a été menacé d'aller faire un second voyage à la Bastille s'il ne disoit la chose, et il a avoué que c'étoit le chevalier de Belle-Isle, lequel on a mené à la Bastille, il y a quatre jours.

Mars.

Le comte de Belle-Isle à la Bastille. — Conches, capitaine de dragons. — Moreau de Séchelles, maître des requêtes, arrêté. — M. Grassin, directeur des Monnoies à la Bastille. — Recherches dans les auberges. — Bruits de Paris. — Conches arrêté. — Encore madame de Pléneuf et madame de Prie. — M. le Duc. — Souvenir de Sandrier. — Du Chevron arrêté. — La Barre arrêté. — Suites de l'affaire de M. Le Blanc. — La Pérelle, valet de chambre de M. de Puységur, arrêté comme assassin. — Mariage de M. le duc d'Orléans avec la princesse de Bade.

Mais cette nuit, à trois heures du matin, 6 de mars, le guet à cheval s'est assemblé dans la rue de M. le comte de Belle-Isle, et on l'a pris et conduit à la Bastille. Cet homme, qui a été dans une protection et une fortune considérable, du temps du cardinal Dubois, et qui pouvoit relever la maison Fouquet, n'en prend pas le chemin.

C'est un homme extrêmement haut, insatiable pour l'argent ; car on dit qu'il y a des lettres de M. Le Blanc à La Jonchère où il lui dit : « Donnez encore une telle « somme à notre insatiable. » Il est haï de tout le monde ; c'est un homme de trente-cinq ans, de beaucoup d'esprit et fort entreprenant.

On ne sait pas s'il n'y a pas quelque chose contre M. Le Blanc, qui est à vingt lieues d'ici, à Doue, terre de M. le marquis de Traisnel, son gendre.

Tout le guet étoit commandé cette nuit, du 6 de ce mois, parce qu'on cherchoit un nommé Conches, qui est créature du comte de Belle-Isle, qui a été capitaine de dragons dans son régiment, et qui étoit son écuyer; mais on ne l'a point trouvé et il est enfui. On soupçonne fort qu'il ne fût des quatre qui ont fait l'assassinat.

Voilà une très-mauvaise affaire pour le comte de Belle-Isle, s'ils sont coupables d'un coup pareil. Ce ne sont pas des coups à manquer ainsi par imprudence. Les Paris n'agissoient jusqu'ici que pour faire plaisir à madame de Prie, et pour perdre M. Le Blanc; mais ils agiront dorénavant par vengeance.

Le même jour, 6 mars, Du Val, commandant du guet à cheval, porteur d'une lettre de cachet, a été à Doue arrêter M. Le Blanc, ci-devant secrétaire d'État de la guerre, pour l'amener à la Bastille. Pour celui-ci, il sera plaint; car quoiqu'il y ait un peu de friponnerie dans tout ce manége, les officiers l'aiment et le regrettent. Cela a même fait un sujet de plainte de sa part, qu'un homme comme lui n'eût pas été arrêté par un officier des gardes du corps ou des mousquetaires.

On a arrêté aussi M. Moreau de Séchelles, maître des requêtes, auparavant trésorier des Invalides, qui étoit intime ami de M. Le Blanc, qui lui avoit fait donner le département des déserteurs. Ils étoient de partie de plaisir ensemble; ils aimoient tous les deux les p......, et ils y dépensoient gros. Il n'y a pas six mois que Séchelles a passé le grand remède aux Invalides incognito, et que même il y a pensé crever. Il auroit peut-être tout aussi bien fait pour lui et pour sa famille.

Grand mouvement! Cette nuit, 8 mars, on a arrêté et conduit à la Bastille M. Grassin, directeur général des Monnoies de France. C'est un homme riche de quatre ou cinq millions, qui est seigneur de plusieurs terres autour de Mormant[1] en Brie. Je ne crois pas que cela ait aucun rapport à l'affaire de La Jonchère; c'est apparemment quelque friponnerie particulière[2] pour les monnoies que l'on a découvertes, car il est difficile d'être si riche et de faire paver les grands chemins du côté de ses terres sans friponner un peu. Les Paris veulent mettre la réforme dans les finances. En effet, il n'y a pas un trésorier ni un receveur général des finances qui puisse faire valoir un sol de la caisse, ni même faire passer un écu dans les diminutions à un ami; car il faut tous les quinze jours qu'ils donnent un bordereau de ce qu'ils reçoivent et ce qu'ils payent, avec détail et description des sortes de pièces de monnoie.

Il y a eu tous ces jours-ci grandes recherches dans les auberges de Paris. On dit que les commissaires les ont visitées la nuit passée, en faisant lever tous ceux qui y étoient couchés. L'assassinat du dernier jour donne l'alarme, d'autant qu'on se doute que ce ne sont pas des fripons qui l'ont fait. Il y a une ordonnance du Roi, publiée d'hier, 7 de ce mois, qui défend à quelque personne que ce soit, de prendre la qualité d'officier sans l'être, et qui ordonne à tous les officiers, depuis les lieutenants-colonels jusqu'aux enseignes réformés ou en pied, qui sont à Paris, de faire, dans huitaine, leurs déclarations, au bureau de la guerre, de leur nom, commission, demeure, des raisons pour lesquelles ils demeurent à Paris, et du temps qu'ils entendent y demeurer. On a constamment le dessein de faire une police bien exacte dans Paris; d'y laisser peu d'officiers, et d'en chasser tous ceux qui n'ont d'autre métier que de vagabonds et de crocs. Quoique cela paroisse bien

---

1. Mormant, chef-lieu de canton de Seine-et-Marne.
2. Cela n'est pas vrai. M. Grassin a été mené à la Bastille, seulement pour être confronté comme témoin, apparemment avec La Jonchère. (*Note de Barbier*).

difficile dans l'immensité de Paris, je le crois possible en s'y prenant bien. Les soldats aux gardes sont sur pied la nuit et restent dans les corps de garde.

On dit que le motif de toutes ces précautions est les avertissements que M. le Duc a eus de songer à lui. On dit que M. le cardinal de Noailles lui est venu dire qu'un prêtre de Paris, qu'il ne pouvoit pas nommer, lui avoit déclaré qu'un homme, qui étoit mort, s'étoit confessé d'avoir reçu une somme considérable pour empoisonner M. le Duc. On dit aussi qu'on lui a écrit plusieurs lettres anonymes de songer à lui, de ne plus aller à la chasse, et qu'on lui en vouloit. De pareilles nouvelles suffisent pour rendre M. le Duc, avec tous ses postes, bien plus malheureux qu'un simple particulier.

La dernière nuit, 8 de ce mois, on a attrapé Conches, capitaine de dragons, qui étoit attaché à M. de Belle-Isle. Il est à la Bastille. C'est un homme de quarante-cinq ans, qui fait le beau, et qui étoit trois heures à sa toilette, même à mettre du rouge.

Le régiment de M. le comte de Belle-Isle est à Metz. On en a fait la revue depuis l'assassinat, pour voir les officiers qui y manquent, et pour savoir où ils sont, car tous les soupçons de l'assassinat sont sur ce comte de Belle-Isle. Les Paris ont promis cent cinquante mille francs et la vie sauve à celui qui découvriroit ce crime. Quelle misérable affaire, qui n'a d'autre origine que l'inimitié et la querelle de deux femmes, la mère et la fille, savoir : madame de Pléneuf[1], qui étoit bonne amie de M. Le Blanc, et madame de Prie[2], sa fille, maîtresse de M. le Duc. Madame de Prie, qui a été piquée contre sa mère et peut-être contre M. Le Blanc pour quelque refus dans quelque affaire, a suscité les Paris, par le moyen de M. le Duc, pour trouver de quoi perdre M. Le Blanc ! Ils ont trouvé cette voie dans le dérangement de la caisse

---

1. Voyez plus haut, p. 261, note 2.
2. Voyez plus haut, p. 261, note 1, et Marais, *loc. cit.*, t. x, p. 258.

de La Jonchère, trésorier de l'Extraordinaire. Ils ont été les dénonciateurs, avec preuve en main effectivement, car ce sont des diables en fait de compte et de finance. Cette affaire a été remise plusieurs fois sur le bureau par M. le Duc, et assoupie par M. le duc d'Orléans; enfin voilà où cela en est aujourd'hui.

On blâme fort M. le Duc d'épouser ainsi la passion d'une femme et de s'exposer; car on dit qu'il y a encore plusieurs personnes de distinction à arrêter, et tout le monde craint quelque malheureuse catastrophe de cette affaire. Tout le monde en veut aussi aux Paris[1], ayant une fortune aussi brillante qu'ils ont, de n'en pas jouir en repos sans inquiéter personne.

L'affaire de MM. de la Bastille ne va pas trop bien. On a arrêté le concierge de Vaucresson[2], qui est la maison de campagne de La Jonchère, avec ses deux enfants, qui sont des soldats aux gardes; ceci regarde l'assassinat de Sandrier, que l'on veut découvrir. Sa veuve crie comme un diable et demande vengeance; le coup est effectivement affreux. Sandrier étoit bon garçon, premier commis de La Jonchère et son ami. Il avoit le secret de tout. On se doute qu'il n'a pas voulu se prêter à quelque friponnerie. Ce qui est de certain, c'est qu'en 1721, il fut perdu trois semaines, au bout desquelles on le trouva noyé aux filets de Saint-Cloud. On peut passer aux ministres de friponner dans les caisses; mais de faire assassiner est un peu trop fort.

La nuit du 23 de ce mois de mars, on a arrêté Du Chevron, que je connoissois. Ce garçon est fils de famille bourgeoise; il a été colonel d'un petit régiment qui a

1. On fit sur eux l'épigramme suivante :

    Ilion gémit sous la cendre
    Pour avoir produit un Pâris !
    Que ne devons-nous pas attendre
    En ayant quatre dans Paris?

(Voyez mss., t. 1, p. 667).

2. Commune du département de Seine-et-Oise, près de Versailles.

été réformé; ensuite il a été lieutenant des gardes de M. le duc de Berri, et enfin il a acheté la charge de grand prévôt de MM. les maréchaux de France. Il étoit parfaitement bien auprès de M. Le Blanc. Il l'avoit fait inspecteur de toutes les maréchaussées. On lui donnoit des commissions extraordinaires pour juger toutes les grandes affaires de vol au Châtelet, avec M. d'Argenson et des conseillers. On dépouilloit M. le lieutenant criminel. Or, le même homme est actuellement à la Bastille et à Vincennes, de plus avec les gouttes.

En même temps on a arrêté aussi La Barre[1], lieutenant de la connétablie, et de Du Chevron. Je le connoissois aussi. Sa femme est aussi en prison. Elle avoit été anciennement amie de Du Chevron. Ceci ne regarde point la caisse de La Jonchère; cela est plus délicat : c'est apparemment la suite de quelques interrogatoires, et cela me paroît avoir furieusement trait à Sandrier. On verra ce que tout ceci deviendra.

On arrête tous les jours des gens qu'on ne sait pas même, soit officiers, soit premiers commis de M. Le Blanc. S'il y a autre chose dans cette affaire que de la dissipation des deniers de la caisse, tous ces gens-là auront peine à se tirer de là par le nombre des interrogatoires.

M. le comte de Belle-Isle a fait distribuer un mémoire que j'ai, pour se justifier sur son prétendu péculat.

Mercredi 29, La Perelle, valet de chambre de M. le marquis de Puységur[2], que l'on soupçonne d'avoir coupé par morceaux Prévost[3], agent de change, pour lui prendre des actions, fut rompu vif après avoir souffert la question. Il n'avoit rien avoué, et il n'y avoit pas de preuve complète pour qu'au Châtelet il n'avoit été condamné qu'à avoir la question. Au Parlement, ils ont franchi le

---

1. Voyez Marais, *loc. cit.*, t. x, p. 259-260.
2. Jacques II de Chastenet, marquis de Puységur, né le 12 août 1659, maréchal de France en 1735, et mort en 1742. Il a laissé un traité militaire intitulé : l'*Art de la guerre*.
3. Voyez plus haut, p. 335-336, et Marais, *l. c.*, t. x, p. 227.

pas sur les indices ; on a entendu plus de quatre-vingts témoins dans l'information. On a trouvé dans les lieux de la maison de M. de Puységur des membres d'hommes plus anciennement coupés que ce dernier meurtre, et coupés de manière qu'on voyoit que c'étoit de la main d'un chirurgien. La Perelle l'étoit de son métier. Ce qui est d'étonnant, c'est qu'il y avoit dix-huit ans qu'il étoit chez M. de Puységur, qui avoit une très-grande confiance en lui. Il a souffert la question sans rien dire ; mais, pour la satisfaction des juges, il est arrivé que, quand il a été sur l'échafaud, il a demandé à parler par cette envie naturelle d'allonger ses jours d'une heure. On l'a mené à l'Hôtel de Ville, et là, il a tout déclaré, même deux autres meurtres qu'il avoit faits. Il s'y prenoit assez adroitement. Il prioit un quelqu'un, qu'il savoit porteur ou d'argent ou d'effets qui lui convenoient, de venir boire dans sa chambre ; il donnoit du ratafia où il y avoit de l'opium. La personne tomboit dans un assoupissement très-grand ; il la saignoit à la gorge, mettoit le sang dans une vessie, et après faisoit la dissection des membres, et les portoit à la rivière ou dans les lieux. On n'auroit jamais découvert tous ces meurtres sans les souliers de ce Prévost qu'il avoit donnés à un laquais.

Grand mariage dans l'État, à quoi on ne s'attendoit pas. M. le duc d'Orléans épouse la fille[1] du prince Louis de Baden-Baden[2] qui a été grand général de l'Empereur. Elle a dix-neuf ans, et son frère[3] est prince de Bade. Le marquis de Matignon[4], second fils du maréchal de

1. Auguste-Marie-Jeanne de Bade, née en 1704. Cette princesse mourut des suites de couches en 1726.
2. Louis-Guillaume, prince de Bade, né en 1655, à Paris, fils de Ferdinand-Maximilien de Bade et de Louise de Savoie-Carignan, fut le filleul de Louis XIV. Grand homme de guerre, il servit sous Montecuculli, contre la France ; puis contre les Turcs qu'il vainquit à Nissa et à Salankemem (1689-1691). Il fut opposé en 1702 à Villars, qui le battit à Friedlingen. Il mourut en 1707.
3. Louis-Georges, prince de Bade, 1707-1771.
4. Louis-Jean-Baptiste de Matignon, marquis de Gacé. Il épousa en secondes noces, en 1710, Anne-Éléonore Rousselet, fille du marquis de Château-

France[1], va la demander au nom du Roi. M. d'Argenson, comme chef de la maison de M. le duc d'Orléans, est chargé de procuration pour aller signer le contrat de mariage, et M. le marquis de Conflans[2], premier écuyer du prince, va la chercher à Rastadt, où elle demeure avec son frère. C'est une très-bonne maison d'Allemagne, alliée à tous les princes de l'Europe, et une des quatre maisons après celles des Électeurs. Cependant ce mariage étonne tout le monde, on n'en avoit jamais entendu parler, et l'on comptoit que M. le duc d'Orléans, dans la place où il est, devoit prendre du plus relevé. En tout cas, cette princesse est bien heureuse, au lieu d'épouser quelque prince d'Allemagne, de venir en France épouser le premier prince du sang, jeune et très-riche, et jouer à être reine de France.

Avril.

Le prince de Bouillon épouse la princesse Sobieska. — Le Prétendant. — Le prince de Turenne. — Condamnation de La Jonchère. — Le comte de Belle-Isle hors de cour. — Diminution des monnoies. — Renchérissement. — Main-d'œuvre. — Coalitions. — Bœufs d'Irlande. — Menk à la Bastille. — Toujours l'affaire La Guillonnière. — M. le Duc et M. Arnauld de Bouex.

À la fin, Madame[3] royale de Savoie, bisaïeule du Roi,

Regnault. Ce mariage ne fut pas heureux, et la jeune marquise se laissa entraîner à toutes sortes de folies. Accusée par la famille de Matignon de s'être, dans un souper, chez la marquise de Nesle, abandonnée à tous les assistants, elle fut enfermée dans un couvent. Dans un mémoire adressé au Roi, en 1724, la marquise de Gacé se plaignit de la persécution de la famille de son mari. Voyez *Mélanges* de Bois-Jourdain, t. II, p. 80 et suiv.

1. Charles-Auguste Goyon de Matignon, comte de Gacé, était lieutenant général en 1689. Il reçut le bâton de maréchal de France, en 1708, après la seconde expédition d'Irlande, et mourut en 1729, à l'âge de quatre-vingt-trois ans.

2. N......., marquis de Conflans, père du marquis du même nom, qui se battit contre le chevalier d'Orléans.

3. Marie-Jeanne de Savoie, morte le 1 mars. Elle était fille du duc de Nemours et de mademoiselle de Vendôme, petite-fille de Henri IV. Mariée à Charles-Emmanuel II, duc de Savoie, elle fut la mère de Victor-Amédée II, et la grand'mère de la duchesse de Bourgogne.

est morte à quatre-vingts ans; il y avoit plus de trois ans qu'on la disoit morte à chaque courrier qui arrivoit. Cela fera un grand deuil. On a pris le deuil aujourd'hui, 2 avril, pour quatre mois et demi, et quinze jours en pleureuses.

Cette nuit, le prince de Bouillon[1], fils de M. le duc de Bouillon, a épousé à Pontoise la princesse Sobieska[2], petite-fille de Sobieski, roi de Pologne. Sa sœur a épousé le prétendant[3], roi d'Angleterre, fils du roi Jacques, lequel est avec elle à Rome, où ils sont avec gardes, et traités de majesté. Cela fait une belle alliance pour la maison de Bouillon. Il a fallu une dispense très-considérable de la cour de Rome pour ce mariage, car elle avoit épousé, l'été dernier, à Strasbourg, le prince de Turenne[4], fils aîné de M. le duc de Bouillon. Il fit la course de Paris à Strasbourg sur ses fesses; il arriva, il l'épousa, et, huit jours après le mariage, il mourut; en sorte qu'elle aura épousé les deux frères, l'un après l'autre.

Lundi, 10 de ce mois, La Jonchère a été jugé par MM. les commissaires de la Bastille. Il est condamné à être mandé et blâmé; défenses à lui de posséder aucune charge ni office public; condamné en une amende considérable envers le Roi, et à la restitution de deux millions quatre cent mille livres envers le Roi, dont il est jugé débiteur et reliquataire. Voilà le jugement du péculat à son égard. M. le comte de Belle-Isle, sur l'extraordinaire hors de cour, garant envers le Roi du débet de La Jonchère jusqu'à la concurrence de six cent mille livres; le chevalier de Belle-Isle hors de cour.

S'il n'y a point de queue à cette affaire, c'est bien là la montagne qui enfanta une souris! A propos de quoi

---

1. Charles Godefroid, prince de Bouillon, grand chambellan, né en 1706.
2. Marie-Charlotte Sobieska.
3. Jacques-Édouard Stuart, dit le *Chevalier de Saint-Georges*, fils de Jacques II, né en 1688. Il mourut à Rome, en 1766.
4. Frédéric-Maurice-Casimir de La Tour d'Auvergne, prince de Turenne, 1702-1723.

l'emprisonnement de tant de personnes de considération et de tant d'autres gens, sous prétexte de chercher les preuves de l'assassinat de Sandrier et de M. de La Guillonnière, officier d'artillerie, parent de Paris Du Verney?

L'argent est diminué d'un tiers de cette année[1]; l'or, qui étoit à onze cent vingt-cinq livres le marc, est à présent à sept cent cinquante livres. Nos louis sont à vingt livres, trente-sept et demi au marc, et l'écu à cinq livres des dix au marc. Ces diminutions coup sur coup ont été fortes et ont fait perdre beaucoup de gens. M. le Duc, principal ministre, voudroit que toutes les marchandises et denrées diminuassent à proportion; mais il aura bien de la peine. Les marchands sont accoutumés à vendre cher, et les ouvriers à gagner beaucoup par jour.

M. Dodun, contrôleur général, a fait assembler les six corps des marchands et a fait écrire chez tous une lettre circulaire, pour leur apprendre le dessein du Roi sur la diminution de toutes choses, et il a écrit pareillement une grande lettre à tous les intendants[2], pour qu'ils tiennent la main aux manufacturiers, assurant qu'il n'y aura plus de diminution, ou de longtemps, car on en attendoit encore une, pour que le louis ne fût qu'à quinze ou seize livres. Il n'y a dedans que pour douze livres environ d'or, et c'est encore être bien haut qu'à vingt livres.

Toutes les difficultés que l'on trouvera à remettre les choses en règle font bien voir les inconvénients d'un dérangement aussi général que celui du système der-

---

1. Cette mesure violente fut l'œuvre de Paris Du Verney, qui fit rendre les arrêts des 4 février, 27 mars, 22 septembre 1724 et 15 décembre 1725. Le louis descendit de vingt-sept livres à quatorze livres; le marc d'or tomba à cinq cent soixante-une livres cinq sols; et le marc d'argent à trente-huit livres dix-sept sols. Voyez Lemontey, *ouv. cité*, t. II, p. 132, note.

2. Cette politique amena dans quelques villes l'autorité à vouloir taxer tous les objets de commerce. Le 30 juillet, le contrôleur-général écrivait aux intendants : « Voyez par vous-même les prix auxquels on peut contraindre les marchands de baisser leurs marchandises, et punir ceux qui n'y auraient pas obéi. » Lemontey, p. 133, note.

nier, et surtout par rapport aux monnoies, et le danger qu'il y a d'accoutumer les ouvriers à gagner beaucoup. Il leur paroissoit doux de ne travailler que trois jours de la semaine, pour avoir de quoi vivre le reste. On peut voir jusqu'où va la faction de ces gens du peuple. Il y a peut-être quatre mille ouvriers en bas : à la première diminution des espèces, ils ont voulu gagner cinq sous de plus par paire de bas; il a fallu que le marchand leur accorde. A la seconde diminution, le marchand a voulu diminuer ces cinq sols; l'ouvrier n'a pas voulu; le marchand s'est plaint; l'ouvrier s'est mutiné : ils ont menacé de coups de bâtons ceux d'entre eux qui prendroient de l'ouvrage à moindre prix, et ils ont promis un écu par jour à ceux qui n'auroient point d'ouvrage, et qui ne pourroient pas vivre sans cela. Pour cet effet, ils ont choisi entre eux un secrétaire, qui avoit la liste des ouvriers sans travail, et un trésorier qui distribuoit la pension; ceux-là demeuroient dans le Temple[1]; ils profitoient du besoin qu'on a d'eux et faisoient les séditieux. On s'est plaint au contrôleur général, et on en a fait mettre une douzaine, ces jours-ci, en prison, et au pain et à l'eau. C'est pour faire voir qu'il ne faut pas laisser déranger le peuple, et la peine qu'on a à le réduire.

M. le Duc fait venir des bœufs d'Irlande, soit que l'espèce manque ici, ou que les bouchers soient des fripons. La viande a valu douze sols la livre. Le carême, on ne pouvoit faire ni maigre ni gras, à cause de la cherté de tout le vivre.

On a amené ici, à la fin de ce mois d'avril, à la Bastille, le nommé Menk, que l'on soupçonne d'être l'assassin de M. de La Guillonnière. Cet homme a été pris à Marseille par Collard, huissier au Parlement, qui est

---

[1]. Aujourd'hui le marché du Temple. C'était un lieu privilégié, fort recherché des ouvriers qui par là échappaient à toutes les obligations imposées par les statuts des corporations d'arts et des métiers.

un diable pour ces sortes de capture. Son dessein étoit de passer à Constantinople. Cet homme est, dit-on, fils d'un conseiller du Parlement ou d'un maître des comptes d'Aix en Provence. Il s'est adonné au mal dès sa jeunesse; il a essuyé quelque jugement infamant dans son pays. Il est venu à Paris faire le métier de croc. Il a pris la croix de Saint-Louis sans droit; on l'a découvert; il étoit officier; il a été cassé et banni. Enfin, étant plus intrigant qu'un autre, l'on dit qu'il a servi à découvrir à M. le duc d'Orléans quelque chose de la conspiration d'Espagne, pendant la régence. Il s'est attaché à M. Le Blanc, secrétaire d'État de la guerre, qui avoit après lui un peu de ces crocs; il l'a rétabli, et lui a donné effectivement la croix de Saint-Louis. Or, on dit qu'on chercha cet homme-là de tous les côtés, après l'assassinat de La Guillonnière, fait le dimanche gras dernier. Menk étoit grand ami de Du Chevron et de La Barre, qui étoient à M. Le Blanc. On dit que La Barre, l'ayant trouvé, le cacha cinq jours chez lui et le fit sauver ensuite. Toutes ces histoires-là ne valent pas le diable.

On parle diversement de lui dans le public. Les uns disent qu'il a assassiné La Guillonnière de son propre mouvement, sans que M. Le Blanc fût complice, le tout pour délivrer M. Le Blanc d'un ennemi mortel, qui est donc Paris Du Verney. Les autres disent que Menk a avoué avoir eu affaire à La Guillonnière, mais affaire personnelle; que La Guillonnière avoit fait un enfant à sa sœur; que plusieurs fois il lui en avoit demandé raison; qu'il l'avoit trouvé le dimanche; qu'il avoit voulu lui faire mettre l'épée à la main, et que ne l'ayant pas fait, il lui avoit donné quelques coups sans le tuer. L'on saura tout le fin de ceci par la suite.

Mais voici pourquoi tous nos prisonniers ne sortent point de la Bastille, quoique l'affaire de La Jonchère, pour le fait de sa caisse, soit jugée.

Moreau de Séchelles, maître des requêtes, en est sorti

ces jours passés, mais c'est comme malade. Il a été traité de la v......, il y a un an, et il avoit pensé mourir. Cela a repris, et on l'a remis dans les remèdes.

On a commencé à la Bastille l'instruction de cette affaire criminelle; mais on a été embarrassé en cour pour composer une commission. On vouloit joindre du Parlement avec le Conseil; le Parlement n'a pas voulu.

Samedi dernier, 29 avril, M. le Duc envoya chercher M. Arnault de Bouex, maître des requêtes, qui a fait le procès, comme conseiller au Parlement, à tous ces fameux *Cartouchiens*; il le fit même attendre jusqu'à près de minuit. M. le Duc lui demanda comment alloit cette affaire à la Bastille. M. de Bouex lui répondit que, quoiqu'il fût à présent maître des requêtes, il étoit obligé de lui dire que tous MM. les maîtres des requêtes n'entendoient rien à cela, et qu'il y avoit nombre de nullités dans la dernière instruction. Cela va achever de décréditer les maîtres des requêtes, qui sont méprisés au dernier point dans le public. On les taxe ouvertement de mauvaise foi et d'ignorance : effectivement ce sont d'étranges juridictions!

Mai.

La Tournelle saisie des affaires criminelles. — Mort d'Innocent XIII. — Intrigues au conclave. — Le fils de l'apothicaire. — La petite vérole. — Le marquis de Saint-Florentin épouse mademoiselle de Platten. — Aventure dans le faubourg Saint-Jacques. — M. le duc de Sully, M. d'Argouges et le marchand de vin. — Madame d'Hautefort. — Mademoiselle de Saint-Cyr à la recherche de sa mère. — La duchesse de Choiseul et le duc de La Vallière son frère. — M. Julien de Prunay. — Éclipse de soleil.

On avoit voulu composer une commission de maîtres de requêtes et de conseillers du Parlement; mais le Parlement n'a pas voulu de combinaison, attendu qu'il est juge naturel de ces sortes d'affaires. Sur le rapport de M. de Bouex, on a pris ce parti en cour; et mardi, 2 du présent mois de mai, le Roi a envoyé des lettres-patentes qui évoquent toutes les procédures faites à ce sujet, et qui en attribuent la connoissance[1] à La Tournelle, pour connoitre de cette affaire, sauf le privilége des privilégiés, c'est-à-dire que M. le comte de Belle-Isle, comme gentilhomme, a droit de faire assembler la Grand'Chambre et la Tournelle, et M. Le Blanc, comme maître des requêtes honoraire, a droit de demander tout le Parlement assemblé. Ceci devient très-sérieux, car on va droit dans ce tribunal, et ils savent la procédure criminelle. Les lettres-patentes portent (je les ai vues imprimées) que c'est pour connoître de quatre assassinats : 1º de Sandrier; 2º de M. de La Guillonnière; 3º d'un charretier de la ferme de la Malmaison, qui est du côté de Vaucresson, maison de La Jonchère, où l'on dit que Sandrier a été assassiné; car de fait on l'a trouvé dans les filets de la machine de Marly : ce charretier s'étoit peut-être trouvé là mal à propos, et, ayant vu quelque chose, on a jugé à propos de l'expédier, pour être sûr du secret; 4º d'un nommé Gazan de La Combe[2], qui a été trouvé pendu et étranglé, en 1718, dans la maison de La Barre, lieutenant de la connétablie, actuellement prisonnier à la Bastille, duquel fait dans le temps il a été dressé procès-verbal.

L'on dit que l'on transfère tous ces prisonniers à la Conciergerie.

J'avois oublié une grande nouvelle, mais qui se trouvera écrite ailleurs. Le pape Innocent XIII[3] est mort le 7 mars. Nos cardinaux de Polignac, de Rohan et de Bissy sont allés à Rome.

Le fils d'un apothicaire de Rome a parié entrer dans le conclave; il s'est mis en bottes et a arboré la médaille de l'Empereur, comme étant son courrier. Il a entré et

---

1. Les lettres-patentes ont été enregistrées. (*Note de Barbier*).

2. Voyez *Journal de Marais*, loc. cit., t. x, p. 236, 256, 261.

3. Innocent XIII, Michel-Ange Conti, était pape depuis le 8 mai 1721. Il mourut après un pontificat de deux ans, neuf mois et vingt et un jours.

a demandé à parler au conclaviste du cardinal qui est dans les intérêts de l'Empereur; il lui a parlé. En sortant, les pages ont remarqué que les bottes étoient trop nettes pour un véritable courrier : c'est par là qu'on a reconnu la ruse. Avant qu'on eût su qui c'étoit, cela avoit intrigué.

Il y a des factions dans le conclave pour cette élection.

La petite vérole reprend le même train de l'année passée. M. le prince de Soubise[1], fils du prince de Rohan, capitaine des gendarmes de la garde en survivance, beau prince, âgé de vingt-huit ans, est mort en quatre jours, le 6 mai. On dit que les médecins l'ont tué. Madame la princesse de Soubise[2], sa femme, fille du prince d'Épinoy, l'a eue après; elle est morte jeudi dernier, 18 de ce mois. Ils laissent cinq enfants. Ils ont été regrettés de tout le monde.

M. le marquis de Saint-Florentin[3], fils de M. le marquis de La Vrillière, secrétaire d'État, a été marié, lundi dernier, 15 de ce mois, avec la fille du marquis de Platten[4], Angloise. Le mariage s'est fait à Montrouge, près Paris, où toute la famille étoit.

Aventure qui arriva ce jour-là. On en sortit à deux ou trois heures après minuit. Revint, par le faubourg Saint-Jacques, une berline remplie de M. *le duc* et de madame la duchesse de Sully[5], de madame Pelletier, présidente à mortier, de M. d'Argouges, lieutenant civil.

---

1. Louis-François-Jules de Rohan, prince de Soubise, né en 1697, mort en 1724.

2. Anne-Julie-Adélaïde de Melun, nommée gouvernante des enfants de France en 1722. Voyez plus haut, p. 196.

3. Louis Phélypeaux, comte de Saint-Florentin, né en 1705. Il fut pendant cinquante-deux ans ministre sous Louis XV. Il mourut en 1777.

4. Émilie-Ernestine de Platten, fille d'Ernest-Auguste, comte de Platten, et de Sophie-Caroline d'Offelenson. Sa mère avait été la maîtresse du roi d'Angleterre, George Ier, dont la marquise de Saint-Florentin était, dit-on, la fille. Voyez, au sujet de ce mariage, un mot de M. de La Vrillière, dans Marais; *Journal, Revue rétrospect.*, 2e série, t. x, p. 232.

5. Maximilien-Henri de Béthune, duc de Sully, brigadier, 1669-1726. Il avait épousé, en 1719, Marie-Jeanne Guyon, veuve du comte de Vaux.

Dans ce faubourg, un homme en bonnet, en veste et sans bas, monta sur la botte de la berline; il avoit à la main un marteau pointu de maçon, et il en donna un coup à M. le duc de Sully, qui par bonheur glissa et ne le blessa pas. On cria; les laquais descendirent; on arrêta cet homme. M. le lieutenant civil lui demanda quel étoit son dessein; il dit qu'il vouloit du sang. « De « qui? lui dit-on. — Du premier venu, dit-il. — Pour-« quoi? lui demanda-t-on. — C'est, dit-il, la Vierge « qui m'en demande. » Il fit pareilles réponses extravagantes. On le conduisit au Châtelet. C'est un marchand de vin du faubourg Saint-Jacques, qui est effectivement fou. Par sentence de police, il a été condamné à être enfermé à Bicêtre. Voilà comme les accidents arrivent!

Il y a eu, ces jours-ci, une grande affaire au Parlement. Madame la marquise d'Hautefort[1] a eu chez elle, jusqu'à l'âge de vingt-cinq ans, une fille qui n'étoit point sa fille, ni sa parente, et qu'on appeloit mademoiselle de Saint-Cyr[2]. Depuis sa majorité, cette fille prétend être fille de M. *le duc* et de madame la duchesse de Choiseul[3], et de plus la seule qui reste à présent. Elle est soutenue dans ce parti par madame d'Hautefort. Elle a rendu plainte qu'on avoit soustrait des actes de famille pour s'emparer d'une succession. Elle a fait informer; il s'est trouvé que l'accusé est M. le duc de La Vallière[4], frère de défunte madame la duchesse de Choiseul. Par l'information, il y a preuve que madame la duchesse de

---

1. Anne-Louise de Crevant-Humières, veuve de Louis-Charles de Hautefort, marquis de Surville.

2. Augustine-Françoise de Choiseul, née le 8 octobre 1697, élevée sous le nom de *Mademoiselle de Saint-Cyr*; morte en juillet 1728. Barbier donne de longs détails sur cette singulière affaire.

3. César-Auguste, duc de Choiseul, comte du Plessis-Praslin, se distingua en Candie et à Steinkerque. Il mourut en 1705, sans postérité. Il avait épousé, en 1681, Louise-Gabrielle de La Baume Le Blanc de La Vallière, morte le 7 novembre 1698.

4. Charles-François de La Baume Le Blanc, duc de La Vallière, lieutenant général, né en 1670.

Choiseul est accouchée d'une fille du vivant de son mari. Il n'y a pas d'extrait baptistaire. Sur l'extraordinaire, par arrêt du Conseil d'en haut, on a renvoyé au Parlement. La procédure avoit été commencée au Châtelet; toutes les chambres assemblées, et la Cour garnie suffisamment de pairs. M. le duc d'Orléans et M. le prince de Conti y étoient. Cela a fait la matière d'une grande plaidoirie. M. Julien de Prunay plaidoit pour M. le duc de La Vallière, et M. Normant pour la demoiselle. Par arrêt du vendredi, 19 mai, la demoiselle a perdu sa cause. On a mis sur l'extraordinaire hors de cour, et on a renvoyé les parties aux requêtes du palais, à fins civiles, c'est-à-dire pour la question de son état. Permis à la demoiselle de se servir des mêmes témoins entendus dans l'information, en cas qu'il lui soit permis de faire preuve. Car c'est là la question de savoir si, dans une question d'état, n'ayant aucun commencement de preuve par écrit, ni aucune possession, il sera permis de prouver son état par des témoins, et si cette preuve ne seroit pas dangereuse pour les conséquences?

D'ailleurs, avant qu'il lui soit permis de faire une preuve, tous ses témoins seront morts; la fille a vingt-sept ans; cela remonte haut pour ceux qui ont vu accoucher madame de Choiseul.

Tout Paris est persuadé que c'est une bâtarde [1] de madame la duchesse de Choiseul, qui étoit femme du monde, et dont elle est accouchée à l'insu de son mari, laquelle elle a recommandée à M. de La Vallière. Si ce fait étoit prouvé judiciairement, il suffiroit pour elle, parce qu'elle seroit toujours née, *constante matrimonio*.

Le lundi, 22 mai, il y a eu une éclipse de soleil, qui commença à six heures cinquante-huit minutes du soir, et dura jusqu'à sept heures cinquante-quatre minutes;

---

1. Suivant Marais, cette demoiselle de Saint-Cyr était fille de la duchesse de Choiseul et du comte d'Albert, de la maison de Luynes. Voyez *Revue rétrospective*, 2ᵉ série, t. x, p. 216, et p. 231, 236, 247, 265.

elle fut entière de douze doigts dans son milieu, et l'immersion fut totale, ainsi qu'elle avoit été annoncée. Il y avoit longtemps qu'on n'en avoit vu une pareille. Il faisoit fort beau ce jour-là ; en sorte que tout Paris étoit dans les promenades, ou hors de la ville.

Juin.

Réception des cordons bleus à Versailles. — Le cardinal Orsini pape sous le nom de Benoît XIII. — Insolence des Français à Rastadt. — MM. de Fimarcon, d'Olonne. — Les jardins de la princesse de Bade. — Le maréchal Du Bourg. — Retour du maréchal de Villeroi. — Désordres à la cour. — Le duc de La Trémoille, le duc de Gesvres et le Roi. — Louis XV à Chantilly. — Le Roi dur pour ses serviteurs. — Le prince Charles grand écuyer. — Motifs secrets du voyage de Chantilly. — Commission donnée à la duchesse d'Épernon et à madame de La Vrillière. — Moreau de Séchelles.

On fait à Versailles la grande cérémonie pour la réception des cordons bleus que le Roi a faits nouvellement. Cela dure depuis jeudi, 1er du mois, et aujourd'hui, jour de la Pentecôte, ils auront le cordon. Il y a à Versailles une si grande affluence de monde que les chambres y sont louées jusqu'à cinquante livres pour un jour et une nuit. Mais, comme peu de gens pourront être placés dans la chapelle, c'est peine perdue.

Comme il faut tout mettre dans un journal, nous avons à la fin un pape, qui est le cardinal Orsini[1], lequel a été dominicain, en sorte qu'il y a eu grande réjouissance dans les maisons des Jacobins. Il a soixante-quinze ans, et il a été élu pape tout d'une voix dans le temps qu'il y avoit le plus de discorde dans le conclave, et que même les cardinaux s'étoient, dit-on, battus *crochetoralement*. Le cardinal Orsini se présenta à eux avec un crucifix d'une main et l'Évangile de l'autre, pour les apaiser. Sur-le-champ, tous le nommèrent pape.

1. Benoît XIII, Pierre-François Orsini, fils de Ferdinand Orsini, duc de Gravina et de Jeanne Frangipani, né le 2 février 1649, religieux dominicain, cardinal en 1672, archevêque de Bénévent en 1685, fut élu pape le 29 mai 1724, et couronné le 4 juin. Il mourut en 1730.

Insolence de nos François! La princesse de Bade, future épouse de M. le duc d'Orléans, n'est pas encore sortie de Rastadt; trois de nos jeunes seigneurs, dont les régiments sont à Strasbourg, et qui y étoient aussi, savoir : le duc d'Olonne[1], le marquis de Fimarcon et le marquis de Massieux[2], ont eu envie de la voir. Pour cet effet, ils ont demandé permission d'aller à Rastadt, à dix lieues de Strasbourg, à M. le maréchal Du Bourg[3], commandant de Strasbourg, lequel leur a refusé, comme étant pays étranger. Un jour, étant allé à une partie de plaisir chez un gros seigneur, à sept lieues de Strasbourg, ils crurent que, n'étant qu'à trois lieues de Rastadt, ils pouvoient y aller faire un tour : ils avoient bu. Sans autre permission que de leur curiosité, ils y allèrent. On les présenta comme gens de leur condition; ils furent fort bien reçus par le prince et les princesses, mère et fille. Voulant tout voir, ils entrèrent dans un jardin particulier de la princesse de Bade, la mère, qui est dans la grande dévotion, et où il y a plusieurs grottes de saints, entre autres, une de la Vierge, qui tient dans ses bras un petit Jésus, et dans une main un bouquet. Nos jeunes gens trouvèrent dans ce jardin des radis, qui sont de très-grosses raves; ils les ratissèrent et les coupèrent en forme de beaux Priapes accompagnés de leurs pendants; ils ôtèrent le bouquet de la Vierge et lui mirent le dieu Priape dans sa main, et ils en mirent d'autres sous les jupes de quelques saintes; ensuite ils décampèrent. Après leur départ, on s'est aperçu de cette sottise[4]. La princesse de Bade s'est plainte hautement et

1. Charles-Paul-Sigismond de Montmorency-Luxembourg, né en 1697, fils du duc de Châtillon. Voy. p. 187. Il était duc d'Olonne par sa mère.
2. Le marquis de Boissieu, suivant Marais.
3. Léonor-Marie du Maine, comte du Bourg, maréchal de France, de 1724 à 1739.
4. Marais, *Revue rétrospective*, t. x, p. 242-243, raconte également les mêmes faits. Ces jeunes seigneurs avaient obtenu la permission d'aller à Weissembourg voir le roi Stanislas.

avec raison; elle a écrit à M. le maréchal Du Bourg, qui les a fait mettre d'abord en prison, à cause de leur désobéissance. Je ne sais si, à leur retour à Paris, ils n'auront pas un petit tour de Bastille. On ne peut rien de plus insultant dans la maison d'une princesse souveraine; et dans les circonstances présentes, M. le duc d'Orléans doit être très-piqué de cette insolence. Telles sont les prouesses de nos jeunes seigneurs.

Grande nouvelle à Paris! M. le maréchal de Villeroi est rappelé de son exil de Lyon, et revient voir sa patrie, au grand contentement de sa famille et de tous les honnêtes gens. Il a quatre-vingt-quatre ou six ans, et il se porte à merveille. Après avoir reçu à Paris la visite de tout le monde, il est arrivé à Versailles, lundi à dix heures du soir, 26 de ce mois; il est descendu à la grille pour aller dans l'appartement de madame de Ventadour. Le peuple de Versailles l'y attendoit, a crié hautement : « Vive le Roi et le maréchal de Villeroi! » Mardi matin, entre le conseil et le dîner, il a salué le Roi dans son cabinet; il étoit soutenu par ses deux fils, l'archevêque de Lyon et le duc de Villeroi. Il s'est jeté aux genoux du Roi, et il lui a baisé la main; le Roi l'a laissé faire, et ne lui a pas dit un mot. On dit pourtant qu'on a remarqué qu'il étoit assez aise de le voir, mais pas un mot! Le bonhomme s'en est retourné, et suivant les apparences, il sera presque toujours à Villeroi, car on ne sera pas fort curieux de le voir à Versailles. Cependant, il faut convenir que le Roi lui a des obligations essentielles, et peut-être celle d'exister aujourd'hui. Mais il éprouve le premier la fierté et la hauteur qu'il a inspirées au jeune monarque.

Le[1]......... est repris à la mode à présent ....

---

1. Les points indiquent les mots effacés dans le mss. et qui n'ont pu être restitués, t. 1, p. 653-4. Marais, *Revue rétrospective*, t. x, p. 245, sous la date du 27 juin 1724, complète ainsi le récit de Barbier :

« On a découvert que le jeune duc de La Trémoille, premier gentilhomme

.... qui ....
.... le duc
de Gesvres, qui a .... les pratiques, par politique, l'a
un peu divulguée, craignant que le duc de La Trémoille[1]
ne prît trop de crédit sur l'esprit de m.... et ne fît tomber
le sien. M. le prince de Tallemont, oncle du duc de La
Trémoille, a pris son neveu dans son carrosse, sous
prétexte de le mener en campagne, l'a ramené à Paris,
le grondant très-fort et lui a défendu de retourner à
Versailles. On dit qu'on le marie avec mademoiselle de
Bouillon, mais cela n'y fait rien, car le lendemain ces
seigneurs ....

M. le prince de Tallemont a fait cela un peu trop ouvertement, si [le Roi] demande le duc de La Trémoille, il faudra bien qu'il retourne à Versailles.

Le Roi partit hier, 30 de juin, pour aller à Chantilly, chez M. le Duc, passer un mois entier, à ce que l'on croit. Il y a grands préparatifs pour faire de grandes fêtes et de grandes chasses. Pendant ce temps, tous les conseils vaquent, et on ne fera pas grandes affaires. Comme il fait très-chaud, on demanda au Roi s'il vouloit partir un peu matin pour soulager tous ceux qui sont obligés de l'accompagner à cheval; il répondit qu'il par-

de la chambre, lui servoit plus que de gentilhomme, et avoit fait de son maître son Ganymède. Ce secret amour est bientôt devenu public, et l'on a renvoyé le duc à l'Académie avec un gouverneur pour régler ses mœurs. Voilà donc le tour des mignons, et l'image de la cour d'Henri III! Le lendemain, on a proposé de marier ce jeune seigneur avec mademoiselle d'Évreux, sa cousine germaine, fille du duc de Bouillon et de sa première femme, qui étoit La Trémoille. Ce qui a été agréé du Roi, qui a bientôt sacrifié ses amours. » Et plus bas, p. 247, à la date de juillet :

« Le jeune comte de Lorges, renvoyé de la cour pour son libertinage. A tout cela, le Roi dit que c'est bien fait et ne se souvient pas d'eux un moment après. On dit que le jeune duc de La Trémoille étoit gagné par mademoiselle de Charolois, qui devoit lui faire dire au Roi certaines choses qu'on ne veut pas que le Roi sache. Cette princesse, qui est fort aimable, est fort décriée. »
Voyez aussi la lettre de Voltaire, de juillet 1725. *Correspond. générale*, t. I, p. 144, édit. Lequien.

1. Charles-René-Armand de La Trémoille, duc de Thouars, 1708-1741. Il épousa Marie-Hortense de la Tour, demoiselle de Bouillon.

tiroit à midi précis ; et de fait, il leur a tenu parole, car je l'ai vu passer à une heure et demie dans le bois de Boulogne, accompagné de gardes du corps et de mousquetaires. Il étoit même sur le devant du carrosse avec M. le prince Charles[1], à cause du soleil et de la poussière, en sorte qu'il a lui-même souffert le premier. Jamais le service n'a été moins ménagé et plus dur qu'à présent, il se plaît à les faire souffrir.

On croit dans Paris qu'on va faire de grandes affaires à Chantilly ; mais le sujet véritable du voyage est très-croustilleux ; on veut tâcher de donner au Roi du goût pour les femmes, et de lui faire perdre son .... avec un ... On espère que cela le rendroit plus traitable et plus poli ; en effet, il n'y a guère de jeunes gens dans ce voyage, tous ceux qui sont nommés sont d'un certain âge. C'est madame de La Vrillière[2] qui est chargée de la commission, ou de le faire .... la petite duchesse d'Épernon[3], qui est très-jolie et très-jeune, ou de le prendre pour elle-même. Ce dernier sera plus aisé ; car la jeune duchesse ne pourra pas faire tout ce qu'il faut pour cela, au lieu que madame de La Vrillière, qui est jolie et qui est femme d'*expérience*, mènera le Roi dans quelque bosquet, et lui fera faire...

Vendredi 30, à deux heures du matin, on a arrêté Moreau de Séchelles, maître des requêtes, qui étoit sorti de la Bastille, sous prétexte de maladie, mais réellement par le crédit de madame de Prie, dont madame de Séchelles étoit devenue grande amie. Ils revenoient de

---

1. Le prince Charles de Lorraine, comte d'Armagnac, grand écuyer.

2. Françoise de Mailly, femme de Louis Phelypeaux, marquis de La Vrillière, secrétaire d'État, et fille de Louis, comte de Mailly. Cette dame avait pour amant le marquis de Nangis. Elle se remaria néanmoins, en juin 1731, au duc de Mazarin, qui mourut trois mois après, la laissant dame d'atours et duchesse. Ce mariage de convenance fut le résultat d'une plaisante intrigue. Voy. *Mélanges* de Bois-Jourdain, t. II, p. 414 et suiv.

3. Françoise-Gillone de Montmorency-Luxembourg, fille de Charles-Frédéric de Montmorency-Luxembourg et de Marie-Gillone Gillier, avait épousé en 1724 Louis de Pardaillan de Gondrin, duc d'Épernon.

souper de Villiers[1], où les Moreau ont une belle maison. Deux hommes à cheval les suivirent depuis la barrière, et comme le carrosse entroit dans la cour, les deux hommes y entrèrent aussi; un descendit de cheval, et parla bas à Séchelles pour lui dire l'ordre. Il prit congé de la compagnie, et on l'a conduit à Vincennes. Je le sus hier, 30, à dix heures du matin, d'un conseiller au Parlement, qui étoit le quatrième dans le carrosse, et qui vit la scène. On ne sait pas pourquoi cette reprise après l'avoir laissé sortir de la Bastille.

Juillet.

Arrivée de la duchesse d'Orléans. — Chanson sur le duc et la duchesse d'Orléans.

Madame la duchesse d'Orléans est enfin arrivée dans ce pays-ci. On lui a fait des honneurs tels qu'il lui convient de faire à Strasbourg et à Metz. M. le duc d'Orléans a été au-devant d'elle à une lieue de Châlons[2], où le mariage a été consommé. Madame la duchesse d'Orléans est restée à Bagnolet, maison de campagne de madame la duchesse d'Orléans douairière, jusqu'au retour du Roi de Chantilly. Cette princesse est blanche, petite, potelée, assez jolie et fort ragoûtante.

Le haut rang ne les a pas préservés du petit couplet de chanson en forme de vaudeville sur l'air de *Margot la ravaudeuse*, air de Pont-Neuf. Il faut savoir que c'est le fils de Imbert, qui étoit apothicaire de M. le duc d'Orléans défunt, qui, en qualité de secrétaire, a été envoyé à Rastadt faire les premières démarches :

> Ce fils d'apothicaire
> A bien changé d'état,
> Car il est secrétaire
> Envoyé à Rastadt,

---

[1]. Sans doute Villiers-le-Bel, dans le canton d'Écouen, Seine-et-Oise.
[2]. Châlons-sur-Marne.

Pour chercher la monture
D'un prince qui n'osit
Prendre femme ici.

—

D'Orléans la duchesse
A dit à son enfant :
« J'envoie avec vitesse
« Au pays allemand,
« Chercher une fillette
« Dont tu seras mari
   « D'elle tout chéri. »

—

« Ma mère, cette fille
« Est petite, dit-on,
« N'est belle ni gentille,
« Et n'a pas le teston[1].
« De plus, elle aime un homme[2]
« Qui me feroit cocu
   « S'il en étoit cru. »

—

« Mon fils, elle est pucelle,
« Du moins l'assure-t-on.
« De plus bien damoiselle
« Et faite de façon
« Que nombreuse lignée
« Naîtra de cette enfant
   « Très-facilement. »

—

Avec cette assurance
On part incessamment
Pour amener en France
Ce bijou si charmant.
Dieu bénisse l'ouvrage
Que fera peu souvent
   Monsieur d'Orléans !

---

1. Le teston était une monnaie d'argent qui a valu depuis onze sols jusqu'à quinze sols.

2. Le prince de Taxis, Allemand. Voyez Marais, *loc. cit.*, t. x, p. 238.

Août.

La duchesse d'Orléans présentée au Roi. — Silence du Roi. — Chanson de *Margot* sur le voyage de Chantilly. — Le comte de Clermont, la marquise et le marquis de Grave. — M. de Melun tué par un cerf. — Le Vacher, procureur au Parlement, sa femme et ses galants. — Mésaventures de la reine d'Espagne. — Morue à l'eau de chaux, empoisonnement.

Le 4 août, à trois heures après midi, madame la duchesse d'Orléans douairière a présenté madame la jeune duchesse d'Orléans au Roi, pour la première fois; j'y étois et la vis passer dans la chambre du Roi. Le Roi étoit dans son cabinet; le Roi l'embrassa, mais ne lui dit pas un mot, car elle ne fit qu'entrer et sortir. Tout le monde en fut étonné. On dit aussi, au sujet du silence du Roi, un bon mot de l'Infante, qui, quoique enfant, a beaucoup d'esprit. Elle dit au maréchal de Villeroi : « Il faut que le Roi vous aime bien, lui dit-elle, car il « ne vous a rien dit. » Cela vient de ce que le Roi ne lui dit pas un mot à elle, et on lui fait accroire néanmoins que le Roi l'aime bien. A l'égard de la duchesse d'Orléans, on ne peut pas dire qu'elle soit jolie; elle a même l'air un peu grossier; mais elle est bonne, généreuse, et tout le monde se loue fort d'elle.

Il ne paroît pas qu'on ait réussi dans le dessein du voyage de Chantilly. Le Roi ne songe qu'à chasser, et il ne veut point tâter du .... J'avoue en mon particulier que c'est dommage, car il est bien fait et beau prince; mais si c'est son goût, qu'y faire? Il est en place à ne se point gêner. Tous les préparatifs des femmes, qui croyoient pouvoir débaucher le Roi, ont donné lieu à un couplet de chanson sur l'air de *Margot la ravaudeuse* :

> Margot La Rôtisseuse
> Disait à son ami :
> « Que fait-on de ces gueuses
> « Qu'on mène à Chantilly?

« Quoi ! pour un pucelage,
« Fallait-il tout ce train
« De dix-sept p......? »

Le tout parce qu'il y avoit dix-sept femmes nommées pour le voyage de Chantilly.

Il n'y a eu que le petit comte de Clermont qui a pris la liberté de ...... madame la marquise de .....[1]. Son mari est très-bien chez le comte de Clermont ; il voulut précisément y entrer dans le moment qu'on le faisoit c.... Le valet de chambre lui refusa la porte contre son ordinaire ; et, sur ses instances, il fut obligé de lui avouer que monseigneur étoit enfermé avec sa femme. Cela ne plut pas au marquis ; mais il faut néanmoins avaler la chose.

Mais tout ce voyage de Chantilly ne s'est terminé que par une tragédie. Le Roi devoit revenir le samedi, 29 du mois de juillet ; cela a changé, on a fait ce jour-là une grande partie de chasse. Les animaux, qui n'entendent que cors et chiens à leurs trousses, sont enragés ; les seigneurs se piquent à qui suivra le cerf de plus près. M. le Duc et M. le duc de Melun[2] couroient seuls ; ils ont rencontré le cerf. M. le Duc a passé le premier, M. le duc de Melun n'a pas pu arrêter son cheval pour laisser passer la bête. Ma foi ! le cerf a donné un coup d'an-

---

[1]. Marais, *Revue rétrospective*, t. xv, p. 247, nous apprend que cette dame s'appelait la marquise de Grave ; elle était fille du maréchal de Matignon et cousine de madame de Prie, sa mère étant une Pléneuf. « Le prince de Clermont, qui n'a que quinze ans, en a conté à madame de Grave, qui n'a pas fait la difficile et qui n'a pas voulu refuser un prince du sang. Le mari, qui les a pris sur le fait, s'est voulu fâcher, puis rire, et fait un mauvais personnage. C'est le plus laid de toute la liste..... L'aventure fait beaucoup rire le Roi. Le prince a raconté le détail de sa bonne fortune. Il lui a vu plus que les pieds, et dit comme tout est fait. Le mari a battu sa femme. Les Matignon se vouloient assembler... On dit d'une femme galante : *Elle est grave.* »

[2]. Louis II de Melun, prince d'Épinoi, duc de Joyeuse. — Mademoiselle de Clermont, dit Lemontey, *Hist. citée*, t. II, p. 137, note, s'était mariée secrètement avec M. de Melun. Elle le regretta toute sa vie et resta fidèle à sa mémoire. Ce triste événement a fourni à madame de Genlis le sujet d'une nouvelle.

douiller dans les côtes à M. de Melun, l'a renversé par terre. M. de Melun est mort le lendemain de cette blessure. On dit que le bois de cerf est mortel, d'où vient l'ancien proverbe :

> Coup de cerf,
> Bière!
> Coup de sanglier,
> Barbier[1] !

Ce seigneur a été fort regretté. Il étoit, par les femmes, prince d'Épinoi de Flandre, mais par lui-même d'une très-ancienne maison. Il avoit vingt-sept ans, veuf de la princesse de Rohan[2], point d'enfants, et trois cent mille livres de rente.

Il est arrivé, dans le mois de juillet, une aventure assez extraordinaire dans mon quartier, qui a fait grand bruit dans tout Paris. Le Vacher, procureur au Parlement, a épousé la fille de Séguin, autre procureur au Parlement. Cette femme a vingt-deux ans et est assez jolie. Son mari l'aime parfaitement ; mais c'est une parfaite p...... Elle avoit lié commerce avec les pensionnaires qui demeuroient chez un procureur au Châtelet, vis-à-vis ses fenêtres. Elle couchoit avec l'un et avec l'autre pour la moindre partie qu'on lui faisoit faire, et elle avoit affaire à des étourdis qui la méprisoient si fort qu'ils en disoient cent sottises derrière elle, même aux promenades publiques et en présence de son mari : cela étoit poussé à cet excès. Un, entre autres, fort joli garçon de sa figure, fils de famille d'Auvergne, avoit l'impertinence, depuis huit ou dix jours, de s'arrêter tous les soirs sous les fenêtres de Le Vacher et de lui dire personnellement toutes les sottises possibles de sa femme ; qu'il étoit c... dé celui-ci et de celui-là ; en un mot tout

---

1. Voyez, sur ce proverbe, la *Vénerie* de Du Fouilloux, in-4, 1561, p. 121, et le *Livre des proverbes français*, par Leroux de Lincy, t. 1, p. 97.

2. Beau-frère du prince de Soubise, qui vient de mourir. (*N. de Barbier.*) Il était alors veuf d'Armande de La Tour de Bouillon, morte en 1717.

ce qu'il savoit. Il faut remarquer que Le Vacher, procureur, avoit été longtemps officier d'infanterie et garçon de main. Un beau jour qu'il se couchoit, il a entendu la même cérémonie de notre jeune homme. Il n'étoit pas apparemment d'humeur souffrante; il a dit à l'autre de se taire; le jeune homme l'a envoyé promener; enfin Le Vacher est descendu en pantoufles avec son épée; ils se sont battus et en même temps il a jeté sur le carreau notre jeune homme. Mais malheureusement l'épée de Le Vacher étoit embarrassée dans les côtes; cela l'a fait tomber, ne pouvant la retirer. Pendant le temps du combat, les camarades du jeune homme, qui étoient à la porte, sont accourus avec leurs épées, et, pendant que Le Vacher étoit à bas, ils étoient quatre et ils lui ont donné chacun son coup d'épée; car on dit que, s'il avoit été debout, il les auroit expédiés tous quatre. Le procureur a été très-mal, mais il n'est point mort. Quand il a été guéri, il a été au Châtelet pour faire entériner ses lettres de grâce qu'il a obtenues facilement. On avoit mis la femme en prison, parce qu'on avoit trouvé une lettre d'elle dans la poche du jeune homme tué, qui la chargeoit un peu; mais son mari l'a redemandée. On *la* lui a rendue; et, de concert, on va la faire enfermer. Elle le mérite bien.

Les princesses, qui passent en pays étranger, ne sont pas si heureuses que celles qui viennent dans ce pays-ci. La jeune reine d'Espagne, qui a été élevée ici, a voulu prendre un peu trop de liberté : elle alloit faire de petites collations dans une maison de campagne. On dit même qu'un jour, se promenant par la pluie dans les jardins, elle avoit mis ses jupes sur sa tête; or, c'est un crime en Espagne à une femme de montrer sa jambe. On l'avoit déjà avertie de prendre plus de mesure. Un beau jour, revenant de sa promenade, un grand d'Espagne, chargé d'une lettre de cachet, s'est rencontré dans son chemin, et au lieu de revenir au palais d'été où étoit le Roi, on l'a conduite au palais d'hiver, où elle est enfermée avec deux dames du palais et deux officiers de sa chambre. On ne sait pas si on n'a pas pris ce prétexte et si le véritable sujet de cet exil n'est pas le bruit qui avoit couru qu'ici on renvoyoit l'Infante, et qu'on la menoit en Portugal. Cependant le bruit le plus général est que cela vient des petites libertés que prenoit la Reine [1].

Aventure assez particulière. Samedi, 19 août, dans la rue de la Huchette, chez un aubergiste gargotier, quatre particuliers mangèrent à leur dîner de la morue; sur-le-champ ils tombèrent évanouis, et on les porta à la Charité [2]. Un est mort deux heures après; on l'a ouvert, et on l'a trouvé tout noir. On dit que le procès-verbal des chirurgiens est affreux. Les trois autres ont été très-mal. M. d'Ombreval, lieutenant de police, s'est transporté chez l'aubergiste. On l'a interrogé, on l'a mis en prison; et enfin, après avoir bien examiné la chose, on a reconnu que cela venoit de la morue, laquelle on lave dans l'eau de chaux avec de l'alun et autres drogues, pour la blanchir. On a visité tous les magasins de morue qui sont à Paris; on a été deux

[1]. On lit dans la correspondance de Voltaire : « Je voudrais bien que vous ne sussiez rien de la nouvelle d'Espagne, j'aurais le plaisir de vous apprendre que le roi d'Espagne vient de faire enfermer madame son épouse, fille de feu M. le duc d'Orléans, laquelle, malgré son nez pointu et son visage long, ne laissait pas de suivre les grands exemples de mesdames ses sœurs. On m'a assuré qu'elle prenait quelquefois le divertissement de se mettre toute nue avec ses filles d'honneur les plus jolies, et en cet équipage de faire entrer chez elle les gentilshommes les mieux faits du royaume. On a cassé toute sa maison, et on n'a laissé auprès d'elle, dans le château où elle est enfermée, qu'une vieille bégueule d'honneur. On assure que, quand la pauvre reine s'est trouvée enfermée avec cette duègne, elle a pris la résolution courageuse de la jeter par la fenêtre, et qu'elle en serait venue à bout si on n'était pas venu au secours. » Lettre à la présidente de Bernières, du 20 juillet 1724, édit. de Kheil, t. 52, p. 34 Voyez aussi la notice de Lemontey sur les *Filles du Régent*, *Revue rétrosp.*, 1re série, t. 1, p. 200-209, qui confirme les détails donnés par Voltaire.

[2]. L'hôpital de la Charité. Cet hôpital, situé alors rue des Saints-Pères, était spécialement consacré aux hommes. Il avait été fondé en 1602 par Marie de Médicis. C'était la maison-chef de l'ordre de Saint-Jean-de-Dieu.

jours de marché sans en vendre; et enfin on a rendu une sentence de police, par laquelle il est fait défenses aux marchands de morue de la blanchir dans quelque chose que ce soit, sous peine de grosses amendes, et de peine afflictive pour la seconde contravention, en sorte qu'on mangera dorénavant de la morue jaune. Voilà une chose qui n'étoit jamais arrivée, et qui néanmoins est de très-grande conséquence. Mais, malgré la sentence de police, il y a quantité de gens prévenus qui n'aiment point les morts violentes et qui ne veulent plus manger de morue.

Septembre

Artificier de la rue de Seine, accident. — Mort de Louis Ier, roi d'Espagne. — Philippe V remonte sur le trône. — M. de Novion donne sa démission. — Son avarice. — M. Portail, premier président.

Il arrive toujours des inconvénients ou pour mieux dire des malheurs terribles de ces artificiers, et il ne devroit point y avoir de cheminées dans l'endroit où est leur poudre et où ils travaillent, de manière qu'il n'y entrât jamais de feu.

Vendredi, 4 de ce mois de septembre, dans la rue de Seine, faubourg Saint-Germain, un artificier avoit provision de poudre. On ne sait comment la chose est arrivée, car il n'est resté personne pour en rendre compte. Le feu a pris par quelque endroit, et toute la maison a sauté en l'air. Cela a fait un bruit si effroyable que bien des gens ont entendu comme un coup de tonnerre à une autre extrémité de Paris. Il y avoit dedans: le maître, sa femme et une fille, qui ont été consumés de manière qu'on n'a retrouvé qu'une tête et une jambe. Deux ou trois passants ont été tués; deux marais[1] voisins ont été entièrement brûlés, tous les légumes sont grillés, des maisons voisines endommagées. Cela a fait un fracas terrible.

1. Jardins.

Le jeune roi d'Espagne est mort le dernier août, âgé de dix-sept ans, de la petite vérole. Cela est bien triste de régner à cet âge et de mourir! La princesse d'Orléans, sa veuve, n'est point grosse. Philippe V, son père, qui n'avoit abdiqué le royaume qu'en faveur de ce fils, est remonté sur le trône[1] au grand contentement de la princesse Farnèse, sa femme, qui est Italienne, qui n'a que trente-deux ans, et qui doit par conséquent avoir de l'ambition et de l'esprit. Tout cela prouve bien que cette abdication n'avoit été faite que par la politique supérieure de M. le duc d'Orléans. Il comptoit par sa fille être maître du gouvernement d'Espagne.

Enfin, M. de Novion, qui a fait tant de pas pour être premier président, n'a pas pu résister à son caractère particulier et à son avarice. Il lui a été impossible de s'accoutumer à voir du monde et à figurer. Quelle petitesse pour un homme que tout le monde croit avoir de l'esprit! Il avoit porté par trois fois sa démission à M. le Duc. Comme il est parent de madame de Prie, on *la* lui avoit rendue. A la fin, il l'a reportée une quatrième fois un beau matin. M. le Duc l'a reçue, et, comme toutes ces démarches étoient connues de ceux qui prétendoient la place, gens adroits s'en étoient assurés. M. de Novion fit la sottise de retourner l'après-midi chez M. le Duc pour redemander sa démission; mais il n'étoit plus temps: M. le Duc avoit donné la place à M. Portail, président à mortier, et ci-devant avocat général. C'est un magistrat d'une très-belle figure pour représenter, gracieux, d'une politesse infinie pour tout le monde et de beaucoup d'esprit. Il remplira parfaitement cette place, et il y avoit longtemps, même du vivant de M. le duc d'Orléans, qu'il faisoit des menées pour ce morceau.

Cela fait bien enrager M. le président de Lamoignon,

---

[1]. Voyez Lemontey, *Hist. de la Régence*, t. II, p. 119 à 125. Philippe V remonta sur le trône le 5 septembre 1724.

qui est le plus ancien président à mortier, qui est petit-fils d'un premier président et d'un beau nom. La manière dont il s'est comporté, à la tête de la dernière chambre de justice, ne lui a pas fait honneur à beaucoup près, et lui a fait grand tort pour ceci.

Novembre.

Généalogie de M. Portail. — Le Roi à Fontainebleau. — Jubilé. — Retour du Roi.

M. Portail n'a pas devant lui une naissance proportionnée à la place de premier président du Parlement de Paris. Quoiqu'à le bien prendre, tout homme est au-dessus de quelque poste que ce soit, quand il a assez d'esprit pour en remplir parfaitement tous les engagements, témoin plusieurs ministres et chanceliers que nous avons vus n'être pas d'une naissance bien illustre. Je sais sa généalogie sur pièces produites pour un retrait. Un Portail étoit premier chirurgien d'Henri IV. Il étoit chirurgien de quelque petite ville dans la Gascogne, et il avoit suivi Henri IV en France. Cependant j'ai vu, dans des mémoires particuliers, que Portail étoit premier chirurgien d'Henri III. Quoi qu'il en soit, Portail eut plusieurs garçons : l'aîné fut conseiller au Parlement ; un autre fut procureur du Roi au Mans. Celui-ci eut un fils, qui fut président de la Chambre des Comptes de Dijon. Son fils a été M. Portail, mort à quatre-vingts ans, doyen de la Grand'Chambre, père de notre premier président d'aujourd'hui. Il sera reçu le jour de la rentrée, et il fera la cérémonie de la *messe rouge*.

Il y a plus de six semaines que le Roi est à Fontainebleau, où il se plaît parfaitement, au grand regret de tous les seigneurs de la Cour. Tous les jours, il va à la chasse, et l'on court dans le même jour cerf et sanglier. Il trouve dans la forêt de quoi se satisfaire : il a à dîner douze couverts remplis par les princes et par les seigneurs particuliers qu'il nomme. M. le contrôleur général et les autres ministres y ont dîné. Le soir, il y a jusqu'à vingt couverts remplis par les princes, princesses et dames de la Cour que le Roi nomme ; on joue ensuite. Le Roi se couche très-tard. Nulle règle pour le lever, et beaucoup de dérangement pour les conseils. Il est d'âge à ne point aimer le travail, et quelquefois on tient les conseils à onze heures du soir. On ne sait point quand sera le retour ; on dit qu'il y veut rester jusqu'au mois de décembre. S'il s'aperçoit que cela fasse peine aux autres, il ne reviendra pas sitôt.

Le Roi est revenu à la fin de novembre. Les ambassadeurs étoient fort incommodés par la dépense. Et d'ailleurs, il falloit venir faire le jubilé, à cause du nouveau pape. On dit que le pontife se ressouvient toujours de l'école de Saint-Thomas, comme ayant été Jacobin. Il a envoyé aux Jacobins de Paris un bref où il confirme des sentiments contraires à la morale des Jésuites. Cela leur fait un peu tort dans le public.

Il n'est rien arrivé de particulier dans le mois de décembre qui ait mérité d'être remarqué, joint un peu de paresse de ma part d'y avoir fait attention, sinon de fortes diminutions d'espèces. L'écu, qui a été à sept livres dix sols, est enfin à quatre livres. On espéroit de cette diminution un grand soulagement. Cela a fait effet par rapport à quelque marchandise ; mais les vivres sont toujours fort chers, de manière que les œufs valent deux livres le quarteron. Cela peut se remarquer, parce que cela n'a jamais été à ce point. Les paysans, qui vendent à Paris, emportent beaucoup d'argent, car il y a des poules à l'ordinaire et du grain. Il faudroit que quelqu'un entrât dans ces détails pour y mettre ordre, et c'est ce que personne ne fait. Les grands ne songent qu'à leur intérêt particulier.

Ces diminutions entraînent tous les jours nombre de banqueroutes. L'argent est d'une rareté très-grande ; il est à deux pour cent par mois. Le denier trente[1], qui est à présent, est trop fort; on ne verra point de constitution sur ce pied.

M. le premier président Portail fait une très-belle figure et grande dépense, ce qui a donné lieu à un bon mot. On dit que M. de Mesmes vivoit en gentilhomme, que M. de Novion vivoit en bourgeois, et que M. Portail vit en bourgeois gentilhomme. Cela attaque sa naissance.

1. Ce taux avait été établi par Paris Du Verney, par édit du 28 juin 1724.

ANNÉE 1725.

Janvier.

Procès de M. Le Blanc au Parlement. — Le duc d'Orléans le défend. — Acquittement de M. Le Blanc, qui reste à Vincennes. — M. Arnauld de Bouëx suspect au Parlement. — Détails sur La Combe, prisonnier chez La Barre. — Réflexions de Barbier. — Les ducs de La Feuillade, de Richelieu et de Villars. — Le duc de La Feuillade *lève le siége*.

Cette année commence par une affaire de très-grande importance.

Lundi, 8 janvier, le Parlement s'est assemblé pour travailler à l'affaire criminelle de M. Le Blanc, ci-devant secrétaire d'État de la guerre, de La Jonchère, et de plusieurs autres personnes impliquées, qui sont à Vincennes, à la Bastille, ou à la Conciergerie, au sujet de quatre assassinats dont le Roi a renvoyé la connaissance au Parlement, par lettres patentes, le 2 mai 1724[1]. Elles sont dans les mémoires du temps et à leur date. Il s'agit d'abord de savoir si on décrétera M. Le Blanc, car il n'est encore arrêté qu'en vertu d'ordre du Roi. Les conclusions du procureur général sont un décret de prise de corps. On travaille deux heures tous les jours. Il y a deux rapporteurs, M. Pallu et M. Delpech. On lit toutes les informations, qui sont considérables. Cela durera quinze jours. Il y avoit d'abord cinq ducs, lesquels se sont retirés. Il y a encore plus de cent quatre-vingts juges; mais il s'en retire tous les jours, on peut croire même par politique, car ceci devient une affaire de parti. M. le Duc abandonne un peu par vengeance M. Le Blanc à la rigueur des lois. Or, M. le duc d'Orléans entreprend ouvertement sa défense; c'étoit le favori de son père, et il

[1]. Voyez plus haut, p. 353-354.

peut avoir fait bien des choses sur des ordres verbaux. Lui et M. le prince de Conti, qui est attaché au duc d'Orléans, n'ont pas manqué une séance. M. le duc d'Orléans même parle souvent et se fait instruire de tout.

Lundi 15, cette affaire a été jugée. Il y avoit cent soixante-treize juges. Il n'y a pas eu une voix contre M. Le Blanc. Comme les chambres n'étoient assemblées qu'à cause de lui, en qualité de maître des requêtes honoraire, n'étant question de lui en aucune façon, la Cour a renvoyé les affaires criminelles à la Tournelle pour y être jugées en la manière accoutumée. Cela lui fait un honneur infini, et en même temps beaucoup de tort au procureur général de se trouver seul d'avis d'un décret; cela sent bien l'homme livré à la Cour. Il y a eu quarante voix pour mettre dans l'arrêt: sans s'arrêter au réquisitoire du procureur général. Cela auroit été plus noté. Il s'est passé une circonstance qui marque bien l'animosité qu'il y avoit eu dans cette affaire. M. de Vrenin, conseiller de Grand'Chambre, et nouvellement monté, a levé un avis, qui a été de décréter M. Arnauld de Bouex, maître des requêtes, qui est celui qui a fait le procès à tous les *Cartouchiens*, étant conseiller au Parlement. M. le Duc l'avoit choisi pour faire l'instruction de ces procès-ci criminels à la Bastille, et l'on dit qu'il y avoit preuve contre lui de subornation de témoins. L'avis de M. de Vrenin a été approuvé par tout le monde, mais il n'a pas été suivi, parce que n'étant question que de M. Le Blanc, pour savoir si on le décrèteroit, il n'étoit pas d'usage dans la forme d'en décréter un autre. Mais le coup n'en est pas moins porté contre M. Arnault de Bouex; et sûrement M. de Vrenin avoit le bec fait pour lever ce lièvre.

Tout le monde a été charmé de ce jugement pour M. Le Blanc, et, en même temps, la conduite qu'a tenue en ceci M. le duc d'Orléans, lui a fait beaucoup d'honneur et lui attirera et attachera bien du monde, parce que l'on voit que, n'abandonnant pas ceux qui s'étoient livrés à son père, on sera sûr de sa protection à plus forte raison en s'attachant à lui.

Tout le monde a pensé que M. le Duc auroit dû faire sortir M. Le Blanc le lendemain de l'arrêt, mais il est toujours à Vincennes. Il est vrai que, lors de quelque interrogatoire ou quelque déclaration de mort, s'il arrive qu'on exécute quelqu'un des accusés, mais on le retrouvera bien alors. Il suffit qu'il soit net à présent pour le mettre en liberté.

Il n'y avoit de soupçon contre lui, à ce qu'il paroit, qu'au sujet de ce Gazan de La Combe[1], qu'on a trouvé pendu dans la maison de La Barre, lieutenant de la connétablie. La Barre a montré un ordre qu'il avoit signé de M. Le Blanc, de la part de M. le duc d'Orléans, de garder cet homme dans sa maison. L'on m'a conté l'histoire de cet homme différemment, et cela deux personnes du parti de M. Le Blanc.

L'un m'a dit que ce de La Combe avoit été intriguer dans l'affaire d'Espagne; qu'étant découvert, il fut arrêté pour ensuite lui faire faire son procès; et que, prévoyant les suites, il s'étoit pendu lui-même.

L'autre, qu'un seigneur, ami du Régent, étoit amoureux d'une femme, laquelle l'étoit de ce de La Combe, et ne vouloit point écouter le seigneur, lequel inventa de dire au Régent qu'il avoit découvert un homme de l'intrigue d'Espagne; que le Régent lui avoit d'abord répondu qu'il falloit s'en défaire; que le seigneur avoit eu peine à consentir à cela, et qu'il avoit comme par grâce obtenu qu'il seroit seulement enfermé, comptant, lui, que l'absence détermineroit sa maîtresse à l'écouter, et que, ce de La Combe, qui étoit mal dans ses affaires, s'étoit défait lui-même.

Pour moi, je crois, et le public le pense aussi, que ce de La Combe étoit un prisonnier d'État, arrêté de l'ordre

[1]. Voyez plus haut, p. 354, et le *Journal* de Marais cité, note 2.

de M. le duc d'Orléans, et qui a été étranglé aussi du même ordre. On ne peut pas rendre de cela coupables ni La Barre, ni M. Le Blanc, parce que ce sont des ordres du prince. Mais la faute qu'ils ont faite pour des gens de tête, voulant se défaire de La Combe, il falloit, la nuit, le transférer à la Bastille, et, on l'auroit étranglé là, en liberté, parce que tout se passe dans le secret. Il n'y a point de procès-verbal à faire, et le lieutenant criminel et le procureur du Roi n'ont que faire dans cet endroit; au lieu qu'ils sont obligés de le faire quand on trouve un homme défait dans la maison d'un particulier. Et dans cette affaire-ci, on a vu que le lieutenant criminel s'est transporté chez La Barre, et qu'il a fait un procès-verbal très-léger. Cette aventure est arrivée au mois d'avril 1722, le procureur du Roi n'a rendu plainte qu'au mois d'octobre suivant. On voit bien qu'il y a eu là des ordres secrets. Enfin, l'on se ressouviendra toujours que cette grande affaire, qui va à perdre un secrétaire d'État et vingt personnes qui sont encore dans les prisons, doit son origine à la haine et à la jalousie *de deux femmes*, qui sont la mère et la fille.

MM. les ducs de La Feuillade, de Richelieu, et de Villars-Brancas[1] avoient été pendant trois jours au Parlement, mais on les avoit regardés dans le public comme les espions de M. le Duc, et ils s'étoient retirés. On a fait des chansons sur les trois ducs, et on les a timpanisés.

J'entendis alors un assez bon mot de M. le marquis de Montmorency, premier gentilhomme de M. le prince de Conti, au sujet de la retraite du duc de La Feuillade dans cette affaire; il dit qu'il ne falloit pas s'en étonner, qu'il étoit accoutumé de *lever le siège;* parce que La Feuillade, gendre de M. de Chamillard, secrétaire d'État de la guerre, avoit levé le siège de Turin[2].

---

1. Louis-Antoine, duc de Villars-Brancas, de la branche cadette de cette maison. L'érection de ce duché remontait à l'année 1652.

2. Le 7 septembre 1706. (*N. de B. d'Increville.*) Voy. Marais, t. x, p. 259.

Février.

Mort du duc de La Feuillade. — Maladie du Roi. — M. Dodun, marquis d'Herbaut. — Son habit galonné. — Son grand-père laquais. — Chanson sur M. et Mme Dodun.

Ce pauvre duc de La Feuillade n'a pas survécu longtemps à la honte de cette affaire, car il est mort au commencement de février[1], âgé de cinquante-trois ans; il avoit beaucoup d'esprit; il étoit intime de M. le Duc et ennemi de M. Le Blanc. On dit que c'est lui qui l'a empêché de sortir après le jugement.

Le Roi est tombé malade de ses fatigues de la chasse; il a été saigné du bras et du pied. Cela apportoit déjà du changement dans la Cour; et M. le Duc craignoit beaucoup, attendu qu'il y a toujours une haine entre lui et M. le duc d'Orléans, non-seulement à cause de la place de premier ministre, mais parce que M. le duc d'Orléans a refusé, comme avec mépris, l'alliance de mademoiselle de Sens[2], sœur de M. le Duc.

Il est arrivé une aventure divertissante à la Cour. M. Dodun, contrôleur-général des finances et puissamment riche, a acquis le marquisat d'Herbaut, proche Orléans, et la charge de lieutenant de roi d'Orléans. Cela lui a paru trop bourgeois de rester un homme de robe, surtout ayant le cordon bleu[3]; il a pris l'épée, s'est fait appeler M. le marquis d'Herbaut, et, entre autres choses, il s'est fait galonner un habit, ni plus ni moins qu'un habit d'un officier des gendarmes. Cela a paru si ridicule qu'on n'a pas pu y tenir. Il est fort haï. On a recherché l'origine du sieur Dodun, et on a trouvé que son grand-père avoit été laquais; et enfin, on a fait des chansons sur lui et sur madame Dodun, qui ont été

---

1. Louis d'Aubusson, duc de La Feuillade, né en 1673, maréchal de France, mort à la fin de janvier 1725. Voyez Marais, *loc. cit.*, t. x, p. 264.
2. Alexandrine de Bourbon, demoiselle de Sens.
3. Comme secrétaire-greffier de l'Ordre.

chantées jusque par les décrotteurs. Madame Dodun en a été huit jours sans dormir. Je les joindrai ici[1].

> Dodun dit à son tailleur :
> « Marquis d'Herbaut je me nomme.
> « Il me faut en grand seigneur
> « M'habiller, et voici comme :
> « Galonnez, galonnez, galonnez-moi !
> « Car je suis bon gentilhomme !
> « Galonnez, galonnez, galonnez-moi !
> « Je suis lieutenant de Roi ! »

> « — Mon cousin, dit le tailleur,
> « Je défie toute personne
> « D'avoir l'air d'un grand seigneur
> « Comme aura votre personne !
> « Galonnez, galonnez, galonnez-vous !
> « Votre aïeul, si honnête homme,
> « Galonnez, galonnez, galonnez-vous !
> « Portoit galons avant vous ! »

> La Dodun dit à Frison :
> « Coiffez-moi avec adresse ;
> « Je prétends, avec raison,
> « Inspirer de la tendresse.
> « Maronnez, bichonnez, tignonnez-moi !
> « Je vaux bien une duchesse !
> « Maronnez, bichonnez, tignonnez-moi !
> « Je vais souper chez le Roi [2]. »

> La de Prie dit à Bourbon :
> « Dedans l'amoureux mystère,
> « Vous cherchez trop de façon,
> « Et vous ne pouvez rien faire.

1. Sur l'air de *la Testard*, air de contredanse, à cause de mademoiselle Testard, qui se disait tourmentée par un lutin.
2. Un soir, dans le carnaval, elle soupa à Marly avec le Roi. Voy. Marais, t. x, p. 267.

« Chiffonnez, chiffonnez, chiffonnez-moi !
« Je me moque du vulgaire !
« Chiffonnez, chiffonnez, chiffonnez-moi !
« Je suis un morceau de Roi ! »

Mars.

L'Empereur rompu vif. — Assassin de Sandrier. — Départ de l'Infante pour l'Espagne. — La princesse Amélie. — Projets de mariage pour le Roi. — Mademoiselle de Sens. — Le Roi à Marly.

On a rompu vif, le 5 de ce mois, un nommé l'Empereur, fils du jardinier de Vaucresson, maison de campagne de La Jonchère, qui avoit été arrêté dans la recherche générale. On craignoit fort que cet homme ne fût complice de l'assassinat de Sandrier, et qu'il ne découvrît quelque chose contre La Jonchère, d'autant qu'on croyoit que le charretier de la Malmaison, qu'il avoit réellement tué (et pour l'assassinat duquel il a été rompu), ne l'avoit été que parce qu'il avoit été témoin quand on avoit jeté Sandrier dans l'eau. Cependant l'Empereur n'a dit autre chose sinon que le charretier avoit battu son père, pour quoi il l'avoit assassiné.

Depuis ce temps, les prisonniers de la Conciergerie, comme La Jonchère, Fontenay, son beau-frère, et autres, ont beaucoup de liberté. M. Le Blanc, à Vincennes, se promène dans les jardins, et M. le maréchal de Bezons a eu la permission de le voir.

On parle ici de grandes affaires politiques, et M. le Duc aime mieux se sacrifier lui-même en s'éloignant du trône, que de risquer à voir M. le duc d'Orléans roi, ce qui pourroit arriver par l'éloignement du mariage du Roi. L'Infante part pour s'en retourner en Espagne[1]. Elle devoit même, dit-on, partir samedi dernier, 17 de ce mois, pour aller à Fontainebleau attendre que les équipages soient prêts. On disoit en même temps que le Roi épou-

---
1. Voyez, sur les intrigues qui amenèrent le renvoi de l'Infante, Lemontey, *Hist. de la Régence*, t. II, p. 172 et suivantes.

soit la princesse Amélie, fille du prince de Galles, fils du roi d'Angleterre et duc de Hanovre. Elle n'a pas encore quatorze ans, mais toutes ces nouvelles se ralentissent. On dit que le Parlement d'Angleterre ne veut point accorder les conditions de ce mariage, qui étoient : de rendre à l'Espagne le port de Gibraltar[1] et celui de Mahon[2]. On dit qu'on attend un courrier d'Espagne, et enfin l'Infante n'est point partie. Il est même tellement défendu de parler de ces nouvelles, qu'on a arrêté plusieurs personnes qui en parloient. On ne sait pas bien ce que cela veut dire. Il est certain qu'un mariage comme celui-là changeroit bien les espérances de la maison d'Orléans, mais ceci s'est fait très-secrètement. Ou M. le Duc a bien mal pris ses mesures de divulguer cela avant que cela fût fait, car on disoit chez les princes du sang que le Roi partiroit, au premier mai, pour aller à Calais au-devant de la princesse, ou c'est dans la maison d'Orléans qu'on a découvert cette intrigue et qu'on l'a répandue.

Ces nouvelles que l'on dit en particulier, tant à Versailles qu'à Paris, sont bien graves; car on dit que la politique de M. le Duc va jusqu'à marier le Roi à mademoiselle de Sens, sa sœur. Cette princesse est belle, mais elle a vingt ans, et par conséquent trop âgée pour le Roi. Peut-être a-t-on imaginé ce mariage sur l'intérêt que M. le Duc y avoit, parce qu'il deviendroit beau-frère du Roi et conserveroit par là et sa place de premier ministre et la supériorité sur le duc d'Orléans, pour le crédit et l'autorité. Car ce qui est de vrai, c'est la maladie du Roi qui a fait peur à M. le Duc et qui lui a fait prendre le parti de marier le Roi.

D'autres ne reçoivent point cette nouvelle en disant que le coup seroit trop hardi, que le Roi ne feroit par

---

1. Voyez Lemontéy, *Hist. de la Régence*, t. II, p. 394, *Appendice*.
2. Cette forteresse fut enlevée aux Anglais en 1756, par le maréchal de Richelieu.

ce mariage aucune alliance, qu'il n'est pas d'usage qu'un Roi épouse sa sujette. Chacun raisonne de cela suivant ses idées, car, au vrai, on n'en sait rien. On parle de la princesse d'Angleterre, de la princesse de Prusse, qui n'a que dix ans et demi; d'une princesse de Lorraine, qui est très-belle; et d'une princesse allemande de Hesse de Reinsfelds, dont le prince héréditaire de Savoie a épousé la sœur[1]. Les courriers vont également partout.

Le Roi a été fort longtemps à Marly, il y a passé toutes les fêtes de Pâques et y a fait la cène et touché les malades. Il n'aime point Versailles.

Avril.

L'Infante partie. — Départ des ambassadeurs d'Espagne. — Retour de la reine d'Espagne douairière. — Le maréchal de Tessé. — L'abbé de Livry. — Les mariages du Roi. — Maison de la Reine. — La princesse de Conti se réconcilie avec le prince de Conti.

Enfin, peu à peu les choses vont se dévoiler. Jeudi dernier, 5 avril, l'Infante d'Espagne est partie de Paris et a été coucher à Chastres, autrement dit Arpajon[2]. Le Roi ne lui a point dit adieu, il n'est retourné à Versailles que le soir du départ, dont madame la Duchesse et madame la marquise de Prie, qui ne quittent pas le Roi, l'auront fait rire. On a dit seulement à l'Infante que son père demandoit à la voir et que c'étoit le sujet de son voyage. C'est madame la duchesse de Tallart[3] qui la conduit. Elle a un détachement de la maison du Roi, grand cortége, et on lui rend partout les honneurs

---

1. Sur les différents projets de mariage, voyez les pièces publiées dans la *Revue rétrospect.*, 2ᵉ série, t. x, p. 161-214, et extraits des Archives de l'Empire, Marais, *loc. cit.*, t. x, p. 280, et l'*Appendice*.

2. La terre de Chastres (aujourd'hui chef-lieu de canton de Seine-et-Oise) fut érigée, en 1720, en marquisat d'Arpajon.

3. Élisabeth-Angélique-Gabrielle de Rohan, née en 1699, morte en 1754. Elle avait épousé, en 1715, Marie-Joseph, duc d'Hostun, comte de Tallart.

qui lui sont dus. Les ambassadeurs[1] d'Espagne qui étoient ici s'en retournent avec elle. On dit que l'ambassadeur a parlé fort haut à ce sujet à M. le Duc. Le roi d'Espagne a, dit-on, donné ordre à tous les François de sortir de ses États; il y a des gens qui craignent quelque guerre de cette affaire, mais le roi d'Espagne ne peut pas nous la faire seul.

La princesse d'Orléans, reine douairière d'Espagne, âgée de quinze ans, revient en France. Elle est partie le premier de ce mois; elle vient même à grandes journées. On ne sait si on lui payera son douaire ici, ni si l'autre princesse, mariée à don Carlos, revient avec elle. Cela se saura incessamment.

C'est aujourd'hui, 8 avril, jour de la Vierge, à ce que l'on dit, que le Roi, qui est à Versailles, doit déclarer la princesse qu'il doit épouser. Voilà en peu de temps de grands événements qui renversent bien les projets du duc d'Orléans Régent.

Il ne s'est point fait de déclaration. La princesse d'Espagne galope toujours vers l'Espagne; la reine d'Espagne et la princesse sa sœur, qui revient avec elle, devroient être bientôt ici, venant à grandes journées. On a renvoyé avec peine d'Espagne, la jeune princesse d'Orléans, dont le caractère est, dit-on, charmant et qui est belle, mais la politique et la vengeance le vouloient. M. le maréchal de Tessé[2], qui étoit en Espagne, a joué de bonheur, car avant qu'on y apportât la nouvelle du retour, le roi d'Espagne lui a fait présent d'une épée d'or garnie de diamants, présent qu'il n'auroit point eu plus tard. C'est l'abbé de Livry qui a annoncé la nouvelle en Espagne et qui a essuyé toute la mauvaise réception.

On raisonne politiquement sur le mariage du Roi,

1. Don Patrizio Laullez et N... Pignatelli, marquis de Monteleone.
2. Le maréchal de Tessé, rappelé brusquement par M. le Duc, revint mourir de chagrin à sa retraite des Camaldules. Voyez Lemontey, *Hist. de la Régence*, t. II, p. 181.

comme chose fort intéressante, et on a le temps. On nomme toutes les princesses de l'Europe, qui peuvent convenir, comme la princesse d'Angleterre, celle de Prusse, l'infante de Portugal, la princesse de Lorraine, la princesse Stanislas, et la princesse Hesse de Rinfelds, dont la sœur a épousé le prince de Piémont[1]. C'est de ces deux dernières dont on parle le plus. Car, aux unes, la religion est contraire; la princesse de Lorraine est de la maison d'Orléans; la princesse Stanislas est âgée de vingt-trois ans, cela fait au surplus une princesse d'une maison particulière, sans alliance et sans soutien pour le Roi, puisque le roi Stanislas a été roi de Pologne pendant neuf ans et qu'il n'est plus rien. On parle aussi de mademoiselle de Sens, sœur de M. le Duc, qui n'a que vingt ans, mais personne ne la veut. On dit qu'un Roi ne doit point épouser sa sujette; cependant il serait beau à M. le Duc de se faire beau-frère du Roi. C'est un coup de parti pour se soutenir, et je pense assez que toutes les incertitudes où l'on est pourroient nous conduire là; car de fait, on dit que le Roi se mariera cet été à Chantilly, où il passera six semaines. On fait la maison de la Reine. On dit mademoiselle de Clermont, sœur de M. le Duc, surintendante de la maison de la Reine. Cette nouvelle éloigne de l'idée mademoiselle de Sens. On dit que mademoiselle de Clermont ne seroit pas surintendante de la maison de sa sœur, et on pense que cette nouvelle n'est peut-être répandue que pour déguiser et rompre les chiens. M. le comte de Tessé, fils du maréchal, son premier écuyer. Enfin, on verra.

[1]. Le comte de Morville fut chargé par M. le Duc de dresser la liste de toutes les princesses qui étaient en état d'être mariées. Il y en avait quatre-vingt-dix-neuf : vingt-cinq catholiques, trois anglicanes, treize calvinistes, cinquante-cinq luthériennes et trois grecques. Voyez, sur toutes les intrigues qui accompagnèrent le mariage du Roi, Lemontey, *Hist.*, t. II, p. 174 et suivantes; voyez aussi la liste des dix-sept princesses choisies, dans le *Rapport du duc de Bourbon*, *Revue rétrosp.*, 2ᵉ série, t. x, p. 174.

Ce qui est de certain, c'est que dans le temps qu'on y pensoit le moins, le 13 ou 14 de ce mois, madame la princesse de Conti, la jeune, qui est au Port-Royal, et qui avoit tant de répugnance pour son mari, lui envoya dire qu'elle vouloit lui parler. Le prince, qui a fait tant de démarches pour ravoir sa femme, y alla avec joie. Elle fut la première à lui demander de quoi il s'agissoit entre eux, qu'il étoit inutile d'entremettre tant de personnes pour les raccommoder. La fin de la conversation fut que madame la princesse de Conti monta en carrosse avec son mari, et qu'elle revint à l'hôtel où elle est actuellement, ce qui a surpris bien du monde.

Or, ce raccommodement subit n'entreroit-il pas un peu dans les idées présentes, et seroit-il si hors de propos de penser que ce seroit l'ouvrage de M. le Duc, qui voudroit s'attirer et se raccommoder avec M. le prince de Conti, également intéressé dans cette grande affaire, puisqu'il deviendroit aussi beau-frère du Roi?

Il y avoit dans la dernière *gazette*, que mademoiselle de Clermont étoit surintendante. On la nommera madame de Bourbon. Cela est sûr. Madame la princesse de Conti alla, mardi, 17 de ce mois d'avril, avec M. le prince de Conti demander cette place à M. le Duc, il répondit qu'il l'avoit donnée à mademoiselle de Clermont.

On croit que l'idée de la place de surintendante peut avoir déterminé la princesse de Conti à retourner promptement avec son mari. On ne doit pas s'étonner si M. le Duc la lui a refusée. Il n'étoit pas de sa politique de le faire. Madame la princesse de Conti auroit pu s'emparer de l'esprit de la reine, et en disposer plutôt à l'avantage de son mari et de ses enfants que de son frère. Par rapport à la reine promise, il y a un secret parfait, l'on ne peut que jeter des conjectures; mais on ne sait absolument rien.

Mai.

La princesse Stanislas. — M. Le Blanc exilé à Avranches. — Le comte et le chevalier de Belle-Isle exilés. — Accouchement de la duchesse d'Orléans. — Suites du renvoi de l'Infante. — Réflexions. — Alliance de l'Espagne avec l'Empereur. — Le duc de Lorraine. — Mariage du Roi avec la princesse Marie Leczinska déclaré.

On ne sait encore rien de positif sur la Reine. La princesse Stanislas reprend à présent le dessus. Pour y avoir part, on attend apparemment que l'Infante soit sur les terres d'Espagne. Toute la maison de la Reine est faite, semblable à ce temple qu'on avoit élevé à Rome avec cette inscription : DEO IGNOTO, *Au dieu inconnu.*

Le 12 de ce mois de mai, M. Le Blanc, secrétaire d'État, est sorti de Vincennes. Il est exilé à Avranches[1], évêché d'un de ses frères. MM. le comte et le chevalier de Belle-Isle sont aussi sortis de la Bastille, et sont exilés dans leurs terres à Carcassonne, à deux cents lieues d'ici; et M. de Séchelles, maître des requêtes, à Séchelles[2]. Pour La Jonchère, il est toujours à la Conciergerie.

Madame la duchesse d'Orléans est accouchée samedi, à quatre heures six minutes, après dîner, 12 de ce mois, d'un prince, au grand contentement de M. le duc d'Orléans. Cela relève encore cette maison pour le rang et pour les espérances, malgré le crédit présent de la maison de Condé, laquelle se trouve par là éloignée.

Je crains que les grands projets du mariage du Roi ne se déterminent à rien, car bien des gens prétendent que l'affaire secrète est pour une sœur de M. le Duc; effectivement ce seroit un grand coup pour lui. Mais aussi, plus l'entreprise est hardie et importante, et plus il est de conséquence de ne la pas manquer. Cependant

---

1. César Le Blanc, évêque d'Avranches, du 1er mai 1720 au 13 mars 1746.
2. Séchelles, dans l'Aisne, canton de Moucornet.

l'Infante est sur les terres d'Espagne, et rien ne se déclare.

Au contraire, le bruit général d'aujourd'hui est que le Roi a déclaré ne vouloir pas se marier sitôt. On dit qu'il est le premier à plaisanter de la maison prématurée de la Reine, composée pour la plus grande partie des créatures de M. le Duc, à qui on a donné les charges gratis. Ce qui est de certain, est que les habits et le linge étoient arrêtés pour le tout et livrés en partie, qu'on y travailloit même et qu'on a fait tout cacher.

On a d'abord regardé cette affaire-ci par le beau côté, qui est le secret, mais à la fin cela devient un ballottage et une politique manquée, qui ne conviennent nullement au mariage du roi de France.

Cette affaire devient sérieuse et il est à craindre qu'on n'ait pas assez réfléchi sur le renvoi de l'Infante, ou du moins sur la manière dont on le feroit. Car cela demandoit de grands ménagements, au lieu que M. le maréchal de Tessé, qui étoit depuis longtemps en Espagne, annonce au Roi que le jour est pris ici pour les fiançailles du roi de France et de l'Infante[1]. Le roi d'Espagne lui fait présent d'une épée magnifique et lui donne la Toison. Le lendemain, arrive un courrier qui annonce au roi d'Espagne qu'il n'a qu'à se préparer à recevoir sa fille et qu'on la renvoie de France. Il faut convenir que cela est insultant pour le roi d'Espagne, qui est oncle du roi de France.

La politique vouloit donc qu'avant de renvoyer l'Infante on prît les mesures nécessaires dans les cours étrangères pour empêcher et prévenir les effets que cela pouvoit faire, mais nous n'avons plus ici le cardinal Dubois ni M. le duc d'Orléans. Comme il ne prenoit conseil de personne et que tout étoit dans sa tête, de-

---

1. Le maréchal fit cette promesse à la suite d'une lettre du 22 février 1724, que lui adressa le comte de Morville. Le 19 août suivant, M. le Duc écrivit à ce sujet au roi Louis Ier, frère de l'Infante. Voyez Lemontey, t. II, p. 173, note 1.

puis la mort du cardinal, on n'avoit aucune notion de ses projets; et en effet, ses vues étoient grandes lorsqu'il a fait venir ici l'Infante, et il étoit de là parvenu à mettre en Espagne son gendre et sa fille sur le trône; ainsi on ne devoit pas compter rompre tout d'un coup de pareilles négociations.

L'Infante est partie d'ici, le 5 avril; voici déjà ce qui est arrivé. Le congrès, qui se tenoit à Cambrai, ne finissoit pas. L'on convient que c'étoit par la politique de M. le duc d'Orléans que cela traînoit ainsi.

L'Empereur et le roi d'Espagne n'étoient point d'accord sur leurs prétentions; et nous comptions être les médiateurs. Depuis le départ de l'Infante, l'Espagne a apparemment pris son parti. Les deux ambassadeurs se sont vus secrètement, et ils ont signé entre eux le traité de paix entre l'Empereur et le roi d'Espagne, sans notre participation, le 30 avril dernier, et ils se sont retirés de Cambrai. Voilà un fait certain constaté par toutes les *gazettes*.

On ne peut pas savoir positivement ce qui est dans ce traité, mais on dit que don Ferdinand, prince des Asturies, épouse une fille de l'Empereur, et don Carlos une autre. On dit aussi que le roi d'Espagne a encore renoncé de nouveau par ce traité à la couronne de France, en faveur de la maison d'Orléans.

Autre fait certain. Le prince héréditaire de Lorraine étoit à Vienne, traité par l'Empereur comme son neveu, destiné à être roi des Romains, et par conséquent empereur, celui-ci n'ayant que des filles. Depuis cette nouvelle, il est dit dans les *gazettes* qu'il est parti de Vienne pour s'en revenir en Lorraine. Quel changement cela fait! Et l'on dit déjà que ce sera don Carlos qui sera roi des Romains, ce qui réuniroit un jour l'Empire et l'Espagne, chose que nous avons toujours appréhendée.

Voilà où l'on en est; il faut voir à présent ce que deviendra ce mariage si longtemps caché.

Dimanche, 27 de mai, le Roi a déclaré après son dîner[1] son mariage avec la princesse royale de Pologne, qui est la princesse Leczinska[2], fille du roi Stanislas[3]. Ce mariage étonne tout le monde, il ne convient en effet en aucune façon au roi de France, d'autant que la maison de Leczinski n'est pas une des quatre grandes noblesses de la Pologne; cela fait de simples gentilshommes. C'est une fortune étonnante pour cette princesse. La princesse Sobieska, femme du prince de Turenne, qui est d'une fierté insupportable, et qui regarde avec mépris la maison de Bouillon, est et sera bien piquée de voir si fort au-dessus d'elle une particulière de son pays, qu'elle regardoit infiniment au-dessous d'elle.

Juin.

Madame La Fosse. — Miracle de Sainte-Marguerite. — Lit de justice. — Loi du Cinquantième. — Discours de M. Gilbert, avocat général. — Déclaration contre les conseillers au Parlement. — Manifeste du roi d'Espagne. — Pluies continuelles.

Il y a longtemps que Dieu n'avoit fait de miracles. Nous en avons eu un à Paris, le dernier mai, à la pro-

1. « Hier, à dix heures et demie, le Roi déclara qu'il épousait la princesse de Pologne, et en parut très-content. Il donna son pied à baiser à M. d'Epernon et son cu à M. de Maurepas, et reçut les compliments de toute sa cour, qu'il mouille tous les jours à la chasse par la pluie la plus horrible » Lettre de Voltaire à madame de Bernières, septembre 1725, édit. de Kell, t. 52, p. 57. Voyez aussi Marais, t. x, p. 290.

2. Catherine-Sophie-Félicité-Marie Leczinska, née en 1703, était fille de Stanislas Leczinsky, palatin de Posnanie, qui fut quelque temps roi de Pologne, et de Catherine Opalinska, noble Polonaise. Stanislas, chassé du trône, vint se réfugier en Alsace, après avoir parcouru la Suède et la Turquie. La jeune princesse avait près de vingt-deux ans lorsqu'un jour elle apprit qu'elle était appelée à être reine de France. On connaît sa vie pure sur le trône, et l'abandon dans lequel la laissa le Roi, à qui elle donna dix enfants. Marie mourut de langueur en 1768, à l'âge de cinquante-cinq ans.

3. Stanislas Leczinski, né en 1682, à Lemberg en Gallicie, de Raphaël Leczinski, grand trésorier du royaume, était lui-même grand échanson lorsque Charles XII, ayant renversé Auguste II, le fit monter sur le trône de Pologne. La défaite de Pultawa entraîna la chute de Stanislas, qui, après une vie

cession de la grande Fête-Dieu, et il est si avéré que je suis obligé moi-même de le croire, ce qui n'est pas peu. Dans le faubourg Saint-Antoine, paroisse de Sainte-Marguerite[1], il y a la femme d'un ébéniste, âgée de quarante-cinq ans[2], laquelle étoit paralytique, ne pouvant même marcher dans sa chambre. Elle étoit incommodée depuis longtemps et elle avoit, par-dessus le marché, une perte de sang qui lui duroit depuis sept ans. Cette femme avoit la foi à l'Évangile et une véritable, comme on va voir. Elle avoit envie depuis longtemps de se faire porter dans la rue, le jour de la grande Fête-Dieu, et de se prosterner devant le Saint-Sacrement pour lui demander sa guérison ; elle avoit communiqué son dessein à son confesseur. Le prêtre, qui n'avoit pas tant de foi qu'elle, l'en avoit détournée. Enfin, sans rien dire davantage, elle s'est fait descendre à la porte, et lorsque le dais a été près d'elle, elle s'est jetée par terre, elle s'est traînée de force sur ses mains jusque sous le dais, en disant tout haut les paroles du paralytique de l'Évangile : « Seigneur, tu peux me guérir « si tu le veux[3]. » Cela a causé de l'émotion ; on lui avoit même un peu déchiré ses habits pour la retenir, croyant que c'étoit une femme folle, mais elle s'est relevée sur-le-champ, et à la vue de tout le monde, elle a suivi la procession et conduit le Saint-Sacrement à l'église comme les autres. Il y a actuellement des commissaires

---

des plus agitées, et après avoir été quelques instants duc des Deux-Ponts, vint se fixer en Alsace. Après le mariage de sa fille, Stanislas essaya, en 1733, de remonter sur le trône, mais assiégé à Dantzick, il put s'échapper et revenir en France. Le traité de Vienne de 1738 donna au roi proscrit les duchés de Lorraine et de Bar. Il les gouverna vingt-huit ans, et il mourut en 1766, trop tôt pour le bonheur de ses nouveaux sujets.

1. Cette paroisse existe encore, rue Saint-Bernard, entre la rue de Charonne et la rue de Montreuil, dans le faubourg Saint-Antoine. C'était d'abord une succursale de Saint-Paul, et elle ne fut érigée en paroisse qu'en 1712. Vaucanson y a été enterré en 1782.

2. Elle se nommait La Fosse.

3. S. Luc, VII, 7. — Paroles du Centenier.

nommés pour faire le procès-verbal[1] de ce fait, qui est d'autant plus important, où il est arrivé, qu'il y a quantité de huguenots dans le faubourg Saint-Antoine. Toutes les femmes de la première qualité ont été et vont voir cette femme. Elle marche, elle se porte bien, elle leur compte la chose telle qu'elle est ci-dessus. Le curé de Sainte-Marguerite[2] l'a priée de ne point aller à la procession à la petite fête, parce que cela causeroit trop de confusion. Le bon de l'affaire, c'est que M. le cardinal de Bissy a envoyé son grand vicaire à cette femme pour lui faire accepter la Constitution. Comme c'est le grand soutien de cette affaire d'autant plus accréditée que le pape, que l'on croyoit contre, l'a acceptée purement et simplement, il a cru qu'il n'y avoit qu'une femme constitutionnaire sur qui Dieu pouvoit avoir fait un miracle, mais notre femme a répondu au grand vicaire qu'elle le remercioit et qu'elle n'entendoit rien à tout cela. Voilà qui est dans le naturel d'une femme qui connoît son Évangile et rien de plus. Ce miracle-là ne porte pas à en

---

[1]. L'autorité ecclésiastique dressa une enquête à ce sujet. On entendit plusieurs témoins, parmi lesquels se trouve Voltaire. On lit ce qui suit dans une de ses lettres à la présidente de Bernières : « Au reste, ne croyez pas que je me borne dans Paris à faire jouer des tragédies ou des comédies. Je sers Dieu et le diable assez passablement. J'ai dans le monde un petit vernis de dévotion que le miracle du faubourg Saint-Antoine m'a donné. La femme au miracle est venue ce matin dans ma chambre. Voyez-vous quel honneur je fais à votre maison, et en quelle odeur de sainteté nous allons être? M. le cardinal de Noailles a fait un beau mandement à l'occasion du miracle, et pour comble d'honneur ou de ridicule, je suis cité dans ce mandement. On m'a invité en cérémonie à assister au *Te Deum* qui sera chanté à Notre-Dame en actions de grâce de la guérison de madame La Fosse. M. l'abbé Couet, grand vicaire de Son Eminence, m'a envoyé aujourd'hui le mandement. Je lui ai envoyé une *Mariamne* avec ces petits vers-ci :

> Vous m'envoyez un mandement,
> Recevez une tragédie,
> Afin que mutuellement
> Nous nous donnions la comédie. »

Lettre du 20 août 1725, *édit. cit.*, t. 52, p. 56.

[2]. M. Goy était grand janséniste, suivant Marais, *Journal*, juin 1725, *Revue rétrospect.*, 2e série, t. x, p. 338 et 350.

attendre autant de sainte Geneviève, car, depuis deux mois, il pleut presque nuit et jour avec une obstination incroyable, cela perd tout, et l'on ne parle non plus de la sainte comme s'il n'y en avoit plus.

Autre histoire plus touchante pour nous. Vendredi, 8 juin, le Roi est parti pour Chantilly, pour y rester deux mois ; mais en chemin faisant, il a passé par Paris et y a tenu son lit de justice au Parlement, pour y faire enregistrer plusieurs édits, entre autres une taxe d'un cinquantième sur tous les biens du royaume[1] hors les rentes sur la Ville, et pour percevoir ce cinquantième en nature, comme de cinquante gerbes de blé, une ; et de même sur les bois, prés, terres, etc.

Cette taxe est violente, et même la perception en est quasi impraticable et elle coûtera infiniment. Elle avoit été fort agitée au Conseil royal, et elle avoit passé contre l'avis de M. le duc d'Orléans, du prince de Conti et du maréchal de Villars, mais M. le Duc avoit été le maître des autres voix. Ceci est une opération des Paris. Le préambule de l'édit contient un détail des dettes de l'État et des profits faits sur les monnoies ; il y a d'autres édits pour l'enregistrement et la confirmation de la compagnie des Indes au Parlement, et le rétablissement du denier vingt pour les constitutions. Le Roi arriva au Parlement à dix heures et demie, et y resta jusqu'à deux heures sonnées. Il y vint avec pompe et accompagné de toute sa garde ; mais tout le monde a remarqué qu'on n'a crié : « Vive le Roi ! » ni à son arrivée ni à son départ. M. Gilbert, premier avocat général, y a fait un discours digne d'un véritable sénateur. En demandant l'enregistrement de tous ces édits, il a marqué avec toute la force possible sa peine et sa douleur de conclure

---

1. Cette taxe devait se percevoir pendant douze ans sur tous les revenus. Du Verney, l'auteur de cet édit, l'avait rédigé d'après la théorie de Vauban. Cette taxe devait être exécutée en six semaines. Elle causa des soulèvements en province. Voyez Lemontey, *Hist. de la Régence*, t. II, p. 299, 210 et 257.

à de pareilles choses. On dit que le Roi même a été touché de son discours. Le garde des sceaux a dit que le Roi ne venoit pas pour demander des avis, mais pour faire exécuter ses intentions. On dit aussi que les princes ont eu quelques paroles. Le Parlement étoit d'autant plus indisposé que M. le Duc, pour les punir de ce qui s'est passé dans l'affaire de M. Le Blanc, leur a porté un édit qui exclut de toutes les assemblées publiques les conseillers qui n'auront pas dix ans d'exercice dans leurs charges[1]. Le tout a passé. Après le départ du Roi, le Parlement a travaillé au procès-verbal, et ils ont fait des protestations contre l'enregistrement, attendu qu'ils ne l'avoient écrit que forcés par la présence du Roi.

On fait courir dans Paris un manifeste à la main du roi d'Espagne, au sujet du retour de l'Infante, dont le but est de demander que M. le Duc soit déplacé du poste de premier ministre. Le roi d'Espagne déclame contre lui, et il dit pour moyen de sa demande, que M. le Régent lui ayant écrit que le cardinal Albéroni, son premier ministre, étoit suspect à la France, il l'avoit fait sortir sur-le-champ de ses États, sans avoir demandé d'autre explication. Mais l'on dit en même temps que ce manifeste est faux, et qu'il a été fait à Paris par des ennemis de M. le Duc.

Je le joins à ce mémoire tel qu'il est[2].

J'ai dit qu'il pleut dans ce pays-ci depuis trois mois, et cela tous les jours, et avec des averses longues. Cela commence à déplaire et à inquiéter; mais nous avons ici un remède sûr dans la châsse de sainte Geneviève. On l'a découverte, il y a quinze jours, et il est venu des processions de tous pays, même de vingt lieues d'ici. La pluie cependant a toujours continué, et il faut y mettre

1. Plût à Dieu que ce dernier édit eût été exécuté! *(Note de Barbier d'Increville.)* Cette déclaration, adoptée dans le lit de justice, fut modifiée par une autre déclaration du 20 décembre 1725, et le temps de stage fut réduit à cinq ans. Voyez Lemontey, *Hist. de la Régence*, t. II, p. 210.

2. Ce manifeste n'existe plus dans le manuscrit.

ordre. Le 27 de ce mois, qui étoit avant-hier, la Ville a été au Parlement pour demander la descente de la châsse et la procession. Arrêt a été rendu qui l'a ainsi ordonné pour jeudi prochain. Ce qui cause bien du mouvement dans Paris, attendu qu'il y a seize ans qu'elle n'a été faite. On assure néanmoins de bien des endroits qu'il n'y a encore rien de gâté.

Juillet.

La reine d'Espagne et mademoiselle de Beaujolois à Paris. — Châsse de sainte Geneviève. — Processions. — Accidents. — Le pain augmente. — Désordres à Caen, à Rouen, à Rennes. — Trafic sur les blés. — Émeute à Paris. — Mousquetaire tué. — Séditieux pendus. — Le duc d'Orléans va épouser la Reine.

Dimanche, 1er juillet, la princesse d'Orléans, reine douairière d'Espagne, est arrivée à Vincennes avec mademoiselle de Beaujolois, sa sœur, qui avoit été promise à don Carlos. Toute la famille d'Orléans a été l'attendre à Vincennes[1].

Samedi, dernier juin, commencèrent à Paris toutes les processions des paroisses, qui allèrent d'abord à Notre-Dame, et ensuite à Sainte-Geneviève, matin et soir, ordonnées pendant cinq jours à des heures différentes. Il faut convenir que, soit l'intérêt personnel que l'on a par rapport aux biens de la terre, soit dévotion à la sainte, je n'ai jamais vu de processions si pieuses et si solennelles pour la quantité de peuple, et des meilleurs bourgeois et bourgeoises qui suivoient la procession de leurs paroisses; car aux processions des Fêtes de Dieu, il n'y a personne en comparaison. Il y avoit les processions des couvents. Saint-Martin-des-Champs a un beau droit, qu'il a seul, qui est le droit d'aspersion dans Paris. J'ai

---

1. « La reine d'Espagne et madame de Beaujolais arrivèrent avant-hier. La reine d'Espagne vit à Vincennes à l'espagnole, et madame de Beaujolais vivra au Palais-Royal à la française, et peut-être à la d'Orléans. » Lettre de Voltaire, de juin 1725, éd. cit., t. 52, p. 53.

vu un religieux qui jetoit de l'eau bénite au peuple pendant tout son chemin, et je ne l'ai vu faire qu'à eux[1].

Il y a eu deux grandes processions, savoir : celle des Petites-Maisons[2], où les pauvres, qui sont à la charité de toutes les paroisses de Paris, assistoient par quadrilles, distinguées par paroisses, un bedeau à la tête.

L'autre est celle de l'Hôpital et de la Salpêtrière. Cela composoit quatre ou cinq mille personnes. M. le procureur général a assisté à toutes les deux.

Jeudi, 5 de ce mois, a été faite la procession de la châsse de sainte Geneviève, qui est une des cérémonies des plus solennelles du royaume. Il ne tomba que quelques gouttes d'eau, mais il fit fort vent, de manière que le chemin étoit fort sec. La rue Saint-Jacques étoit remplie de tout ce qu'il y a de gens de qualité. Il y avoit un monde surprenant et beaucoup de peuple. Les rues étoient barrées, mais les archers ne s'emparèrent des postes qu'à cinq heures du matin. Comme le chemin est fort court, il étoit rempli du peuple, en sorte qu'il fallut faire ôter deux rangs de chaque côté de la rue, et les faire reculer par le haut et par le bas de la rue Saint-Jacques. Cela ne se put faire qu'avec violence par le guet, tant à cheval qu'à pied. Les officiers de police auroient dû prendre des mesures plus justes pour éviter ce tumulte où il est impossible de ne pas estropier du monde.

La procession fut trois heures à passer, et elle n'arriva qu'à près de deux heures à Notre-Dame. Elle étoit fort mal en ordre; elle commença par une quantité infinie de confrères de Jérusalem qui précèdent les Cordeliers,

---

1. Saint-Germain-des-Prés a le même droit.   (*Note de Barbier.*)

2. L'hôpital des Petites-Maisons, aujourd'hui hospice des Ménages, rue de Sèvres, avait été fondé, en 1497, par la ville de Paris, sous le titre de Maladrerie de Saint-Germain, pour la guérison du *mal de Naples*. L'Hôtel de Ville en changea, en 1557, la destination, et y fit admettre les pauvres infirmes, les enfants teigneux, les femmes épileptiques et les fous. Le nom de *Petites-Maisons* venait de ce que les cours étaient entourées de petites maisons très-basses qui servaient de logements à plus de quatre cents pauvres.

ce qui fait une marche très-ennuyeuse ; on devroit en retrancher les trois quarts.

Le matin toutes les processions se rendent à Notre-Dame ; elles en partent à huit heures du matin pour aller à Sainte-Geneviève ; elles passent par la rue Galande. Mais le Parlement et les autres Cours s'y rendent séparément par un autre chemin ; et, après la grand'messe, toutes les processions reconduisent la châsse hors Notre-Dame, qui ne va que jusqu'à Sainte-Geneviève-des-Ardents[1], où les deux châsses s'inclinent pour se dire adieu, et celle de Saint-Marcel[2] rentre dans Notre-Dame. Les Cours ni la Ville ne reconduisent point la châsse. Il n'y a que le Châtelet qui l'accompagne jusqu'à Sainte-Geneviève où ils dînent. Tout cela fut si long qu'ils n'y arrivèrent qu'à sept heures du soir.

Les chanoines de Notre-Dame étoient tous habillés de violet avec les parements pourpres. Il n'y avoit auparavant que les dignités qui fussent ainsi, et c'est la première fois qu'ils se sont ainsi décorés : habillement qu'ils ont apparemment droit d'avoir. Ceux qui sont conseillers étoient tous en rouge à l'ordinaire.

Il arriva plusieurs malheurs en guise de miracles. Un homme tomba de dessus les toits pendant la procession et blessa bien du monde. C'est encore une attention de la police d'empêcher qu'on ne monte sur les maisons. Une tuile tomba sur une femme et lui fendit la tête. Une autre fut étouffée. On dit qu'un des porteurs de la châsse

---

2. Cette église, aujourd'hui détruite, était située en face de l'Hôtel-Dieu, rue Neuve-Notre-Dame. Cette petite paroisse devait son origine à la guérison miraculeuse de la maladie du *feu sacré* ou des *ardents*. Voyez Du Breul, *Antiquités de Paris*, p. 71 et suivantes.

3. Saint Marcel, né à Paris, fut évêque de cette ville au cinquième siècle, de 410 au 1er novembre 436. Ce prélat fut, dit-on, enterré dans la chapelle de Saint-Clément, qui en son honneur s'appela ; ainsi que le faubourg où elle était située, Saint-Marcel. Sous Philippe-Auguste, la châsse du saint fut transportée à Notre-Dame, où on la voyait encore, du temps de Du Breul, « élevée sur une plate-forme de cuivre, soutenue par quatre colonnes, au-dessus du maître-autel de ladite église de Notre-Dame. »

de Saint-Marcel se trouva mal et mourut subitement. On dit aussi quelques miracles, mais ils ne sont pas si avérés. Voilà à peu près l'histoire de ce jour. Le plus grand malheur est que le froid et la pluie continuent toujours.

Il est étonnant qu'on n'ait pas fait voir au Roi une pareille cérémonie, cela étoit assez de son âge; mais de fait, il n'aime que la chasse, et il en fait son seul plaisir à Chantilly.

Il faut convenir que le temps a changé entièrement depuis la procession. A la vérité, il y avoit changement de lune, mais il avoit toujours plu pendant les changements de lune précédents, et la campagne donne les espérances d'une abondance générale. Suivant le rapport de plusieurs personnes, il y a eu quelques miracles à Sainte-Geneviève, surtout d'une femme qui avoit les jambes mortes depuis quatre ans, et qui a marché, elle demeure même dans mon quartier. MM. de Saint-Germain-des-Prés et le recteur avec l'Université y ont été dans la neuvaine, après la procession.

Malgré toutes les espérances d'une belle année et les miracles de la sainte, le pain a augmenté considérablement à Paris, où il vaut encore quatre sols la livre, et il a valu six sols dans les provinces[1]. Cela a fait des séditions en plusieurs endroits. A Caen, il y a eu grand tapage. M. Richer d'Aube, maître des requêtes et intendant, a pensé être assommé par la populace; il a été obligé de se sauver dans la citadelle. Il s'est même démis le bras dans la bagarre, et le peuple a traîné ses carrosses jusque dans la rivière. Il y en a eu de même à Rouen et à Rennes. On dit que cette cherté vient de la Cour, qu'on a fait enlever des blés pour en faire des magasins, qu'on a empêché d'en amener dans les marchés pour vendre de mauvais blés qu'on avoit. Le peuple est frappé de ces sortes de faits. Pour moi, je ne sais ce qui en est, sinon qu'avec un peu d'ordre, on devroit manger

---

1. Actuellement quinze sols. *(Note de Barbier d'Increville.)*

le pain à moitié moins dans un pays aussi abondant que celui-ci.

Enfin, la bagarre a été sérieuse à Paris, samedi dernier, 14 de ce mois de juillet, dans le faubourg Saint-Antoine très-rempli de peuple. Un boulanger voulut vendre, à ce que l'on dit, un pain trente-quatre sols, qu'il avoit donné le matin à trente. La femme à qui cette aventure arriva, fit du bruit, appela voisins et voisines; le peuple s'assembla en fureur contre les boulangers en général; et étant au nombre de dix-huit cents, ils pillèrent toutes les maisons de boulangers, depuis le bas jusqu'en haut, jetèrent pâte et farine dans le ruisseau. Quelques-uns prirent de là occasion de voler argent et argenterie. La garde, qui est de jour dans les barrières, vint, mais elle fut repoussée à coups de pierres; elle eut la présence d'esprit de fermer les trois portes Saint-Antoine[1]. On fit venir du guet à cheval, qui entra et fonça sur la populace l'épée à la main : on tira trois coups de feu qui les dispersèrent. On dit que leur dessein étoit de venir piller la maison des Paris, qui est dans la rue Saint-Antoine[2], mais il arriva un grand malheur : un mousquetaire noir avec deux officiers étoient en chemin pour venir à la Ville, le mousquetaire eut un coup de feu à la tête qui le tua sur-le-champ. C'étoit un jeune homme de condition, de quatorze à quinze mille livres de rente. On le porta à l'hôtel. Les officiers furent obligés de contenir le feu des mousquetaires, qui vouloient sortir et tomber sur le guet; mais cela ne pouvoit pas être regardé comme coup fait exprès.

On a pris huit personnes des séditieux, et aujourd'hui mardi, 17, on en pend deux dans la grand'rue du faubourg

1. La porte Saint-Antoine était située à l'extrémité de la rue Saint-Antoine, sur le grand boulevard, à droite de la Bastille et à l'angle formé par les rues de la Roquette et du faubourg Saint-Antoine. Barbier, en parlant des trois portes, fait sans doute allusion aux trois entrées de cette porte ou barrière.

2. Voyez plus haut, p. 340 et note 1.

Saint-Antoine. On a commandé pour cet effet le régiment des gardes, qui, dès midi, s'est emparé de toutes les rues de traverse dans la rue Saint-Antoine, pour empêcher la populace d'assister en foule à cette exécution. Il est certain que cela contiendra le peuple du faubourg, mais il est à craindre que quelque nuit ils ne se vengent; cependant, on ne sauroit trop marquer de sévérité et de fermeté pour empêcher de pareilles séditions.

M. le duc d'Orléans part mercredi, 25 de ce mois, pour aller épouser la Reine qui est à Strasbourg, et à qui M. le duc d'Antin porte les présents[1]. On disoit d'abord que ce seroit M. de Charolois, mais M. le duc d'Orléans a dit positivement au Roi que c'étoit à lui, comme premier prince du sang, à épouser la Reine. Cela a été décidé de cette manière. L'on dit qu'il ira auparavant faire un tour en Lorraine pour voir madame la duchesse de Lorraine[2], sa tante, et peut-être à Bade voir son beau-frère.

Hier, 23 de ce mois, mon père entra pour la première fois dans le conseil de M. le duc d'Orléans, qui se tient en sa présence.

Août.

Honneurs militaires refusés au duc d'Orléans. — Réparation. — Complot contre le roi Stanislas découvert. — Entrevue à la Muette de la reine d'Espagne et du Roi. — Le Roi à Fontainebleau. — Le pain cher. — Pluies continuelles. — Le joyeux avènement. — *La ceinture de la Reine.* — Belle action des échevins de Paris. — Le duc d'Orléans, parrain à Metz. — Sa générosité. — Miracle du faubourg Saint-Antoine. — M. d'Ombreval révoqué. — Odieux trafic sur les blés. — M. de Châteauneuf, prévôt des marchands, remplacé. — Tripotages avec les marchands de bois. — M. de Châteauneuf et M. Dodun. — Plaisanterie.

M. le duc d'Orléans a lieu d'être piqué contre M. le Duc.

---

1. « On ne parle de payer aucune pension, ni même de les conserver; mais en récompense on va créer un nouvel impôt pour avoir de quoi acheter des dentelles et des étoffes pour la demoiselle Leczinska. Ceci ressemble au mariage du soleil qui fesait murmurer les grenouilles. » Lettre de Voltaire à la présidente de Bernières, septembre 1725, *éd. cit.*, t. 52, p. 53.

2. Élisabeth-Charlotte, fille de Monsieur et sœur du Régent, femme de Léopold, duc de Lorraine et de Bar.

Étant arrivé à Metz, on lui a envoyé cinquante hommes de garde sans drapeau blanc. Il s'en est plaint au commandant, qui, en lui faisant excuse, lui a montré un ordre signé de M. de Breteuil, secrétaire d'État de la guerre, de lui rendre les honneurs dus aux princes du sang en général. Non-seulement M. le duc d'Orléans représente le Roi dans le voyage, mais il est colonel-général de l'infanterie, et par cette charge, il doit avoir une garde comme le Roi. Sur-le-champ, il a envoyé un gentilhomme avec une lettre pour le Roi, adressée au prince de Conti, pour la présenter lui-même au Roi. On a donné ordre de lui rendre tous les honneurs qui lui étoient dus, et M. le Duc a rejeté cette erreur sur M. de Breteuil.

Le mariage s'est fait à Strasbourg, le mercredi, 15 août, jour de la Vierge. M. le duc d'Orléans y a fait les choses magnifiquement et a donné de l'argent à toutes les troupes qui ont monté la garde.

M. le duc d'Antin a donné un bal dans lequel on a arrêté huit hommes masqués, savoir : quatre Polonois, et quatre François. Il y avoit apparemment quelque conspiration[1] contre le roi Stanislas, parce que cette grande alliance fait ombrage au roi de Pologne.

La Reine est en marche avec toute sa maison et toutes ses dames. On compte qu'elle arrivera, le 6 ou le 7, à Fontainebleau. Le Roi ira au-devant d'elle à Moret ; c'est là que se fera l'entrevue. Personne n'est content de cette alliance ; il paroît néanmoins qu'elle est bien avancée, et l'on est curieux de voir de quelle manière le Roi la recevra, lui qui est froid, indifférent, et qui n'aime que la chasse.

Je ne sais si j'ai marqué, le mois dernier, l'arrivée de la reine douairière d'Espagne au château de Vincennes.

---

1. Il y eut en effet plusieurs tentatives pour faire périr le roi Stanislas. Lemontey, t. II, p. 195, donne de curieux détails sur un projet d'empoisonner le Roi à l'aide de tabac d'Orient.

Elle y est avec une grosse maison et des gardes ; elle a rapporté la fierté espagnole, car elle est d'une hauteur, à ce que l'on dit, insupportable. Ce sont des femmes qui la servent à table et qui la servent un genou en terre.

Il y a eu une entrevue entre elle et le Roi au château de la Muette, qui appartient au Roi, c'est-à-dire qui est une de ses maisons de campagne, dans le bois de Boulogne. Le Roi y a passé au commencement de ce mois, en revenant de Chantilly, et la Reine y étoit. L'entrevue a été courte et sans dire un mot de la part du Roi.

Mademoiselle de Beaujolois, qui est aussi revenue d'Espagne, est très-aimable et aimée de tout le monde.

Le Roi est parti, le 21 de ce mois, pour aller à Fontainebleau passer les vacances, et où il y aura de grandes et magnifiques fêtes. Mais, pendant que le Roi et M. le Duc, son premier ministre, s'éloignent de Paris et se préparent à des plaisirs, le peuple est dans les gémissements, car le pain est à sept et huit sols la livre, encore en a-t-on avec grande peine ; et cela se fait par un manége qu'il y a sur le pain, car on défend aux fermiers d'amener du blé aux marchés. On ne délivre aux boulangers qu'une certaine quantité de farine. On a prescrit la manière de faire du pain[1] : on ne mange plus de petit pain ni de pain mollet à Paris. Il est vrai que la saison est effroyable ; il pleut continuellement, et l'on peut dire encore plus vivement qu'auparavant : « La « procession de sainte-Geneviève, elle n'a eu le crédit « que de donner le temps de faire les foins ! » car les blés se pourrissent par un temps pareil. Cependant la récolte sera abondante, et il y a bien des endroits où les blés ont été serrés secs. Il y a des endroits où le pain est à deux sols, et si la liberté étoit à l'ordinaire, il ne seroit pas cher comme il est ; et il paroît si bien qu'il y a du souterrain, que le pain manque chez les boulan-

---

1. Le Parlement, par arrêt du 21 août, ordonna de ne faire à l'avenir que deux sortes de pain : bis et bis-blanc.

gers; on n'en trouve pas, ce qui n'arrive pas quand les choses vont naturellement. Aussi la fureur est au pain; chacun en veut prendre plus qu'il ne lui en faut, et il y a dans les marchés des soldats aux gardes. On a pris même des précautions contre la sédition; les mousquetaires, qui devoient tous partir pour les environs de Fontainebleau, sont restés à Paris. On a trouvé, le matin, plusieurs placards, entre autres, un imprimé dans la cour du palais, qui contenoit des choses horribles contre le gouvernement et contre le Duc. Pour M. d'Ombreval, lieutenant général de police, il ne s'acquerra pas bonne renommée de cette affaire-ci, car le mal est double; outre que le pain est excessivement cher, c'est que personne n'a d'argent. Le Roi n'en distribue point, et par conséquent point de confiance, point de circulation; les ouvriers ne font rien. Depuis très-peu de temps, nous essuyons en taxe le joyeux avénement[1], et la ceinture de la Reine[2], le cinquantième des biens en nature, et une cherté extraordinaire sur le pain. C'en est trop à la fois pour ne pas crier.

MM. les échevins et officiers de Ville ont fait une belle action. L'on fait les échevins au mois d'août, et il y a ordinairement un repas de trois mille livres : au lieu de le faire, ils ont envoyé cet argent aux curés de Paris pour le distribuer aux pauvres.

1. C'était le droit qui se levait lorsque le Roi montait sur le trône. Ce droit était d'abord gratuit et volontaire. Il fut acheté vingt-quatre millions, et coûta, dit Lemontey, t. II, p. 212, le double à la France. Ce droit fut payé alors pour la dernière fois.

2. La *ceinture de la Reine* était une taxe imposée sur les corps de métiers qui étaient obligés de payer la valeur d'une maîtrise. On fit cette chanson :

> Pour la *ceinture de la Reine*,
> Peuples, mettez-vous à la gêne
> Et tâchez à l'allonger.
> Le prince *Borgne*[*] vous en prie;
> Car il voudroit ménager
> Une ou deux aunes pour la dc Prie.

Voyez Marais, *Journal*, juin 1725, *Revue rétrosp.*, 2ᵉ série, t. x, p. 324.

* M. le Duc.

J'ai oublié de dire une belle action de M. le duc d'Orléans à Metz. Le jour qu'il arriva, la femme d'un artisan accoucha; le commandant de Metz étoit leur protecteur. Le père alla prier madame la commandante de tenir l'enfant et de choisir un parrain. Elle fit le compliment à M. le duc d'Orléans, qui l'accepta avec plaisir. La cérémonie faite avec pompe, M. le duc d'Orléans envoya cinquante louis, valant huit cents livres, à la mère et un brevet de quatre cents livres de rente pour l'enfant, qui est un garçon. Cela est très-généreux.

Le spirituel aura aussi son tour. Le miracle arrivé dans le faubourg Saint-Antoine, à la fête du Saint-Sacrement, a été avéré par les informations qu'on a faites. Cela est d'autant plus surprenant que cela est très-rare; aussi en reconnoissance, jeudi dernier, 23 de ce mois, on a porté le Saint-Sacrement de la paroisse Sainte-Marguerite en procession dans le faubourg. Les rues étoient tapissées, et il y avoit des reposoirs. M. le cardinal de Noailles, archevêque de Paris, y a assisté, et la femme, sur qui le miracle a été fait, alloit derrière avec un cierge à la main. On verra tout le détail de cette histoire dans le mandement de M. l'archevêque. Hier dimanche 26, Sainte-Marguerite vint en procession en Notre-Dame, avec tout le faubourg Saint-Antoine; la femme marchoit derrière M. le curé avec un cierge à la main. C'est une femme de bonne mine et qui marchoit de bonne grâce.

On fait une réforme dans le gouvernement. M. d'Ombreval, lieutenant de police, a été révoqué, samedi 25. Il peut être vrai qu'il ait dit bien des impertinences dans les marchés, comme : que le pain viendroit à dix sols; qu'il n'y avoit qu'à donner des choux aux enfants de ceux qui n'avoient pas de quoi avoir du pain; et autres sottises semblables. Mais l'on dit que c'est lui seul qui avoit fait le manége du pain; qui défendoit aux fermiers d'apporter des blés, afin de faire vendre cher du blé que

Samuel Bernard et les Paris avoient en magasin ; que le gain se partageoit entre madame de Prie, lui et quelques autres ; et que M. le Duc n'en savoit rien. Voilà ce que je ne crois pas : c'est bon à faire accroire au peuple. Un lieutenant de police ne pourroit pas faire ce manége-là huit jours, s'il n'étoit soutenu du ministre. Ils ont voulu tirer de l'argent ; et après l'avoir fait, on sacrifie politiquement le lieutenant de police, pour faire tomber sur lui l'iniquité.

On envoie M. d'Ombreval, intendant, à Tours, et on a fait lieutenant de police M. Hérault, qui étoit intendant de Tours, qui est un homme de trente-deux ans, de beaucoup d'esprit, honnête homme, mais peut-être trop sévère pour cette place, au surplus grand ami de tout temps des Jésuites.

M. de Châteauneuf, conseiller d'État et prévôt des marchands, avoit encore un an à rester en place. C'est un fripon avéré, qui a gagné des sommes immenses sur la capitation, et avec les marchands de bois, pour leur permettre de mettre un tiers de bois blanc dans le bois pour la fourniture de Paris. Le Roi a pris prétexte sur son âge pour le remplacer ; et on a reçu, hier, M. Lambert, premier président de la seconde chambre des requêtes du palais, qui a été toute sa vie un grand magistrat et un très-honnête homme.

Ces changements viennent peut-être de l'avis de quelques personnes de confiance de M. le Duc, qui lui ont fait entendre qu'il risquoit beaucoup de son crédit, s'il continuoit de gouverner d'une certaine manière.

On a dit fort plaisamment de M. de Châteauneuf que les marchands de bois lui avoient offert un million pour le bois blanc. Cela a fait même une grande affaire au Conseil des dépêches, entre les échevins de Paris, qui prenoient le parti du peuple, et le prévôt des marchands, qui prenoit celui des marchands de bois, de manière que, comme on donne toujours en cour la provision au titre, on a exilé pour un temps le procureur du Roi de la Ville et le sieur Pelé, avocat au Conseil, qui avoit écrit pour les échevins. On dit donc là-dessus que M. Dodun, contrôleur général, avoit envoyé chercher M. de Châteauneuf, et qu'il lui avoit dit qu'il étoit surpris de ce qu'on disoit de lui : qu'il avoit pris un million. M. de Châteauneuf lui répondit que cela n'étoit pas ainsi ; qu'il n'étoit pas capable de prendre un million ; qu'il étoit bien vrai que les marchands de bois le lui avoient offert, mais que c'étoit cinq cent mille livres pour lui M. Dodun, et cinq cent mille livres pour lui. Sur quoi, M. Dodun s'apaisa et entendit sur-le-champ la justice de cette affaire.

Septembre.

Réjouissances à Strasbourg. — La marquise de Prie, dame du palais. — La Reine à Moret. — Réflexions sur le mariage du Roi. — Entrevue du Roi et de la Reine. — Mariage accompli. — Réjouissances. — Cherté du pain. — Les princes de Bavière. — Pamphlet. — Le duc de Gesvres et M. le Duc.

Il est inutile de rapporter les magnificences et réjouissances qu'il y a eues à Strasbourg et à Metz, pendant le séjour de la Reine. Le surprenant est la différence d'état de cette princesse, qui, à Weissembourg, étoit à travailler auprès de la Reine, sa mère, à la tapisserie ou à broder, qui n'avoit d'autre compagnie que quelques officiers de la garnison, ou quelques chanoines de Weissembourg, qui n'avoit pour ainsi dire, dans des temps, pas de pain (je le sais des gens de la maison)! de se voir avec tout ce cortége, servie par des duchesses, jusqu'à mademoiselle de Clermont, princesse du sang et belle princesse, qui lui donnoit des assiettes à table, le jour de son mariage ; elle mangea seule avec la Reine, sa mère.

Madame la marquise de Prie, qui est une des dames du palais (maîtresse de M. le Duc), qui est aimable et de beaucoup d'esprit, s'est emparée de celui de la Reine.

Elle lui faisoit des caresses infinies; elle l'a même brouillée avec les autres dames. Au bal de M. le duc d'Antin, qui étoit l'ambassadeur pour le Roi, il ouvrit le bal avec la Reine, laquelle dansa ensuite avec le duc d'Épernon, petit-fils de M. d'Antin, et la Reine lui dit de prendre madame de Prie avant madame la princesse de Montbason et la duchesse de Tallard, qui est Soubise en son nom ; aussi la Reine a eu tort en cette occasion.

Enfin elle arrive aujourd'hui, 4 du mois, à Moret[1], à deux lieues de Fontainebleau. Tous les princes ont été la voir et lui faire compliment de la part du Roi, à mesure qu'elle approchoit. M. le prince de Conti, comme dernier prince, a été le plus loin; il a été à Sezanne; ainsi des autres, chaque jour.

Le Roi ira au devant de la princesse, au-dessus de Moret, et mercredi 5, la Reine arrivera à Fontainebleau, et le mariage se fera sur-le-champ.

Je ne sais où se mettra tout le monde qui part pour Fontainebleau. On y fait de grands préparatifs de réjouissance, de bal, d'illumination ; cela ruinera encore un peu les seigneurs, qui n'ont pas un sol, et qui ne peuvent emprunter qu'à gros intérêts. Il semble que le ciel n'approuve pas cette fête, car il pleut jour et nuit. Les plus anciens de nos citoyens n'ont jamais vu un temps pareil à celui de cette année.

Ce mariage n'est du goût de personne. On est fort curieux de savoir l'accueil que lui fera le Roi, lui qui est froid, qui est encore enfant, et qui ne se soucie point des femmes, d'autant qu'elle n'est ni bien faite, ni ce qu'on appelle jolie, et qu'elle est timide. On trouveroit à parier sur la consommation pour oui et pour non. Enfin il faut attendre jusqu'à jeudi.

---

1. Ville du Gâtinais, avec le titre de comté, aujourd'hui dans le département de Seine-et-Marne. Auprès de cette ville se trouvaient deux chapelles célèbres : celle de Sainte-Maure, pour la guérison de la rage, et celle de Sainte-Nicaise, pour la guérison de la toux.

Le plus sérieux de cette affaire est que Mont-Louis, petite place dans le Roussillon, est investi par le roi d'Espagne[1], et que le premier coup de canon pour le siége se tirera mercredi, jour du mariage. Ce qui est de certain, c'est que MM. de Coigny et de Gacion, lieutenants généraux, sont partis, et qu'il y a longtemps qu'on songe aux approvisionnements de guerre. On dit aussi que l'Empereur, les Hollandois, ou le duc de Savoie, se joignent; en sorte que cela deviendra sérieux. Il ne nous manquoit plus que cela pour couronner l'administration de M. le Duc.

Le 4, le Roi alla avec toutes les princesses, dans son carrosse, au devant de la Reine, au-dessus de Moret. La Reine fit attendre quelque temps, parce que son carrosse étoit embourbé, de manière qu'il fallut y mettre plus de trente chevaux pour le retirer. Les chemins sont épouvantables, et toute la maison du Roi n'étoit que boue. A la rencontre des deux carrosses, que le Roi attendoit avec impatience, on jeta par terre un tapis et un carreau. La Reine descendit, voulut se mettre à genoux; le Roi, qui étoit à terre, ne lui laissa faire que la façon; il la releva et l'embrassa des deux côtés avec une vivacité que l'on ne lui avoit jamais vue. Il monta dans le carrosse de la Reine avec madame la duchesse d'Orléans; il la conduisit à Moret, où il resta une demi-heure à causer avec elle avec toute la politesse possible; ensuite le Roi s'en revint à Fontainebleau.

Le mercredi 5, la Reine arriva sur les dix heures du matin. Elle monta droit à son cabinet, à sa toilette. On fut trois heures à l'accommoder; toute la Cour, princes, princesses, y vinrent. La Reine reçut toute sa Cour avec beaucoup de grâce, à ce que l'on dit, en sorte que tout le monde en est fort content. Le Roi envoya plusieurs fois savoir quand la toilette seroit finie. On alla à la chapelle à une heure, le Reine ayant son manteau royal

---

1. Cela n'est pas vrai. *(Note de Barbier.)*

et une couronne de diamants sur la tête, ayant pour écuyers M. le duc d'Orléans et M. le Duc, et la queue de son manteau portée par trois ou quatre princesses du sang. Après le mariage, le Roi a continué ses empressements pour causer avec la Reine. Le Roi et la Reine soupèrent le soir avec les princesses du sang et point d'hommes. Depuis, ils ont mangé seuls. Le soir, quand la Reine fut couchée, le Roi attendoit le moment avec impatience, étant tout déshabillé; il se jeta dans le lit avec une vivacité extraordinaire. Ils ont été depuis onze heures du soir du mercredi jusqu'à dix heures du matin. Le Roi alla ensuite se mettre dans son lit jusqu'à une heure pour se reposer [1]............... C'est le bruit commun. A l'égard des fêtes et magnificences, la *Gazette* en a promis un détail; je le joindrai ici.

Il faut faire ici seulement deux réflexions : l'une, que la conduite du Roi a trompé tout le monde, car la Reine étoit tremblante, avec raison, sur le portrait qu'on lui avoit fait du caractère du Roi. Il faut avouer néanmoins que ce changement dans la personne du Roi, sur l'idée de ce mariage, marque beaucoup d'enfance, et qu'il s'en faut bien que l'esprit chez lui soit aussi formé que le corps. Il n'a fait aucune réflexion sur ce pas-là.

L'autre réflexion est sur le bonheur infini de cette princesse; en six mois de temps, elle passe de l'état le plus triste et le plus infortuné au plus brillant. Elle monte, contre toute vraisemblance, sur le premier trône du monde; elle trouve pour époux le prince le plus beau et le mieux bâti de la Cour, et elle a le bonheur de lui plaire.

On a ici chanté le *Te Deum*, tiré un grand feu d'artifice à la Grève, le tocsin a sonné trois fois vingt-quatre heures, au grand étourdissement de ses voisins, et il y a eu un arrêt du Parlement pour fermer les boutiques,

---

[1]. La fin de cette phrase est effacée dans le mss., 1, 721. Voyez à ce sujet la lettre de Voltaire du 7 septembre 1725, *édit. cit.*, t. 52, p. 59.

lundi, 10 de ce mois. A la vérité, la joie a été courte, à cause du pain, qui vaut huit sols la livre. Il diminue un peu et ne vaut plus que six sols, ce qui est très cher, non pas même le plus beau. Cependant la récolte a été si belle qu'il y a eu autant de blé que dans les trois dernières années, et il y en aura très-peu de gâté par les pluies, d'autant qu'il fait assez beau depuis le mariage du Roi, et qu'on a eu du temps pour dégranger et faire sécher. On dit à la vérité que le blé ne sera pas de garde; c'est ce qui en doit amener l'abondance. Les eaux ont débordé; mais cela se nettoie. La navigation étant libre, tout ce qui est arrêté sur la rivière devroit arriver; en sorte que l'on compte que, si les choses se faisoient librement, le pain devroit être à très-grand marché à Paris, et on n'auroit pas besoin de soldats dans les marchés.

On ne parle plus de guerre.

Le mariage du Roi nous a amené à la Cour les quatre fils de l'électeur de Bavière, qui sont oncles à la mode de Bretagne du Roi, puisque madame la Dauphine étoit sœur de l'électeur de Bavière. Il y a : le prince électoral, le prince Ferdinand, l'électeur de Cologne, et l'évêque de Ratisbonne. Ils sont logés à l'hôtel de Condé. M. le Duc les défraie et leur donne des fêtes continuelles. Ils sont ici sous des noms empruntés *incognito*. Cela se fait ainsi en considération de ce que M. le comte de Charolois, allant en Hongrie, fut reçu par eux magnifiquement à Munich; c'est lui qui leur tient compagnie.

Il y a toujours des esprits malins, qui ne laissent tomber aucune occasion de dire quelque chose de bon. On a fait un entretien de madame de Prie avec la Reine, qui est parodié sur le discours d'Arnophe à Agnès, dans *l'École des Femmes*. Cela n'est pas mauvais. Je le joins ici[1].

Le mariage de Fontainebleau s'est passé avec un con-

---

1. Nous n'avons pas cru devoir joindre ici ce pamphlet qui a été imprimé dans les *Mémoires de la Calotte*. Voy. mss., t. 1, p. 723.

tinuel empressement, de la part du Roi pour la Reine. Il couche tous les jours avec elle, mais cette princesse est obsédée par madame de Prie. Il ne lui est libre ni de parler à qui elle veut, ni d'écrire, madame de Prie entre à tout moment dans ses appartements pour voir ce qu'elle fait, et elle n'est maîtresse d'aucune grâce.

Il y a en cour un fort parti contre le gouvernement, c'est-à-dire contre M. le Duc.

On dit que M. le Duc avoit présenté au Roi un prevet pour faire M. le marquis de Prie[1] duc et pair; que le Roi le lisant en présence du duc de Gesvres, premier gentilhomme, et qui est toujours en cour comme ami du Roi, lui avoit demandé conseil sur ce qu'il en feroit, que le duc de Gesvres lui avoit répondu en riant que c'étoit bon à jeter au feu, ce que le Roi avoit fait sur-le-champ. Mais le Roi par malice raconta le tout à M. le Duc, lequel lava la tête au duc de Gesvres. Celui-ci se plaignit au Roi de son indiscrétion, d'autant qu'il est fort discret; mais le Roi lui dit qu'il ne s'inquiéta pas et qu'il en faisoit son affaire. Ce qui suffit.

On dit que M. le duc de Mortemart, premier gentilhomme de service, homme d'esprit, philosophe qui ne demande rien; M. le duc de Gesvres et M. l'évêque de Fréjus, précepteur du Roi, ministre en qui le Roi a une confiance entière, se sont liés pour tâcher de faire entendre au Roi la misère de son état, car tout tombe à la fois : le cinquantième sur tous les biens, le joyeux avénement, taxe qui regarde un grand nombre de personnes, et la cherté du pain que l'on attribue au ministère. On dit aussi que M. le Duc a voulu exiler M. le duc de Gesvres, et lui a envoyé pour cet effet, une lettre de cachet par M. de Maurepas, secrétaire d'État, à un

---

1. Si le marquis de Prie s'appelait réellement de Prie, il était d'une naissance à devenir duc et pair. Du temps de François Ier, un de ses ancêtres était grand maître des arbalétriers, et le dernier de cette dignité en 1534.

(*Note de Barbier d'Increville.*)

retour de chasse; M. de Gesvres quittoit le Roi, qui, comme on juge bien, n'en savoit rien et ne lui avoit rien dit. M. de Gesvres, sans se démonter, prit la lettre de cachet avec soumission et répondit qu'il alloit partir. Il se mit en redingote (habillement, qui vient des Anglois et qui est ici très-commun à présent, pour le froid, la pluie et surtout pour monter à cheval). Il monta dans l'appartement du Roi pour prendre congé de lui et se jeta à ses genoux, lui marquant beaucoup de chagrin de lui avoir déplu. Le duc de Gesvres n'a eu qu'une malheureuse affaire dans sa vie, qui est son procès avec sa femme, pour raison de son impuissance; du reste, il a tout l'esprit possible, grand courtisan et aimé de tout le monde. Le Roi, qui ne l'attendoit plus dans cet équipage, fut étonné de tout ce préambule, se mit à rire comme un fou, se moqua du duc de Gesvres, lui dit d'aller se déshabiller et de revenir. Cette affaire n'a pas été bien publique, plusieurs néanmoins l'assurent. Ce qui auroit été un grand déboire pour M. le Duc.

Décembre.

Le Roi à Versailles. — Petit-Bourg. — Plaintes contre M. le Duc. — Retraite et rappel de M. de Fréjus. — Influence de l'évêque.

Le Roi est revenu de Fontainebleau à Versailles avec la Reine, au commencement du mois de décembre. Il étoit nuit à leur arrivée. (Ils avoient passé deux jours à Petit-Bourg[1], chez le duc d'Antin.) La Reine monta par l'escalier des Ambassadeurs, qui étoit illuminé et éclairé avec magnificence, aussi bien que toute l'enfilade des appartements et de la galerie jusqu'à l'appartement de la Reine. On peut juger de l'effet que cela faisoit.

Dans le mois de décembre, le bruit a recommencé à Versailles. Le Roi répétoit toujours à M. le Duc qu'on

---

1. Ce château est aujourd'hui converti en colonie agricole et sert de refuge à l'enfance et de maison de correction.

se plaignoit de tous côtés, sans dire de qui il le savoit.
A la fin, M. de Fréjus a déclaré ouvertement que c'étoit
lui et qu'il n'avoit pas encore dit tout ce qu'il y avoit à
dire. M. le Duc a demandé une explication, qui s'est
faite dans l'appartement de la Reine, entre le Roi, la
Reine, M. le Duc et M. de Fréjus. Celui-ci en sortit fort
échauffé et fort en colère. Personne ne sait ce qui s'est
passé dans cet entretien. L'on se doute que la Reine y
prit le parti de M. le Duc, apparemment par reconnoissance et par politique.

Le lendemain matin, M. de Fréjus partit de Versailles
et s'en alla à une petite maison qu'il a au village d'Issy,
près Paris. Le Roi s'aperçut au dîner de son absence et en
demanda des nouvelles. Mais étant dans son appartement, M. le duc de Mortemart parla ferme au Roi là-dessus, et lui remontra qu'il perdoit le meilleur et le plus
sincère de son conseil. M. le duc de Mortemart, de l'ordre
du Roi, alla dire dans l'après-midi, à M. le Duc, d'envoyer
chercher M. de Fréjus. Quelque désagréable que fût
cet ordre, il a fallu obéir[1]; et le lendemain matin, M. de
Fréjus reparut à la cour, ayant eu comme l'on voit, le
dessus dans cette aventure; en sorte que le parti de
M. le Duc s'affoiblit tous les jours. Et en effet il est fort
haï, en ce qu'il ne gouverne que par les conseils des
Paris, dont on connoît le caractère, et de madame de
Prie, qui s'enrichit avec outrance. Il ne se fait point
d'affaire en cour qu'à force d'argent.

Il s'agit de savoir à présent qui des deux se culbutera :
de M. le Duc ou de M. de Fréjus; car on ne se pardonne
point dans ce pays-là. Il faut observer que M. de Fréjus
est soutenu sous main par M. le duc d'Orléans, M. le
prince de Conti, M. le duc du Maine, le maréchal de Villars. M. de Fréjus auroit grande envie, je crois, d'avoir
le chapeau de cardinal et de devenir premier ministre.
Il est le fils d'un receveur de tailles de Montpellier. Il a

---

1. V. la lettre humble de M. le Duc publiée par Lemontey, *Hist.*, t. ii, p. 234.

soixante-huit ans, beaucoup d'esprit, politique; a été le plus rigide janséniste dans son diocèse, il est devenu par la suite Jésuite, sans néanmoins que ceux-ci aient grande confiance en lui. Mais ce qui est de certain, c'est que le Roi ne fait rien sans son avis.

Ce dernier fait à son sujet, son départ et son retour, est avéré[1].

Le Roi a fait une ligue offensive et défensive avec le roi d'Angleterre et le roi de Prusse.

Le Roi et la Reine sont partis pour Marly, à la fin de l'année.

1. Voyez Lemontey, *Hist. de la Régence*, t. II, p. 232-236, et Saint-Simon, *Mémoires*.

ANNÉE 1726.

Janvier.

Pluies.—Soldat aux gardes déserteur.— Glaces.—Vin perdu. — Désastres.— Prophéties. — Le P. Simon Gourdan.

Cette année a commencé encore par un temps pluvieux, de manière que la rivière déborde de tous les côtés et est fort haute. Le 14 de ce mois, le temps a changé tout d'un coup, et l'on a senti un froid très-grand.

Il s'est fait, le 16, une action bien hardie. Un sergent aux gardes poursuivoit un soldat déserteur sur le Pont-Neuf; le soldat se voyant près d'être pris, malgré le froid et la rapidité de l'eau, où il n'y avoit pas encore de glaces, se précipita du Pont-Neuf dans l'eau, non pas pour se noyer, mais pour tâcher de se sauver. On dit qu'il nageoit comme un poisson ; il gagna le quai de l'École, et les gens qui sont sur l'eau, le sauvèrent et le cachèrent. Il mérite bien sa grâce.

Depuis deux jours la rivière charrie, ce qui cause des malheurs étonnants. Hier, 18, les glaces ont brisé au-dessus de la Tournelle, des bateaux chargés de vin. On dit qu'il y a eu quinze cents pièces de vin perdues. Comme il est déjà péri plusieurs personnes, on n'a pas osé s'exposer pour reprendre les tonneaux qui s'en alloient sur l'eau. Il y a eu quelques déterminés qui l'ont fait; mais il est arrivé un plus grand malheur. Les glaces ont coupé les cordes qui tenoient trois moulins à eau, qui étoient vis-à-vis le quai des Morfondus[1]. Il y avoit des personnes dedans. Un a enfilé une arche du Pont-

1. Aujourd'hui le quai de l'Horloge.

Neuf et périra au pont de Sèvres ou ailleurs. Les deux autres se sont brisés en deux au Pont-Neuf et se sont arrêtés sous une arche. On faisoit la cuisine dedans, le feu a pris aux moulins et au blé et duroit encore cette nuit. Cela étoit si violent, qu'on a appréhendé pour la clef de l'arche et pour la Samaritaine[1]. Tous les magistrats y sont venus sur le midi ; on a empêché de passer sur le Pont-Neuf sans qu'on ait pu donner du secours à ceux qui étoient dedans. Peut-on rien de plus affreux ?

Ce qu'il y a de singulier, c'est qu'il y a quatre jours que l'on disoit parmi le peuple, qu'il y auroit un grand malheur, le 17, qu'on avoit trouvé cette prédiction dans les papiers du père Gourdan[2], qui est à Saint-Victor, et que le peuple regarde comme un saint. Les uns disoient que ce seroit un tremblement de terre, les autres une pluie de feu. Tous ces discours étoient risibles. Cependant ce qui est arrivé hier est épouvantable.

Février.

Un charron et la fièvre chaude. — Le charron repêché. — M. Arnauld de Bouex accusé. — L'abbé Margon. — Refonte des monnoies.

A la fin de ce mois, il est arrivé une chose bien extraordinaire. Un nommé Lefebvre, fameux charron, rue des Petits-Augustins, faubourg Saint-Germain, riche de plus de cent mille livres, avoit une fièvre chaude ; d'autres disent que c'est une maladie qui lui prend quelquefois, où il perd connoissance pendant un très-long temps, et où il faut le garder à vue.

Quoi qu'il en soit, sa femme pour le garder a envoyé dormir la garde, mais la femme s'est aussi endormie.

---

1. Ce bâtiment, situé sur la deuxième arche du pont, du côté du quai de l'École, renfermait une pompe dont les eaux étaient distribuées au Louvre, aux Tuileries et au Palais-Royal. Son nom venait d'un bas-relief en bronze placé sur la façade, et qui représentait le Christ et la Samaritaine auprès du puits de Jacob.

2. Simon Gourdan, chanoine de Saint-Victor, était né à Paris en 1646. Grand constitutionnaire, il était devenu en grande réputation de sainteté par sa vie très-austère et ses jeûnes fréquents. Il mourut dans l'oubli, en mars 1731.

Lefebvre, voyant sa femme endormie, a mis sa culotte, sa robe de chambre, ses pantoufles, un bonnet, est descendu doucement, a ouvert la porte de la rue qui n'étoit fermée qu'aux verrous; il est sorti, il a fait un très-grand tour dans Paris, et est enfin venu sur le pont de bois[1], dans l'île, à sept heures du matin. Il y a un crucifix, il s'est mis plusieurs fois à genoux comme priant Dieu. Il ne passoit encore personne à cause de l'heure et du froid. A la fin, il a pris son parti, il est monté sur le garde-fou, et s'est jeté dans la rivière dont l'eau est épouvantable pour la rapidité et la grosseur. Comme il étoit sans connoissance, et par conséquent sans crainte du péril et sans saisissement du froid, il a nagé naturellement comme les animaux. On dit même qu'il ne sait pas nager. Il a passé sous la pompe du pont Notre-Dame, où il y a deux cents pieux; il a passé sous les autres ponts et a été jusqu'au Pont-Neuf. Sous une arche, il y avoit un moulin, les gens prenoient ou jetoient de l'eau, ils ont vu venir à eux quelque chose sur l'eau, ils ont pris leur croc, ils ont attrapé la robe de chambre qui a fait passer un bras; ils ont connu que c'étoit un homme. On l'a tiré, on a vu ensuite que c'étoit un homme sans connoissance; cela a fait un bruit; on l'a porté dans la Samaritaine, on lui a donné un lit bien chaud et de l'eau-de-vie; enfin, il est revenu à lui et n'est point mort. Jamais on ne croiroit un tel fait s'il étoit dans une histoire.

M. Arnauld de Bouex, qui a fait tant de bruit dans l'affaire des *Cartouchiens*, n'a pas été beaucoup estimé depuis qu'il est maître des requêtes, surtout dans l'affaire de M. Le Blanc, secrétaire d'État, où on l'accusoit d'avoir voulu suborner des témoins contre lui. On en avoit mal parlé au Parlement lorsque cette affaire s'est jugée.

1. Ce pont en bois joignait la Cité à l'île Saint-Louis. Lors de sa reconstruction, en 1717, on le peignit en rouge, et de là il fut appelé *Pont-Rouge*. Il ne servait qu'aux piétons, et l'on payait un liard pour droit de péage. Ce pont est aujourd'hui en fer et porte le nom de pont de l'Archevêché.

Depuis peu, on a repris un certain abbé Margon, mêlé dans cette affaire, grand fripon, pour avoir déposé du mal et du faux. Il a apparemment recommencé à charger M. Arnauld, et le Parlement avoit résolu de le décréter de prise de corps. On avoit même envoyé chercher le procureur général, Joly de Fleury, pour donner promptement des conclusions. Mais comme il a été déclaré dans cette affaire contre M. Le Blanc, on dit qu'il a averti d'abord M. Guyot des Chesnes, avocat du conseil de M. le Duc et beau-père de M. Arnauld de Bouex, en sorte qu'avant le décret, M. Hérault, lieutenant de police, s'est transporté chez M. Arnauld avec une lettre de cachet, a pris ses papiers et M. Arnauld est parti une heure après; on disoit d'abord pour Angoulême, qui est son pays, mais il est au Chesne, près Montargis, terre de son beau-père. On avoit pris cela d'abord pour un exil et une disgrâce; et par réflexion on a vu que c'étoit un coup de crédit pour le tirer des pattes du Parlement.

On a fait dans le ministère une opération des monnoies injuste, et qui ne réussira pas. Le Roi a diminué l'écu de quatre livres jusqu'à trois livres. Il en donne trois livres cinq sols à la Monnoie, et en échange on donne un nouvel écu de cinq livres, qui au marc n'est autre chose que le vieux écu sur le pied de quatre livres, en sorte que c'est faire une refonte pour gagner quinze sols par écu et les faire perdre au public. Comme on est devenu habile dans ce pays-ci, et que tout le monde connoît la valeur de l'argent par marc, on dit qu'on ne porte presque rien à la Monnoie.

Mars.
M. Colonna et l'abbé Laurent brûlés.

Il est arrivé un grand malheur la nuit du mardi-gras. M. Colonna[1], Italien et l'abbé Laurent[2], deux gens de

---
1. Auteur des *Principes de la nature*, suivant l'opinion des anciens *philosophes*.
2. Traducteur des *Memorie istoriche de' monarchi Ottomani* de Sagredo.

lettres, savants, âgés de près de quatre-vingts ans, logeoient et travailloient ensemble dans la rue Saint-Anastase, au Marais. Ils logeoient au second étage. Ils avoient coutume, comme bien d'autres, de lire dans leur lit avant de s'endormir, ils avoient par devers eux une longue expérience que cela se pouvoit faire sans malheur : une bonne fois paye pour toutes. L'un des deux qui lisoit s'est apparemment endormi, le feu a pris à la maison si extraordinairement que ni M. Colonna ni M. Laurent n'ont pas pu sortir, chacun de leurs chambres, par la fumée et le feu ; ils y ont été brûlés et consumés entièrement. On a trouvé le reste de leurs corps pas plus grand qu'un enfant qui naît. Madame Colonna, qui logeoit au premier, s'est sauvée en chemise avec sa servante ; un laquais, qui étoit au quatrième, n'a pas pu pénétrer l'escalier, il croyoit que le feu étoit jusqu'en bas, il s'est jeté par la fenêtre, il est mort avant-hier. La maison, les meubles, les livres, tout a été brûlé ! Voilà un avis aux lecteurs !

Avril.

Un cuisinier pendu. — Menaces de mort. — Suicide de La Fresnaye. — Son testament. — Madame de Tencin à la Bastille. — Suite de l'affaire de mademoiselle de Choiseul. — Pourvoi de M. de La Vallière. — Réparations à Notre-Dame. — Les voleurs causent la terreur.

12 de ce mois, a été pendu par sentence du Châtelet, confirmée par arrêt, le cuisinier de M. de Guerchois, conseiller d'État, qui avoit écrit à son maître par lettre anonyme, de mettre un sac de louis sur une fenêtre de la rue, sinon qu'on l'assassineroit. On ne se cachoit pas de cela dans la maison, on posta du monde dans la rue pour l'espionner, on mit ensuite un sac de gros sols. Le cuisinier, qui entendoit parler de ces détours, écrivit trois lettres différentes à M. de Guerchois, disant qu'on l'avoit manqué un tel jour, revenant de souper, sur le Pont-Neuf, parce qu'il étoit bien accompagné ; mais que

tôt ou tard il n'échapperoit pas s'il ne satisfaisoit. Il étoit difficile de découvrir l'auteur de la lettre. Je ne sais par quelle fatalité on s'avisa de donner congé au cuisinier. Madame de Guerchois le payant, lui demanda quittance, il eut la bêtise d'en donner une; elle fut frappée de la ressemblance de l'écriture avec celle des lettres; elle s'en rendit plus certaine; on fit arrêter le cuisinier, lequel a été pendu[1].

Le peuple et bien d'autres gens ont trouvé ce jugement rigoureux de faire perdre la vie à un homme qui n'a ni tué ni volé, et qui n'avoit jamais fait une mauvaise action. La populace même en a marqué son ressentiment, en cassant les vitres de M. de Guerchois, qui demeure dans la rue Pavée; et le cuisinier a été pendu au bout de la rue, sur le quai des Augustins.

Mais tout considéré, comme le cas est nouveau, on a bien fait de le pendre pour donner l'exemple, surtout parce que c'est un domestique et qu'on ne peut trop acheter la tranquillité publique.

Il y a encore des gens déterminés. Un conseiller du Grand Conseil, nommé La Fresnaye, qui de son métier étoit agioteur, s'est tué, il y a huit jours[2], dans l'appartement de madame de Tencin[3], chanoinesse, sœur de l'archevêque d'Embrun. C'est une femme de quarante ans passés, mais qui a de l'esprit comme un diable; c'étoit la bonne amie de Law, femme galante. La Fresnaye avoit été son amant, il vouloit reprendre couleur, et

---

1. Ce malheureux fut sans doute condamné, en vertu de la déclaration du 4 mars 1724, qui punissait de mort tout vol domestique. Le garde des sceaux d'Arménonville était l'auteur de cette pénalité rigoureuse.

2. Le 6 avril 1726.

3. Claudine-Alexandrine Guérin de Tencin, née à Grenoble en 1681, fut d'abord obligée de prendre le voile. Relevée de ses vœux, elle vécut dans le monde d'une manière très-équivoque. Sa maison fut le rendez-vous des savants et des gens de lettres. Maîtresse du chevalier Destouches, elle eut, en 1717, un fils devenu célèbre sous le nom de d'Alembert. Elle mourut en 1749. Ecrivain distingué, madame de Tencin nous a laissé deux romans, *Comminges* et le *Siège de Calais*.

même l'épouser, dit-on, car elle s'étoit fait relever de ses vœux. Cela ne lui étoit pas difficile, l'abbé de Tencin a fait les affaires de France à Rome. La Fresnaye lui devoit beaucoup d'argent et à d'autres. Il croyoit cela nécessaire à sa fortune; elle ne le vouloit pas; il déposa, il y a douze jours, son testament[1] entre les mains de M. de Sacy, avocat au Conseil, son ami. Ce testament, au lieu de disposer de prières, est un libelle diffamatoire contre madame de Tencin. Il y a huit jours, il alla chez elle le matin, et, après propositions non acceptées, il passa dans son cabinet et se tua d'un coup de pistolet. Cette femme prit conseil. On lui conseilla d'avertir le premier président et le procureur général du Grand Conseil qui firent enterrer le corps. Cela a fait un conflit avec le Châtelet, qui a prétendu devoir connoître de cela. M. le garde des sceaux a décidé en faveur du Châtelet; le lieutenant criminel, de dépit contre madame de Tencin, l'a fait arrêter la nuit, l'a maltraitée de paroles, l'a fait mettre au Grand-Châtelet mal à son aise. Par le crédit de l'archevêque d'Embrun, on l'a menée à la Bastille; on dit même qu'on ôtera l'affaire au Châtelet. Cela est assez imprudent au lieutenant criminel, car personne ne pense que cette femme-là soit coupable de ce meurtre; l'on voit du dérangement d'esprit dans la conduite de La Fresnaye.

Par arrêt de Grand'Chambre d'hier, samedi 13, mademoiselle de Choiseul a été reçue à faire preuve par témoins de l'accouchement de madame de Choiseul; et, enfin, qu'elle en est fille. C'est avoir d'avance gagné son procès, car elle a la preuve complète. Personne n'a jamais douté qu'elle ne fût fille de madame de Choiseul, trèspersuadé qu'elle ne l'est pas de M. de Choiseul. Cela fera bien du tort à la réputation de M. le duc de La Vallière, qui, comme frère de madame de Choiseul, a eu connois-

---

1. Ce testament, en date du 18 février 1726, se trouve dans les *Mélanges* de Bois-Jourdain, t. II, p. 41, et dans d'autres recueils du temps.

sance de ces faits et qui a toujours soutenu le contraire.

Mais on dit que M. de La Vallière a donné sa requête en cassation au Conseil des dépêches, où les secrétaires d'État reçoivent toutes sortes d'affaires et matières inconnues aux princes et ministres qui le composent, en sorte que la faveur a grande part à ces jugements, quoique suprêmes et sans ressource. Cela n'empêchera pas mademoiselle de Saint-Cyr de faire toujours sa preuve, mais il n'est pas sûr à présent qu'elle gagne.

Aventure arrivée le jour de Pâques dans Notre-Dame. La voûte de la grande croisée du milieu, au-dessus de la chapelle de la Vierge, n'a pas paru bien sûre; il a été déterminé d'y toucher. La difficulté est de détacher la première pierre. On ne sait pas l'effet que cela fera. On a fait pour cela un échafaudage immense à quatre ou cinq planches de hauteur jusqu'à la voûte. Cet ouvrage a déjà coûté douze à quinze mille livres. Une troupe de voleurs s'est entendue pour profiter de cette circonstance. Il y avoit à vêpres un grand monde répandu dans toute l'église; un fit remuer sous l'échafaudage une échelle, et aussitôt on cria dans l'église que la voûte alloit fondre. La terreur panique s'empara tellement du peuple que l'on se culbuta jusqu'à sortir par les fenêtres. Il y eut quelques bras et jambes cassés, bien des personnes volées. Mais pendant ce temps, les fripons, qui faisoient la presse et le désordre, s'emparèrent de cannes, montres, tabatières et autres choses. On peut dire que le tour est assez plaisant. Un ancien chapelain de Notre-Dame a remarqué qu'il en arriva autant, il y a quarante ans, un jour de Vierge, mais il n'y avoit pas le prétexte de la chute de la voûte.

Mai.

Pari du marquis de Saillans contre le marquis de Courtanvaux. — Courses de chevaux. — Le valet du marquis de Saillans perd le pari. — Affaire Des Chaufours. — Scandales. — Des Chaufours brûlé. — Le feu chez les Jésuites. — Plaisanterie.

Le 9 de ce mois, il a été exécuté une course de cheval

vigoureuse. M. le comte de Saillans[1] a parié contre M. le marquis de Courtanvaux[2], qu'en trente minutes il viendroit de la grille de Versailles à la grille des Invalides sur le même cheval. Le pari a été entre eux de six mille livres, et tous les seigneurs ont parié entre eux. Madame de Saillans[3] a supplié le Roi de défendre à son mari de faire cette course, à cause de la montagne de Sèvres qu'il faut descendre, et où un cheval peut tomber et s'abattre. On lui a défendu, mais il a proposé son valet de chambre pour courre. Il avoit trois chevaux à choisir dans l'écurie de M. de Saillans. Il en a fait l'essai plusieurs fois. On a nourri le cheval qui devoit courre au biscuit et au vin de Champagne. Jour pris au jeudi, 9 mai, pour partir de Versailles à six heures précises du soir. On a pris deux pendules de l'Observatoire, montées également, dont l'une a été mise à la grille de Versailles, et l'autre à la grille des Invalides. Celle-ci étoit enfermée jeudi dans une guérite dont M. de Coigny avoit la clef, où ils étoient plusieurs seigneurs pour l'attendre et pour être juges.

Pour raccourcir le chemin le long de la plaine de Grenelle, on avoit fauché des seigles et fait un chemin en droite ligne jusqu'à Sèvres, large de trois pieds. Il étoit marqué par de grands bâtons piqués en terre, au bout desquels il y avoit du papier blanc. Et un homme du guet à cheval ou de la maréchaussée étoit à chaque piquet pour empêcher que personne ne se mît dans ce sentier, et surtout pour empêcher les chiens. Il y avoit dans la plaine un nombre infini de carrosses qu'on avoit laissé passer aux Invalides jusqu'à une certaine heure, et grand monde à pied. Il faisoit assez beau, quoique un temps un peu couvert. Ma compagnie et moi nous descendîmes de

1. Ce marquis (et non comte) de Saillans avait déjà exécuté un autre pari du même genre en août 1722. Voyez plus haut, p. 229 et note.

2. Louis-Charles-César Le Tellier, marquis de Courtanvaux, capitaine des Cent-Suisses. Voyez plus haut, p. 226, note 2.

3. Marie-Henriette Colbert, sa seconde femme, fille du marquis de Maulevrier. Cette dame mourut en 1737.

carrosse, et nous avançâmes toujours en nous promenant dans la plaine, bordant le chemin du passage, ainsi que firent beaucoup d'autres. Il passa enfin, précédé et suivi de quelques seigneurs qui couroient avec lui depuis Sèvres ou des environs pour animer son cheval. Il n'alloit qu'au grand galop ordinaire. Il arriva à la grille deux minutes trente secondes plus tard qu'il ne falloit et par delà la démi-heure, en sorte que M. de Saillans a perdu.

Cette course est toujours très-vigoureuse pour le cheval, mais plusieurs choses l'ont fait perdre : 1° On dit que le valet de chambre l'a trop forcé d'abord ; 2° le valet de chambre n'étoit pas libre. Comme le pari étoit fait par M. de Saillans, M. de Saillans pesoit quarante livres plus que son valet de chambre ; pour remettre ce poids sur le cheval, le valet de chambre avoit comme un corps de buffle, un plastron, et on avoit mis devant et derrière quarante livres de plomb ; or ce poids mort pèse plus du double sur le cheval et incommode beaucoup l'homme ; 3° il avoit eu de la pluie depuis Sèvres, qui rendoit la terre et ce chemin nouveau difficile. Il pleuvoit où nous étions, au milieu de la plaine, très-peu quand il passa ; mais la nuée le suivoit ; il fit une ondée si terrible sur-le-champ, qu'en mon particulier je fus percé avant de rejoindre mon carrosse, ce qu'heureusement j'avois de commun avec bien d'autres. Ce pari-là avoit été suivi de bien d'autres, mais tous les seigneurs sont obligés d'aller à leurs régiments. On dit que le pauvre cheval est mort, je crois plus de fatigue que de chagrin d'avoir perdu.

(Cela n'est pas vrai. Le cheval se porte bien, il n'y paroît pas, ce n'est pas sa faute s'il n'a pas fait sa course).

La Reine donne souvent des espérances de grossesse, mais cela ne tient pas, et tout s'en va à la lessive ; cela fait bien de la peine à ceux qui s'intéressent à sa grossesse, et à avoir un Dauphin. Ces incertitudes-là sont de grande conséquence pour la politique de la Cour.

Il y a longtemps que le vice .. ... règne dans ce

pays-ci, et depuis un temps il y est plus à la mode que jamais. Tous les jeunes seigneurs s'y étoient adonnés furieusement, au grand chagrin des femmes de Cour. Il y a cinq ou six mois qu'on mit à la Bastille un nommé Des Chaufours[1], qui étoit un particulier dans Paris, grand b..... de son métier, bel homme et bien fait. Cet homme connoissoit beaucoup de monde dans le grand et dans le médiocre, car, en général, ce n'est pas là l'amusement du petit bourgeois. C'étoit chez lui le rendez-vous général, les parties de débauche s'y faisoient. Il fournissoit apparemment de nouveaux sujets à des seigneurs. Enfin, cela a été découvert, je ne sais comment; de plus, on a eu la liste de tous les participes de cette débauche, qui alloit à plus de deux cents personnes de tous états. Cela a fait une affaire considérable. Le Roi a nommé M. le lieutenant de police et quelques conseillers du Châtelet commissaires pour juger en dernier ressort, et le procureur du Roi, Moreau, procureur général de la commission. On a vu des choses horribles dans ce procès où l'on a trouvé des preuves complètes. On a pris plusieurs personnes que l'on a enfermées, envoyées aux îles. On disoit même qu'on assoupiroit cela, mais la chose a paru trop grave. M. Hérault a voulu et a fait entendre qu'il falloit faire un exemple, n'étant pas possible de punir tous ceux qui étoient déclarés, parce que cela feroit trop de fracas. Et d'ailleurs il n'en faudroit pas davantage pour illustrer ce crime et le rendre plus commun, la plupart de ce peuple même ne sachant pas ce que c'est. Des Chaufours étoit le plus coupable, parce que c'étoit lui qui entretenoit ces parties secrètes. Et son procès fait, il fut conduit la nuit dernière de la Bastille au Châtelet. Hier matin, il fut interrogé sur la sellette

---

[1]. Etienne-Benjamin Des Chaufours. Dénoncé par un laquais nommé Arbaleste, il fut exécuté le 24 mai 1726. La confiscation de ses biens fut accordée à son fils André Des Chaufours. Voyez les *Mélanges* de Bois-Jourdain, t. II, p. 336-339.

pour crime de sodomie, jugé et condamné à être brûlé vif. Il a été exécuté l'après-midi, en place de Grève, à la différence qu'on l'a étranglé auparavant. Il y avoit longtemps qu'il n'y avoit eu d'exécution pour ce crime, et cela maintiendra un peu tous ceux qui sont entichés de ce crime contre nature; car du reste il n'y a de réparation civile à faire à qui que ce soit. Il avoit un beau-frère[1] commissaire provincial des guerres, qui même, avoit reçu le roi Stanislas à son passage et l'avoit régalé, lequel a demandé sa grâce; mais comme ce crime devient commun et que cet homme-là tenoit académie, on a voulu faire un exemple.

Le plus particulier de cette aventure est que, la nuit du même jour, le feu a pris au collége des Jésuites[2], feu considérable qui a brûlé deux planchers. Le lieutenant de police y est venu et il y a eu prompt secours. Cela donne beau jeu aux polissons, car il semble que le ciel, n'étant pas content que par le jugement on ait sursis au jugement des complices, ait envoyé le feu chez les Jésuites, à cause que ce crime est attribué vulgairement à cet ordre; ou pour marquer que le feu est la vraie punition de ce crime et pour justifier le jugement. La plaisanterie n'a pas tombé à terre, tout le monde dit que ce sont les cendres de Des Chaufours qui ont mis le feu aux Jésuites, où il y a eu, dit-on, pour dix mille livres de vaisselle d'étain fondue.

On dit qu'il y avoit à la Bastille avec Des Chaufours un nommé Nattier, peintre, qui s'est coupé la gorge.

M. l'abbé de La Fare, évêque de Laon, étoit de cette compagnie; il est enfermé au séminaire. M. le comte de Tavannes, cordon bleu, est, dit-on, pour le même sujet exilé. A l'égard de l'abbé de Saint-Aignan, évêque de Beauvais, il a pour prison le noviciat des Jésuites, et

---

1. M. Aubron. (*Note de Barbier.*)
2 Aujourd'hui collége Louis-le-Grand, rue Saint-Jacques.

par conséquent on voit bien que ce n'est pas pour même cause, c'est pour débauche de femmes.

Juin.

Renversement du ministère de M. le Duc. — Il est exilé à Chantilly. — Détails. — L'évêque de Fréjus, ministre. — M. Le Blanc à Paris. — Démission de M. de Breteuil. — M. Le Blanc, secrétaire d'État de la guerre. — Joie à Paris. — M. Dodun remercié. — M. Pelletier des Forts, contrôleur général. — Madame de Prie exilée. — Les frères Paris exilés. — Ripperda. — Traités de M. le Duc avec les Paris sur les blés. — Discours du Roi. — Détails sur l'évêque de Fréjus. — Mandement du cardinal de Noailles. — La petite vérole de madame Portail. — Fidélité de M. Lambert de Thorigny. — Sa mort.

Mardi, 11 juin, fête de la Pentecôte, pendant que j'étois à Osny[1], chez M. Nicolaï, on a renversé le gouvernement, ce que tout le monde souhaitoit, mais à quoi personne ne s'attendoit. Le Roi partit à trois heures après midi, pour aller souper et coucher à Rambouillet, chez M. et madame la comtesse de Toulouse. Il y avoit eu un conseil, le matin, à l'ordinaire. Après le départ du Roi, M. le Duc, premier ministre, se préparoit à joindre le Roi à Rambouillet; M. le duc de Charost, capitaine des gardes du corps, entra dans son cabinet, étant porteur d'une lettre de cachet du Roi, par laquelle le Roi remercioit M. le Duc des soins qu'il avoit pris pour ses affaires, lui ordonnoit de se retirer à Chantilly, et lui défendoit de voir la Reine; et en même temps, M. l'évêque de Fréjus porta une lettre de cachet à la Reine, par laquelle le Roi la prioit absolument de ne point voir M. le Duc[2]. Cela fut exécuté. M. le Duc partit pour Chantilly,

1. Château près de Pontoise, sur la rivière de Vionne.
2. Lemontey, *Hist. de la Régence*, t. ii, p. 260-261, nous donne deux versions de cette lettre; la première, d'après les mémoires de Villars, est ainsi conçue : « Je vous prie, madame, et s'il le faut je vous l'ordonne, de « faire tout ce que l'évêque de Fréjus vous dira de ma part, comme si c'étoit « moi-même. Signé Louis. » La seconde version, un peu différente, est renfermée dans le mss. 220, *Hist. de France*, bibliothèque de l'Arsenal : « Madame, ne soyez pas surprise des ordres que je donne. Faites attention à « ce que M. de Fréjus vous dira de ma part; je vous en prie et vous l'or- « donne. Louis. »

et M. de Maurepas, secrétaire d'État, vint mettre le scellé dans son cabinet, comme premier ministre. Personne ne sut cela à Versailles. Le mardi au soir, M. le duc d'Orléans étoit d'un côté, M. le prince de Conti étoit à Paris; il ne paroît pas qu'ils en sussent quoi que ce soit. M. de Fréjus accoutumoit le Roi de bonne heure à dissimuler; car il est certain que le Roi, en partant, dit à M. le Duc : « Monsieur le Duc, venez de bonne heure « à Rambouillet, je vous attendrai pour jouer, et ne « commencerai pas sans vous. » M. le Duc ayant eu cette parole du Roi, qui étoit le dernier ordre verbal, il pouvoit fort bien n'en pas connoître d'autre, et M. de Fréjus a été bien heureux qu'un prince en place de premier ministre ait été si pacifique et si obéissant, surtout le Roi n'étant pas dans Versailles [1].

Jeudi 13, M. Le Blanc revint à Paris; M. de Breteuil porta sa démission de la place de secrétaire d'État de la guerre entre les mains de M. l'évêque de Fréjus, et M. Le Blanc est actuellement dans son ancienne place avec l'applaudissement de tout Paris. On a remarqué qu'en arrivant à Paris, toute sa livrée étoit neuve, ce qui fait juger qu'il étoit averti de ce changement. Le jugement du Parlement à son égard et ce retour-ci le rendent plus glorieux qu'il n'a jamais été.

Le peuple a été si content de ce changement, qu'on a été obligé d'empêcher qu'il ne fît des feux de joie dans les rues, ce qui auroit trop insulté la personne d'un prince du sang. M. Hérault, lieutenant de police, a écrit une lettre à tous les commissaires des quartiers de Paris, pour l'empêcher; en quoi il a mal fait, parce que ses lettres restent et ont été vues de tout le monde, au lieu qu'il falloit seulement envoyer chercher tous les commissaires et leur donner cet ordre verbalement.

---

1. Voyez Lemontey, *Hist. de la Régence*, t. II, p. 258 et suivantes. Suivant cet auteur, cette révolution de palais devait s'opérer onze jours plus tôt. Fleury adressa une lettre de justification de sa conduite à M. le Duc.

M. de Breteuil reste chancelier de la Reine, avec le cordon bleu, sans aucun sujet de mécontentement contre lui. Il doit être assez content, et il attrapera quelque place dans la suite.

M. Dodun, contrôleur général, a été remercié aussi, de la part du Roi, par M. l'évêque de Fréjus. On dit qu'aucun ministre n'a jusqu'ici autant pillé que celui-là, qui n'a point d'enfants, et qui est homme de rien. Son père étoit conseiller au Parlement de Paris, et son grand-père avoit été laquais [1], comme il a été dit dans les chansons. Il est haï et méprisé généralement. M. Le Pelletier des Forts, conseiller au conseil royal des finances, a été nommé contrôleur général; en sorte que les choses sont sur le pied qu'elles étoient du temps de Louis XIV.

Madame de Prie, qui étoit dame d'honneur de la Reine et maîtresse de M. le Duc, est exilée dans ses terres en Normandie [2]. Les quatre frères Paris, surtout Du Verney, qui étoit le conseil de M. le Duc, sont exilés chacun d'un côté; on dit à l'exception de Paris Montmartel, garde du Trésor royal. On saura cela plus au juste. Ils doivent être partis tous quatre cette nuit. On a apparemment mis le scellé chez eux : on devoit le faire, ce semble, dans le moment de la lettre de cachet donnée à M. le Duc, pour avoir tous les papiers; on ne l'a fait que quatre jours après; je ne sais pas pourquoi. Il y a de quoi, si l'on veut faire de beaux procès sur l'administration et venger M. Le Blanc des injustices qu'on lui a faites. On a mandé en cour M. d'Ombreval, qui est à présent intendant à Tours, pour rendre compte de son administration lorsqu'il étoit lieutenant de police, au sujet de la cherté du pain. On dit qu'il y

---

1. Voyez plus haut, p. 379-380.
2. A Courbépine, près de Bernai, dans l'Eure. Le château a été démoli avant la révolution. Madame de Prie, inconsolable de son exil et de voir sa place de dame du palais occupée par la marquise d'Alincourt, mourut de chagrin le 6 octobre 1727, à l'âge de vingt-neuf ans. Elle laissait un fils et une fille. Voyez Duclos, *Mémoires*, t. II, 257-258, et *Journal* de Marais, octobre 1727, *Revue rétrospect.*, 2e série, t. x, p. 369.

a des magasins de blé dans toutes les communautés autour de Paris. Ils avoient apparemment dessein de le vendre et de le faire toujours manger cher. Ce qui est de certain, c'est qu'il n'y avoit point de liberté pour amener le blé dans les marchés, et il étoit défendu aux boulangers de se fournir ailleurs. Chacun politique et fait des contes différents sur ce grand événement. On dit que c'est l'évêque de Fréjus, M. le duc de Noailles, M. et madame la comtesse de Toulouse qui ont représenté au Roi la nécessité de prendre ce parti. On dit qu'il y avoit une intelligence entre M. le Duc et le premier ministre du roi d'Espagne, M. le comte de Ripperda[1]. Il est certain que ce ministre a été exilé depuis peu. On dit que les courriers d'Allemagne, d'Espagne et de Savoie alloient droit depuis peu à Rambouillet, parce qu'auparavant on ne rendoit pas les lettres au Roi. Ce qui est de plus fâcheux, c'est qu'on dit qu'il n'y a pas un sol dans les coffres du Roi. Qu'est devenu l'argent? Tout ceci n'est pas encore éclairci. Dans quinze jours, on saura bien des choses.

Les quatre frères Paris sont sûrement partis, l'un pour le Périgord, l'autre en Dauphiné, un à Saumur, et un autre par delà Vitry-le-François.

On dit hautement que M. le Duc avoit fait un traité avec les Paris et autres, pour acheter tous les blés du royaume en vert, c'est-à-dire sur pied; savoir si cela auroit pu avoir son exécution; mais par là le pain auroit toujours été cher, et c'étoit de quoi ruiner tout.

M. le Duc est à Chantilly, qui chasse à son ordinaire, et qui ne laisse pas que d'avoir une belle cour. Madame la Duchesse lui a un peu chanté pouille, et qu'il y avoit

---

1. Jean-Guillaume, duc de Ripperda, né à Groningue, dans les Pays-Bas, vers la fin du dix-septième siècle, fut tour à tour protestant au service de la Hollande, catholique en Espagne, où il remplit les différentes fonctions d'ambassadeur et de ministre des affaires étrangères, de la guerre et des finances; et enfin mahométan dans le Maroc. Devenu l'un des généraux contre l'Espagne, il fut battu, mis en prison et mourut à Tetuan, en 1737.

longtemps qu'elle lui avoit dit qu'il se perdroit avec les conseils d'une gueuse, en parlant de madame de Prie, à qui elle a pris la liberté de dire aussi toutes ses petites vérités.

Le Roi, comme un grand garçon, a fait un discours au premier conseil qu'il a tenu depuis l'exil de M. le Duc; il a déclaré que ce qu'il avoit fait ne diminuoit rien de l'amitié qu'il avoit pour son cousin, M. le Duc, mais qu'il étoit bien aise de remettre les choses dans l'état où elles étoient du temps de Louis XIV, pour le gouvernement; qu'on s'adresseroit dorénavant à luimême pour les grâces, et qu'il donneroit des heures particulières à tous ses ministres, pour travailler avec lui, en présence de l'ancien évêque de Fréjus, qui assisteroit à tout. Par là, l'évêque de Fréjus n'a pas le titre de premier ministre, mais il en aura presque le crédit, puisqu'il assistera à toutes les conférences que chaque ministre aura avec le Roi, et qu'il lui fera prendre le parti qu'il jugera à propos.

Cet évêque de Fréjus a par malheur pour lui soixantedix-sept ans[1]; il s'appelle Fleury. Il est, à ce qu'on m'a dit, fils d'un receveur des tailles dans le Languedoc. Pour son caractère, on ne peut pas trop le connoître; il étoit autrefois janséniste à outrance; il a changé entièrement du côté des Jésuites quand il a cru que cela étoit nécessaire à son ambition. Comme il a refusé, il y a deux ans, l'archevêché de Reims[2], qui est un beau morceau, les bons ont cru que c'étoit par humilité, mais c'étoit pour rester en cour et y attraper la place qu'il tient aujourd'hui. On ne le dit pas, au surplus, un grand génie, ni autrement propre aux affaires d'État. Nous verrons, si nous vivons, si cela nous fera bien du bien.

Le Roi a écrit une lettre au Parlement de Paris, et ensuite aux autres Parlements, pour leur donner avis

---

1. C'est-à-dire soixante-treize ans, il était né à Lodève le 22 juin 1653.
2. Voyez les *Mémoires* de Duclos, t. II, p. 116, et plus haut, p. 165-166.

du parti qu'il prenoit de gouverner lui-même, et à son Parlement de Paris qu'il l'associeroit avec plaisir dans les affaires de conséquence.

On a bien mieux fait encore. M. le cardinal de Noailles, archevêque de Paris, sur une lettre du Roi, a fait publier un mandement pour faire dire des prières publiques, pour dire à Dieu que le Roi de France va gouverner lui-même, et qu'il ait la bonté de lui envoyer les lumières nécessaires pour rendre son peuple heureux[1]. Pour n'en faire qu'à une fois, on a jugé à propos de demander aussi à Dieu de rendre un peu la Reine fertile. J'ai joint ici le mandement comme pièce justificative, pour que chacun juge de ceci à sa fantaisie; mais il y a à Paris de fort honnêtes gens qui ont regardé cette publication comme un peu ridicule.

Il faut rendre compte à présent du bon caractère des hommes en général. Madame Portail, première présidente du Parlement de Paris, femme de quarante-sept ans, et nullement jolie, avoit pour amant, depuis quinze ans, M. Lambert de Thorigny, président des requêtes du palais, homme de quarante ans, garçon très-riche et le plus bel homme et le mieux fait de la robe. Madame Portail a attrapé la petite vérole, il y a trois semaines. M. de Thorigny a eu la sottise de vouloir lui tenir compagnie; il a pris son mal; il est resté au palais, dans la maison du premier président, et il est mort cette nuit, 23 de juin. Il est généralement regretté de tout le monde. Il laisse un frère, qui n'a pas voulu être de robe, et qui est capitaine de cavalerie. Son oncle, le président Lambert, à présent prévôt des marchands, sera inconsolable. Il n'assistera certainement pas aujourd'hui au feu de la Saint-Jean. Cette aventure va faire la conversation de la Cour et de la Ville. Si elle étoit arrivée entre trois jeunes étourdis, elle seroit pardonnable; mais dans la maison d'un premier président de Paris, où tout doit

1. Le mandement a été imprimé chez Delespine, Paris, 1726, 7 pages in-4º.

être grave, un garçon vient s'enfermer avec sa femme, qui a la petite vérole, cela est bouffon, et je crois que cela fait bien de la peine au premier président Portail. On dit que le président de Thorigny se trouva tout d'un coup mal, étant entré dans la chambre; il n'a été que cinq jours malade. Il avoit déjà eu la petite vérole; il ne la craignoit plus, et peut-être a-t-il fait cette galanterie par un faux honneur d'avoir la hardiesse de s'enfermer avec sa maîtresse. Cet exemple rendra les autres sages.

Juillet.

Changements parmi les intendants. — La jument de *prix* et le *cheval borgne*. — Charges supprimées. — Moreau de Séchelles, premier commis de la guerre. — Petite vérole. — Mort du marquis de Traisnel. — Horoscope de M. Le Blanc. — Vers. — M. Le Blanc malade. — Indigestion du Roi. — *Te Deum* et feu de joie.

Le nouveau gouvernement apporte des changements. M. d'Ombreval, intendant de Tours, est révoqué aussi bien que M. de Fontanieu de Grenoble et M. de Vatan de Flandre : celui-ci est homme de condition. On a fait sur lui une polissonnerie; on dit qu'il est venu en cour et qu'on ne lui a pas dit plus haut que son nom : *Va-t'en*[1].

Mais il a paru une polissonnerie très-fine. Hier matin, il y avoit des affiches :

« Cent pistoles à gagner pour qui trouvera une jument
« de *prix*, accoutumée à suivre un cheval *borgne*[2]. »

Madame de Prie, maîtresse de M. le Duc, est exilée dans ses terres, en Normandie. C'est un peu insultant pour M. le Duc, qui est borgne.

1. Son nom est Aubin, et non Vatan. (*Note de Barbier d'Increville*.)
2. Nous trouvons dans la collection Maurepas, t. XVI, p. 342, une rédaction un peu différente de cette affiche :

CENT PISTOLES A GAGNER.

Il a été perdu depuis peu, sur le chemin de Chantilly, une grande jument de *prix*, qui suivoit un cheval borgne.

Cette affiche fut posée le jeudi matin, 4 juillet 1726, à Paris, à plusieurs coins de rues et sur le chemin de Versailles. On fit encore ce mot : La cour est sans *prix*.

On supprime toutes les charges qui sont onéreuses à l'État : celle de surintendant des bâtiments, qu'avoit M. le duc d'Antin, et tout le monde sait qu'il a furieusement pillé dans cette place; celle de surintendant des postes; celle de surintendante de la maison de la Reine, qu'avoit mademoiselle de Clermont; et enfin celle de colonel-général de l'infanterie, qu'avoit M. le duc d'Orléans, qui est une place d'un crédit et d'une autorité considérables. Il n'y en avoit point eu depuis M. le duc d'Épernon. On dit que le Roi a prévenu à cet égard M. le duc d'Orléans avec toute la politesse possible.

(Toutes les suppressions ci-dessus sont fausses et il n'y a eu aucun changement à cet égard.)

Les choses se remettent suivant l'ancien état. Il y a quarante fermiers généraux nommés, qui doivent faire un fonds de cinq cent mille livres chacun et qu'ils ont bien de la peine à trouver.

M. Le Blanc fait camper parfois à la Bastille gens qui avoient travaillé sourdement contre lui, et il fait revenir ses créatures; cela est dans la règle. M. Moreau de Séchelles, maître des requêtes, qui est un de ses meilleurs amis, qui, à son occasion, avoit été mis deux fois à la Bastille, est revenu, et M. Le Blanc lui a fait donner le titre de premier commis du Roi pour la guerre. C'est lui à qui tous les autres commis rendent compte, et c'est le poste qu'avoit M. Colbert de Saint-Pouange[1] sous M. de Louvois.

M. Le Blanc a été fort indisposé. Tout ceci a fait en lui une révolution. Il aime la bonne chère; il a trop mangé à un souper chez Samuel Bernard, et il en est encore incommodé.

Mais il a eu un chagrin des plus sensibles depuis le retour de sa fortune. La petite vérole a pris, ces jours-ci, au marquis de Traisnel, son gendre, et il est mort en trois

---

1. C'est le même personnage à qui Voltaire fait jouer un rôle si hideux dans le joli roman de l'*Ingénu*.

jours. Homme d'une grande maison, âgé de vingt-huit ans, ayant trois enfants de la fille unique de M. Le Blanc, colonel du régiment Dragons d'Orléans[1], dont il avoit reçu tous les secours imaginables pendant sa disgrâce. Peut-on avoir un revers pareil?

On dit que M. Le Blanc a fait tirer son horoscope, et qu'on lui a prédit tous ses malheurs et sa victoire; mais qu'il ne survivroit pas longtemps après avoir triomphé de ses ennemis, et qu'il mourroit dans le dixième mois. Quelque force d'esprit qu'il ait, cela doit bien le tourmenter, si la chose est véritable.

VERS QUE L'ON A FAITS SUR LE CHANGEMENT DU GOUVERNEMENT.

> Le Blanc vient d'arriver,
> Cessez, triste chaos,
> Paroissez règlements!
> Roi, daignez vous instruire
> Pour assurer notre repos.
> Les Condés exilés
> Rassurent votre empire.
> Coulez, grâces, coulez!
> Fui, ministre odieux!
> D'un hymen trop honteux
> Pour réparer l'injure,
> Reine, enfante un Dauphin
> Ou te mets en clôture!
> Vive Fréjus, si l'on nous paie mieux!

M. Le Blanc est toujours malade; on parle d'un abcès dans le foie. Je crois que son plus grand mal est d'avoir une ancienne v...... Les grands hommes au-dessus du commun ont toujours été accusés de débauche.

On dit son horoscope: « Chassé par un prêtre (le cardinal Dubois), rappelé par un prêtre (l'évêque de Fréjus), et mort peu de temps après. »

---

1. Ce régiment avait été créé en 1718. Il prit, en 1792, le nom de 16ᵉ dragons.

Sa maladie fait que les affaires du département de la guerre n'avancent point.

Le Roi est tombé malade, sur la fin de ce mois, d'une indigestion considérable. Il avoit beaucoup mangé de figues, des cerneaux, du lait et autres choses, car il mange à étonner. Sa maladie a été sérieuse, il a été saigné deux fois du pied. On craignoit fort la petite vérole, qui donne sur les gens de conséquence, et qui est dangereuse. Cependant cela a tourné à bien, et il se porte mieux.

Le 30 de ce mois, le Parlement fit chanter un *Te Deum* par la Sainte-Chapelle, et rendit un arrêt qui ordonnoit des feux de joie. Les commissaires avertirent dans les quartiers. Sur les huit heures du soir, il y eut un contre-ordre, qui ne put pas être aussi public que l'ordre, en sorte qu'on ne laissât pas de faire quelques feux. On craignoit que ce ne fût un changement dans la santé du Roi; ce qui n'est pourtant pas. On dit que ce fut un ordre de la Cour, parce que le Parlement n'a pas le droit d'ordonner ainsi des feux de lui-même, sans un ordre de la Cour.

Août.

M. Le Blanc opéré par Maréchal. — Attention du Roi. — Accouchement et maladie de la duchesse d'Orléans. — Deux originaux : le vieux Verthamon et le comte de Charolois. — Courrier de Lyon assassiné. — Mort de la duchesse d'Orléans. — Madame Langlois sage-femme. — Réflexions. — Funérailles de la duchesse. — La Reine malade. — Châsse de Sainte-Geneviève. — Ignorance des médecins. — *Poudre des Chartreux.* — La Reine rétablie. — Bouret à la Bastille. — Barême à la Bastille. — Paris Du Verney arrêté.

Vendredi, 2 de ce mois, M. Maréchal, premier chirurgien du Roi, a fait à M. Le Blanc, secrétaire d'État de la guerre, l'opération de l'empyème; c'est un amas de sang pourri en forme d'abcès au foie. On lui a fait l'ouverture au-dessus du nombril avec la pierre infernale sans ferrements; il en est sorti quantité de pus; la plaie est autant belle qu'on peut le souhaiter; mais, quoiqu'il n'ait que cinquante-deux ans, le corps est usé de maladies, de chagrin et de débauche. Ainsi il y a toujours à craindre quelque fièvre jusqu'à un certain temps.

Il est étonnant de voir les attentions du Roi pour M. Le Blanc; il a défendu aux Cent-Suisses et aux gardes de battre, ni quand il va à la messe, ni quand il sort, de peur que le bruit des tambours ne l'incommode. Cela n'est peut-être jamais arrivé. Et il envoie savoir de ses nouvelles quinze fois par jour, c'est-à-dire à tout moment. Il dit même que ce sont les tourments qu'on lui a fait souffrir qui l'ont mis dans cet état-là.

M. Le Pelletier des Forts, comme grand ami de M. Le Blanc, fait la guerre à sa place. Il peut y avoir bien de la politique dans la peine qu'il prend.

Dimanche dernier, 4 de ce mois, madame la duchesse d'Orléans est revenue à Paris pour y accoucher, ayant senti quelques douleurs; elle étoit toute couchée dans son carrosse; elle se trouva mal en chemin. Hier 5, elle accoucha, à midi, d'une fille, en sorte que la joie n'a pas été complète au Palais-Royal. Ce voyage, dans l'état où étoit la princesse (car on dit qu'elle avoit la fièvre), n'a été ni prudent ni heureux, car madame la duchesse d'Orléans étoit très-mal aujourd'hui. Elle a été saignée, le matin, du pied, et, à midi, on lui a porté le bon Dieu par les mains du curé de Saint-Eustache. Je me suis rencontré précisément à son passage, comme il revenoit du Palais-Royal avec un grand cortége. Il y avoit pour le moins cent personnes de livrée, portant des flambeaux; derrière le dais étoient d'un côté de la rue M. le comte de Toulouse, M. d'Argenson, chancelier de la maison, et du côté du ruisseau, M. le comte de Clermont, premier écuyer, cordon bleu; de l'autre côté de la rue, sur la gauche, étoient M. l'archevêque de Cambrai et M. le chevalier d'Orléans, grand prieur de France, bâtards de M. le Régent. J'ai été ensuite au Palais-Royal, où tout étoit plein de monde, tant de la Cour que de la Ville, et fort consternés, car cette princesse est généralement aimée de tout le monde.

La maladie est sur les grands, car le Roi est extraordinairement changé, et on ne le dit pas encore bien rétabli. La Reine est malade, et a été saignée deux fois du pied.

J'ai vu aujourd'hui deux originaux dans leur espèce. J'ai rencontré le vieux Verthamon, premier président du Grand Conseil, et orné du cordon bleu dans son carrosse, avec ses quatre laquais, en robe et rabat, sans perruque, et un mouchoir blanc sur la tête qui pendoit en forme de cornette de nuit d'une femme; cela faisoit une figure à rire.

D'un autre côté, j'ai vu dans le jardin du Palais-Royal M. le comte de Charolois se promenant avec un habit d'un drap vert bordé d'or, et une petite veste blanche, et un couteau de chasse, tandis qu'on portoit le bon Dieu à madame la duchesse d'Orléans.

Le 30 du mois dernier, le courrier de Lyon avec son postillon ont été assassinés à Tarare, proche Lyon, par quatre hommes. Il y avoit de l'or dans la malle; ils ont décacheté toutes les lettres et pris les paquets pour la Cour. Ils ont voulu gagner Paris sur leurs chevaux avec grande diligence, mais les ordres ont été si bien donnés qu'on les a pris à Gien, au-dessus de Montargis. Ils ne sont pas encore arrivés ici. M. Hérault, lieutenant de police, a déjà la commission pour les juger en dernier ressort avec des conseillers du Châtelet.

Aujourd'hui 8, à six heures du matin, la pauvre duchesse d'Orléans est morte par une suppression arrivée après ses couches; elle n'avoit que vingt-trois ans. C'est un chagrin général dans tout Paris. On dit qu'il s'est présenté un homme de quelque chose, qui a voulu lui donner un remède avec des simples qu'il a expliqué aux médecins, avec lequel il a guéri sa femme en pareil état, et que les médecins n'ont jamais voulu le permettre.

Dans cette vie il ne faut pas beaucoup compter ni s'enorgueillir des heureux succès. M. Le Blanc revient en place, triomphe de ses ennemis; il perd son gendre, et on lui fait une opération. M. le duc d'Orléans a la satisfaction de voir hors de place M. le Duc, qu'il ne pouvoit souffrir; sa femme meurt quinze jours après.

Ce n'est pas un homme qui vouloit sauver madame la duchesse d'Orléans, c'est madame Langlois, première accoucheuse et sage-femme de l'Hôtel-Dieu, qui a plus d'expérience que tous les accoucheurs et médecins de Cour. Elle a voulu donner un remède pour appliquer sur le côté; mais les médecins n'ont pas voulu, ils l'ont fait saigner, de manière qu'elle n'avoit plus de force; en sorte qu'on dit publiquement que ce sont les médecins, et surtout un nommé Chirac[1], qui sont cause de la mort de cette princesse qui n'avoit pas vingt-deux ans, et qui est regrettée généralement! On l'a vue deux jours dans son lit. On la voit présentement sous le dais. Il y a deux chapelles où l'on dit la messe; d'un côté, des dames de sa cour; de l'autre, des prêtres et religieux, et deux hérauts d'armes. Toute la Cour y va jeter de l'eau bénite, les cours supérieures, l'Université, les mendiants, ce qui se fait ordinairement à une première princesse du sang.

Mais ce qui est plus extraordinaire, c'est que la Reine est très-malade depuis les couches de la duchesse d'Orléans. On ne lui a pas dit sa mort; la Reine reçut hier au soir, à six heures, 13 de ce mois, tous les sacrements; et le matin, on a commencé les prières de quarante heures à Notre-Dame, en vertu d'une lettre de cachet; et le Parlement a rendu un arrêt pour découvrir la châsse de sainte Geneviève.

On attribue encore l'état de la Reine aux médecins qui l'ont fait saigner du bras et du pied trois ou quatre fois. Ils ne savent point d'autre remède. On dit qu'hier

1. Pierre Chirac. Voy. p. 321, et note 2.

on lui donna de la *poudre des Chartreux*[1], qui est un remède assez à la mode qui lui a fait faire cette nuit des évacuations surprenantes ; et la nouvelle d'aujourd'hui est qu'elle est absolument mieux.

Jeudi 15, jour de la Vierge, a passé à dix heures du soir le convoi de la princesse de Bade, femme du duc d'Orléans. Il y avoit deux cents pauvres en ermites avec des flambeaux; des officiers de la maison, et les pages à cheval; la livrée avec des flambeaux; une douzaine de Suisses avec la hallebarde en bas; huit carrosses à huit chevaux, dont les quatre derniers étoient avec des chevaux caparaçonnés. Toutes les dames de sa cour étoient dans les premiers carrosses, ses officiers ensuite, c'est-à-dire ceux dans la maison. Dans un carrosse étoit le curé de Saint-Eustache avec M. de Tressan, archevêque de Rouen, son premier aumônier; dans l'autre, étoient M. le comte de Clermont, premier écuyer, et M. d'Argenson, chancelier du duc d'Orléans. La marche finissoit par le catafalque ou chariot où étoit le corps, à huit chevaux. On l'a portée à l'abbaye royale du Val-de-Grâce, faubourg Saint-Jacques, n'étant plus dans le rang d'être portée à Saint-Denis. Tout le monde et le peuple, qui étoit en grand nombre dans le chemin, étoit d'une tristesse étonnante. Je la vis passer dans la rue de la Comédie[2].

La Reine se porte beaucoup mieux et elle a été tirée d'affaire. Mais on dit que le Roi a beaucoup d'indifférence pour elle, ce qui lui ôte les respects des gens de cour. Et le dégoût qu'il aura pour la Reine et pour ce mariage l'indisposera pour longtemps contre M. le Duc qui est toujours à Chantilly. Madame la duchesse, sa mère, a fait ce qu'elle a pu auprès du Roi pendant sa maladie pour obtenir son retour, mais il n'y a pas eu moyen.

On a mis à la Bastille ces jours-ci un nommé Bouret, homme qui a gagné dans les emplois, qui faisoit grosse

---

1. Préparation d'antimoine appelée aussi *Kermès minéral?*
2. Voyez le *Mercure de France*, ann. 1726, septembre, p. 1935 et suiv.

figure, qui a marié sa fille à Monet, fils d'un homme d'affaires, qui est dans la robe. Ce Bouret[1] étoit directeur général de la création des offices municipaux dans tout le royaume[2]. Il y avoit dans toutes les villes et même bourgs des gouverneurs, lieutenants, maïeurs, etc., cela s'achetoit en liquidation pour éteindre les papiers royaux. Cela a été supprimé aussitôt que levé, et la finance placée au denier cinquante sur les tailles.

Mais Bouret s'est servi de six ou sept millions de ces papiers que la province de Languedoc avoit donnés pour avoir les charges dans leurs villes. De concert avec Barême (fils du grand arithméticien qui avoit été employé dans la Banque et dans toutes les opérations, et qui à ce métier avoit un bon carrosse et faisoit l'entendu), ils ont remis ces fonds sur la place pour acheter des actions et tripoter. Ils ont beaucoup gagné; cela s'est découvert, par une indemnité qui étoit sous les scellés de Le Blanc, le fameux agioteur. On a voulu savoir le fond de cette friponnerie.

Barême est aussi à la Bastille.

Deux nouvelles d'hier, mardi, 27 août. Le Roi est parti, à quatre heures du matin, pour aller à Fontainebleau; le voyage sera de trois mois. Tous les samedis, il reviendra en poste à Versailles voir la Reine, et s'en retournera le lundi jusqu'à ce qu'elle soit en état d'aller à Fontainebleau.

A dix heures du soir, on amena hier à la Bastille Paris Du Verney, que M. Langlois, grand prévôt de la maréchaussée d'Alsace, a arrêté dans l'endroit où il étoit exilé. Il est venu à petites journées avec bonne escorte de la maréchaussée. Il y a longtemps que cela auroit dû être fait. On dit qu'on va remuer l'affaire du pain, qui est terrible, et qui crie vengeance; car non-seulement on a mangé le pain à un prix exorbitant, mais c'étoit

---

1. Il devint fermier général, en 1751, et mourut, dit-on, empoisonné, en 1777.

2. Déclaration du Roi, du 9 août 1722.

de mauvais blé; et actuellement dans les provinces il y a des maladies infinies. Il est curieux de voir si, à la fin, on pendra des fripons dans ce pays-ci, car il y en a beaucoup, et cela y mettroit ordre.

Septembre.

Les chasseurs et les contrebandiers. — M. Seigneur. — La Haye, voleur de Bretagne, rompu. — Le feu dans la forêt de Fontainebleau. — Barbier à Osny. — L'évêque de Fréjus cardinal.

M. Le Blanc se lève, se promène un peu, et se porte autant bien qu'on peut le souhaiter; le Roi lui a fait défense de travailler, crainte d'altérer sa santé.

Il arriva, ces jours passés, un grand malheur à la chasse. Un ancien officier, un fameux chirurgien, nommé Seigneur, et un autre, étoient dans un château d'ami, contre Roissy, du côté de Dammartin. Étant à la chasse, ils voulurent gagner une remise, dans laquelle, sans qu'ils le sussent, il y avoit du tabac et des toiles peintes, marchandises de contrebande. Ceux à qui cela appartenoit n'étoient pas loin, ils étoient derrière une haie. Voyant approcher nos chasseurs, ils crurent qu'ils étoient découverts, que c'étoient des archers ou gens venant s'emparer de leur bien; ils montèrent à cheval, coururent sus, en criant : « Armes bas! » Ils étoient quatre; nos chasseurs, ne sachant ce que c'étoit, levèrent le fusil, un contrebandier tira sur l'officier un coup de pistolet et lui attrapa le pouce; l'officier eut là facilité de lâcher un coup de fusil et tua son homme. Les autres ne furent pas si adroits, ils ne firent que blesser; les coups lâchés, les chasseurs étoient sans défense. Les cavaliers avoient chacun cinq coups, ils lâchèrent à bout portant des coups de pistolet. L'officier est mort trois jours après, et M. Seigneur fut enterré hier, 10 de ce mois de septembre. Voilà trois hommes tués pour rien. Les contrebandiers ont pris leurs marchandises et s'en sont allés sans être pris. C'étoit en pleine campagne.

On rompit, il y a deux jours, un nommé La Haye,

grand voleur dans la Bretagne, qui n'avoit que trente ans, et qui avoit assassiné ou vu assassiner plus de trente personnes. Il avoit tout avoué dès la prison ; il s'attendoit à être rompu, et avoit la liberté de causer dans la prison du For-l'Évêque, où il avoit été d'abord. On lui a entendu dire que son chagrin étoit que, deux jours après sa mort, on ne parleroit plus de lui, tandis qu'on parleroit toujours de Cartouche qui n'étoit qu'un misérable voleur de maison.

L'affaire de Bouret a été renvoyée au Parlement avec toutes ses circonstances pour lui faire son procès et à ses complices. L'on croit que cette affaire va y en amener d'autres où bien des personnes seront intéressées. M. le procureur général dresse actuellement sa plainte.

Voici les lettres de renvoi[1].

Une nouvelle assez extraordinaire, mais très-vraie, est que le feu est, depuis cinq ou six jours, dans les bruyères de la forêt de Fontainebleau. On ne sait pas bien l'origine de ce feu ; on dit que ce sont des bergers qui, dans le dessein de se faire du pâturage, l'avoient mis dans un canton. Quoi qu'il en soit, il est devenu si considérable, surtout à cause de la grande sécheresse, que cela a gagné de l'un à l'autre. Il y en a plus de deux cents arpents de brûlés, sans qu'on ait pu l'éteindre. On a appréhendé apparemment que cela ne gagne la grande forêt. Vendredi dernier, 13 de ce mois de septembre, on battit à minuit la générale dans Paris pour faire partir sur-le-champ tout le régiment des gardes suisses et françoises, même ceux qui étoient revenus la veille de monter la garde. On a fait sortir ceux qui étoient dans les prisons. La précipitation avec laquelle cet ordre a été donné a occasionné une nouvelle,

---

[1]. Les lettres de renvoi au Parlement furent données à Fontainebleau, le 27 août 1726. Elles ont été imprimées par Pierre Simon, imprimeur du Parlement. Nous n'avons pas cru devoir reproduire ici ces lettres qui se trouvent dans le mss., t. II, p. 50.

le matin, dans tout Paris : que le jeudi au soir on avoit voulu enlever le Roi à la chasse, qu'il y avoit quatorze cents hommes cachés dans la forêt, qu'il y avoit six hommes masqués. Il n'y a pas de contes qu'on n'ait fait là-dessus, et le tout retomboit sur M. le Duc à qui on prêtoit cette belle entreprise. Ce qui est de vrai, c'est que les deux régiments des gardes sont campés autour de la forêt, que l'on travaille à faire des tranchées pour couper le cours du feu, et ce sont les mousquetaires qui montent la garde à Fontainebleau.

La Reine est à Versailles se portant un peu mieux. On compte qu'elle pourra aller bientôt à Fontainebleau. Le Roi n'est point venu la voir, comme on avoit dit.

Pendant mon voyage à Osny, terre magnifique près Pontoise, appartenant à M. Nicolaï, premier président en survivance de la Chambre des Comptes, M. l'évêque de Fréjus a reçu le chapeau de cardinal, on l'appelle le cardinal de Fleury; et on a fait ministres d'État M. le maréchal d'Uxelles et M. le maréchal de Tallard, pour assister au conseil secret, composé du Roi, de M. le duc d'Orléans, du cardinal de Fleury, du maréchal de Villars et des deux autres maréchaux de France ci-dessus; et de M. de Morville, secrétaire d'État des affaires étrangères, comme secrétaire de ce conseil. M. le cardinal de Fleury n'a pas le titre de premier ministre, mais il l'est réellement dans toutes les fonctions.

La Reine est enfin partie pour Fontainebleau.

Octobre.

Procès de Bouret. — Encore l'exil du maréchal de Villeroi. — Les mœurs du maréchal d'Uxelles. — Mot à ce sujet. — Tremblement de terre à Palerme. — Météore. — Fortune de Rivié.

A la fin du mois dernier, Bouret, qui étoit à la Bastille, a été décrété et transféré à la Conciergerie. Il a présenté sa requête pour faire assembler les chambres comme fils de secrétaire du Roi.

OCTOBRE 1726.

Il faut mettre ceci à l'endroit du maréchal de Villeroi.

On croit que c'est le cardinal de Fleury, qui du temps du Régent avoit fait exiler M. le maréchal de Villeroi, ou du moins avoit aidé. On dit, et il est vrai, que le maréchal de Villeroi l'avoit fait autrefois venir en la cour, et lui avoit prêté l'argent pour acheter quelque charge. Il s'y poussa et le maréchal le proposa pour être précepteur du Roi; Louis XIV n'en vouloit point, mais le maréchal insista. Le Roi n'étoit content ni de son esprit ni de ses mœurs apparemment. Le maréchal, qui avoit beaucoup de crédit, le demanda en grâce. Le Roi lui dit : « M. le maréchal, vous le voulez, je vous l'accorde, « mais vous vous en repentirez. »

On me comptoit, ces jours-ci, en parlant du maréchal d'Uxelles, qu'il avoit toujours été fort entiché du péché philosophique. (Ce vice n'a pas laissé d'avoir des grands hommes pour amis). Qu'un jour, ils étoient trois en partie de débauche, et que le deuxième, qui n'étoit pas de ce goût-là, le fronda fort, et ne vouloit pas croire qu'il y eut des b....... « Pardonnez-moi, monsieur, lui « dit le tiers, il y en a si bien, qu'il y en a même de « trois sortes : il y a de riches b......, comme M. le ma- « réchal d'Uxelles; il y a de pauvres b...... comme « moi, et il y a de sots b...... comme vous. » En sorte qu'il eut son paquet pour avoir méprisé le parti des deux autres; et cette histoire aura ici sa place par récréation, à cause du bon mot.

Il y a eu à Palerme, une ville de Sicile, le mois dernier, un tremblement de terre si effroyable, précédé par des feux dans l'air, que la plupart des palais de la ville ont été renversés. Le peuple épouvanté s'est réfugié dans une grande place, pour être à l'abri de la chute des maisons. La terre s'est ouverte, et il y a eu plus de douze cents personnes englouties. On s'est retiré ensuite dans les champs, où on a fait des cabanes, et toute la ville a fait des prières publiques.

Ici, samedi, 19 de ce mois d'octobre, il a paru sur les neuf heures du soir, un phénomène très-considérable, qui a duré jusqu'à deux heures après minuit. C'étoit un espace du ciel considérable, qui étoit en feu blanc, qui paroissoit s'ouvrir en deux arcs, et de là partoient des rayons très-vifs et très-agités ; ce qui vient de la vibration et du mouvement de l'air. MM. de l'Observatoire en ont donné l'explication, mais cela a très-fort étonné le peuple de Paris, qui attend en conséquence quelque grand événement.

Pendant tout le mois de novembre, j'ai été à Osni, près Pontoise, château magnifique appartenant à M. Nicolaï fils, pour assister à une descente du Parlement, qui s'est faite pour le bornage de sa terre avec celle d'un voisin, nommé Rivié, qui étoit garçon maréchal du temps de M. de Louvois, qui lui fit sa fortune pour la guérison d'un cheval de prix. Il a tant gagné dans les dernières guerres, dans les entreprises de chevaux et autres, qu'entre autres biens, il a actuellement pour trente-cinq mille livres de rente de terres dans le Vexin, qui appartenoient au maréchal de Créqui[1].

Novembre.

Le Roi à Fontainebleau. — Les rentes viagères retranchées. — M. Le Pelletier des Forts, *bourreau du régiment de la Calotte.*

Pendant ce temps, le Roi est toujours resté à Fontainebleau avec la Reine. Il a couru longtemps un bruit qu'elle étoit grosse, mais cela s'est trouvé faux, dont elle est, je crois, bien fâchée.

M. l'évêque de Fréjus a reçu le chapeau de cardinal[2],

---

1. François de Bone de Créqui, duc de Lesdiguières, maréchal de France, célèbre par ses campagnes de Flandre, d'Alsace et de Lorraine, mort en 1687.
2. La *Harangue faite au Roi par S. E. monseigneur le cardinal de Fleury, à Fontainebleau, le mardi 5 novembre* 1726, *après la cérémonie de la barrette*, a été imprimée à Paris, chez la veuve Mozières et Garnier, 4 pages in-4. Voy. mss., t. II, p. 53.

sans prendre néanmoins le titre de premier ministre. On a admis de plus dans le conseil royal, M. le maréchal d'Uxelles et M. le maréchal de Tallard.

M. Le Blanc est resté à Versailles pendant le temps de Fontainebleau. M. Le Pelletier des Forts faisoit, pendant ce temps, le rapport de ce qui regardoit la guerre; celui-là est à présent remis et travaille. Mais on doit toujours craindre les suites d'une pareille maladie. Le Roi est revenu à Versailles, le 28.

M. Le Pelletier des Forts a fait un beau présent aux sujets du Roi, pour son arrivée dans le ministère. Il a retranché les rentes viagères, sous prétexte que la plupart avoient été constituées en papier, et même qui proviennent des anciennes rentes; on a fait différentes classes. Ce coup a fait beaucoup crier, parce que dans le dérangement du système ç'a été la ressource de presque tous les pères de famille qui ont distribué des fonds sur la tête de leurs enfants pour avoir du moins un revenu pour subsister.

Cela s'éteignoit tous les jours et il n'y a plus rien de sûr après ce coup. On a donné pour prétexte verbalement dans le public que la maison de Condé s'étoit fait plus d'un million de rentes viagères, pendant le ministère de M. le Duc, qui ne lui auroient pas beaucoup coûté. Mais il falloit supprimer ces rentes si l'on vouloit, et ne pas accabler le public. Mauvais prétexte pour faire du mal!

Cela a donné lieu à un brevet du Régiment de la Calotte, qu'on a fait sur M. Le Pelletier des Forts, que peu de gens ont eu, par lequel on lui donne le brevet de bourreau du Régiment. MM. de La Porte, fermier général, et Señozan[1], directeur des finances du clergé, sont ses valets. On dit qu'il est affreux.

---

1. Fils d'un marchand de Lyon, nommé Olivier. Voyez Boisjourdain, t. II, p. 404.

Décembre.

Bruits de guerre. — Aventure de M. Petit de Montempuys. — Un recteur déguisé. — La reine d'Espagne au Luxembourg. — Mort de M. Bonnier.

On parle fort de la guerre dans l'Europe, attendu que les Anglois, avec qui nous avons alliance, ont sur mer une flotte formidable, et arrêtent la flotte d'Espagne qui ramène les galions, et qui est obligée de rester dans un port. Cela ne nous accommoderoit pas dans la situation où nous sommes, et dans la rareté d'argent présente.

Il est arrivé ici, à Paris, une histoire incroyable, et qui prouve que l'homme ne peut pas répondre de lui un moment.

M. Petit de Montempuys[1] est un homme de soixante ans, qui a régenté toute sa vie la philosophie au Plessis[2], homme rare par son érudition et sa sagesse; il est présentement chanoine de Notre-Dame, prêtre, et de plus grand janséniste. Cet homme, qui n'avoit jamais perdu sa gravité, n'avoit jamais été au spectacle. Il lui a pris envie d'aller à la Comédie, mais il a cru être déshonoré d'y être reconnu soit en habit long, soit en manteau court. Il a voulu se bien déguiser et n'a confié son secret à personne. Pour cela, il a trouvé dans un vieux coffre les habits de sa grand'mère: manteau, jupe, écharpe et cornettes très-hautes, tandis qu'on les porte très-basses. Il s'est affublé de ces habits de femme sans songer à l'extravagance de son habillement, par la dif-

---

1. M. de Montempuys avait été recteur de l'Université. Il était devenu chanoine de l'église de Paris par la protection du cardinal de Noailles et grâce à ses opinions jansénistes. Il possédait une belle bibliothèque dont le catalogue manuscrit existe encore à la bibliothèque de la Sorbonne. Voltaire a parlé de cette mésaventure de M. de Montempuys, dans la facétie intitulée: *Conformez-vous au temps*, édit. cit., *Facéties*, t. 46, p. 60-61.

2. Le collège Du Plessis Sorbonne, rue Saint-Jacques, fut fondé le 2 janvier 1322 par Geoffroi Du Plessis Balisson, notaire et secrétaire de Philippe le Long. Il y avait dix bourses.

férence de ceux qui sont d'usage et de mode. Personne ne l'a vu, il est monté en fiacre, et s'est campé aux troisièmes loges, à la Comédie. Des gens ont trouvé cette figure extraordinaire, ont descendu au parterre, en ont averti d'autres; enfin, on a regardé mon homme, et les gens du parterre *ont fait* un tapage de tous les diables suivant la louable coutume, quand quelque chose déplait au parterre. L'exempt a su que c'étoit un homme déguisé en femme; il a monté en haut, il a fait sortir l'homme, il l'a mis dans un fiacre et l'a conduit chez M. Hérault, lieutenant de police, qui n'étoit pas alors chez lui. C'est son premier secrétaire qui l'a reçu et qui me l'a dit. Jamais homme n'a été plus fâché ni plus interdit de la sottise qu'il avoit faite. Le secrétaire a prévenu M. Hérault du caractère de cet homme, dont la figure étoit, dit-on, des plus risibles. On le renvoya chez lui, on lui promit même de ne point dire son nom, mais tout Paris l'a su. Les Jésuites ont été charmés de cette aventure arrivée à un janséniste, et on l'a envoyé en vertu d'une lettre de cachet dans un couvent de province[1]. On ne dit point que l'esprit ait tourné à cet homme. Il répondit et parla de très-bon sens chez M. Hérault, mais avec une confusion extrême, contant son dessein et l'idée qu'il avoit eue d'être bien caché de cette manière. Quand une pareille sottise arrive à un homme aussi sage, on en peut bien excuser d'autres[2].

La reine d'Espagne a quitté Vincennes. Le Roi lui a

---

1. Il est revenu ensuite de son exil peu de temps après, et est dans le cloître Notre-Dame, avec quelque différence néanmoins des autres chanoines.
(*Note de Barbier.*)

2. On fit plusieurs chansons sur M. de Montempuys. La moins mauvaise, qui compte une vingtaine de couplets, commence ainsi :

> Question rare et nouvelle
> Pour les savants de Paris;
> Dira-t-on *mademoiselle*
> Ou *monsieur* de Montempuys?
> Eh ! lon la, etc.

Voyez collection Maurepas, t. xvi, p. 355, 363 et 369.

donné un appartement dans le Luxembourg, où elle est arrivée à la fin de ce mois. Elle est entrée dans Paris avec des timbales, elle marche avec tous les honneurs dus à son rang. Madame la duchesse de Brunswick[1] a l'appartement à droite, et la reine a l'appartement à gauche, qu'avoit madame la duchesse de Berri.

M. Bonnier, trésorier des états de Languedoc, riche de dix à douze millions, âgé de quatre-vingts ans, est mort à Montpellier, pour avoir voulu tenir table ouverte au régiment de son fils, et en faire les honneurs. Son fils a été fort embarrassé s'il prendroit la charge de son père, ou s'il garderoit son régiment des Dragons Dauphin[2], qui est un des plus beaux régiments de France, et qui ne lui convient pas trop, ou même point du tout. Mais un jeune homme aime mieux ce titre de colonel, il donne la charge à son cousin-germain et conserve son régiment qu'il sera en état de soutenir. Il a une sœur de huit ans[3].

Je ne sais point d'autres nouvelles pour finir l'année 1726. Bonnier a quitté son régiment, sa charge de maréchal des logis de la maison du Roi, et a la charge de trésorier des états de Languedoc. En comptant la dépense de colonel et le revenu de sa charge, on compte que cela lui fait cent mille écus de rente de différence.

1. Sophie de Bavière, veuve d'Ernest-Auguste, duc de Brunswick-Hanover.
2. Ce régiment, en 1791, prit le nom de 7ᵉ dragons.
3. Que j'ai connue duchesse de Chaulnes, puis femme de M. de Giac, maître des requêtes. (*Note de Barbier d'Increville.*)

FIN DU PREMIER VOLUME.

APPENDICE

I

NOTE SUR LES FINANCES, LE SYSTÈME DE LAW, LE VISA ET LA COMPAGNIE DES INDES.

Au moment où le duc d'Orléans se saisit de la régence, les finances étaient dans une situation désespérée, et plusieurs de ceux qui approchaient le pouvoir proposaient déjà un moyen radical, la banqueroute. Le duc la repoussa. Le Trésor était vide, et il fallait pourvoir au payement des rentiers et à celui des troupes. Le conseil des finances s'efforça de satisfaire à ces impérieuses obligations sans avoir recours aux créations d'offices, expédient dangereux, et sans passer de traités extraordinaires. Mais, malgré de bonnes intentions, les hommes auxquels était confiée l'administration des deniers publics, sous la direction du duc de Noailles, ne purent sortir de cette situation. Ils crurent qu'il suffisait, pour combler le déficit, de réduire les rentes, de supprimer quelques charges inutiles ou ridicules. Ces palliatifs ne suffirent pas.

On se servit alors d'un moyen plus énergique. Le nombre des gens d'affaires, qui, sous le dernier règne, s'étaient scandaleusement enrichis, soit dans les fournitures, soit dans la gestion des deniers publics, était considérable. Leur basse extraction, leur insolence, leur luxe, rendaient faciles les mesures violentes que l'on prenait contre eux de temps en temps. La création d'une chambre de justice, ainsi qu'il a été déjà dit, fut donc décrétée, « afin, disait l'édit, de réprimer « et réparer les désordres commis dans les finances[1]. » Cet ancien expédient était toujours remis en honneur dans les

---

[1]. Voyez p. 14, note 2. Richelieu avait, dans un édit de 1625, établi que ces Chambres se tiendraient tous les dix ans.

moments difficiles. La terreur faisait alors rendre gorge à quelques traitants trop prompts à s'enrichir et plus encore à s'alarmer. Après plusieurs exécutions, tout s'arrangeait. Et cette forme de justice extraordinaire devenait l'occasion de faveurs scandaleuses et de fortunes nouvelles.

Il en fut de même de cette chambre de justice. D'abord inexorable, elle prononça des peines cruelles ou ridicules [1]; puis elle s'adoucit bientôt. Le Régent qui, par bonté naturelle, n'aimait pas les persécutions, finit par arrêter la sévérité du duc de Noailles et accorder toutes les grâces qui lui furent demandées. Aussi, sur les déclarations faites par 4,410 justiciables d'une somme totale de 712,922,688 livres, sur laquelle somme ils devaient payer 219,478,391 livres, le Trésor, à la fin de 1717, n'avait encore reçu que soixante-dix millions! Au reste, les frais de recherches furent moins coûteux que lors de la dernière chambre de justice de 1661. Ils montèrent à douze cent mille livres seulement.

Une autre opération, aussi désastreuse et encore inspirée par le duc de Noailles, fut la refonte des monnaies. « Les louis « d'or réformés durent avoir cours au 1er janvier 1716 pour « vingt livres au lieu de quatorze, et les écus réformés pour « cinq livres au lieu de trois livres dix sols. Dans les hôtels « des Monnoies, les louis d'or anciens furent reçus pour « seize livres, et les écus pour quatre [2]. » Le numéraire disparut; et l'étranger se mit à faire lui-même une concurrence que les édits les plus sévères ne purent arrêter. Ce remaniement continuel des monnaies fut, pendant la régence et pendant le règne de Louis XV, une grande cause de perturbation.

Nous avons dit plus haut [3] que l'État avait un nombre infini de créanciers, qui étaient porteurs de billets souscrits à leur profit sous les noms différents de billets de la caisse des em-

---

1. Un traitant, Gruer, fut condamné au pilori, et ce châtiment fut popularisé par la gravure. Plusieurs estampes furent répandues à cette époque. Elles faisaient des allusions à la situation et semblaient une menace pour les malheureux soumis à ces recherches. C'est alors que Bourvalais fut dépouillé de son hôtel de la place Vendôme. Voy. p. 41, note 1.

2. Forbonnais. *Recherche sur les finances*, in-12, t. v, p. 267.

3. Voyez p. 9, note 1.

prunts, de Le Gendre, de l'Extraordinaire des Guerres, de la Marine, de l'Artillerie, etc. Un édit de 1715 ordonna que tous ces effets, certifiés par leurs propriétaires, seraient remis à une commission chargée d'en opérer la vérification et la liquidation. Et chaque détenteur devait recevoir en échange des billets d'État productifs d'intérêt à quatre pour cent. Cette opération s'accomplit sans efforts, et tous les porteurs d'effets royaux subirent leur sort sans oser se plaindre. Sur une somme de 596,696,959 livres, la réduction monta à 237,194,437 livres. Il resta à compter une somme de 359,502,522 livres. Les réclamations s'élevèrent à quatorze millions, sur lesquelles on accorda huit millions qui pouvaient être justifiés.

C'est au milieu de ces circonstances que Law fit accepter par le Régent et le conseil des finances une partie de ses idées.

Son système, qui, pendant près de quatre ans, agita si profondément la France, reposait sur trois principes : 1° toutes les matières qui ont des qualités propres au monnayage peuvent devenir espèces; 2° l'abondance des espèces est le principe du travail, de la culture, de la population; 3° le papier est plus propre que des métaux à devenir espèce. Ces principes étaient faux, voilà pourquoi le système ne se soutint pas.

La première opération fut la création d'une banque générale, le 2 mai 1716. Cette institution de crédit, développée depuis, mais alors toute nouvelle en France, était appelée à rendre les services les plus grands. Créée pour vingt ans au capital de six millions, divisés en douze cents actions, elle ne devait faire aucun commerce ni aucun emprunt; elle devait correspondre dans les provinces avec les directeurs des monnaies, escompter les lettres de change, recevoir les dépôts et délivrer des billets payables à vue et en monnaie de banque invariable.

Le Régent ordonna[1] que ces billets seraient reçus dans les caisses de l'État en payement des impôts.

Cette banque rendit d'immenses services; elle soutint le change à l'avantage de la France : elle arrêta l'usure et rétablit la confiance dans le commerce.

---

[1]. Le 10 avril 1717.

Il venait d'être créé une compagnie dite d'Occident, qui avait le commerce exclusif de la Louisiane[1]. Elle devait retirer de la circulation cent millions de billets d'État qu'elle était obligée de recevoir en payement de ses actions au capital de cinq cents livres chacune. Law espéra se servir de cette compagnie pour établir son système dont la banque générale n'était qu'une application partielle. La compagnie d'Occident se rendit adjudicataire de la ferme des tabacs pour quatre millions. En décembre 1717, elle succéda pour un million six cent mille livres à la compagnie du Sénégal.

La banque générale fut convertie, le 4 décembre 1718, par le Roi en banque royale, et l'on remboursa aux actionnaires les six millions, capital des douze cents actions qui cependant restèrent dans la caisse.

Les actions de la compagnie d'Occident étaient encore languissantes. Law résolut de les relever. Il réunit ensemble, au mois de mai suivant, les priviléges des compagnies des Indes, de la Chine et d'Occident, et créa ainsi la nouvelle compagnie des Indes. Il lança vingt-cinq millions d'actions nouvelles à cinq cents livres payables en argent en vingt payements successifs et mensuels. En outre, le souscripteur subissait une prime de dix pour cent. Le Parlement fit des difficultés pour enregistrer cet édit ; ce qui n'eut lieu qu'au mois de juin suivant. Cette opposition favorisa l'agiotage. La prime monta à cent trente pour cent ! Un arrêt du conseil déclara que tout nouveau souscripteur devait être porteur d'un nombre d'actions anciennes quatre fois supérieur. Ces nouvelles s'appelaient *les filles* ; elles furent l'occasion d'un jeu effréné. Dans ces négociations, le billet de banque était naturellement préféré à l'argent. Il y eut donc, le 10 juin, une nouvelle émission de cinquante millions, ce qui portait à cent soixante millions la somme de papiers en circulation.

Le privilége de la compagnie d'Afrique fut encore réuni

---

1. La Louisiane ou le Mississipi, qui devint la base du rêve de l'agiotage, avait été découverte par Cavelier de La Salle. On racontait des choses prodigieuses sur ce pays. Par précaution, et afin d'éviter toute indiscrétion, l'on jeta à la Bastille un vieil officier, La Mothe-Cadillac, qui avait commandé à la Louisiane.

à la compagnie, avec exemptions de tous droits à Marseille, sur les marchandises de Tunis et d'Alger.

Le 20 juillet, Law obtint pour la compagnie de se charger de la refonte des monnaies pendant neuf ans, moyennant le payement au Roi de cinquante millions en quinze versements égaux et mensuels.

Le même jour, on fabriquait pour deux cent quarante millions de billets.

Le 26 juillet, la compagnie faisait une nouvelle création de vingt-cinq millions d'actions qui étaient données à cent pour cent de prime, soit mille livres. Il fallait posséder cinq actions pour en obtenir une nouvelle. On annonçait en même temps un dividende de six pour cent pour le mois de janvier suivant.

Les actions montèrent à deux cents pour cent. Et, pour favoriser la circulation, il fut décidé, le 12 août, qu'elles seraient divisées en autant de coupures de cinq cents livres que les porteurs demanderaient.

En même temps, le jeu se popularisant, on vit les billets d'État, de la caisse commune, et les autres effets royaux, qui auparavant perdaient trente-trois pour cent, revenir au pair.

La compagnie offrit alors au Roi de prendre le bail des fermes qu'elle augmentait de trois millions cinq cent mille livres, de lui prêter à trois pour cent la somme de douze cents millions pour rembourser les rentes et les charges sur les aides et gabelles, les tailles, les recettes générales, le contrôle des actes et celui des exploits, sur les postes, les cent millions d'actions sur les fermes, les billets d'État, les billets de la caisse commune, et les offices supprimés ou à supprimer.

Pour parvenir à ce résultat, elle demandait à être autorisée à emprunter les douze cents millions en actions rentières au porteur ou contrats à trois pour cent, payables par semestre, à partir du 1er janvier 1720, et la continuation de ses privilèges pour cinquante ans.

Le 2 septembre, le Roi accepta ces diverses propositions. Ce fut le signal de l'ivresse générale [1]. Tous, grands et petits,

---

1. Dans un article sur le président Bouhier, nous trouvons ce renseignement,

jouèrent à l'envi sur les actions qui montèrent à sept et huit cents pour cent. Elles valurent jusqu'à dix-huit mille livres!

La Compagnie émit donc pour cinquante millions de titres nouveaux, au cours de mille pour cent, soit cinq mille livres en deux payements, et l'on procéda à une nouvelle fabrication de cent vingt millions de billets de banque.

Quelques jours plus tard[1], elle décida qu'elle ne recevrait plus en remboursement que les billets d'État, récépissés de sa caisse, billets de la caisse commune, actions sur les fermes, sans aucune espèce d'or ou d'argent; ce fut le commencement de l'application complète des théories de Law sur la monnaie. Le 25 septembre, le billet de banque fut admis avec prime de dix pour cent. L'engouement fut si grand que l'on donnait onze mille livres en or pour dix mille livres en effets royaux, et que l'on subissait encore des frais de courtage. Dans cette fièvre, les anciennes actions étaient abandonnées pour les nouvelles. Les habiles les achetaient et s'enrichissaient ainsi à l'aide de la hausse et de la baisse.

Le 2 octobre, une nouvelle émission de cent mille actions fut autorisée, et le nombre total en fut porté à six cent mille. Pour faciliter le trafic de ces effets, les certificats des nouvelles souscriptions furent coupés par fractions de cinq cents livres, et cent vingt millions de billets de banque furent encore créés et mis dans le commerce.

Le 12 octobre, le Roi, par un nouvel arrêt, accepta l'offre de la Compagnie d'un prêt de quinze cents millions, à la condition de lui abandonner une rente annuelle de quarante-cinq millions sur les fermes. Le Roi déclarait en même temps qu'il ne serait plus fait de nouvelles actions ni en vieilles espèces ni d'aucune autre sorte. Le même jour, la Compagnie remboursait les offices des receveurs généraux, et obtenait l'exercice de leurs fonctions. Elle avait déjà le bail des gabelles de l'Alsace et de la Franche-Comté.

---

extrait d'une lettre de d'Olivet : « Il y avait à Paris tel libraire qui depuis six mois n'avait pas vendu pour six sous! » Bouhier recommande à d'Olivet, son coassocié, de songer à se procurer des fonds pour *nourrir* leurs actions. Voyez *Journal de l'Instruction publique*, 1856, n° 47, p. 290.

1. Le 22 septembre.

Pour soutenir l'agiotage et maintenir la hausse, les termes des versements furent ajournés [1] aux mois de mai et de juin, et on admit en payement les arrérages des pensions. Nombre d'actionnaires ne pouvaient immédiatement satisfaire à tous leurs engagements.

De nouvelles propositions de la part de la Compagnie firent monter les actions jusqu'à vingt mille livres. On vendit des terres pour acheter les nouvelles valeurs. La prospérité de l'entreprise était à son comble. Law eut peur d'une baisse rapide. Déjà les joueurs prudents commençaient à réaliser leurs actions en billets de la banque et convertissaient les billets en or ou en argent.

On eut recours à des mesures violentes. Le 1er décembre, intervint un arrêt qui défendait à la Banque de recevoir des monnaies d'or et d'argent pour être converties en papier, et qui ordonnait au Trésor royal de recevoir les payements en billets de la Banque. Divers autres arrêts portèrent confiscation au profit de la Compagnie des anciennes espèces d'or et d'argent trouvées chez les particuliers. Désormais au billet de banque était attachée une prime de cinq pour cent sur l'espèce. L'argent ne pouvait plus être reçu dans les transactions que jusqu'à dix livres, et l'or jusqu'à trois cents livres. Au delà de cette limite, l'or et l'argent subissaient un escompte de cinq pour cent. Les lettres de change devaient s'acquitter en billets. Cette précaution n'empêcha pas les étrangers, surtout les Génois, les Allemands et les Hollandais, de réaliser promptement ainsi que la plupart des grands actionnaires français. On se précipita sur l'or, l'argent, les terres, les meubles, les diamants, les pierres précieuses, les tableaux, enfin sur les marchandises de toute espèce.

On avait cependant distribué un dividende de quarante pour cent du capital primitif.

Law, comme contrôleur général [3], voulut soutenir ses opérations. Il parut lui-même dans la rue Quincampoix, entouré de grands seigneurs, comme le duc de Bourbon, le duc de La

---

1. Arrêt du 20 octobre.
2. Arrêt du 21 décembre 1719.
3. Du 4 janvier 1720 jusqu'au 29 mai suivant.

Force, afin de ranimer la confiance des joueurs. Le terme du remboursement des rentiers fut alors fixé avant le 1er avril 1720[1]. Ce moyen énergique avait pour but de précipiter dans le système ces nouveaux capitalistes embarrassés de leur argent. Toute chose était alors montée à des prix fabuleux. Cependant le plus grand nombre, devenu soupçonneux, cherchait par divers moyens à se procurer la plus grande somme d'espèces monnayées.

Un arrêt du 28 janvier frappa les monnaies d'une nouvelle diminution. Le marc d'or descendait à neuf cents livres, et le marc d'argent à soixante livres, pendant trois jours. Après ce délai, l'or ne valait plus que huit cent dix livres et l'argent cinquante-quatre livres. Tout transport de matières précieuses ou d'argent était prohibé. La Compagnie pouvait faire des visites dans toutes les maisons des particuliers. La dénonciation était organisée; les espèces saisies devenaient le bénéfice du délateur. Le système était dès lors jugé. Malgré tous ces expédients, le remboursement des rentiers accéléré, la prohibition du jeu des primes, l'union de la Banque à la Compagnie, la lenteur des payements, la défense de garder plus de cinq cents livres [2]; le discrédit avait atteint fatalement l'action et le billet de banque. Law fit rendre, sur ces entrefaites, l'arrêt du 5 mars. Le prix de l'action de la Compagnie était fixé à neuf mille livres; les souscriptions et les primes étaient converties en actions; les actions pouvaient être changées en billets de banque (on voulait favoriser le dépôt des actions, afin de soutenir le dividende promis); les monnaies étaient augmentées, l'or était à douze cents livres et l'argent à quatre-vingts livres le marc. Une déclaration du 11 mars renouvela la défense de garder chez soi les monnaies d'or et d'argent. La fabrication en fut interdite, la délation encouragée; et le Régent, par une noble inconséquence, ordonna le châtiment d'un fils qui avait osé dénoncer son père.

Le billet perdait toujours. Le 21 mai, parut cet arrêt célèbre, œuvre de d'Argenson, dont parle Barbier[3]. Cet arrêt frappait les actions, et en fixait le prix, au 1er décembre, à cinq mille

1. Voyez p. 177, note 2.
2. Arrêt du 27 février.
3. Voyez p. 35.

cinq cents livres. Les billets de banque étaient réduits à la moitié du numéraire. Ce fut le dernier coup porté à la confiance. En vain cet arrêt fut-il révoqué le 27. Deux jours après, la prohibition des espèces était levée entièrement.

C'est dans le *Journal* de Barbier, que l'on suivra dès lors l'histoire des derniers moments du système, la dépréciation toujours croissante du papier, la retraite de Law et la ruine du plus grand nombre.

Il fallut liquider cette situation. Six milliards de titres encombraient la place [1]. Six cent vingt-quatre mille actions avaient été créées, dont la moitié à peine avait été mise en circulation; des rachats avaient été opérés, cependant il en restait encore, en mai 1720, cent quatre-vingt-quatorze mille dans le commerce. On déchira les traités passés avec la Compagnie des Indes pour l'exploitation des revenus publics, et l'on unit la Banque à la Compagnie. On lui donna alors une nouvelle existence en créant quarante-huit mille actions nouvelles, qui devaient produire un dividende de cent livres. Des agents de change furent chargés de la négociation de ces valeurs. C'est là l'origine de la Bourse.

L'on procéda à un nouveau visa de tous ces papiers sous l'administration des frères Pâris. On fit des réductions depuis un dixième jusqu'aux dix-neuf vingtièmes. Cette opération coûta neuf millions. Deux milliards deux cent vingt-deux millions d'effets furent déposés par cinq cent onze mille personnes. Un tiers de ces valeurs fut annulé et le reste converti en rentes [2]. Des malversations signalèrent cette violente opération (Affaire Thalouet, Clément).

Dubois alla plus loin; il taxa arbitrairement, sur un état arrêté au Conseil, cent quatre-vingt-dix joueurs qui s'étaient le plus signalés, et en tira deux cents millions.

Telle est l'histoire abrégée du système et de l'opération dite du visa, dont nous avons apprécié les conséquences dans l'Introduction.

1. Billets de banque, 070,930,400 livres; effets divers, 3,200,000,000.
2. Le visa réduisit les cent vingt-cinq mille vingt-quatre actions présentées, et qui avaient coûté neuf cents millions, à cinquante-cinq mille quatre cent quatre-vingt-un, et le prix moyen fut de huit cents livres.

La nouvelle Compagnie des Indes, réorganisée, lutta, pendant tout le règne de Louis XV, contre le principe de son origine, et finit par être suspendue en 1770, et par être rachetée par le Roi. Elle ne put prospérer malgré les priviléges qui lui furent concédés, malgré les loteries et malgré le monopole. Les guerres qu'elle soutint dans l'Inde la ruinèrent totalement, et les actionnaires furent alors fort heureux de voir s'opérer la conversion de leurs titres en rentes. Une nouvelle Compagnie fut créée en 1785, et eut, pendant sept ans, le commerce exclusif depuis le cap de Bonne-Espérance jusqu'au Japon. Le port de Lorient devenait l'entrepôt général. L'Assemblée constituante, le 3 avril 1790, rendit, par un décret, la liberté au commerce de l'Inde. La Compagnie cessa alors donc d'exister.

II

LETTRE DE LAW AU RÉGENT.

(*Voyez t.* 1, *p.* 94, *note* 1, *et p.* 130, *note* 1.)

Venise, 21 janvier 1721.

Monseigneur,

J'eus[1] l'honneur d'écrire deux fois à V. A. R. sur mes affaires particulières, proposant de céder mes biens à la Compagnie des Indes, qui seroit chargée de payer mes dettes et me remettre la somme que j'avois en entrant au service du Roi, que je placerai cette somme au nom de mes enfants, avec cette condition que ce bien soit confisqué s'il est jamais augmenté par moi, par mes enfants ou par aucun de ceux qui leur succéderoient. Si j'avois pensé à quelque moyen plus fort pour satisfaire mes ennemis, que je n'aie rien hors du royaume, je l'aurois proposé, et j'accepterai tout ce qu'ils me proposeront pour les contenter sur cet article. Il ne me coûtera rien ; je méprise le superflu.

Lorsque je pris congé de V. A. R., elle eut la bonté de me

1. Lemontey. *Histoire de la Régence,* t. II, p. 439.

dire qu'elle ne permettroit jamais qu'on attaquât mes biens ni ma personne. M. le Duc m'a depuis écrit la même chose de sa part; la confiance que j'ai dans cette promesse me faisoit attendre avec patience la réponse à des propositions si raisonnables, et j'apprends que mon frère est en prison et mes biens saisis [1]. Cependant je ne me plaignois pas, espérant qu'enfin mes ennemis seroient satisfaits de mon véritable état. J'en écrivis seulement au marquis de Lassay, et le priai de faire voir ma lettre à M. le Duc et à V. A. R., s'il le jugeoit nécessaire.

Aujourd'hui, Monseigneur, je me plains et je demande justice des mensonges que le sieur Fremont, chargé des affaires du Roi, répand ici contre moi.

Il dit que j'ai fait sortir du royaume des sommes considérables pour mon propre compte, et que j'ai emporté une cassette de diamants valant vingt-cinq à trente millions. Je ne le connois pas; mais je lui fis parler par le consul de France, à qui il avoua qu'il le croyoit, qu'il en avoit écrit et qu'il en écriroit encore au ministre. J'avoue que cette déclaration m'a surpris; j'avois su, en arrivant ici, que le sieur Fremont avoit eu des lettres de Paris, le pressant d'écrire contre moi et l'assurant qu'il ne pouvoit mieux faire sa cour. Je négligeai cet avis, n'ayant rien à me reprocher.

V. A. R. se souviendra que je me suis attiré un certain nombre d'ennemis, non pas qu'ils me vouloient du mal, mais en voulant à sa personne. V. A. R. me l'a dit elle-même; M. de Cambray pourra savoir du sieur Fremont les noms de ceux qui l'ont pressé d'écrire contre moi, peut-être qu'il convient à ses intérêts de les connoitre.

Pour revenir à mes affaires particulières, V. A. R. n'a jamais fait de mal à ses ennemis; elle leur a fait des grâces, et je ne puis croire qu'elle n'agrée ce que j'ai l'honneur de lui proposer, pour m'assurer quelque bien et à mes enfants. Au cas que V. A. R. me refuse cette justice, je suis réduit à abandonner

---

1. Tous ces biens furent en quelque sorte au pillage. Dubois eut pour sa part la belle bibliothèque Bignon, que Law avait achetée. (*Note de Lemontey.*)

ce que j'ai à mes créanciers, qui m'accorderont une pension modique telle qu'il leur plaira.

Voilà, Monseigneur, l'état où je suis réduit par le désir que j'avois de servir V. A. R. et la France.

Quand je m'engageai dans le service du Roi, j'avois des biens autant que je désirois ; je ne devois rien et j'avois du crédit ; je quitte le service du Roi sans bien. Ceux qui ont eu confiance en moi ont été forcés à faire banqueroute, et je n'ai rien pour les payer. Pourtant je me trouve réellement en avances pour le service du Roi de sommes très-fortes : l'article seul des affaires étrangères suffiroit pour payer nos correspondants et me remettre la somme que je désire.

Je supplie V. A. R., en même temps, de faire une réflexion, qu'en m'accordant la justice que je demande, elle ne risque rien. En la refusant, sous le prétexte que j'ai emporté du bien avec moi, comme le temps fera connoître le contraire, elle aura à se reprocher les injustices que j'aurai souffertes.

J'attends sa réponse, et j'ai l'honneur d'être, avec le plus profond respect, Monseigneur, etc. LAW.

Venise, le 1er mars 1721.

Monseigneur,

J'évite de me servir de la permission que V. A. R. m'avoit accordée de lui écrire pour ne point donner le moindre ombrage à ceux qu'elle emploie dans les affaires. Il y a pourtant des occasions où je suis persuadé qu'elle trouvera bon que je prenne cette liberté.

Lorsque je proposai à V. A. R. de me retirer, je lui proposai en même temps de remettre à la Compagnie des Indes mes actions, terres et autres biens de toute nature, me réservant de quoi payer mes dettes et une somme équivalente à celle que j'avois apportée en France. V. A. R. me répondit avec bonté que j'avois des enfants et qu'il ne convenoit pas que je rendisse mes biens à la Compagnie.

Votre exemple, Monseigneur, celui des princes et des seigneurs qui sont du Conseil de régence, m'autorisent à supplier de nouveau V. A. R. d'agréer que la Compagnie charge une personne ou deux de ma procuration pour payer ce que je dois, me remettre cinq cent mille écus, à quoi j'estime le bien que j'avois et le restant à la Compagnie.

Par les comptes qu'on m'a envoyés, le seul article des avances pour les remises dans les pays étrangers servira pour payer mes dettes et me remettre la somme que je désire. Au cas que V. A. R. la trouve trop forte, je me contenterai de ce qu'elle trouveroit bon de me régler. En travaillant j'avois en vue d'être utile à un grand peuple : je ne désirois les biens ni les charges qu'autant qu'elles pourroient m'aider à réussir dans mon dessein. M. le chancelier pourra me servir de témoin à son retour, en parlant des personnes qui souffroient par la diminution de leurs rentes. Je lui offrois mes actions, qui valoient alors près de *cent millions, pour qu'il les distribuât à ceux qui en avoient besoin* [1]. La grâce que je demande à V. A. R. est d'être assurée que je n'ai point de bien chez l'étranger ni dans le royaume, que ce qui est connu, et que j'en ferai donner des états les plus exacts qu'il me sera possible. Je ne désire pas d'être riche, mais il ne convient pas que je manque à payer ce que je dois, ni du nécessaire pour subsister honnêtement.

J'ai l'honneur d'être, avec l'attachement le plus sincère et respectueux, Monseigneur, de V. A. R., le très-humble, etc.

LAW.

III

CALOTTE SUR LES CARDINAUX DUBOIS ET DE ROHAN.

(*Voyez t.* I, *p.* 207.)

Des [2] Calotins la troupe entière
Offroit à Momus sa prière,
Quand ce Dieu, toujours bienfaisant,
Apparut à son Régiment,

---

1. Le papier perdait, à cette époque, 35 pour cent contre argent faible ; c'était environ quarante millions de notre monnaie actuelle que Law offrait au chancelier. (*Note de Lemontey.*)
2. Satire inédite.

Et lui dit : « Troupe Calotine,
Vous négligez vos plus beaux droits ;
Vous avez la même origine
Que cette Calotte divine,
Qui rend un cuistre égal aux Rois !
Des couleurs vous avez le choix,
Et aujourd'hui je détermine
Que ma Calotte on enlumine
D'un bel et beau couleur de feu.
Après quoi vous verrez beau jeu !
Du rang ne soyez point en peine,
Car il faut vous dire en passant
Que, lors de l'établissement
De cette dignité romaine,
On obtint mon consentement,
Et que cette Cour si hautaine
N'auroit jamais, sans mon secours,
Assujetti l'Europe entière
A révérer une chimère.
Oh ! vous, mes plus chères amours,
Calotins dont je suis le père,
Nous vous rejoignons pour toujours
A ces Romains que l'on révère.
Nous vous donnons les dignités,
Priviléges, immunités,
Même rang et même séance
Dont on voit que jouit en France
Dubois et Rohan son valet.
Nous agrégeons le prestolet
A votre troupe frénétique.
Quant à Rohan, prélat lubrique,
La Bulle jointe avec ses mœurs,
Sa principauté chimérique,
Qu'il tient d'une mère impudique,
Ont bien mérité vos honneurs !
Qu'il soit mis dans votre chronique !
Nous confirmons aux cardinaux
Les honneurs de notre calotte !
Soyez vêtus de même sorte,
Portez comme eux camail et cotte,
Désormais soyez tous égaux.
Nous entrerons dans leur intrigue,
Nous aurons le duc. . . . . . *(d'Orléans.)*
Et ferons ensemble une ligue
Contre tous les gens de bon sens.

V

MARIAGE DE LOUIS XV.

(*Voyez* t. I, p. 385, note 1.)

Lorsque les passions et le caractère du Roi se développant, il parut urgent de le marier, ou plutôt lorsque la haine de M. le Duc contre la maison du duc d'Orléans le poussa à briser l'œuvre de Dubois et à renvoyer l'Infante, au risque de rompre une alliance précieuse, des agents furent mis en campagne pour découvrir une princesse digne de monter sur le trône de France. Pendant ces recherches, M. le Duc cédant aux conseils du comte de La Marck, fut sur le point de faire épouser au Roi l'une de ses sœurs, mademoiselle de Vermandois ou mademoiselle de Sens. Ce fut madame de Prie qui, redoutant l'influence de ces jeunes princesses, empêcha cette alliance et amena sans s'en douter sa ruine et celle de son amant.

Un rapport de M. le Duc au Roi, appuyant sur la nécessité de renvoyer l'Infante, contenait, avons-nous dit plus haut [1], la liste de dix-sept princesses en état d'être mariées avec le Roi. Nous donnons cette liste avec le résumé des observations qui l'accompagnaient :

1° Marie-Barbe-Josèphe, fille du roi de Portugal. — 14 ans.
  Catholique. — Mauvaise santé. — Famille dont l'esprit est égaré. — Peu d'espérance d'avoir des enfants. — Cette alliance odieuse à l'Espagne. — Les secours insuffisants.

2° Anne, fille du prince de Galles. — 15 ans.
  Protestante. — Il faudrait demander la conversion de la princesse. Cela pourrait s'obtenir, le duc de Hanovre étant le plus proche héritier. — Cette alliance serait avantageuse et amènerait l'alliance de la Hollande et de la Prusse. — L'Angleterre apaiserait l'Espagne. — On peut objecter : 1° les craintes de la catholicité, la princesse restera sans doute protestante au fond du cœur;

---

[1]. Voyez t. I, p. 385, note 1.

2° c'est un obstacle à la protection accordée au chevalier de Saint-Georges ; 3° Rome sera indisposée ; 4° la Reine protégera les protestants et les jansénistes.

3° Amélie-Sophie-Éléonore, fille du même. — 13 ans.
Mêmes raisons.

4° Charlotte-Amélie, princesse de Danemark. — 18 ans.
Luthérienne. — Le Roi fort attaché à sa religion. — Alliance peu profitable. — Prétentions du Roi sur le duché de Neswick. — Secours insuffisants.

5° Marie-Petrowka, fille du Czar. — 16 ans.
Grecque. — Promise au duc de Holstein-Gottorp.

6° Anne Petrowka[1], fille du Czar. — 15 ans.
Grecque. Bien faite, figure aimable. — Basse extraction de la mère. — Éducation et habitudes étrangères. — Le caractère du père obligera à le soutenir.

7° Frédérique-Auguste-Sophie, fille du roi de Prusse. — 15 ans.
Calviniste. — Promise au fils aîné du prince de Galles.

8° Anne-Sophie, fille du margrave Albrecht, oncle paternel du roi de Prusse. — 18 ans.
Calviniste. — Aucun avantage. — Elle n'est que la cousine du Roi. — Prétentions du margrave sur la Courlande, ce qui amènerait une rupture avec le Czar, la Suède et la Pologne.

9° Sophie-Louise, sœur de la précédente. — 15 ans.
Calviniste. — Mêmes raisons.

10° Elisabeth, princesse de Lorraine. — 13 ans.
Catholique. — Aucun avantage. — Les alliances avec la Lorraine ont amené toujours des troubles. — Insolence des princes lorrains établis en France. — La Lorraine trop unie avec l'Autriche.

11° Henriette, troisième fille du prince de Modène. — 22 ans.
Catholique. — Basse naissance. — Modène est le plus petit État de l'Italie.

12° Charlotte-Guillelmine de Saxe Eysenach. — 21 ans.
Luthérienne. — Pauvre. — Maison illustre. — Branche cadette.

1. Elle devint impératrice de Russie.

13° Christine-Guillelmine de Saxe Eysenach, sa sœur.—13 ans.
  Luthérienne. — Mêmes raisons.
14° Marie-Sophie de Mecklembourg-Strélitz. — 14 ans.
  Luthérienne. — Mêmes raisons.
15° Théodore, fille du prince Philippe, frère du prince de Hesse-Darmstadt. — 18 ans.
  Luthérienne. — Branche cadette, alliances médiocres.
16° Mademoiselle de Vermandois. — 21 ans.
  Catholique. — Figure, caractère, mœurs doux et agréables. — Obstacles seuls personnels à M. le Duc.
17° Thérèse-Alexandrine de Sens, sa sœur. — 19 ans.
  Catholique. — Quelque chose à dire sur sa taille.

Conclusion du rapport, le Roi devra choisir entre :
1° Anne, princesse de Galles. — 13 ans.
2° Amélie-Sophie-Éléonore, sa sœur. — 13 ans.
3° Mademoiselle de Vermandois. — 21 ans.
4° Mademoiselle de Sens. — 19 ans.

Dans ce rapport, se lisait ce qui suit sur Marie Leczinska, qui devint reine de France, et qui était alors écartée :

« Marie, fille du roi Stanislas Leczinski de Pologne. — « 21 ans. — Le père et la mère de cette princesse et leur suite « viendroient demeurer en France. »

Ce fut, dit Lemontey, t. II, p. 191, sur le rapport du chevalier de Méré que l'attention de M. le Duc se porta sur la princesse Marie. Il crut mieux asseoir les bases de sa fortune, en choisissant pour reine de France une femme qui lui devrait sa position élevée, et qui, par ses malheurs, ne pouvait espérer d'autre appui qu'en lui. Fleury, témoin de ces calculs, ne s'y opposa pas. Cela faisait également son compte. Seul, le roi de Sardaigne manifesta son mécontentement du choix et son indignation de n'avoir pas été consulté [1]. Marie Leczinska fut donc désignée, et Louis XV se laissa marier sans manifester ni grande peine, ni grande joie. La cour de Lorraine, furieuse, essaya de faire rompre cette union en répandant le bruit que la princesse était épileptique, et que la reine, sa mère, avait, à ce sujet,

---

1. *Revue rétrospect.*, 2e série, t. x, p. 196-197. — Voyez aussi Rapport du chevalier de Vauchoux dans Lemontey, t. II, p. 463, *Appendice*.

consulté une religieuse de Trèves. Cette dénonciation anonyme effraya le ministère. On envoya de Paris le sieur Du Phénix, chargé d'une mission secrète. La fausseté de cette accusation fut complétement démontrée sur les rapports du maréchal Du Bourg et des sieurs Du Phénix et Mourgues, la princesse ayant été soumise à une visite minutieuse. On parlait encore d'un mal à la main. Le cardinal de Rohan fit connaître également que cela n'avait jamais existé. Le mariage fut donc déclaré. L'on s'empressa de faire tous les préparatifs de la fête, et l'on confectionna le trousseau de la future reine de France. Le chevalier Vauchoux envoya la hauteur de la jupe, et, pour modèles, un vieux gant et une vieille pantoufle de la princesse Marie.

Le lendemain de la cérémonie, M. le Duc s'empressa d'écrire au roi Stanislas, pour lui rendre compte de la satisfaction du Roi, et il ajouta :

« Le Roi s'est allé coucher chez la Reine, et lui a donné, « pendant la nuit, sept preuves de tendresse. C'est le Roi lui-« même qui a envoyé un homme de sa confiance pour me le « dire, et me l'a répété. »

FIN DE L'APPENDICE ET DU TOME PREMIER.

www.ingramcontent.com/pod-product-compliance
Lightning Source LLC
Chambersburg PA
CBHW051620230426
43669CB00013B/2125